U0868733

岳麓書社

读名著　选岳麓

周　易

兰甲云　导读　注译

岳麓書社 · 长沙

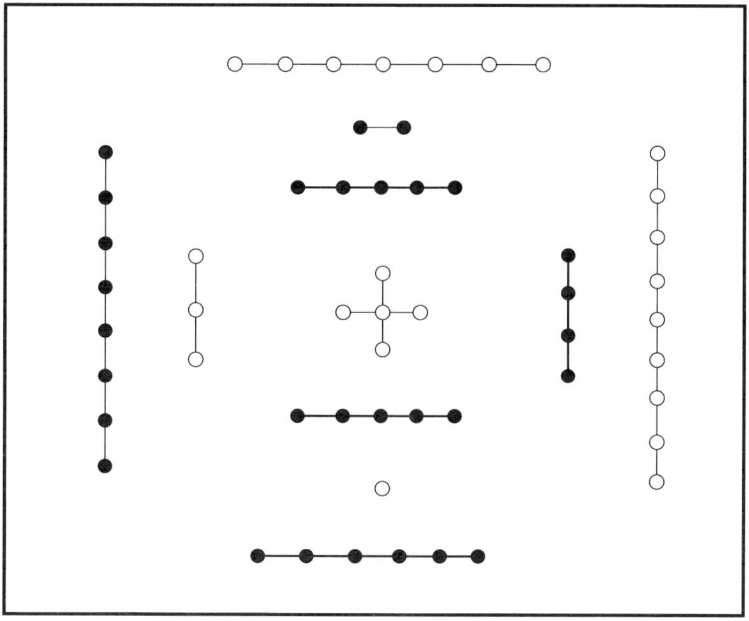

河图

河图为五方位图，即东、西、南、北、中五个方位。左边为东方，三白点，八黑点；右边为西方，四黑点，九白点；上面为南方，二黑点，七白点；下面为北方，一白点，六黑点。中间为中央，五白点，十黑点。一、三、五、七、九为天数，二、四、六、八、十为地数。天数二十有五，地数三十，天地之数总共五十有五。

河图是对《乾》卦卦辞"乾，元亨利贞"的形象说明，它将《乾》卦卦辞与时间空间方位以及阴阳五行联系起来，构成中国易学天地人三才合一的整体系统观。传统易学认为：

元为仁，为春天，居东方，三八为震，主生，为青色，五行为木。

亨为礼，为夏天，居南方，二七为离，为长，为红色，五行为火。

利为义，为秋天，居西方，四九为金，主收，为白色，五行为金。

贞为智，为冬天，居北方，一六为坎，主藏，为黑色，五行为水。

乾为信，为长夏，居中央，五十为乾，主生长，为黄色，乾居土中，中央五行为土，乾为金。

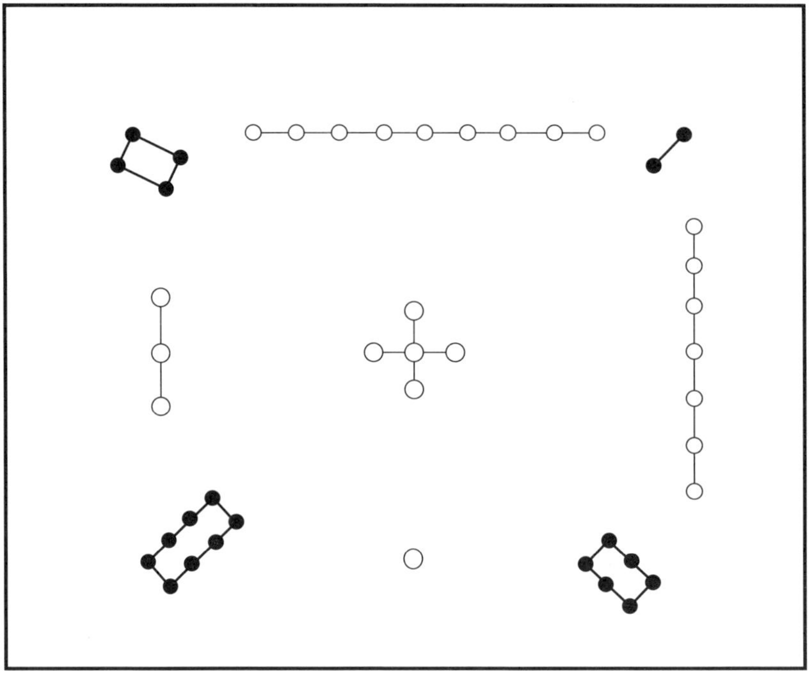

洛书

朱熹说："《洛书》尽取龟象，故其数戴九履一，左三右七，二四为肩，六八为足。"《洛书》为九方位图，即四正四隅加上中央总共九方。四正为东、西、南、北四方，四隅为东南、西南、西北、东北四方，中间为中央。

四正方与中央为阳，为白点。东方为三白点，西方为七白点，南方为九白点，北方为一白点，中央为五白点。四隅方位为阴，为黑点。东南方为四黑点，西南方二黑点，西北方为六黑点，东北方位八黑点。《洛书》正线、斜线黑白点皆为十五。

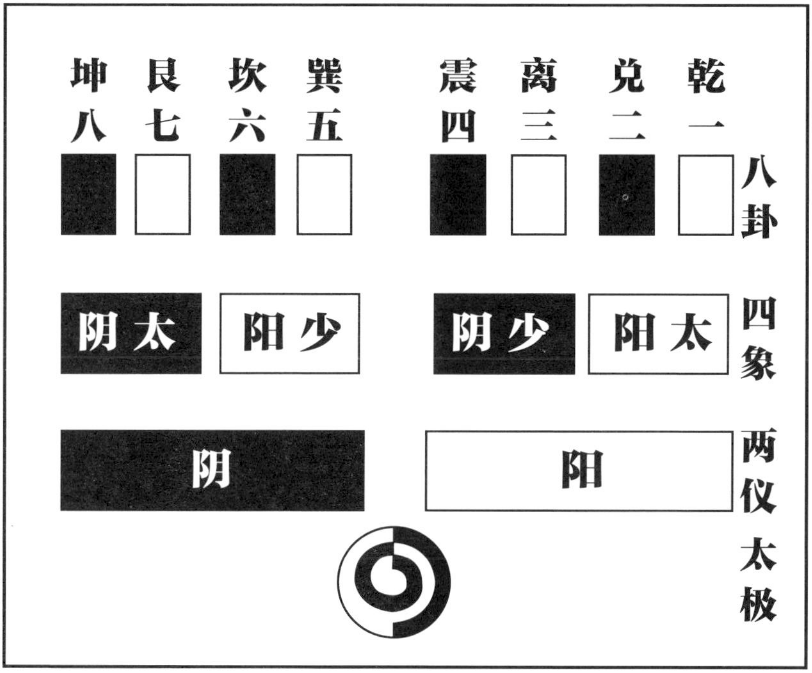

伏羲八卦次序图

此图说明太极生两仪，两仪生四象，四象生八卦的天地万物演化生成规律。太极为天地万物之根本，太极演化两仪，两仪为阴阳。两仪演化四象，四象为太阳、少阴、少阳、太阴四象。四象生八卦，即乾、兑、离、震、巽、坎、艮、坤。

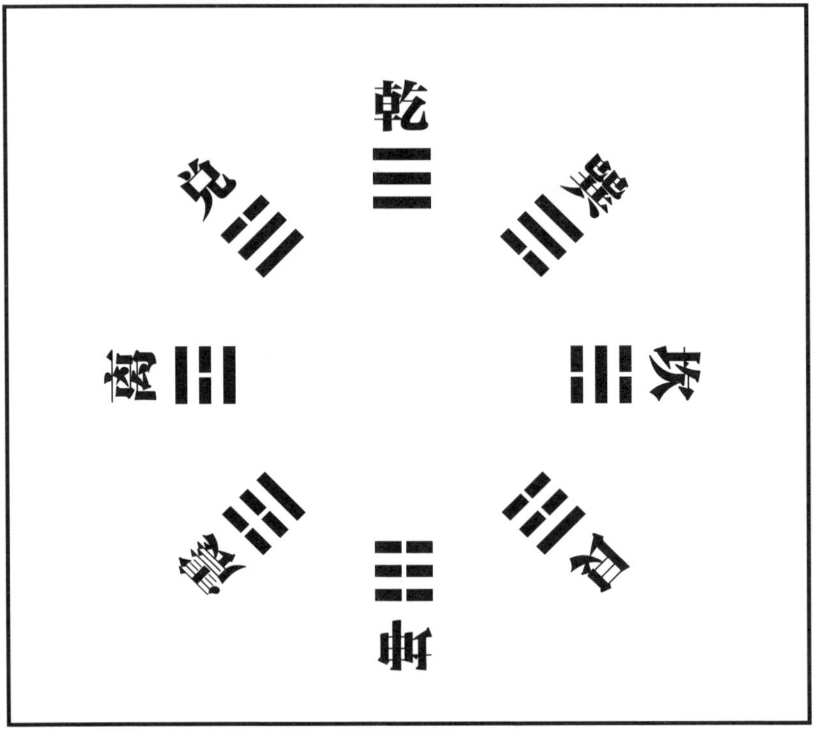

伏羲八卦方位图

传统易学认为伏羲八卦方位为先天八卦方位，乾为南方之卦，坤为北方之卦，离为东方之卦，坎为西方之卦，这是四正卦。兑居东南方，巽居西南方，艮居西北方，震居东北方，这是四隅卦。八卦演化顺序是乾、兑、离、震、巽、坎、艮、坤。

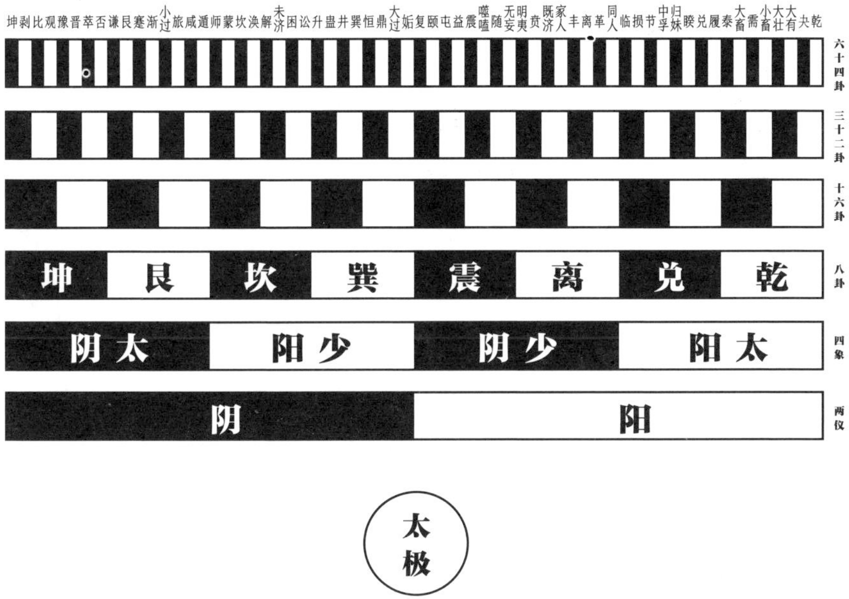

伏羲六十四卦次序图

此图说明天地万物的演化模式与规律。太极生两仪，两仪生四象，四象生八卦，八卦进而演化为六十四卦。即一分为二，二分为四，四分为八，八分为十六，十六分为三十二，三十二分为六十四。

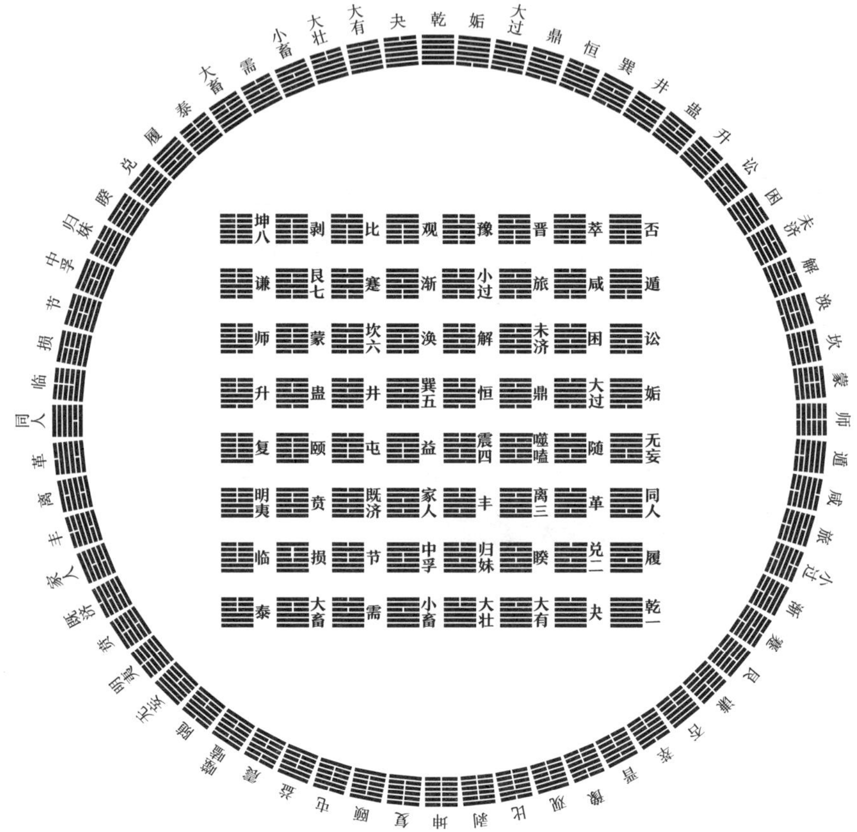

伏羲六十四卦方位图

朱熹认为，《伏羲八卦次序图》《伏羲八卦方位图》《伏羲六十四卦次序图》《伏羲六十四卦方位图》皆出于邵雍。此图由外圆图和内方图组成，两者之排列有着密切联系。圆图中，乾为天，在上，坤为地，在下。将方图中乾至复，按由下至上、由右至左的次序，排于圆图乾之左；坤至姤，按由上至下、由左至右的次序，排于圆图坤之右；如此，则方圆变幻，圆图始成。

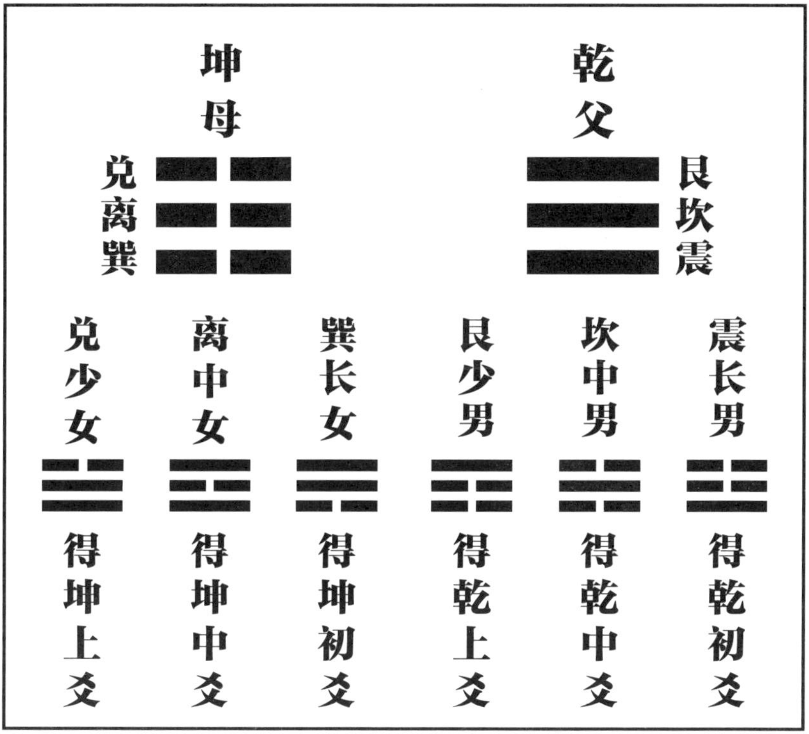

文王八卦次序图

《文王八卦次序图》认为乾坤为天地万物父母，乾父、坤母演化震、坎、艮、巽、离、兑三男三女。

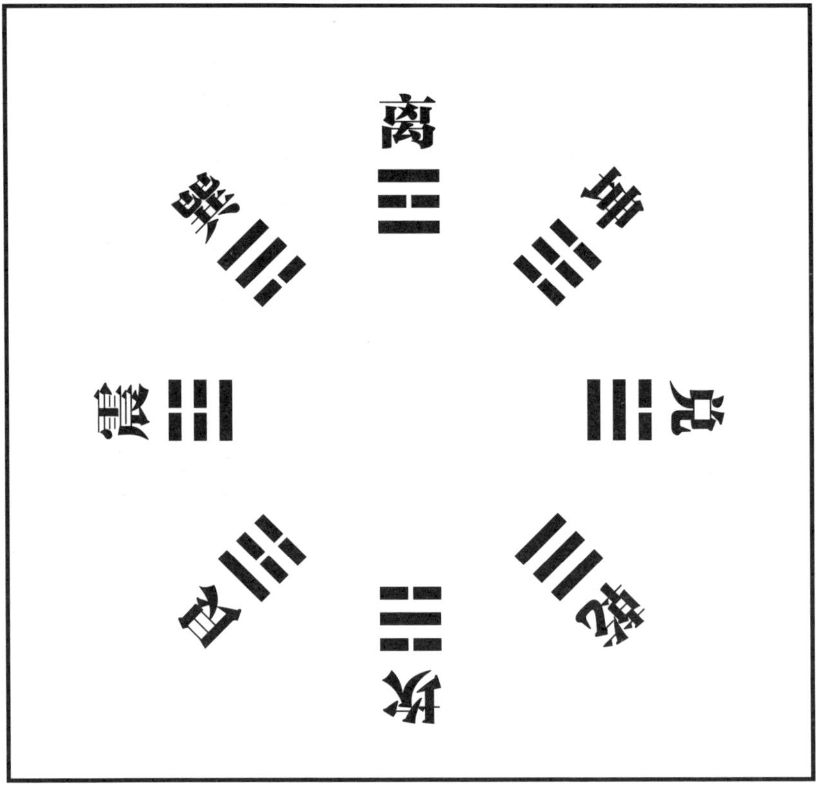

文王八卦方位图

《文王八卦方位图》出自《说卦传》。四正卦，震为东方卦，为木；兑为西方卦，为金；离为南方卦，为火；坎为北方卦，为水。四隅卦，巽为东南方卦，为木；坤为西南方卦，为土；乾为西北方卦，为金；艮为东北方卦，为土。

前 言

《周易》是周朝的《易经》版本，据说是文王、周公整理加工而成，后孔子又作十翼。在周朝以前的殷商时代，据说《易经》是叫《归藏》，殷商以前的夏代，《易经》是叫《连山》。这些说法见于《周官》，即《周礼》一书。周朝以后，自汉代到近现代，有关《周易》的阐释、解释著作多达3000余部，浩如烟海。

但是，易学史上将这些浩如烟海的易学著作基本上分为两派六宗。根据《四库全书总目·经部·易类》所说，易学史上的两派是指象数派和义理派，六宗则是指象数派的占卜、造化、禨祥等三宗，以及义理派的儒理、老庄、史事等三宗。当然，还有以佛理解释《易经》的，比如明代的方以智有《易余》，蕅益大师智旭有《周易禅解》等。

《周易》是中国历史上一部可以与儒家、道家、佛教禅宗互相贯通的伟大经典，我们说中国传统文化以儒释道三家为主，那么学习好《周易》，可以更准确地把握好中国传统文化。

《周易》相关文献，第一部分经文六十四卦与传文十翼，从唐代李鼎祚的《周易集解》入门比较好。第二是图书部分，包括太极图、河图、洛书，参考朱熹的《周易本义》比较好。第三是《周易》历代传播文本，即历代阐释《周易》文本的著作，各个时代都有各个时代的易学代表作、代表流派及代表人物。我在《周易古礼研究》一书中对《周易》文本的撰作时代与作者问题做了比较详细的论证与说明。章学诚认为："六经皆先王之政典也。"余嘉锡也说："《春秋》以前，并无私人著作，其传于后世者，皆当时之官书也。"我们认为，《周易》就是周王朝的官方文献，也是官书。殷代的《归藏》是殷商王朝的官书，夏代的《连山》当然就是夏王朝的官书。

《周易》由殷商的《归藏》、夏代的《连山》等《易》演进、演变、损益而来。其中《连山》由伏羲的八卦发展而来，中间经过神农氏、黄帝氏、尧帝、舜帝等人的集体贡献与发明整理。

我认为《周易》一书文本成于殷商末年西周初年，周文王、周公等人做出了巨大贡献，以文王、周公等人为主进行编写，也可能组织相关人员多次集体整理过。《周易》虽然包含了不少殷商的典章制度，当然主要还是概括了西周当时主要的典章制度。我个人认为，十翼可能是孔子讲述，孔子弟子整理而成的。

本书是笔者根据岳麓书社的策划而作，对《周易》所有经文、传文都作导读、翻译，并对其中重要的难点作注释，以利于读者阅读理解。本书将《周易》的经文与传文分开，这样利于读者理解经文原文与传文的差异以及《周易》经典传播的历史过程，我们采用的底本仍然以唐朝李鼎祚的《周易集解》为主，结合其他版本作为参考，诸如宋代朱熹的《周易本义》，明代蕅益大师智旭的《周易禅解》以及王夫之的《周易内传》《周易外传》等著作。本书的特色是以礼释易，沿袭了笔者《周易通释》的做法，许多注释参考了笔者《周易古礼研究》等著作以及笔者发表在《周易研究》学术期刊上面的相关论文。除此之外，本书也关注了易图所蕴含的深意。

特别需要予以说明的是，《乾》卦小象辞在《周易集解》里面并没有附录在《乾》卦每条爻辞下面，而是集中放在大象辞后面；但是随后的六十三卦的小象辞却附录在每条爻辞下面了。笔者为了区分经与传，于是便将每卦的六条爻辞后面的小象辞都统一集中一起，放在每卦的大象辞后面，每条爻辞后象辞的“象曰”除了第一条保留外，其余五个“象曰”省去，就像李鼎祚《周易集解》的《乾》卦小象辞一样。这并不是笔者故意要改动《象传》传文，而是为了要区分经与传，将每卦的经文集中到一起，也将每卦的象辞集中到一起，为了省略，不至于太啰唆，只好向李鼎祚氏学习，同时为了统一六十四卦象辞体例，才这样做的。我个人认为，小象辞系于每条爻辞后面，加上的“象曰”实际上起到区分每条爻辞与每条象辞的作用。否则，爻辞与象辞就分不清了。象辞集中到一起后，就像《乾》卦小象辞一样，没有必要在每条象辞前都加上“象曰”二字。原来将每条小象辞系附在每条爻辞之前的《象传》，应该没有这么多的“象曰”二字，故此笔者做了这些改动。

在《前言》中还想说明一点的是，学习《周易》，关键是要理解把握阴阳之道。而理解把握阴阳之道的关键则是正确理解太极图以及河图、洛书。因此，本书前面附上八张易图，并加以注解，读者可以参考。一部《周易》，要点就是谈论阴阳之道，读者学习《周易》，无非是理解和把握阴阳之道。

《周易·系辞传》说：“一阴一阳之谓道。”庄子说：“易以道阴阳。”《周易》就是说阴阳之道，《周易》的一切也离不开阴阳之道。阴阳之道实际上是天道阴阳变化运行规律，天道阴阳在地道中体现为柔刚、在人道中体现为仁义，天道、地道、人道等三才之道，阴阳之道是根本。具体来说，一阴一阳之道，就是一个太极图内的一阴与一阳的运动变化之道。当然，由太极而两仪，由两仪而四象，由四象而八卦，由八卦而六十四卦，一阴一阳之道，就会演变成天地万物变化之道。

《周易》阴阳之道的大门就是《乾》《坤》两卦，正确理解这两卦就能够打开《周易》大门。《易·系辞传》中孔子多次强调《乾》《坤》是《周易》之门，不理解《乾》《坤》二卦，就不能打开《周易》的大门，就不可能进入《周易》的殿堂。

《乾》《坤》二卦为什么这么重要呢？因为《乾》卦是纯阳卦，纯阳卦是阳道与天道的总枢纽，《坤》卦是纯阴卦，纯阴卦是阴德与地道的总枢纽，其余六十二卦，都是阴阳杂卦，都是阴阳之道的综合运用。

而准确理解《乾》《坤》两卦的前提，是必须要懂得易象，即卦象与爻象。学习《周易》不仅仅是要学会阅读，还要会设卦、会观象、会玩辞。理解词义，是一般图书的阅读要求，而《周易》则远远不够，因为书不尽言，言不尽意，更因为《周易》首要的是象，“易者，象也”，象是由卦体现出来的，卦不能读，只能够设卦、演卦、卜卦，由卦体现出来的象也不能够阅读，只能够观察，即观象。

对于《周易》来说，观象是第一位的。卦、象、辞，辞是第三位的，大家往往容易将辞等同于《周易》，其实是不准确的。孔子说“书不尽言，言不尽意”，然则圣人之意，其不可见乎？孔子又说“圣人立象以尽意，设卦以尽情伪，系辞焉以尽其言，变而通之以尽利，鼓之舞之以尽神”，设卦、观象能够表达出辞所不能够表达出来的意义，因此，《周易》特别强调卦与象。《周易》包括两个部分，一部分是经，一部分是传。经是六十四卦，包括卦画、卦名、卦辞、爻辞。传是十翼，《彖传》《象传》《系辞传》各分上下，共六篇，另外有《文言传》《说卦传》《序卦传》《杂卦传》四篇，总共十篇。十翼是解释说明《周易》六十四卦经文的，因为据说是孔子所作，所以，后来的易学家、经学家都已经将十翼也看作经典的一个部分了。

《乾》《坤》是阴阳之道的门户，易象是理解《乾》《坤》二卦的前提，那么《乾》卦卦辞“元亨利贞”四个字则是打开《周易》门户的钥匙。《文言》则是《乾》《坤》的门槛，《彖》《象》则是《乾坤》的窗户。

《周易》的易道，以天道阴阳之道为代表，体现在天地人三才之道中。天道即天象，亦即天体运行之道，天道阴阳，以日月运行为主，日月对人类影响最大。天道体现在《乾》卦辞“元亨利贞”四个字和六爻爻辞里面。地道为柔刚，地道柔刚分为五行金木水火土。人道分为仁义，地道五行蕴含五常之性，即仁义礼智信。易道包括天道阴阳之道、地道柔刚之道、人道仁义之道，即易道包括三才之道。

相对应的天道阴阳运行讲道德，地道柔刚等五行运行讲生杀刑克，人道仁义等五常运行讲礼法。《论语》里面孔子讲德礼政刑，“为政以德，譬若北辰，居其所而众星共之”，“道之以政，齐之以刑，民免而无耻。道之以德，齐之以礼，有耻且格”。这些和《周易》的治理思想完全一致。

《周易》阴阳之道包括经常与权变两部分道理。也就是说，《周易》讲常道、变道两部分道理。

下面简要谈谈读《易》通例，即阅读《周易》应该要注意的体例。

第一，阴卦、阳卦与乘承比应问题。

《系辞传》里面讲得很清楚，阴卦多阳，阳卦多阴。就是说，阴卦、阳卦的性质是由少数决定多数，遵循少数决定多数原则，而并不是我们一般的常识是多数决定少数的原则。具体说，卦有六爻，一个阴爻，五个阳爻，譬如《小畜》《履》《同人》《大有》《夬》《姤》等六卦，都是阴卦，一个阴爻决定了其余五个阳爻的性质。一个阳爻，五个阴爻，则为阳卦，譬如《师》《比》《谦》《豫》《剥》《复》等六卦。

乘是指上爻对下爻而言，阳爻在上面，阴爻在下面，即阳乘阴，属于正常。阴爻在阳爻上面，即阴乘阳，属于反常。譬如《屯》卦，六二爻说：“屯如邅如，乘马班如，匪寇，婚媾，女子贞，不字，十年乃字。”此即属于阴爻乘阳爻，因此出现反常现象。对此我有一个看法，即现代民俗里面也有这种现象，男子小时候娶比自己大很多的童养媳，帮助家里做工，女子实际上要等十年左右男子才会成人，之后才会成亲生小孩。否则，六二爻就不好解释。

承，是指下爻承接上爻，阴爻承接阳爻，是正常的。阳爻承接阴爻，属于反常了。《师》卦，初六爻承接九二爻。

比，是阴爻比附阳爻，如《比》卦，阴爻比附九五阳爻。

应，是上卦三爻与下卦三爻初、中、上位互相照应，即初爻与四爻、二爻与五爻、三爻与六爻，互相照应。如果是阴阳关系，就是正应；如果是阴与阴、阳与阳的关系，就属于敌应。如《咸》卦，上卦为兑，下卦为艮，就属于阴阳正应关系，一阴与四阳、二阴与五阳、三阳与六阴，互相感应。《艮》卦是一阴与四阴、二阴与五阴、三阳与六阳，互相敌应。正应就是少男少女互相来电，互相放电，互相有感觉，因此，《咸》卦就是少男少女恋爱的卦。相反，敌应就是不来电，没感觉。

第二，卦位从下卦而往上卦生长，终而复始，表示本末、先后、内外的时空序列关系。

一般来说，下卦为本，上卦为末；下卦为先，上卦为后；下卦为内，上卦为外。如《复》卦，表示一阳往上生长，一元复始，春天到来，万象更新。《复》《临》《泰》卦，表示阳气生长，春天来临。元亨利贞，终而复始，表示万物永恒发展，没有止境。《复》说“七日来复”，表示《复》卦由《剥》卦发展而来。“七日来复”的“七日”，实际上是指七个月的日子，《诗经·豳风》有《七月》一诗，“七月流火，九月授衣。一之日……二之日”，一之日、二之日，就是指一月的日子、二月的日子。七月指周历，相当于夏历九月，火指火星，周历七月相当于今天夏历九月，西历到了十月、十一月了，周历一之日，即《复》卦之时，相当于今天阴历十一月，公历十二月。现在许多人引用“七月流火”来说明夏天的炎热，是出洋相，甚至有大学校长、著名作家也这样说，可见这些人的古典文学修养水平如何了，既不熟悉《诗经·七月》，也不懂《周易·复》。

整个《周易》是讲终而复始，不讲始终，这就是我们中华文明最为高明的智慧。《乾》卦讲“大明终始”，六十四卦排列到最后是《既济》与《未济》，《既济》是终，《未济》是始。《既济》是圆满，是结束，并不好。《未济》是缺陷，是不圆满，是开始，反而好。人生追求完美，因为有缺陷才追求完美。

第三，中位是阴阳关系的根本。

《彖传》的作者即十分重视以人文理性精神解《易》，最为重视卦爻位中的二爻、五爻中位，二爻位为下经卦中位，五爻位为上经卦中位。据我们统计，《易经》六十四卦三百八十四爻（除去用九、用六两爻不计）中，五爻位吉利爻最多，达38爻，其次为二爻位，达34.5爻；其下依次为四爻位25爻，上爻位25爻，初爻位20.5爻，最少的为三爻位，只有10爻。毫无疑问，在六爻位中，五爻位与二爻位是最好的两个爻位。五爻位居上卦之中，二爻位居下卦之中，居中即意味着行事得中，言行处世得中，具有中德，而追求“中”，应该是当时易学的主流倾向。

《彖传》在阐释卦辞时，六十四卦中共有三十九卦论述到“中”的问题，或“刚中”或“柔中”，无“中”字的只有二十五卦，即《乾》《坤》《泰》《否》《谦》《豫》《随》《蛊》《贲》《剥》《复》《大畜》《颐》《咸》《恒》《遁》《大壮》《晋》《家人》《损》《夬》《革》《震》《艮》《归妹》等卦。

即使是不吉、不利的卦，如《困》《蹇》《坎》《否》《剥》等卦，二、五之中位，仍然不会凶险。

五爻得中，意味着得天时、得天道。二爻得中，意味着得地利、得地道。

可见，得中即几乎意味着吉利。在六五爻位中，吉利爻中阳爻有17爻，阴爻有21爻，阴爻吉利爻比阳爻吉利爻要多，如果按照当位的理论，那么阴爻居五爻位是不当位的，可是当位的阳爻其吉利爻反而不如不当位的阴爻的吉利爻为多，可见，当位与不当位在《易》卦六爻位当中，并不具普遍性和决定性的意义，而得中即具有重要意义，尤其是五爻位，得中之爻没有一爻是全凶之爻，这在六爻位当中是绝无仅有的，五爻位中半凶之爻有4爻，二爻位中凶爻也只有4.5爻，很少很少。可见得中具有决定性的意义。

第四，阴阳当位不是关键，与中位相比，居于次要地位。

当位问题是局部性的，考察六爻位，象辞论述当位与不当位之爻共有21处，下经卦为15处，上经卦为6处，皆就三爻位与四爻位而言，尤其相对于三爻位而言，三爻位如果是阴爻，那么往往多凶恶，不当位。四爻位如果是阴爻，则当位。据我们统计，三爻位吉利爻中，阳爻占9爻，是当位的；阴爻只占1爻，是不当位，这也说明当位在三爻位当中，吉利出现的可能性比阴爻不当位的可能性要大得多。而阴爻中凶爻即占8爻，阳爻只3爻。因此当位与不当位，在三爻位中是极其明显的。

四爻位当位与不当位，对吉凶后果影响不太明显，四爻位25爻吉利中，阳爻不当位为13爻，阴爻当位为12爻，当位的吉利爻反而少1爻；凶爻中，不当位的阳爻为4爻，当位的阴爻为1爻，当位比不当位要好。

上爻位中当位与不当位，亦无意义，上爻位25爻吉利爻中，当位的阴爻为10爻，不当位的阳爻为15爻，不当位的吉利爻要多；在凶爻中，不当位的阳爻只有5爻，而当位的阴爻反而有13爻之多。

初爻位当中，当位与不当位有一定意义。吉利爻为20.5爻，当位的阳爻中吉利爻有12爻，不当位的阴爻为8.5爻；凶爻有9.5爻，当位的阳爻为2爻，不当位的阴爻为7.5爻。

象辞在解释当位与不当位时，只有三爻位与四爻位涉及这一问题。

就爻位的吉凶而言，事实上只有在三爻位与初爻位中，当位不当位才有一定程度上的意义。六十四卦之中，只有《谦》卦一卦六爻位皆吉利，这在六十四卦中绝无仅有，可见，《易》本身是崇尚德义的，十翼当中，只是把“中”“谦”等德义进一步突出、进一步发扬光大罢了。

易辞的阅读，也不叫作阅读，叫作玩辞，一般的图书叫作阅读、诵读、学习，独独《易经》叫作玩辞，玩即玩味、体会、琢磨、体悟，因为经上的易辞，与占卜时的实际情况之间，是象的一致，辞很有可能是有差距的，或者有很大差距的，因此要玩味，才能够豁然贯通。死读死记字面意义是不能够很好沟通实际的。

笔者在《前言》中不厌其烦地做这些交代，是因为《周易》这部书，实在是中国乃至全球独一无二的一部经典，具有相当的特殊性，有卦，有爻，有象，有辞，还有图，还有占，要融会贯通，很不容易，希望读者学习《周易》时能下定决心，坚定信心，观象玩辞，观变玩占，日积月累，一定会不断有感悟、启发和收获。“无有师保，如临父母。”《周易》是人生道路上最好的导师与伴侣，不是父母，胜过父母！不是老师，胜过老师！

孔子研读《周易》，司马迁赞叹说曾经“韦编三绝”，穿竹简的牛皮绳翻断过三次，可见孔子学习之勤、用功之深，对于《周易》简直是痴迷不已。我们向孔子学习，如果我们用孔子这种痴迷不已的精神学习《周易》，我们的德业、事业、学业一定会如孔子所说的“默而成之，不言而信”，一定会如孔子所说的“自天祐之，吉无不利”！

十余年来，我在岳麓书社出版了多种《周易》相关的书。两种是《湖湘文库》中的《周易》古籍整理，即罗典的《凝园读易管见》与郭嵩焘的《周易异同商》。还有几种是关于《周易》注释与翻译的，即2008年的《周易通释》（标准读本）、2016年的《周易通释》（周读书系本）和2019年的《周易》（古典名著普及文库本），而本书便是在这些注释、翻译的基础上，全面修订而成的。

应该感谢我一生求学过程中的各位老师，譬如郭晋稀先生、胡大浚先生、吴福熙先生、萧汉明先生、陈成国先生、唐凯麟先生等各位先生！学以聚之，问以辩之，宽以居之，仁以行之，学问之路，践履之功，无有止境。仰望先圣先师和各位老师，高山仰止，景行行止，虽不能至，心向往之。本书的出版，应该感谢岳麓书社的曾德明先生、刘文先生和周家琛先生，他们付出了辛勤劳动！本人才学疏浅，本书可能有许多不足之处，祈盼专家学者不吝赐教，朋友讲习，乐莫大焉！

兰甲云

目　录

䷀ 乾[1]

导读

《乾》卦与《坤》卦是整部《周易》的关键,《乾》卦尤为重要。《乾》卦卦辞“元亨利贞”四个字是揭示天道规律,即阳道运行变化总规律的。依照次序而言,从初九、九二、九三、九四、九五、到上九,总共六爻是分述总规律的,用九爻辞则是对阳道变化规律的总结与判断。《乾》卦纯阳,其六爻变化规律体现在六爻爻辞当中,九二、九五两爻为得中,九五既正且中,为君位,为君王之位,为刚健有为之位。用九爻辞“见群龙无首,吉”,“群龙无首”即刚而能柔、健而能顺、有德而不德、善而不伐,表明《周易》追求刚柔相济。能刚能柔,天下自治,最为吉利。《乾》卦揭示了天下大治之道在于天下能够自治,各正性命。《乾》卦彖辞用形象描述的方式阐述了“元亨利贞”卦辞的运行规律和深刻含义,《象传》点明卦辞、爻辞的奥义精蕴,《文言》则从天道、人道等角度反复阐释解说卦辞、爻辞的内容与要旨。

原文

元亨利贞。[2]

初九,潜龙勿用。[3]

九二,见龙在田,利见大人。[4]

九三,君子终日

译文

元始,亨通,利和,贞正。

初九爻,龙潜伏着正在冬眠,不能出来活动。

九二爻,龙苏醒过来,出现在田野,利于见到大人。

九三爻,君子整天自强不息,到了晚上

乾乾，夕惕若，厉，无咎。[5]

注意休息，防范不测，虽有危险，但不会有祸害。

九四，或跃在渊，无咎。

九四爻，龙或者跃出水面，飞向空中，或者退回水面，潜伏水底，不会有过失。

九五，飞龙在天，利见大人。

九五爻，龙已腾飞在天空中，自由翱翔，利于见到大人。

上九，亢龙有悔[6]。

上九爻，龙腾飞天空，不知及时往返，会有悔恨。

用九，见群龙无首，吉。[7]

用九爻，一群龙出现在天空，分不出谁是龙王，吉祥无比。

注释

1 **乾：**卦名，《周易》六十四卦之首卦，六爻皆为阳爻，为纯阳之卦，基本卦象为天，卦性卦德为健。

2 **元亨利贞：**此为《乾》卦所系之卦辞，阐述《乾》卦之奥义，正如马其昶所说："故此四字，为全《易》之纲宗。"《子夏传》释云："元，始也；亨，通也；利，和也；贞，正也。"

3 **初九，潜龙勿用：**《周易》每卦六爻，自下而上称初、二、三、四、五、上，阳称九，阴称六。因此《乾》卦第一爻阳爻称初九，相对而言《坤》卦第一爻阴爻则称初六。潜龙，指潜伏着正在冬眠的龙；勿用，指不能出来活动。《周易集解》引沈驎士云："称龙者，假象也。天地之气有升降，君子之道有行藏，龙之为物，能飞能潜，故借龙比君子之德也。初九既尚潜伏，故言'勿用'。"帛书《易》"潜"作"浸"，浸龙即寝龙，指正在睡觉的龙，因初九爻为冬至，故其时龙与蛇一样，正在冬眠。

4 **见龙在田，利见大人：**见，即现，读 xiàn。田，指可耕种之地。大人，指既有道德又居于高位的君子，有时指君王，有时指大臣。

5 **君子终日乾乾,夕惕若,厉,无咎:**终日,一整天。乾乾,指劳作不息,工作不停。夕惕若,指晚上注意好好休息,同时保持警惕注意防范。厉,指危机、危险。无咎,没有过失。廖名春在《周易经传十五讲》中认为“夕惕若”指“晚上注意休息”,颇为有理。廖氏曰:“惕,帛书《周易》经、传都作‘沂’,读为析,析有解除之义,引申为安闲休息。帛书易传《二三子》篇引孔子说:‘此言君子务时,时至而动……君子之务时,猷驰驱也。故曰:“君子终日键键。”时尽而止之以置身,置身而静。故曰:“夕沂若,厉无咎。”’”又引帛书易传《衷》篇“子曰”说:“‘君子冬日键键’,用也;‘夕沂若,厉无咎’,息也。”

6 **亢龙有悔:**亢,过甚、过分。《周易集解》引王肃曰:“穷高曰亢。”龙高飞不已,最终陷入穷困的境地,心里十分后悔。马振彪《周易学说》引李士鉁曰:“过刚而不在位,无助无应,故亢龙有悔。戒刚之过甚也。”

7 **用九,见群龙无首,吉:**《周易》以变爻为占,阳爻遇九将变为阴爻,阴爻遇六将变为阳爻。用九,即《乾》卦六阳爻皆为九,六阳爻皆将变为阴爻。《周易本义》云:“用九,言凡筮得阳爻者,皆用九而不用七。盖诸卦百九十二阳爻之通例也。以此卦纯阳而居首,故于此发之。而圣人因系之辞,使遇此卦而六爻变者,即此占之。”见,即出现。群龙,指六阳爻。无首,《说卦传》有“乾为首”之象,无首即无乾象,六阳爻将变阴,即将变化为《坤》。尚秉和《周易尚氏学》云:“‘见群龙无首,吉’者,申遇九则变之义也。九何以必变,阳之数九为极多,故曰群。阳极反阴,乃天地自然之理。乾为道,以阳刚居物首,易招物忌。变《坤》则无首,无首则能以柔济刚,故吉。”有学者认为无首指互相谦让,让贤,有理,可从。占筮为《乾》卦六阳爻皆为九,在天空中看见一群龙,互相尊贤礼让,吉祥。

传

《彖传》导读

《乾》卦《彖传》解释说明“元亨利贞”四字,阐明卦辞精义。所有六十四卦《彖传》皆是为了阐明六十四卦卦辞。蕅益大师《周易禅解》解释《乾》卦《彖传》云:“此孔子《彖传》,所以释文王之彖辞者也。释彖之法,或阐明文王言中之奥,或点示文王言外之旨,或借文王言句而自出手眼,别申妙义,事非一概。今《乾》《坤》二卦,皆是自出手眼,或亦文王言外之旨。”蕅益大师认为,“大哉乾元,万物资始,乃统天”,是解释“元亨”二字,“以显性德法尔之妙,所谓无不从此法界流也”。对于“大明终始,六位时成,时乘六龙以御天”,他解释说:“是显圣人以修合性,而自利功圆也。”又说:“天即性德也,修德有功,性德方显。”对于“乾道变化,各正性命,保合大和,乃利贞”,他解释说:“以显性德本来融遍,所谓无不还归此法界也。”又说,“各得乾道之全体大用”,“物物具乾道全体”。对于“首出庶物,万国咸宁”,他解释说:“是显圣人修德功圆,而利他自在也。统论一传宗旨,乃孔子借释彖爻之辞,而深明性修不二之学,以乾表雄猛不可沮坏之佛性,以元亨利贞表佛性本具常乐我净之四德。”传统易学将“元亨利贞”与“仁义礼智”联系起来,蕅益大师则将“元亨利贞”与“常乐我净”联系起来,易学与儒学五常、佛学四德皆能融会贯通。蕅益大师进一步阐释说:“元亨利贞四德也,今以儒理言之,则为仁义礼智,若一往对释者,仁是常德,体无迁故。礼是乐德,具庄严故。义是我德,裁制自在故。智是净德,无昏翳故。若互摄互含者,仁礼义智性恒故常,仁礼义智以为受用故乐,仁礼义智自在满足故我,仁礼义智无杂无垢故净。又四德无杂故为仁,四德周备故为礼,四德相摄故为义,四德为一切法本故为智也。”

原文

彖[1]曰：大哉乾元[2]，万物资始，乃统天。云行雨施，品物流形，大明终始，六位时成，时乘六龙以御天。[3]乾道变化，各正性命，保合大和，乃利贞，首出庶物，万国咸宁。[4]

译文

彖辞说：乾元太伟大了，万物因元气而开始产生出来，元气统率大自然。云雾郁兴，雨露施降，万物萌芽生长，日出日落，昼夜形成，天地四时运转不息。乾卦六阳爻效法天道变化而化生万物，驾驭大自然。天道变化，万物因应，各自能端正品性、完成生长过程，维持大自然的生态平衡与和谐，利于坚守正道，万物因阳气而得以产生，天下万国共享太平。

注释

1 **彖：**音 tuàn，即判断、阐释卦辞，六十四卦各有一段彖辞，合称《彖传》。

2 **大哉乾元：**《周易集解》引《九家易》云："元者，气之始也。"由此可见，元指最初之元气，乾元即指天之元气。

3 **云行雨施，品物流形，大明终始，六位时成，时乘六龙以御天：**品物，指各类事物。流形，指生长、成长。大明，指太阳。《周易集解》引侯果曰："大明，日也。六位，天地四时也。六爻效彼而作也。大明以昼夜为终始，六位以相竭为时成，言乾乘六气而陶冶变化，运四时而统御天也，故曰'时乘六龙以御天'也。"

4 **乾道变化，各正性命，保合大和，乃利贞，首出庶物，万国咸宁：**乾道，指天道。正指端正、确定。性命，性指万物之属性、特性；命指万物之生长过程，即寿命。保合，维持平衡。大和，即太和，指风调雨顺的自然界大和谐。首出庶物，指万物因阳气而产生，《周易集解》引刘瓛曰："阳气为万物之所始，故曰'首出庶物'。"解释"万国咸宁"时说："立君而天下皆宁，故曰'万国咸宁'也。""首"指乾，阳气。

《象传》导读

《象传》分《大象传》与《小象传》两个部分。《大象传》解释卦辞，《大象传》推天道以明人事，前半部分说明相关卦象，后半部分说明人事。譬如《乾》卦《大象传》，"天行健"，指明天象规律是健，即推明天象；"君子以自强不息"，即是由天象推明人事，君子效法天道规律，应该自强不息。《小象传》解释爻辞，一般是为了说明爻辞"吉凶悔吝"等断语的原因。譬如《乾》卦初九"潜龙勿用"，小象辞则解释说："'潜龙勿用'，阳在下也。"因为阳潜伏在地下。即阳气在地下，所以不适宜出来活动。六十四卦的大象辞与小象辞，都是这种情况。大象辞都是一半说明卦象天象，一半说明人事，君子如何效法天道。小象辞则是说明原因与因果关系。譬如《坤》卦初六爻辞是"履霜，坚冰至"。小象辞则说："'履霜坚冰'，阴始凝也。驯致其道，至坚冰也。"解释了原因，说明了履霜与坚冰之间的因果关系。

原文

象曰：天行健，君子以自强不息。

象曰："潜龙勿用"，阳在下也。[1]

"见龙在田"，德施普也。[2]

"终日乾乾"，反复道也。[3]

"或跃在渊"，进无咎也。

"飞龙在天"，大

译文

大象辞说：天道运行，昼夜不息，为健；君子效法天道健的精神，应当自强不息。

小象辞说：龙潜伏着正在冬眠，不能出来活动，是因为阳气尚微弱，潜伏在地中。

龙出现在田野，君德能够广施百姓。

整天劳作不息，反复坚守正道。

龙或者跃出水面，飞上空中；或者退回水面，隐伏水底，说明龙谨慎地进取，不会有祸害与过失。

龙腾飞在天空中，大人大有作为。

人造也。[4]

"亢龙有悔",盈不可久也。[5]

用九,天德不可为首也。[6]

龙腾飞不已,不知及时往返,会有悔恨,因为盈满得意不可能长久保持住。

《乾》卦六阳爻皆变为九,《乾》卦将变化为《坤》卦,天道阴阳变化不可测度,天道没有首尾之分。

注释

1 **"潜龙勿用",阳在下也:**《周易集解》引荀爽曰:"气微位卑,虽有阳德,潜藏在下,故曰'勿用'也。"龙潜伏冬眠,不会出来活动,是因为初爻居地之下位,表明阳气尚潜伏在地中,为冬至《复》卦之时。

2 **"见龙在田",德施普也:**阳施阴生,阳主施,又为德,因此说阳德即君德普施百姓。荀爽认为:"临长群阴,德施于下,故曰'德施普也'。"

3 **"终日乾乾",反复道也:**反复道也,指反复于正道,《周易本义》释"反复"为"重复践行之意"。整天不停努力,自强不息,反复皆守正道,不出差错。

4 **"飞龙在天",大人造也:**造,《经典释文》引郑注曰:"为也。"《周易本义》释云:"犹作也。"

5 **"亢龙有悔",盈不可久也:**龙高飞不已,陷入穷困境地,说明盈满不可能持久。

6 **用九,天德不可为首也:**《周易集解》引宋衷曰:"用九,六位皆九,故曰'见群龙'。纯阳,则天德也。万物之始,莫能先之,不可为首。先之者凶,随之者吉,故曰'无首,吉'。"

《文言传》导读

《文言传》是对《乾》卦卦辞与爻辞的进一步引申和发挥,主要从学问、事功、品德等人事伦理角度阐释,带有浓厚的儒家色彩,具有积极的用世态度和经世精神，淡化了卜筮的巫术意味，体现了作者十分可贵的人文理性价值观。

《文言传》首先解释"元亨利贞"的人文意义，即卦之四德。将"元"解释为善之长，即首善、大善、仁善、至善之义；将"亨"解释为美好的会合；"利"解释为道义的和谐；将"贞"解释为行事之主干、实践之要领。接着又从德业方面进行发挥：君子行仁乐善是为了引导百姓，为他们树立楷模；举行美好聚会是为了奉行礼制；利于万物，完全符合道义；坚守正道躬于实践，就能够成就功业。《文言传》将《乾》卦卦辞"元亨利贞"解释成君子必须奉行遵守的四种操行品德。解释完卦辞后，《文言传》又对爻辞进行人文意义的发挥与引申。

原文

《文言》[1]曰：元者善之长也[2]，亨者嘉之会也[3]，利者义之和也[4]，贞者事之干也[5]。君子体仁足以长人[6]，嘉会足以合礼[7]，利物足以和义，贞固足以干事。君子行此四德者，故曰："乾，元亨利贞。"[8]

译文

《文言传》说：元是善生长的来源与根据，亨是美好的沟通、交流、聚会，利是道义的和合，贞是事物的主干。君子体会仁德，内心充满仁德，足以领导人民成长；进行美好的交流、沟通，举行美好的聚会，足以符合礼制要求；利于万物，足以符合公共道义；坚守正道足以干好祭祀、军事等国家大事。君子能够践履好元、亨、利、贞四种品性、品行要求，因此说君子具备了《乾》卦之元、亨、利、贞四种德行。

注释

1 《乾》卦《文言传》阐释《乾》卦卦辞与爻辞，解释卦辞偏重于从五常角度解释君子四德，即仁义礼智。解释六爻偏重从龙之隐德、中正之德、进德修业、及时用世、飞龙之德、亢龙之德等方面引申。接着反复阐释六爻和用九之形势与精义，后面又申述卦辞与六爻爻辞奥义。《文言传》对《乾》卦的阐释，实际上起到一种对《周易》其余卦辞、爻辞理解的示范作用。《周易集解》引姚信曰："乾坤为门户，文说乾坤，六十二卦皆放焉。"

2 **元者善之长也：**乾元为乾阳，为最高之善、最大之善，乾元统领一切之善。元为始，为仁，为春，为木，为东方。《周易集解》引《九家易》曰："乾者，君卦也。六爻皆当为君，始而大通，君德会合，故元为'善之长也'。"《彖传》说乾元为万物之始，即乾之阳为万物之始。坤元为万物之生，即坤阴为万物之生。可见，元含阴阳，乾元为阳，坤元为阴。坤元坤阴顺承乾元乾阳。可见，元即太极之意，乾元即太极之阳，坤元即太极之阴。

3 **亨者嘉之会也：**亨为通，为礼，为夏，为火，为南方。《周易集解》引《九家易》曰："通者，谓阳合而为乾，众善相继，故曰'嘉之会也'。"

4 **利者义之和也：**利为道义之和合。利为利益，为义，为秋，为西方，为金。《周易集解》引荀爽曰："阴阳相和，各得其宜，然后利矣。"

5 **贞者事之干也：**贞为正，为冬，为北方，为水，为智。《周易集解》引荀爽曰："阴阳正而位当，则可以干举万事。"

6 **君子体仁足以长人：**何妥解释说："此明圣人则天，合五常也。仁为木，木主春，故配元，为四德之首。'君子体仁'，故有'长人'之义也。"

7 **嘉会足以合礼：**何妥解释说："礼是交接会通之道，故以配通。五礼有吉凶宾军嘉，故以嘉合于礼也。"

8 **君子行此四德者，故曰："乾，元亨利贞"：**《乾凿度》认为元为仁，亨为礼，利为义，贞为信，何妥也持同样观点。但是，李鼎祚与朱熹都认为，贞为智，不是信。中央为土，土主信。笔者赞成李氏、朱氏观点。李鼎祚曰："夫'在天成象'者，'乾，元、亨、利、贞'也。言天运四时，以生成万物。'在地成形'者，仁义礼智信也。言君法五常，以教化于人。元为善长，故能体仁。仁主春生，东方木也。亨为嘉会，足以合礼。礼主夏养，南方火也。利为物宜，足以和义。义主秋成，西方金也。贞为事干，以配于智。智主冬藏，北方水也。故孔子曰'仁者乐山，智者乐水'，则智之明证矣。不言信者，信主土，而统属于君。故《中孚》云'信及豚鱼'，是其义也。若'首出庶物'，而'四时不忒'者，乾之象也。'厚德载物'，而五行相生者，土之功也。土居中宫，分王四季。亦由人君无为皇极，而奄有天下。水火金木，非土不载。仁义礼智，非君不弘。信既统属于君，故先言乾，而后不言信，明矣。"

初九曰"潜龙勿用"，何谓也？子曰："龙德而隐者也。不易乎世，不成乎名，遁世无闷，不见是而无闷，乐则行之，忧则违之，确乎其不可拔，潜龙也。"

初九爻说，龙潜伏冬眠，没有出来活动，是什么意思呢？孔子回答说："初九爻说的龙德中的隐德，隐士、修道之士都属于这种情况。他们不去意图改变世俗世界，不追求名利浮华，隐居于世俗之中不会郁闷，得不到别人的认可也不会郁闷，对于修道一类快乐的事情，就坚定不移地去践履，对于违背道义的事情，绝对不会去做。修道的志向坚定不移，这就像潜伏冬眠的龙一样。"

九二曰"见龙在田，利见大人"，何谓也？子曰："龙德而正中者也。庸言之信，庸行之谨，闲邪存其诚[1]，善世而不伐，德博而化。《易》曰'见龙在

九二爻说，龙出现在田野上，有利于见到大人物，是什么意思呢？孔子说："九二爻说的是龙德中的正中之德。正中之德是说话必须管用，能够完全取信于百姓；行事小心谨慎，绝对不要马虎出差错；防止邪恶非分之心，存养善良忠诚之心；有功于世人而不骄傲自满，道德深厚广博，可以化导民众。《易经》讲'见龙在田，利见大人'，说的就是君子的德行呀！"

田，利见大人’，君德也。”

九三曰“君子终日乾乾，夕惕若，厉，无咎”，何谓也？子曰：“君子进德修业，忠信，所以进德也。修辞立其诚[2]，所以居业也。知至至之，可与言幾也，[3]知终终之，可与存义也。[4]是故居上位而不骄，在下位而不忧，故乾乾因其时而惕，虽危无咎矣。”

九三爻说，君子从早到晚忙个不停，晚上仍然提高警惕，做好国家的警戒防范工作，即使遇到危险，也会紧急处理好，不会有过错。这是什么意思呢？孔子说：“九三爻讲的是君子要不断提升道德境界，不断建立丰功伟业。内心诚恳而能够感动并取信于人，可以增进品德。修饰政教政令言辞，树立诚信形象而能够号召人，可以建功立业。知道路径，并知道如何走可以通向目标，可以说懂得抓住机遇了。知道目的，并知道如何走可以达到目的，可以说能够通过实际行动承担道义了。因此，君子居于上位能够做到不骄傲自满，居于下位能够做到不怨天尤人。所以说，君子终日忙个不停，抢抓机遇，与时俱进，时刻保持警惕，即使遇到危险，也能够紧急处理，不会有过错了。”

注释

1 **闲邪存其诚：**闲，防止、防范。诚，诚信、真心。诚则非邪，邪则非诚。《周易集解》引宋衷曰：“闲，防也，防其邪而存其诚也。二在非其位，故以‘闲邪’言之。能处中和，故以‘存诚’言之。”

2 **修辞立其诚：**辞，教令。《周易集解》引翟玄曰：“居三修其教令，立其诚信，民敬而从之。”

3 **知至至之，可与言幾也：**《周易集解》引翟玄曰：“知五可至而至之，故可与行幾微之事也。”

4 **知终终之，可与存义也：**《周易集解》引姚信曰：“知终者，可以知始。

终，谓三也。义者，宜也。知存知亡，君子之宜矣。”又引崔憬曰：“君子喻文王也，言文王进德修业，所以贻厥武王，至于九五。至于九五，可与进修意合。故言‘知至至之，可与言微也’。知天下归周，三分有二，以服事殷，终于臣道。终于臣道，可与进修意合，故言‘知终终之，可与存义’。”

九四曰“或跃在渊，无咎”，何谓也？子曰：“上下无常，非为邪也。进退无恒，非离群也。君子进德修业，欲及时也，故无咎。”

九五曰“飞龙在天，利见大人”，何谓也？子曰：“同声相应，同气相求，水流湿，火就燥，云从龙，风从虎，圣人作而万物睹。本乎天者亲上，本乎地者亲下，则各从其类也。”

上九曰“亢龙有悔”，何谓也？子曰：“贵而无位，高而无民，贤人在下位而

九四爻说，或者飞跃向上，或者退回水底，不会有过失，什么意思呢？孔子说：“君子进德修业，是为了抢抓机遇。上下无常，不是为了干坏事。进退无恒，不是为了脱离群众。上下进退没有遵循常理，是因为机会稍纵即逝，必须因时权变，因此，不会有过错。”

九五爻说，龙腾飞在天空中，利于见到大人物，是什么意思呢？孔子说：“同声相应，同气相求，水流往低湿的地方，火烧向干燥的草木，云雾伴随着飞龙，大风跟从着猛虎，圣人兴起，群贤毕至，国家昌盛，万物繁茂。以天为根本的亲附于上，以地为根本的亲附于下，阴阳万物各随其类而分布生活。”

上九爻说，龙高飞，不知及时返回，会有悔恨，是什么意思呢？孔子说：“尊贵而没有权位，高贵而脱离民众，贤人居于下位没有人辅佐，因此，轻举妄动，会后悔。”

龙潜伏冬眠，不能活动，是因为阳气卑微潜伏地下。

龙出现在田野上，是因为春天来到，机

无辅，是以动而有悔也。”

“潜龙勿用”，下也。

“见龙在田”，时舍也。

“终日乾乾”，行事也。

“或跃在渊”，自试也。

“飞龙在天”，上治也。

“亢龙有悔”，穷之灾也。

乾元用九，天下治也。

“潜龙勿用”，阳气潜藏。

“见龙在田”，天下文明。

“终日乾乾”，与时偕行。

“或跃在渊”，乾道乃革。

“飞龙在天”，乃

会来临了。

君子终日忙个不停，是整天在处理事情。

或者飞向天空，或者退回深渊，是自己进德修业后尝试抓住机会进取。

龙腾飞在天空，圣明君主出现，群贤毕至，国家大治。

龙骄亢过盛，不知及时返回，骄亢进入穷困境地，会招来灾祸。

乾元用九，《乾》卦纯阳六爻及时变化，进退有度，阴阳和合，坚守中正之道，天下大治。

龙潜伏冬眠，阳气潜藏地下，是冬至之时。

龙出现在田野，草木萌发，虫鸟和鸣，繁花似锦，天下文明，是春天之时。

君子整日忙碌，抓住机会，不耽误时机。

龙或者腾飞在天空，或者退回深渊，乾道于是发生变革。

龙腾飞在天空，于是正位于天道，与天德相应。

龙骄亢过盛，不知往返，进入穷困之时。

乾元用九，阴阳转化，于是天道变化规律显示出来了。

乾元是万物的开始，开始而亨通。利贞，

位乎天德。

“亢龙有悔”，与时偕极。

“乾元用九”，乃见天则。

“乾元”者，始而亨者也。“利贞”者，性情也。乾始能以美利利天下，不言所利，大矣哉。大哉乾乎，刚健中正，纯粹精也；六爻发挥，旁通情也；“时乘六龙”，以御天也；云行雨施，天下平也。

君子以成德为行，日可见之行也。“潜”之为言也，隐而未见，行而未成，是以君子弗用也。

君子学以聚之，问以辩之，宽以居之，仁以行之。《易》曰：“见龙在田，利见大人。”君德也。

是利于端正性情。《乾》卦始而通达，能以美利于天下，而不自夸其功劳，实在是太伟大了。《乾》卦真是太伟大了啊，《乾》卦九二、九五爻，刚健中正，阳气纯粹；六爻共同构成《乾》卦，六爻爻义互相生发、相辅相成，阴阳错综变化，能够曲尽各种情况，与六十四卦相通；阳气从初九爻发展到上九爻，其中运行情况包含了天道变化的规律，阳气由微弱到强盛再到衰微，与时偕行，能够驾驭天道规律；云行雨施，万物生长变化，天下就会太平。

君子的行为与实践必须能够增进自己的品德，在每天的行为实践中都应该使自己的品德有新的进步。“潜”的意思是说，君子的品德还没有彰显，行为实践还没能完成，君子的品德还不为人所知，因此不会出来治理国事。

君子用学习来积累知识，用疑问来辨明善恶，用宽阔的胸怀涵养品德，用仁义来实践品德。《易》说：“龙出现在田野，利于见到大人物。”这是君德呀。

九三爻为重刚不中正之爻，与上两爻比，不在天上，不占天时；与下两爻比，不在地上，不占地利。九三爻为人位，因此需谨慎从事，时时保持警惕，即使遇上了危机，也会渡过难关，不会有过错。

九三重刚而不中，上不在天，下不在田，故乾乾因其时而惕，虽危无咎矣。

九四重刚而不中，上不在天，下不在田，中不在人，故"或"之。"或"之者，疑之也，故无咎。

夫大人者，与天地合其德，与日月合其明，与四时合其序，与鬼神合其吉凶。先天而天弗违，后天而奉天时。天且弗违，而况于人乎？况于鬼神乎？

"亢"之为言也，知进而不知退，知存而不知亡，知得而不知丧。其唯圣人乎！知进退存亡而不失其正者，其唯圣人乎！

九四爻为不中正之爻，处于不安的境地。既不在天位，不占天时；又不在地位，不占地利；人位中又与百姓相隔离。因此君子居于四爻位，感到疑惑不安，对处境和前途都有疑虑。但如果行事处处小心，则不会有过错。

九五爻的大人，品德与天地之道相符合，聪明与日月之明相符合，行事与四时运行变化之秩序相符合，祸福与鬼神吉凶之结果相符合。这种大人物，这种圣人，能够准确预见天地自然万物的发展变化规律。天地万物变化发展之道与他的预见不相违背。在行为实践中能够按照天时的变化秩序与规律作为行事的准则。天地自然的发展变化都与他的准确预见不相违背，何况受天地自然发展变化规律所支配的人呢？何况受天地自然发展变化规律所支配的鬼神呢？

上九爻之所以被认为骄亢过分，是因为上九爻只知道如何进而不知道如何退，只知道如何存而不知道如何亡，只知道如何得而不知道如何丧。只有圣人吧！能够懂得在进与退、存与亡、得与丧之间坚守正道，在各种复杂的环境中立于不败之地的，只有圣人吧！

䷁ 坤[1]

导读

《坤》卦是纯阴之卦,《坤》卦揭示了阴德地道运行变化的总规律,即地道如何顺应阳道天道。坤阴对于纯阳来说,一个是辅助顺从,"或从王事,无成有终";一个是阴乘阳,"龙战于野,其血玄黄"。坤阴从初六开始,就有两面性,一个是向善,"积善之家,必有余庆";一个是作恶,"积不善之家,必有余殃"。坤阴顺阳,最好的办法就是积善守礼。主敬持礼,是古人修养的妙法。六二爻、六五爻,都是坤阴最好的修持方法。六二是"直方大,不习无不利",坤阴先迷,因为得到顺阳的规矩,譬如木工的墨斗、直角尺、圆规等器具,有了这些规矩工具,再去成方圆之类的物件,就会很方便。因此说,不用反复,也会吉利。六五爻是"黄裳,元吉",黄色的裙裳,表示坤道。其实是衣裳礼制。"黄帝、尧、舜垂衣裳而天下治",就是讲黄帝、尧、舜以礼制、礼教治天下。阳道天道总规律体现在《乾》卦,阴德地道总规律体现在《坤》卦,《坤》卦还是礼制、礼教、学习、教育、模仿等总规律之卦,《乾》卦则是道德、自觉、自悟、创作、创造等总规律之卦。

原文

元亨[2],利牝马之贞[3]。君子有攸往[4],先迷,后得主,利。[5]西南得朋,东北丧朋,安贞吉。[6]

译文

元始,亨通,利于母马顺守母马之道。君子有所前进,强行出头居于首位则会迷失正道,如果后来顺应君主行动,则会顺利。在西南方会得到朋友,在东北方则会失去朋友。安居不动,遵守正道,则会初六，履霜，坚冰至。[7]

六二，直方大，不习无不利。[8]

六三，含章可贞，或从王事，无成有终。[9]

六四，括囊，无咎无誉。[10]

六五，黄裳，元吉。[11]

上六，龙战于野，其血玄黄。[12]

用六[13]，利永贞。

吉祥。

初六爻，踩上微霜，预示坚冰将会到来。

六二爻，正直、方正、博大，不反复，顺应天性自然，无所不利。

六三爻，蕴含文采美德，坚守柔正之道，或者追随君王，勤于王事，不居功自傲，会有好结果。

六四爻，扎紧口袋，没有过失，也没有美誉。

六五爻，黄色的裙裳，大吉。

上六爻，龙在野外交合，流出玄黄色的血，色彩斑斓绚丽。

用六爻，利于永远坚守正道。

注释

1 **坤**：卦名，《周易》六十四卦之次卦，六爻皆为阴爻，为纯阴之卦，基本卦象为地，卦性卦德为顺。《乾》卦与《坤》卦为《周易》之门户与枢纽，《系辞传》多次提到："《乾》《坤》，易之蕴欤？"首《乾》次《坤》，体现了一种十分重要的哲学思想，王夫之在易学著作中提炼为"乾坤并建"思想。同时也是对母权制的一种超越，父权制在《周易》时代已完全确立，母权中心地位已被父权所取代。

2 **元亨**：意思与《乾》卦所释相同。元为元始，亨为亨通。乾元与坤元应为同出异名之物。马振彪《周易学说》引刘沅曰："坤为地，与天合德而育万物者，故其元亨与乾同。"又引李士鉁曰："坤者乾之所变化，非两物也。乾者气之始，坤则形之始。"

3 **利牝马之贞：**牝马，即母马。帛书《易》之《要》第八章云："子曰：《易》又名曰川，雌道也。故曰牝马之贞，童兽也，川之类也。"牝马之贞，即指"童兽"，幼小之兽。可见，利牝马之贞，即指利于母马顺守母马之正道，能多产小马崽，繁殖后代。

4 **君子有攸往：**指君子有所前进。攸，《尔雅·释言》释为"所也"。

5 **先迷，后得主，利：**《周易集解》引卢氏曰："坤，臣道也，妻道也。后而不先，先则迷，失道矣，故曰'先迷'。阴以阳为主，当后而顺之则利，故曰'后得主，利'。"帛书《周易》中的《要》篇云："《易》曰先迷后得主，学人谓也，何先主之又？"据《要》篇所说，《坤》卦卦辞阐述的是"文人""文德""学人"的道理，学习知识与技术，不能有成见，不能主观臆断，不能先入为主，应该谦虚客观，才能学到真知识、真本领，才能找到良师益友。

6 **西南得朋，东北丧朋，安贞吉：**西南得朋，指在西南方能够得到朋友；东北丧朋，指在东北方会失去朋友。安贞吉，指安于遵守正道，吉祥。如果《乾》卦代表日，那么《坤》卦则代表月，乾坤为日月，组成"易"字，因此，孔子说《乾》《坤》是《易经》的门户。魏伯阳著《周易参同契》明言《乾》《坤》卦与月相变化二者之间的密切关系。每月的朔旦日初一为震，一阳初生，初八为上弦月，为下二阳上一阴，相当于《兑》卦，十五日为满月，为乾三阳。二十三日为巽，下缺为一阴，二十八日为艮，下缺二阴，三十日为坤，为阴暗。《坤》卦说"君子有攸往，先迷，后得主，利"，是说《坤》卦时，处于三十日，月相全消，暗昧不见，因此，晚上行动，不见月亮，会迷失方向。"后得主"，指后来初一后，《震》卦出现，阳气复来，月亮开始明亮，晚上可以看见了，君子行动才能够看清方向。"西南得朋"，是指月亮由初一、到初八、到十五，慢慢圆满。"东北丧朋"，指月亮由十六、到二十三、到二十八日、到三十日，慢慢消失。"安贞吉"，指三十日夜晚没有月亮时，安静不动，会吉利。

7 **履霜，坚冰至：**踩上微霜，预示坚冰将会到来。《周易正义》云："初六阴气之微,似若初寒之始,但履践其霜,微而积渐,故坚冰乃至。”

8 **直方大,不习无不利:**直、方、大就物体而言,直从线上说,方从平面上说,大从体积上来说,直指代直线,方指代方形平面,大既指代立体,也可指代圆形。引申来说,直可以指木工用的墨斗、石匠用的绳线、裁缝用的尺子;方可以指木工用的角尺,即矩;大可以指木工用的圆规。如果木工、裁缝等工匠能够用墨线、矩、规等器具加工制作器件,依样画葫芦,制作直线、方形、圆形的器物,即使工作不熟练,也不会出现不直、不方、不圆的问题。六二爻是说,要制作好方圆等器件、器物,必须遵照规矩来做。直、方、大进一步又可以引申为人的德性德行。直为正直,方为方正,大为宏大。《周易正义》释云:“生物不邪谓之直也,地体安静是其方也,无物不载是其大也。”可见,直、方、大都是赞美六二爻之德性的,直为正直,方为方正,大为宏大,能容万物。《周易集解》引干宝曰:“阴气在二,六月之时,自遁来也。阴出地上,佐阳成物,臣道也,妻道也。臣之事君,妻之事夫,义成者也。臣贵其直,义尚其方,地体其大,故曰直方大。士该九德,然后可以从王事;女躬四教,然后可以配君子。道成于我而用之于彼,不妨以仕学为政,不妨以嫁学为妇,故曰‘不习无不利’也。”六二爻为《坤》卦之正德,为母德、为臣德、为妻德,“利牝马之贞”,利于母马多产小马,即母德也;正直、方正,宏大博大,包容万物,即母德也;母德以生子育子为正道。不习,即不反复、不怀疑、顺其自然、顺其天性,即李道平在《周易集解纂疏》中所云:“地育万物,生长收成,听其自然而无所造作。”

9 **含章可贞,或从王事,无成有终:**章指文采,含章指内含文采美德。可贞,坚守柔正之道。《周易集解》引虞翻曰:“贞,正也。以阴包阳,故含章。三失位,发得正,故可贞也。”或从王事,指或追随君王,为君王做事。无成有终,指不以成功自居,不居功自傲,把功劳归于君王;有终,指会有好结果。

10 **括囊,无咎无誉:**《周易集解》引虞翻曰:“括,结也。”括囊,即结扎上袋子。无咎无誉,没有过失也没有美誉。

11 **黄裳,元吉:**黄裳,指黄色裙裳。《左传》云:“黄者中之色也,裳者下之饰也,元者善之长也。”《系辞下传》曰:“黄帝、尧、舜垂衣裳而天下治,盖取诸《乾》《坤》。”指黄帝、尧、舜时代制定了衣服等服饰样式和礼制规定,什么官员什么行业必须穿戴什么样的服饰,以示尊卑和区别。上衣的制定法乾道,下裳的制定法坤道,衣裳的礼制规定效法《乾》《坤》二卦。元吉,大吉,非常吉祥。

12 **龙战于野,其血玄黄:**黄寿祺、张善文《周易译注》认为:“战,犹言接,龙战,指阴阳交合。”并引《说文》“壬”下云:“《易》曰:‘龙战于野,战者接也。’”帛书《周易》的《二三子问》释此爻曰:“《易》曰:‘龙战于野,其血玄黄’,孔子曰:此言大人之宝德而施教于民也。夫文之孝,采物暴存者,其唯龙乎?德义广大,法物备具者,其唯圣人乎?龙战于野者,言大人之广德而下綍民也。其血玄黄者,见文也。圣人出法教以导民,亦犹龙之文也,可谓玄黄矣,故曰龙。见龙而称莫大焉。”由帛书《周易》的《二三子问》的解释可知,“龙战于野”阐述的是雄龙与雌龙在野外交接之事,即阴阳交合之事,阳为君为圣人,阴为民,故可释为圣人接近百姓,教化百姓。其血玄黄,指龙的文采绚烂无比。《九家易》曰:“实本《坤》体,未离其类,故称血焉。血以喻阴也。玄黄,天地之杂,言《乾》《坤》合居也。”故此爻可释为:雄龙与雌龙在野外嬉戏交合,龙流出的血青黄相杂,绚烂无比。

13 **用六:**指《坤》卦六阴爻都将发生变化,将变为阳爻。

传

原文

象曰:至[1]哉坤元,万物资生[2],乃顺承天[3]。坤厚载物,德合无疆,含弘光大,品物咸亨。牝马地类,行地无疆,柔顺利贞。君子攸行,先迷失道,后顺得常。[4]西南得朋[5],乃与类行。东北丧朋,乃终有庆。安贞之吉,应地无疆。

译文

象辞说:坤元完善到了极点,万物依赖坤元而诞生,坤道顺承天道。坤道代表大地,广博厚实,承载容纳万物,坤德汇聚,无边无际。坤德蕴含着乾阳美德,并能发扬光大。坤德产生万物,形成万物,万物皆能遂其品性,蓬勃生长,畅达生机。母马与大地皆为坤阴一类,母马驰骋大地,永无止境。母马德性柔顺,利于坚守正道。君子有所行动,处坤阴之势,若强行居首,贸然先行,就会迷失正道。后来顺从君王,坚守常道,能保福庆。往西南方将会获得朋友,能够与同伴共同前进。往东北方将会失去朋友,但最终阴阳和合,君臣会合,会有喜庆之事。安于坚守正道,将会获得吉祥。顺应大地的美德,福泽将会无边无际。

注释

1 **至:**到了顶点,《周易正义》曰:“至,谓至极也。言地能生养至极,与天同也。但天亦至极,包笼于地;非但至极,又大于地。”

2 **万物资生:**万物赖以生存生长。

3 **乃顺承天:**坤阴顺承乾阳,大地顺承上天。

4 **先迷失道,后顺得常:**君子行动时,处于坤阴之势,若不守坤道,强行居首强行出头,就会迷失正道,误入歧途。随后顺从君主,坚守常道,能保福庆。《周易集解》引何妥曰:“阴道恶先,故先致迷失;后顺于主,则保其常庆也。”

5 **朋:**朋友。一说“朋”指朋贝之朋,指货币。

象曰:地势坤,君子以厚德载物。

大象辞说:大地的形势体现着坤道,君子效法大地,增进深厚的品德,容纳万事万物。

象曰:“履霜坚冰”,阴始凝也。驯致其道,至坚冰也。[1]

小象辞说:初六时节踩上微霜,坚冰最后会到来,阴气已经开始凝结为霜了。顺着阴气的逐渐发展,渐渐强盛,隆冬季节的坚冰将会出现。

六二之动,直以方也;“不习无不利”,地道光也。

六二爻之运动,平直而方正;顺承阳道,顺其天性自然,不反复,无所不利,能够弘扬光大地道啊。

“含章可贞”,以时发也;“或从王事”,知光大也。

蕴含文采美德,坚守柔正之道,顺应天时,发挥作用;或追随君主,勤于王事,能够将王业发扬光大。

“括囊,无咎”,慎不害也。

扎紧口袋,小心谨慎,免遭咎害。

“黄裳,元吉”,文在中也。

黄色的裙裳,大吉,文采适宜得中啊。

“龙战于野”,其道穷也。

龙在野外交合,阴气过盛,到了穷尽的地步。

用六“永贞”,以大终也。

六阴爻将要全部变成阳爻,利于永远坚守正道,阴爻以阳爻为大为终,为最后归宿。

注释

1 **“履霜坚冰”，阴始凝也。驯致其道，至坚冰也**：朱熹《周易本义》据《三国志·魏志·文帝丕》注引作“初六履霜”，颇为有理。初六时节踩上初霜，最后迎来坚冰时节，阴气开始凝结为霜，并逐渐强盛。驯，即顺。顺着阴气的发展规律，会到达坚冰的严寒季节。

《文言传》导读

《乾》卦《文言传》反复阐述申明卦爻辞的奥义，而《坤》卦《文言传》则简明扼要地申述了卦爻辞的特征。着重从坤阴特征，即柔顺、善恶、德义等方面阐述。

《坤》卦《文言传》首先概括《坤》卦卦辞的基本特性，即柔与顺，但坤道之柔与顺，是刚与方的辩证统一。坤道至柔，是最柔顺的，但坤运动起来，却刚健无比。坤道至静，是最为安静沉稳的，但坤德却方正而有棱角。坤道顺承乾道，阴道顺承阳道，因此说，奉行坤道之人，甘居君王之后，追随君主，勤于王事，奉守正道，包容普载万事万物，将王业发扬光大。坤道用一个字概括就是“顺”，顺应乾道顺应天道，与时偕行，随着天道的规律而运动、变化、发展。

《文言传》接着用六段文字分别阐释六爻义旨。阐释初六爻辞，重点突出渐积和量变到质变的重要性；六二爻则着重揭示敬与义二字的深刻含义；六三爻说明阴顺承阳的道理；六四爻说明君子应该进退适宜、谨慎处事，该退隐时应该立即退隐避祸；六五爻赞美内外中和一致的美德；上六爻指明阴过于强盛，阴阳失衡，必然引起阴阳争战，阴阳两伤，从而说明阴必须顺承阳、阴阳必须平衡的道理。

原文

《文言》曰：坤至柔而动也刚，

译文

《文言传》说：《坤》卦卦性是最为柔软的，但是《坤》卦发动起来却最为刚强。《坤》卦是至静而德方。后得主而有常[1],含万物而化光。坤道其顺乎,承天而时行。

最为安静的,而《坤》卦的德性德行却是方正而有原则有是非的。《坤》卦先是迷蒙,后来找到规律、顺从天道阳道,获得常道,包含万物,弘扬光大。坤道就是顺,顺承天道,与时俱进!

积善之家,必有余庆。[2]积不善之家,必有余殃。[3]臣弑其君,子弑其父,非一朝一夕之故,其所由来者渐矣!由辩之不早辩也。《易》曰,"履霜,坚冰至",盖言顺也。

积善之家,除了应该有的喜庆之事、善报善果之外,必定还会有意外的喜庆之事来临。积不善之家,除了应该受到的惩罚、恶报恶果之外,必定还会有意想不到的祸患发生。大臣篡杀君王,儿子杀害父亲,并不是一朝一夕便发生的事情,它应该有一个慢慢积累恶行的长期过程!因为君王、父亲没有能够早早地辨别大臣、儿子细小的过错,从而预防制止并加以改变。《易经》说,踩上微霜,就知道阴气渐积渐盛,隆冬季节,冰冻三尺,坚冰就要到来。大概说的是顺承其性的结果呀!

注释

1 **后得主而有常:**《周易集解》引虞翻曰:"坤阴先迷,后顺得常,阳出初震,为主为常也。"

2 **积善之家,必有余庆:**虞翻曰:"谓初乾为积善,以坤牝阳,灭出复震,为余庆,谓'东北丧朋,乃终有庆'也。"

3 **积不善之家,必有余殃:**李鼎祚曰:"以明阳生阴杀,天道必然。理国修身,积善为本。故于阴爻初六阴始生时,著此微言,永为深诫,欲使防萌杜渐,灾害不生。开国承家,君臣同德者也。"

直,其正也。方,其义也。君子

直,说的是正直。方说的是义方。君子主敬持敬,用来修养内心、端正品行。君子坚敬以直内，义以方外。敬义立而德不孤。“直方大，不习无不利”，则不疑其所行也。

持义方，待人处事，坚守道义与原则。敬重他人、坚守道义，敬义二德树立起来，有德之人，不会孤单。正直、端方、广大，用绳墨画直线、用工尺和矩画平面方形、用圆规画圆弧圆形，能够依规矩做事，即使不熟练，也不会有问题。依规矩做事情的行为，用不着怀疑呀。

阴虽有美，含之以从王事，弗敢成也。地道也，妻道也，臣道也。地道无成而代有终也。

六三爻是阴爻，虽然有美德，怀抱美德勤服王事，不敢居功自傲。六三爻是阴爻，阴爻代表大地之道、妻子之道、大臣之道。大地之道，顺承天道，生养万物，不居功自傲，弘扬光大天道，可以善始善终呀！

天地变化，草木蕃；天地闭，贤人隐。《易》曰，“括囊，无咎，无誉”，盖言谨也。

天地变化，春天来临，草木繁盛，圣贤出现。天地闭塞，秋天来临，草木枯黄，贤人隐居。《易经》说，扎紧口袋，不会有过错，也不会有荣誉，说的是要小心谨慎呀！

君子黄中通理，正位居体，美在其中，而畅于四支，发于事业，美之至也。

君子所穿裙裳下衣为黄色，中正之色，裙裳所绣图案，文理绚烂。君子穿着礼服居于君位正位，体态端庄大方，内心充满美德，美德元气血气运行通达于四肢，身体健康，精力充沛，事业会发扬光大，这是最美的事情呀！

阴疑于阳必战，为其嫌于无阳也，故称龙焉；犹未离其类也，故称血焉。夫玄黄者，天地之杂也，天玄而地黄。[1]

上六爻阴气过盛，阴盛怀疑少阳，必然发生争夺主导权之战，因为阴盛以为少阳可有可无，甚至完全没用，因此爻辞称龙，表示阳道不可少，即使阴盛，也还是属于阴气地道，阴必然顺承阳，因此称阴为血呀，血属于阴类。玄黄，是天地之交的颜色，天为玄色，地为黄色。

注释

1 **夫玄黄者，天地之杂也，天玄而地黄：**《周易集解》引荀爽曰："消息之卦，坤阴在亥下有伏乾，阴阳相和，故曰'天地之杂也'。"又引王凯冲曰："阴阳交战，故血玄黄。"引荀爽曰："天者阳，始于东北，故色玄也。地者阴，始于西南，故色黄也。"夫玄黄者，天地之杂也，指远方天地分界线相连相接之处，天玄地黄之色相连。

䷂ 屯[1]

导读

《屯》卦是《乾》《坤》二卦相交，即天地相交之后的一个卦，《屯》表示春天刚刚来临，刚柔始交，乍暖还寒。下卦是震，震的卦象为木，为东方，表示生发，代表春天。上卦为坎，坎的卦象表示水，为北方，代表冬天。《屯》卦是冬天与春天交接的时候，震为阳，是乾坤相交后的长子，因此，卦辞说"元亨利贞"。又因为初九阳气显然微弱，因此卦辞说，"勿用有攸往"，与《乾》卦初九爻辞相似。"利建侯"是利于扎下根基，利于封侯建国。

原文

元亨利贞。勿用有攸往，利建侯。[2]

初九，磐桓[3]，利居贞，利建侯。

六二，屯如邅如[4]，乘马班如[5]，匪

译文

元始，亨通，利和，贞正。不利于匆忙行动，利于封建诸侯。

初九爻，像磐石和邮亭表木一般岿然不动，利于坚守不动，扎稳根基，利于封建诸侯。

六二爻，受到阻碍，徘徊不前，乘马的队伍纷纷前来，这些人不是寇盗，而是来迎亲

寇，婚媾，[6]女子贞，不字，十年乃字。[7]

六三，即鹿无虞[8]，惟入于林中，君子幾，不如舍，往吝。

六四，乘马班如，求婚媾，往吉，无不利。[9]

九五，屯其膏，小贞吉，大贞凶。[10]

上六，乘马班如，泣血涟如。[11]

结婚的队伍，女子占卜，结果显示很长时间内不会生小孩，十年以后才会生小孩。

六三爻，来到山脚边追赶禽兽，却没有掌管山林、禽兽的官员引导，禽兽已逃入密林深处，君子见机行事，舍弃不追，如果继续追赶，可能迷路，出现遗憾的事。

六四爻，乘马的队伍纷纷前来，他们来求婚迎亲，一同前往，会获吉祥，无所不利。

九五爻，屯聚膏泽，小事占卜吉祥，大事占卜凶险。

上六爻，乘马的队伍纷然前来，他们哭泣伤心，血泪涟涟。

注释

1 **屯：**音 zhūn，卦名，本义为草木萌芽破土而出，《周易学说》引李士鉁曰："屯象草木初生，气盈而郁结未通，故难。"《序卦》亦曰："屯者盈也，屯者物之始生也。"《屯》卦序于《乾》《坤》之后，意味着乾坤初交万物始生之时，卦象震下坎上，动而有险，刚柔始交而难生。就节气而言，屯之时，相当于万物苏醒之早春。就经纶邦国来说，为草创国家，分封诸侯之初。

2 **元亨利贞。勿用有攸往，利建侯：**"元亨利贞"与《乾》卦同，意义亦一样，元始，亨通，利和，贞正，亦可如象辞所释，大为亨通，利于坚守正道，释元为大。勿用有攸往，不必急于行动，宜安居。利建侯，有利于封建诸侯。草木种子萌芽时，首先在土壤里扎下根来，扎下根后才向上发展，破土而出，封建诸侯，即首先建立邦国基础之意。

3 **磐桓：**王夫之云："磐，大石。桓，邮亭表木。"二者"皆不动者"，"坚立不可动摇”。

4 **屯如邅如:**邅,音 zhān,难行不进。《周易集解》引荀爽曰:“阳动而止,故‘屯如’也,阴乘于阳,故‘邅如’也。”初阳行动受到前面阴爻阻挡,而停滞不前,这种状态叫屯如。阴乘于阳,凌驾于阳之上,即六二爻干扰阻碍了初九阳爻的行动,这种状态叫邅如。

5 **乘马班如:**《周易集解》引虞翻曰:“震为马作足,二乘初,故‘乘马’。班,踬也。马不进,故‘班如’也。”乘马班如是指六二乘初九,好比前行的马受到了阻碍,因此徘徊不前。

6 **匪寇,婚媾:**《周易集解》引虞翻曰:“匪,非也。寇谓五,坎为寇,盗应在坎,故‘匪寇’。阴阳得正,故‘婚媾’。”六二与九五爻皆当位有应,故有婚媾之义。

7 **女子贞,不字,十年乃字:**字,指妊娠,生孩子,一指许嫁,如《礼记·曲礼上》云:“女子许嫁笄而字。”贞,在《周易》中有多重意义,一是指坚守正道,即贞固足以干事之意;一是指本义卜问,如此卦九五爻之“小贞吉,大贞凶”之贞,即卜问之义。女子婚媾后,占卜问生育孩子情况,卜问的结果是暂时不会生孩子,十年后才会生孩子。

为什么女子占卜结果会显示要十年后才能生孩子呢?我认为,这可能和当时的民俗现象有关,即大龄女子嫁给小男孩为妻子,这种现象在当代少数民族和落后的汉族地区仍然存在。女子二十来岁,男子七八岁,基本上要过十年男子成人才会生小孩。六二爻为阴爻,初九爻为阳爻,阴爻凌乘阳爻,实际上是阴爻表示成年的女子,年龄远远大于阳爻代表的未成年男子。

8 **即鹿无虞:**虞,虞人,掌管山泽禽兽的官。鹿,通“麓”,指山脚。《周易集解》引虞翻曰:“即,就也。虞,谓虞人,掌禽兽者。艮为山,山足称鹿。鹿,林也。”

9 **乘马班如,求婚媾,往吉,无不利:**六四爻与初九爻正应,因此说“乘马班如”,因六四在初九之上。《周易尚氏学》曰:“四与初本为正应,婚媾而已;然必求者,以二、三为阻也。知其阻而求之,故往吉也。"乘坐着高头大马纷纷而来,是为了迎娶新娘,前去迎亲,必获吉祥,无所不利。

10 **屯其膏,小贞吉,大贞凶:**膏,指雨水。《周易集解》引虞翻曰:"坎雨称膏。《诗》云:'阴雨膏之',是其义也。"蓄积膏泽,占问小事,则吉祥;占问大事,则凶险。

11 **乘马班如,泣血涟如:**上六阴爻乘九五阳爻,因此说乘马班如,马队徘徊不前。泣血涟如,指发生凶险,悲伤泣血,不可节止。

传

原文

彖曰:屯,刚柔始交而难生[1],动乎险中[2],大亨贞,雷雨之动满盈[3],天造草昧[4],宜建侯而不宁[5]。

译文

彖辞说:《屯》卦卦象表明,阴阳刚柔开始交合而遇上了险难,下卦卦象为震表示行动,上卦卦象为坎表示险阻,刚行动就陷入险难之中,大亨通,坚守正道,电闪雷鸣、风雨交加,普天而降,化生万物,天地处于草创蒙昧阶段,利于封建诸侯,不宜安闲无所作为。

注释

1 **刚柔始交而难生:**指阴阳刚柔开始交合,万物开始萌生,生长中遇到了困难。阴阳运动变化时表现为刚柔,即《系辞传》所谓"立天之道曰阴与阳,立地之道曰柔与刚,立人之道曰仁与义",阴即柔,阳即刚,天道称阴阳,地道称柔刚,人道称仁义,阳即刚即仁,阴即柔即义。

2 **动乎险中:**在险难中行动。下卦为震为动,即行动,上卦为坎为险,即险难。

3 **雷雨之动满盈**：春天来临时，雷声大作，大雨倾盆，万物即将苏醒，并将蓬勃生长。雷指下卦震象，震为雷；雨指上卦坎象，坎为雨。王弼注："雷雨之动，乃得满盈，皆刚柔始交之所为。"

4 **天造草昧**：草，草创。昧，蒙昧。意指天地初开，万物处于草创蒙昧阶段。

5 **宜建侯而不宁**：适宜于君王封建诸侯，立天下根本，而不应安闲无事。《周易正义》云："于此草昧之时，王者当法此《屯》卦，宜建立诸侯，以抚恤万方之物，而不得安居于事。"

象曰：云雷屯，君子以经纶[1]。

大象辞说：上卦卦象为坎为云，下卦卦象为震为雷，构成《屯》卦。君子从《屯》卦中获得启示，经营组织好天下，用礼乐制度治理好国家。

象曰：虽磐桓，志行正也。以贵下贱，大得民也。[2]

小象辞说：虽然安然不动，像磐石、邮亭表木一般，但是志向和行为都符合正道。能以高贵的身份居于卑贱者之下，大得民心。

六二之难，乘刚也。"十年乃字"，反常也[3]。

六二爻所遇到的困难，是由于六二爻为阴爻柔爻而凌驾于初九爻刚爻之上的缘故。十年之后才生育小孩，是因为六二爻代表的女子要等到十年后初爻代表的未成年男子成年后才能生小孩，夫妇生活过十年才会返回到常态呀。

"即鹿无虞"，以从禽也[4]，君子舍之，往吝穷也。

来到山脚边追赶禽兽，却没有掌管山林禽兽的官员引导，开始认为能够追赶到禽兽。后来看见禽兽逃入密林深处，君子舍弃不追，如果继续追赶，就会陷入困境。

求而往，明也。

因求婚而前行，是明智之举。

"屯其膏"，施未光也。

屯聚膏泽，恩惠没有施予百姓，君德没有光大。

"泣血涟如"，何可长也。

哭泣伤心，血泪涟涟，怎么能长久呢？

注释

1 **君子以经纶：**王夫之《周易内传》云："经者，理其绪而分之；纶者，比其绪而合之。"由此可见，"经纶"为经营组织之意。郑玄以礼释之，郑注曰："谓论撰礼乐，施政事。"亦颇有理。

2 **虽磐桓，志行正也。以贵下贱，大得民也：**初九阳爻虽然如磐石、桓木一般坚不动摇，但是其志向行为坚守正道；初九阳爻居于阴爻之下，以尊贵者的身份居于卑贱者之下，大得民心，获得了众阴，即民众的拥护。

3 **反：**通"返"，返回。 **常：**常道，正确之道。

4 **从：**追赶。 **禽：**指禽兽。

䷃ 蒙[1]

导读

《蒙》卦是专门谈论启蒙教育的卦，启蒙教育以圣贤教育为标准，"蒙以养正，圣功也"，提倡正面的榜样模范教育；"发蒙，利用刑人"，刑即型，刑人即模范榜样人物。提倡受教育者应该主动、自觉求教，受教育者具备了主动求教的素质，教育才会成功。《蒙》卦中的阴爻，都代表蒙昧之儿童等被教育者，初六、六三、六四、六五是学生，是需要教育者，阳爻则代表教育者，九二、上九为老师，是教育者。初六爻顺承九二爻，表示虚心求教，处处效法老师，自然能够蒙以养正，成就圣功。六五爻与九二爻为正应，阴阳相应，六五爻又顺承上九爻，六五爻有两位老师，因此说"六五，童蒙，吉"。六三爻乘九二爻之刚爻，柔乘刚，表示自以为是，不虚心，看不起老师，不能够积极求教，六三爻与上九爻相应，但是上九与六三隔得遥远，中间有六四、六五两阴爻相隔，因此，六三爻有问题不能及时接受教育,不能很好解决。爻辞说“勿用取女”,不能娶这种没有接受良好教育的女子,这种女子见钱眼开,容易迷惑于男子的财色。六四爻处于重阴中,远隔九二、上九两个阳爻,处于蒙昧困难之中,自然很难接受到九二、上九的教育。由《蒙》卦看来,学生要主动求教,要亲近老师、尊重老师,才能够学好知识,才能够提高素质、能力、品行。

原文

亨,匪我求童蒙,童蒙求我,初筮告,再三渎,渎则不告,利贞。[2]

初六,发蒙[3],利用刑人[4],用说桎梏[5],以往吝。

九二,包蒙,吉。纳妇,吉。子克家。[6]

六三,勿用取女,见金夫,不有躬,无攸利。[7]

六四,困蒙,吝。

六五,童蒙,吉。

译文

亨通,不是作为教育者的我求童蒙,而是作为被教育者的童蒙求我,开始有疑问的时候,我就为他释疑解惑,如果不遵师训,并多次不听规劝,违背学礼制度,就不必教育他了。有利于坚守正道。

初六爻,启发童蒙,适宜利用榜样、模范来引导教育他,使他成为正人君子,将来就不会变成邪僻小人,从而身陷囹圄,如果不受教育就行事,则办事会有不利,陷于困境之中。

九二爻,普遍地对儿童进行教育,吉祥;娶上受过良好教育的女子做妻子,吉祥;子女能够继承家业,发扬光大。

六三爻,不要娶这种没有受过教育的女子,这种品行不良的女子,看见有钱财的美貌男子,便会生异心,从而失身,娶了这种女子不会有好处。

六四爻,童蒙陷入困境之中,没有机会接受良好教育,这很遗憾。

六五爻,童蒙能够接受良好教育,吉祥。

上九，击蒙，不利为寇，利御寇。	上九爻，击打童蒙，对童蒙进行军事训练和军事教育，如果学会武艺后去侵略别人，这是不利的，如果防御侵略，则有利。

注释

1 **蒙**：卦名，上卦为艮为山，下卦为坎为水。尚秉和解释"蒙"说："稚也，不明也。"即《蒙》卦表示幼稚不明事理。

2 **匪我求童蒙，童蒙求我，初筮告，再三渎，渎则不告，利贞**：《蒙》卦卦辞阐明了当时的学礼制度，郑玄注曰："蒙者，蒙。蒙，物初生形，是其未开著之名也。人幼稚曰童，未冠之称。亨者，阳也。互体震而得中，嘉会礼通，阳自动其中德于地道之上，万物应之，而萌芽生。教授之师取象焉，修道艺于其室，而童蒙者求为之弟子，非己乎求之也。弟子初问，则告之以事义。不思其三隅相况以反解而筮者，此勤师而功寡，学者之灾也。渎师则不复告，欲令思而得之，亦所以利义而干事。"又注曰："童，未冠之称。筮，问。渎，亵也。"王弼解释说："筮者，决疑之物也。童蒙之来求我，欲决所惑也，决之不一，不知所从，则复惑也。故初筮则告，再三则渎，渎蒙也。能为初筮，其唯二乎。以刚处中，能断夫疑者也。"王说亦为有理。不是我来求童蒙，而是童蒙来求我。初筮告，即童蒙开始有疑问来求我，我即告诉他。再三渎，渎则不告，如果反复违背师训，就不必再教育他。

3 **发蒙**：启发教育儿童，指儿童的早期教育，即启蒙教育。

4 **利用刑人**：即利用模范人物来做童蒙的学习榜样，来教育引导他们。刑人，指模范人物，榜样。《诗经》有"刑于寡妻，御于兄弟，以至于家邦"，刑，通"型"，型即模范、典法之意。刑，在这里是名词作动词用。

5 **用说桎梏**：以脱桎梏，以避免刑法。说，通"脱"。桎梏，古代的刑具，用来限制罪犯的自由活动。郑玄注云："木在足曰桎，在手曰梏。"

6 **包蒙，吉。纳妇，吉。子克家：**教育儿童，是吉祥之事，娶纳妻子，也是吉祥之事，子女能够承继家业，家业兴旺发达。阳居阴中，上下爻皆阴，因此称包蒙。包，即普遍之意，包蒙，即普遍对儿童进行教育，无有遗漏。纳，即娶纳之意。子，指子女，《诗・桃夭》有“之子于归，宜其室家”，之子，即指这位女子，因此，子既可指男子，又可指女子。子，在上古时代并不专指男子。直到汉代时，子仍然包括男子与女子。如《史记・淮南衡山列传》：“衡山王赐，王后乘舒生子三人，长男爽为太子，次男孝，次女无采。”王后所生二男一女，皆称为子。可见子包括男子与女子，并不专指男子。同时，兄也包括男兄与女兄，弟也包括男弟与女弟。

7 **勿用取女，见金夫，不有躬，无攸利：**不要娶没受教育的女子为妻，这样的女子，看见有钱的俊美男子，则会失身，娶这样的女子，不会有什么好处和利益。取，即娶。金夫，指有钱财的俊美男子。金，既可指钱财，又可指貌如金玉，喻人之美。躬，即身。攸，在此处作“是”解，或作助词解，无实在意义。

传

原文

象曰：蒙，山下有险，险而止，蒙。蒙亨，以亨行时中也[1]。“匪我求童蒙，童蒙求我”，志应也。

译文

象辞说：蒙卦，上卦为艮为山，下卦为坎为水，山下有险。看见前途有险阻而能停止前进，就叫作《蒙》卦。《蒙》卦，亨通。是因为《蒙》卦行事抓住机会并且能坚守正道，故能亨通。不是我这个教育者去求被教育者童蒙，而是被教育者童蒙来求我这个教育者，这样，我与童蒙才会同

"初筮告",以刚中也。"再三渎,渎则不告",渎蒙也。蒙以养正,圣功也。

心同德,教与学互相配合。开始有疑问的时候,就为他释疑解惑,因为我居于中正之位,知识渊博,有能力教育他。如果童蒙再三违背师训,那么我就不必教育他了。教育童蒙是为了让他走向正道,成为正人君子,这是无比神圣的功业啊。

注释

1 **以亨行时中也:**《蒙》卦之所以亨通是因为《蒙》卦在进行教育活动时能够抓住机会按教育规律办事,也就是说,能够按照当时的学礼制度办事。亨,亨通。时,教育的机会。中,指教育规律、原则,亦即当时的学礼制度。九二为下卦之中位,六五为上卦之中位,六五为童蒙,九二为师,九二与六五相应。

象曰:山下出泉,蒙,君子以果行育德。

大象辞说:山下面流出了泉水,君子法象《蒙》卦,要果敢地行动,在实践中获得真知,获得智慧,提高自己的品德。

象曰:"利用刑人",以正法也。

小象辞说:利用榜样模范人物来引导教育他,使他成为正人君子,这是对儿童示以正道,便于他们模仿学习。

"子克家",刚柔接也。

子女们能够承继家业,发扬光大,是因为他们能够做到夫妻和睦、相互理解、相互支持啊。

"勿用取女",行不顺也。

不要娶这类女子为妻,是因为她们行为不检点,没有女子的良好品行啊。

困蒙之吝,独远实也[1]。

童蒙陷入困境之中,行事不顺遂,是因为他远离良师、远离生活实际,受不到良好教育,学习不到真正的知识啊。

童蒙之吉,

童蒙接受良好的教育,吉祥,是因为童蒙主动顺以巽也[2]。

利用御寇，上下顺也[3]。

自觉地接受良师的教导啊。

有利于抵抗敌人、防御侵略，是因为有武略的人善于组织民众、团结一心啊。

注释

1 **独远实也**：指独处孤陋寡闻，而不能出外游学接受师长的教育，没有接触实际生活。高岛吞象云："独者，无助之谓。"又云："远实者，自我远道之义也。人而远道，孟子所谓自弃者。"此释符合情理。六四居群阴之中而远阳，孤独无助。一与四又不相应，故有此情此理。

2 **顺以巽也**：尚秉和认为，六五承上故顺，六五与九二相应，故巽。

3 **上下顺也**：谓上下和顺、阴阳相应相助。

䷄ 需[1]

导读

《需》卦谈论的是饮食之道，卦辞里面看不出饮食之道来，"利涉大川"，大河里面可以捕鱼，可能和饮食有关。爻辞里面，九五爻说"需于酒食"，明显就是饮食之事了。上六爻说"有不速之客三人来，敬之，终吉"，敬待客人，当然要酒食相待了。大象辞说"君子以饮食宴乐"，宴乐饮食似乎是招待客人。饮食中的饮料，在《周礼》里面有许多种，当然主要包括酒，饮是养阳的，因为酒等饮料属阳。食是指食物，饭食是养阴的。宴会之礼，乐则养阳，礼则养阴。由《需》卦的饮食宴乐可以看出来，中国人3000年以前早就知道养生是包括养阴与养阳两个方面的，尤其以养阳为主。礼乐之道中，礼乐相须为用，礼乐亦具养生治国之大用。

原文

有孚，光亨，贞吉，利涉大川。

初九，需于郊，利用恒，无咎。[2]

九二，需于沙，小有言，终吉。[3]

九三，需于泥，致寇至。[4]

六四，需于血，出自穴。[5]

九五，需于酒食，贞吉。[6]

上六，入于穴，有不速之客三人来，敬之，终吉。[7]

译文

下卦三乾阳与上卦九五互相信任，前途光明亨通，处事公正，吉祥，利于渡河捕鱼。

初九爻，去郊野准备猎获禽兽，等待时机，持之以恒地遵守路祭礼，不会有过错。

九二爻，在河边沙地上准备着钓鱼或用网捕鱼，虽然遭到别人指责，最终结果是吉祥的。

九三爻，在泥水田里收割粮食要谨慎小心，要防止寇盗来抢夺。如果不谨慎不小心，会招来敌寇侵害。

六四爻，从自己居住的穴室走出来，将捕获到的野禽或野兽宰杀，以牲血祭祀神灵之类。

九五爻，以中正之道谨守享食之礼，那么则吉祥。

上六爻，进入穴屋居室之内，有不请自来的三位客人，用馈宾之礼、享食之礼敬待客人，终获吉祥。

注释

1 **需**：卦名，需即等待之意。《序卦传》与《象传》都认为《需》卦谈的是饮食之道。《序卦传》云："物稚不可不养也，故受之以《需》。需者，饮食之道也。"《周易集解》引干宝曰："《需》，《坤》之游魂也。云升在天，而雨未降，翱翔东西，须之象也。王事未至，饮宴之日也。夫《坤》者，地也，妇人之职也。百谷果蓏之所生，禽兽鱼鳖之所托也，而在游魂变化之家，即烹爨腥实以为和味者也。故曰'需者，饮食之道也'。"

干宝认为，《需》卦是八宫卦《坤》宫中的游魂卦，云上升在天上，东西浮游,而未下雨,因此是等待之象。又说王事未至,饮宴之日。即《需》卦是宴饮等待王事之时候。又说《需》属《坤》宫之卦,《坤》表示大地,为妇人之职之象。大地出产食物,如百谷果实、禽兽鱼鳖之类。认为游魂为变化之卦,那么食物经过烹煮加工,经过变化后方可食用。并认为《需》卦谈论的就是这些饮食之道。然而《需》卦之卦辞为:“有孚,光亨,贞吉,利涉大川。”卦辞似乎与饮食宴乐无关。

虞翻以为,《需》卦自《大壮》卦而来,“《大壮》四之五,孚谓五。离日为光,日之五得位正中,故光亨。贞吉谓壮于大舆之辐也。”李道平疏认为大川即指坎,谓大川为大难者,以坎险在前也。象辞中说:“利涉大川,往有功也”,为什么《需》卦要涉大川要过河呢?过河干什么呢? “往有功”又指什么呢?虞翻解释这两句象辞说:“谓二失位,变而涉坎,坎为大川。得位应五,故利涉大川。五多功,故往有功也。”

《中孚》卦辞云:“豚鱼吉,利涉大川,利贞。”《中孚》之卦象为泽上有风,巽又为木,象辞说:“利涉大川,乘木舟虚也”。《周易集解》引王肃曰:“中孚之象,外实内虚,有似可乘虚木之舟也。”《中孚》之卦辞应该说是乘舟在河里捕豚鱼之类的水产之物。

那么,《需》卦之辞“利涉大川”,是否也有乘舟去河中捕鱼之意呢?象辞说:“利涉大川,往有功也。”极有可能是说在河中捕鱼,会有很多收获。如果“利涉大川”与捕鱼相关,那么也就与饮食宴乐相关了。

综合《需》卦辞和六爻辞而言,整个《需》卦论述的确实是饮食宴享之道,亦为饮食宴享之礼。

2 **需于郊,利用恒,无咎:**需于郊,即指在郊外等待,去那儿干什么呢?应该是指去田猎禽兽,做这类准备工作。象曰:“‘需于郊’,不犯难行也。‘利用恒,无咎’,未失常也。”章太炎对“不犯难行”有新的解释。认为“犯难行”是指“犯车軷而行”,“犯軷”即指举行一种祭軷的祭路礼仪,祭后驱车从祭牲上碾过,以示行道无险难,此即“犯难而行”之意。“犯軷”之祭举行于国门之外,到了郊外,即需于郊,不要犯难而行,不要再举行“犯軷”之路祭了。照章太炎先生的意思,在需于郊之前,刚出城门,应该举行了犯軷而行的路祭之礼,现在到了郊外,就不必再举行这类路祭。利用恒,那么在这里应该指遵守正常的礼节。无咎,即未失常,没有违背常礼。由此爻辞可见,出外当有一系列相关祭祀之礼仪活动。

3 **需于沙,小有言,终吉:**在沙滩上等待,虽然会发生小的分歧,但结果是好的。虞翻曰:“沙谓五,水中之阳,称沙也。二变之阴,称小。《大壮》震为言,兑为口。四之五,震象半见,故‘小有言’。二变应之,故‘终吉’。”沙,指河水边缘之地,亦指岸边沙地。九二爻说“需于沙”,即在水边沙地上等待,又是干什么呢?爻辞没有接着再说,我想极有可能是在做捕鱼的准备工作。小有言,可能是指在捕鱼的细节问题上发生了争执,后来意见又统一了,因此说终吉。

4 **需于泥,致寇至:**《周易集解》引荀爽曰:“亲与坎接,故称‘泥’。须止不进,不取于四,不致寇害。”由荀爽所说可知,泥为坎,水边之地。可能指水田,如果为水稻之地,那么需于泥,即指在水稻田里收获粮食了。在泥水田里收割粮食要谨慎小心,要防止寇盗来抢夺。因坎象亦为盗贼。初九爻指在郊外猎获野禽野兽,九二爻指在河边捕获鱼类,那么九三爻则指在泥田里收获粮食了。总之三爻都是指获取食物,来源有三个:一是打猎,二是捕鱼,三是收获水稻等庄稼。

5 **需于血,出自穴:**需于血,指宰杀禽兽。穴,指穴居而野处,穴即指地穴,夏商时代,许多民居都是地穴或半地穴式的建筑,考古发现都有大量证据。《周易集解》引王弼云:“穴者,阴之路也。四处坎始,居穴者也。”马振彪《周易学说》引马其昶曰:“需者,饮食之道。上古穴居野处,茹毛饮血。需于血,肉食也。出自穴,将进位于朝,不家食,吉也。古昔射猎为生,不能强天下皆不肉食,特有其节耳。供祭礼、充君庖、待宾客,因民之欲而利导之,使之尊君亲上,而矜惜物命之意,亦寓其中。鲁人猎较,孔子亦猎较,孔子先簿正祭器,不以四方之食供簿正，得顺以听之之道。”马其昶指出，“需于食”即指肉食，指茹毛饮血，将射猎获得的禽兽供祭礼、充君庖、待宾客之用。出自穴，指不家食，进位于朝。既然进位于朝，照马氏其意，当指将禽兽献给君王了。

6 **需于酒食，贞吉：**《周易集解》引荀爽曰：“五互离坎，水在火上，酒食之象。‘需者，饮食之道’，故坎在需家为酒食也。云须时欲降，乾须时当升，五有刚德，处中居正，故能帅群阴，举坎以降，阳能正居其所则吉，故曰‘需于酒食’也。”

李道平《周易集解纂疏》疏九五爻曰：“五互离火坎水，坎水在离火之上，且鼎象半见，故有酒食之象。”又云：“需，须也，酒食，享食之礼。礼速客之辞曰：‘主人须矣。’五为卦主，需二变为食，上需于下，下应于上，二升居五得正，故吉也。”李道平认为，九五爻辞即为享食之礼。

九五爻象辞曰：“‘酒食，贞吉’，以中正也。”《周易集解》引卢氏曰：“沉湎则凶，中正则吉也。”九五爻象辞说的是，以中正之道谨守享食之礼，则吉祥，如果违背享食之礼，沉湎于酒，则凶险了。《未济》上九云：“有孚于饮酒，无咎。濡其首，有孚失是。”象曰：“饮酒濡首，亦不知节也。”“有孚于饮酒，无咎”，应当是说在酒食等宴享或享食之礼中，能遵守礼节，故得无咎。如不知享食之礼节，或者不守享食之礼节，沉湎于酒，宴享过度，以至于将酒泼到了头上，连头发都弄湿了，显然不是好事。陈戍国先生在《周易校注》中说：“饮酒而至于濡首，显然属于‘失是’之行为，那是因为饮者不懂礼节，不知节制。‘不知节’，就势必胡作非为，失节失礼‘失是’而竟至于失天下。”

7 **入于穴，有不速之客三人来，敬之，终吉：**上六爻讲述的是馈宾之礼，也可能是用享食之礼敬待客人。《周易集解》引荀爽曰：“三人谓下三阳也，须时当升，非有召者，故曰‘不速之客’焉。乾升在上，君位以定，坎降在下，当循臣职，故‘敬之终吉’也。”入于穴，当指进入穴屋居室之内。有不速之客三人来，当指有不请自来的三位客人，即乾三阳，三位君子。敬之，终吉，当指用馈宾之礼、享食之礼敬待客人，终获吉祥。《礼经》有“礼主敬”的说法，所谓敬之，当然指礼待客人。《论语》也有“君子敬而无失”的话，与此可互相参证。

《周易学说》引刘沅曰：“在上穷极，无不复需，故不言需。我为主，应为客，上六下应九三，与二阳需极并进，为不速客三人来象。”又引马其昶曰：“秋官司仪，诸公相为宾，飨食如将币之仪。注云，飨食速宾（彪谨案：此九五之象也），公食大夫礼，则戒而不速（彪谨案：此爻象之）。记云：不宿戒，戒不速。注谓食礼轻也。食宾之朝，夙兴戒之，宾则从戒者而来，不复召。盖戒于前期三日，申戒于前期一日，谓之宿。戒若第云戒，则不速也。弓旌之招，下贲岩穴，惟入而后能来，士不求不至也。食礼云，简于飨食，要自不敢忘敬。”马其昶先生引《礼经》以证，别有深意，可参考。

传

原文

彖曰：需，须也，险在前也。刚健而不陷，其义不困穷矣。“需，有孚，光亨，贞吉”，位乎天位，以正中也。“利涉大川”，往有功也。

译文

彖辞说：需，等待之义，险阻在《乾》卦三阳前面。三阳刚健，等待时机而进，不会陷入坎险之中，当然不会困穷，不会束手无策。《需》卦，阳爻相互信任，前途光明畅通，虽然道路曲折有险有阻，但坚守正道，定然吉祥。九五阳爻位于天位，为君主，中正有道，求贤若渴，利于涉险共济时难，三阳前往辅佐君主，定会建功立业，名垂青史。

象曰：云上于天，需。君子以饮食宴乐。[1]

大象辞说：乌云密集于天空，尚未下雨，需等待时机。君子效法此象，等待时机，建功立业。等待君主赏赐爵禄，用酒食宴请自己，作乐庆功。

象曰："需于郊"，不犯难行也。"利用恒，无咎"，未失常也。

小象辞说：去郊野准备猎获禽兽，等待时机，不要再举行"犯軷"之路祭了。利于持之以恒，不会有过错。

"需于沙"，衍在中也。虽"小有言"，以吉终也。

在河边沙地上准备着钓鱼或用网捕鱼，与别人会产生分歧争执，虽然会有小小的指责，最终结果是吉祥的。

"需于泥"，灾在外也。自我致寇，敬慎不败也。

在泥水田里收割粮食要谨慎小心，灾祸可能从外面而来；自己如果不谨慎不小心，会招来敌寇，如果保持敬重谨慎的心态，就不会导致失败。

"需于血"，顺以听也。

将捕获到的野禽或野兽宰杀，以牲血祭祀神灵，遵守听从神灵的指示。

"酒食，贞吉"，以中正也。

谨守享食之礼，贞正吉祥，因为遵守了中正之道啊。

"不速之客来，敬之，终吉"，虽不当位，未大失也。

有不请自来的三位客人，用馈宾之礼、享食之礼敬待客人，终获吉祥；虽然不当位，不会出现大的过失。

注释

1 **云上于天，需。君子以饮食宴乐：**虞翻曰："君子谓乾，坎水兑口，水流入口，为饮。二失位变体《噬嗑》，为食，故'以饮食'，阳在内称'宴'，

《大壮》震为乐，故‘宴乐’也。”虞翻从卦象上解释，《需》卦有饮食之象、宴乐之象。

卦辞之“利涉大川”，应为去河中捕鱼。初九爻之爻辞“需于郊”，应为去郊野准备猎获禽兽。九二爻之爻辞“需于沙”，应为去河边沙地边准备钓鱼或用网捕鱼，九三爻之“需于泥”，应为去泥田里收获粮食，马其昶先生解释九五爻时说，“需于酒食，谷食也。树艺五谷，五谷熟而人民育”，此五谷在九三爻中，当指“需于泥”中收获之稻谷。六四爻之“需于血”，按照马其昶先生的说法，当指“肉食也”，指“茹毛饮血”，笔者认为可能指烹饪之前宰杀禽兽。九五爻即指举行宴乐之礼了。上六爻亦为馈宾之礼，享食之礼。

干宝注中说的百谷果蓏、禽兽鱼鳖，《需》卦中初九、九二、九三等三爻皆已暗含之。

马振彪先生在《周易学说》中解释此卦加案语说：“需有待义，有敬义，有养义，有求义，皆于爻象中括之。”“需之正义，以敬为主，与《观》卦‘盥而不荐’之义同。将荐而不遽荐，亦是以敬而需，非敢怠也。”“礼无不敬，于祭义尤严，而朝聘燕飨亦礼之大者，故不敢不敬。”

以礼敬来概括《需》卦之正义，可谓一语中的，符合《需》卦爻辞的事实。

䷅ 讼[1]

导读

《讼》卦上卦为乾，为健。下卦为坎，为险。上刚下险，卦象天与水相反而行，表示争讼，因为争夺利益产生矛盾。《讼》卦主张中正而行，“作事谋始”，开始时深谋远虑，将争讼消灭于萌芽状态。《讼》卦思想与孔子的诉讼思想一致：“听讼，吾犹人也，必也使无讼乎！”初六爻主张止讼,“不永所事”,将争论的事情在刚开始时就协商解决好,即使有些言语冲突,最终吉利。九二爻也不主张争讼,六三爻不争,“食旧德”。九四爻不争讼,九五爻为大人,断案之人,公平公正断案,元吉。上九爻,即使诉讼争赢了,君王赐予的车马鞶带,一天之内,反复剥夺,赢了官司,也不值得尊敬,并不为美。与争讼相反,中国人崇尚谦谦君子,崇尚禅让、谦让,所以尧舜最尊,《谦》卦最好。

原文

有孚,窒惕,中吉,终凶,利见大人,不利涉大川。

初六,不永所事[2],小有言,终吉。

九二,不克讼,归而逋,其邑人三百户,无眚。[3]

六三,食旧德,贞厉,终吉,或从王事,无成。[4]

九四,不克讼,复即命,渝,安贞吉。[5]

九五,讼,元吉。[6]

上九,或锡之鞶带,终朝三褫之。[7]

译文

有诚信,但诚信因猜疑而遭阻隔,小心谨慎,遵循中正之道,则吉祥,如果猜疑纷争,相互攻讦,则凶。利于进见大人,不利于渡过大河。

初六爻,所争讼之事不会持续下去,虽然会有小小的指责,最后结果是吉祥的。

九二爻,不能够争讼,逃跑躲回老家,其家乡有三百户人家,不会有灾祸。

六三爻,享用故去父亲原有的食禄,但六三乘九二之阳,虽有危险,只要谨慎小心,最终结果是吉祥的。如果为君主出力服务,则不要居功自傲。

九四爻,不能争讼,回家等待天时,如果改变争讼的主张,安静坚守正道,就会吉祥。

九五爻,断讼,大吉。

上九爻,或许以讼取胜,君王赏赐车马服饰,但引起君王怀疑,一天之内就三次下令追回所赏之物。

注释

1 **讼:**卦名。《说文》曰:“争也。”《六书通》曰:“争曲直于官有司也。”《周易》不主张争讼,《讼》卦中除九五因居中正之时位而为讼之主,能公正断讼,有利以外,其余五爻,皆以不讼为妙,初六爻不永所事,讼事不成,九二爻不克讼,六三爻亦食旧德,不讼,九四爻不克讼,共有四爻不能讼,上九爻即使能讼,且讼已胜,但终不为美,或锡之鞶带,终朝三褫之,上九不居中正之位,讼胜亦不足敬。可见,讼的唯一条件,就是中正,居中正之道,就不怕被别人起诉,即使他人要争曲直,就中正之人而言,亦为元吉之事。

2 **不永所事:**讼事不可长,讼事不久就会了结。永,长。事,指讼事。

3 **不克讼,归而逋,其邑人三百户,无眚:**此爻与爵禄礼制相关。虞翻注曰:“谓与四讼,坎为隐伏,故‘逋’。乾位刚在上,坎濡失正,故‘不克’也。”荀爽注象辞曰:“‘不克讼’,故‘逋而归’。坤称邑,二者邑中之阳人。逋,逃也,谓逃失邑中之阳人。……二者下体之君,君不争,则百姓无害也。”由虞氏、荀氏注可知,九二爻不能与九四爻争讼,因此只好逃回封邑,其封邑有三百户人家,不会有灾祸。

郑玄曰:“小国之下大夫,采地一成,其定税三百家,故三百户。”郑玄以小国下大夫的采地为三百户释“邑人三百户”,颇为有理。

张惠言认为:“郑极言俭薄之禄,故言小国之下大夫耳。《杂记》注云‘诸侯之大夫邑,有三百户之制’,亦据《易》为说也。以经义言之,二三四同体,为五之臣,三云或从王事,则二亦非诸侯之大夫,盖采地之薄,极于三百户,天子大夫亦有之也。”

张惠言认为,采地之薄,薄至于只有三百户食税人家,诸侯大夫有之,天子之大夫亦有之。并且据卦爻而言,张氏认为九二爻非诸侯之大夫,应与三四一样,为天子之臣,而为天子之大夫也。

不克讼，即不能讼，九二以下讼上，势力不相等，因此不能去争讼。归，即回家；逋，即逃窜；归而逋，即逃回老家。其邑人三百户，老家村庄有三百户人家。无眚，不会有灾祸发生。眚，指灾祸。

4 **食旧德，贞厉，终吉，或从王事，无成：**虞翻注六三爻辞云："乾为旧德，食谓初，四、二已变之正，三动得位，体噬嗑，食，四变食乾，故'食旧德'。三变在坎，正危贞厉，得位二，故'终吉'也。"虞翻又曰："乾为王，二变否时，坤为事，故'或从王事'，道无成而代有终，故曰'无成'，坤三同义也。"

侯果注曰："虽失其位，专心应上，故能保全旧恩，'食旧德'者也。处两刚之间，而皆近不相得，乘二负四，正之危也。刚不能侵，故'终吉'也。"

虞注认为六三爻或从王事，无成有终，侯果认为六三爻虽失位但能专心应上，因此能保全旧恩，即能食旧德也。但"食旧德"，即食旧恩，究竟何指？虞注与侯注，并未作详细说明，只是笼统阐释。

张惠言的解释很合理。他认为，"食旧德，谓食父故禄"，即享用死去父亲原有的食禄，享有食禄的世袭特权。张惠言认为，"或从王事"，指"复父故位"，即承袭父亲原有的爵位。当然，根据当时礼制规定，承袭爵位是有一定条件的，并不是所有的人都能承袭父亲爵位，儿子要贤能才行。

张惠言引许慎《五经异议》云："古者春秋左氏说卿大夫得世禄，不世位，父为大夫，死，子得食其故采地，如有贤才，则复父故位。"《五经异议》的解释十分清楚明白，据春秋左氏说，卿大夫之子可以得世禄，即食父亲之故禄，不世位，即不能承袭父亲之爵位，只世袭世禄，食其故采地，不世袭爵位。但如果其子贤能有才，则可以恢复其父亲原有的爵位给儿子。

张惠言加案语说："《易》爻位三爻为三公，二为卿大夫，曰食旧德，谓食父故禄也。《诗》曰：'凡周之士，不显亦世。'《孟子》曰：'文王之治岐也……仕者世禄。'知周制世义也。郑无驳,与许同。据此,则食旧德者,世禄。或从王事,复父故位也。注云:'无成,与坤三同义,则亦代有终。'是有贤才者也。二三皆为公卿,有采之象,则四之即命,亦是命以采地可知也。"张惠言认为《讼》卦九四爻之"复即命",为恢复其父亲原有的采地,即命以采地,当然是君王命以采地。如果这样,那么,《讼》卦二三四爻等三爻都是谈论当时世德世禄礼制及爵位之礼制了,并且世禄爵位之礼制当为周代礼制。

5 **九四,不克讼,复即命,渝,安贞吉:**九四往前遇重刚,为敌,不能相争,返回原地。与初六有应,改变策略,安居不动,吉祥。

6 **讼,元吉:**九五为上卦乾阳之主,亦为上下卦之讼主,为君主,为大人,得中得正,断讼公正公平合理,故得大吉,正所谓"王道荡荡,不偏不党"也。

7 **或锡之鞶带,终朝三褫之:**锡,通"赐"。鞶带,据王夫之《周易内传》云:"鞶,车饰;带,服饰;车服所以行赏。"褫,剥夺。指上九以上居刚而讼,即使讼胜,获得九五君主的车马服饰等赏赐,但君主一天之内,也会反复剥夺追回。上九不居中正之道而讼,即使获胜,亦不为美。

传

原文

彖曰:讼,上刚下险,险而健,讼。[1]"讼,有孚[2],窒惕[3],中吉[4]",刚来

译文

彖辞说:讼卦,上卦为乾为刚,下卦为坎为险,上卦刚健而强进,下卦行险而不让,则争讼产生了。讼卦,本来卦爻之间有诚信,但因诚信遭阻隔,则纷争就会产生,如果小心谨慎,遵循中正之道,那么就会吉祥,因为刚爻来到九二之位,九二是中

而得中也。“终凶”[5],讼不可成也。“利见大人”[6],尚中正也。“不利涉大川”[7],入于渊也。

位,能守其道。如果强行争讼,结果会很凶险,但争讼之人预料到结果将会凶险,所以就停止纷争,逃窜回老家,因此讼争不会持续下去,也是不能够持续下去的。利于进见大人,是因为九五爻居中正之位,遵循中正之道。不利涉大川,是因为九二爻陷入坎水之中,而下卦代表坎水。

注释

1 **上刚下险,险而健,讼:**上刚下险,指上卦为乾,乾为健,下卦为坎,坎为险。下卦险,上卦健,互不相交,却互相攻击,故讼。上卦与下卦为何相争呢?《序卦》云:“饮食必有讼,故受之以讼也。”原来,《讼》卦上下卦所争的是饮食,是争取生存之权的斗争。

2 **有孚:**指九二与九五等阳爻俱属同类,因而有相互信任之可能,但阳与阳之间、阴与阴之间,既可以有孚为朋友,亦可以相敌。而阴与阳之间,同样可以相承相应,为朋友,相互吸引,亦可以相乘相凌,互相逼迫,不能共处。阴阳爻之间错综复杂的关系要因其时位而言,具体情况有具体的关系。

3 **窒惕:**指九二处于坎之中位,为险,其与阳爻之孚为阴所阻,二亦疑阳与其相敌,故生争讼。

4 **中吉:**指九五处中正之时位,故吉。

5 **终凶:**指讼不可长,如讼成则凶。

6 **利见大人:**指争讼利于叩见九五中正之大人,能秉公而断。

7 **不利涉大川:**指九二处于深渊之中,不能争讼济险。

象曰:天与水违行,讼。君子以

大象辞说:讼卦的上卦为乾为天,下卦为坎为水,运行不同,相背而行。君子法此象,凡作事谋始。[1]

象曰："不永所事"，讼不可长也。虽"小有言"，其辩明也。

"不克讼"，归逋窜也。自下讼上，患至掇也[2]。

"食旧德"，从上吉也。

"复即命，渝，安贞"，不失也。

"讼，元吉"，以中正也。

以讼受服，亦不足敬也。

是有所行动，首先应该心里谋划周全清楚，以杜绝矛盾和纷争。

小象辞说：所争讼之事不能持续下去，是因为争讼不能持续。即使有小的责备，通过辩解也会明白。

不能争讼，赶快逃跑躲回老家。以下讼上，势力弱小却和势力强大的打官司，祸患无穷，如果不争讼，祸患自然止息。

享用故去父亲原有的食禄，因为六三有承乾阳之德，以下奉上，吉祥如意。

返回老家，等待天时，改变争讼的主张，安居不动，坚守正道，就不会有失误。

断讼，非常吉祥，是因为九五居中正之位，能公正公平地断案。

因胜讼而得到君王的赏赐，也是不值得仰慕不值得仿效的事情。

注释

1 **天与水违行，讼。君子以作事谋始：**王夫之释曰："人与己违则讼人，欲与道违则自讼，而事后追悔，心志乱而愈乖。唯于作事之始，两端交战于心，必辨其贞胜之心，毫厘不以自恕，如讼者之相讦，而后得失审，以定于画一，善恶分明，如天高水流，不相胶溷。君子之用讼，自讼于始，终不讼人也。"天与水违行，释卦象，上卦为乾，为天，高高在上，下卦为坎，为水，直往下流，分道扬镳，各不相统。人与人之间、物与物之间、事与事之间，如不相济，在一起相违背，则会相争，或相矛盾，或相抵牾，或相冲突，即使一人，因各种条件也会发生内心冲突，产生心理矛盾，因此，君子行事之前，先综合考虑各种情况及可能出现的各种矛盾。早早为之预防，采取适当的应对措施，这就是法象《讼》卦的启示意义。

2 **患至掇也**：掇，王夫之曰："掇犹拾也。"尚秉和云："《逸周书》曰：'绵绵不绝，蔓蔓若何，毫末不掇，将成斧柯。'不掇即不辍，言毫末虽微，长而不止，即成斧柯，然则掇辍古通用。"二说各有其理，经义之意，以下讼上（下即九二）定有祸患，如果逃窜不讼，则祸患自然止息。

䷆ 师[1]

导读

小的争论诉诸官府，大的利益争夺往往就是诸侯之间的矛盾冲突，诸侯互相侵凌，君王只好动用武力征服讨伐诸侯。九二爻说"王三锡命"，可见九二爻是奉天子之命率领军队讨伐抗命的诸侯。因此，《师》卦主要讨论王师征伐之事。征伐之事，首要的是选好将帅，因此卦辞说"丈人吉，无咎"，老成持重之丈人，才能够担任将帅。其次是爻辞所说的军纪行军事项。初六爻说"师出以律，否臧凶"，军队纪律第一位，军纪严明，才能取胜，否则凶险。再次是君王如果任命长子后，又任命弟子出征，军令不统一，就会出现失误导致失败。

原文

贞，丈人吉，无咎。[2]

初六，师出以律，否臧凶。[3]

译文

坚持正道，大人吉祥，不会有过失。

初六爻，军队出征必须要有严明的纪律约束，不然的话，会有凶险。

九二爻，主帅掌握军权，了解军队的

九二，在师中，吉，无咎，王三锡命。[4]

六三，师或舆尸，凶。

六四，师左次[5]，无咎。

六五，田有禽[6]，利执言[7]，无咎。长子帅师，弟子舆尸，贞凶。

上六，大君有命，开国承家，小人勿用。[8]

实际情况，不会有过错。君王会因军功而赏赐主帅以爵位、服饰和车马。

六三爻，出征的军队鲁莽行动，可能会大败，死伤人员甚多，凶险。

六四爻，军队退却，没有过错。

六五爻，田猎有收获，当臣下纷争时利于公平公正地裁判，不会有过错。长子统率军队出征，弟子出征大败而回，伤亡甚众，凶险。

上六爻，君王有令，分封诸侯，赏赐大夫，不要任用小人。

注释

1 **师：**卦名，上卦为坤为地，下卦为坎为水。坤为三阴，坎为一阳陷入二阴，卦有五阴一阳，一阳居下卦中位，乘阳者有四阴爻，因此，卦为一阳率五阴之象，但众阴中有不从阳者，因此，以阳正阴，为正为师之意，有用武之象。

2 **贞，丈人吉，无咎：**贞，即正。丈人，王弼等作"丈人"，李鼎祚以为当作"大人"，帛书《周易》作"大"，竹书《周易》作"丈"，"大人"与"丈人"意同，今从"丈"。丈人吉，即九二阳爻居中，为众军之主，统率军旅出征，吉祥，不会有过失。

3 **师出以律，否臧凶：**尚秉和云："臧，善也。"否臧，即不善，亦即失律。师出以律，即军队出征，应该以严明的军纪相约束，军队失去军纪的约束就会很危险。

4 **在师中，吉，无咎，王三锡命：**在师中吉，指主帅掌握军权，了解军队的实际情况，就会吉祥。也就是说主帅必须控制住军队。无咎，没有过错。王三锡命，指君王赏赐主帅以官爵、车马、器物。尚秉和云："曲礼，一命受爵，二命受服，三命受车马。"

5 **左次**：尚秉和云："次，舍也。……古人尚右，左次则退也。"次，即驻扎之意；左次，即撤退回到后方驻扎。张惠言认为左次指常备师，亦有道理。

6 **田有禽**：即田猎有所收获。王夫之云："田，猎也；禽，获也。"

7 **利执言**：王夫之云："执辞声罪以致讨也。"尚秉和云："利执言者，言师出有名。"《周易集解》引荀爽曰："田，猎也，谓二帅师禽五，五利度二之命，执行其言，故'无咎'也。"李鼎祚以为："六五居尊失位，在师之时，盖由殷纣而被武王擒于鹿台之类是也，以臣伐君，假言'田猎'。……田猎，行师之象也。"从爻象爻义上看，"利执言"应与前文"田有禽"，及后文"长子帅师，弟子舆尸"相关联，那么，所谓长子、弟子即是六五之长子、弟子，六五居尊位，为君王长子，为嫡传继承者，刚而能断，为众阴之主，有统率军队的才能，长子应具有太子的地位，是继任王位之人，弟子是君王的庶弟或庶子，与长子嫡子相对待，弟子中亦不乏君王亲受者私受者，以私受害公事，委任失当，致使出现失败。六五因柔弱，难御群下，群下之间不和，纷争必起，"利执言"，则是指君王利于公正公平地裁断纷争双方的曲直，剖判是非，息纷争于未萌之中。只有在这种情况下，才不会有过错。如果命令长子为统帅，率领军队讨伐不服王命之人，又命令其余弟子率军前往，朝令夕改，致使军队失败，是危险的。

8 **大君有命，开国承家，小人勿用**：《周易集解》引干宝曰："大君，圣人也。有命，天命也。五常为王位，至师之家而变其例者，上为郊也，故易位以见武王亲征，与师人同处于野也。《离》上九曰：'王用出征，有嘉折首。'上六为宗庙，武王以文王行，故正开国之辞，于宗庙之爻，明己之受命，文王之德也。""开国，封诸侯也；承家，立都邑也，'小人勿用'，非所能也。"干宝的疏解有一定道理。上六为《师》卦终爻，为战争结束、马放南山、功成名就、告祭祖庙之爻，亦为分赏功臣、立家开国之爻。此爻说，君王有命旨，分封赏赐功臣，告祭祖庙，封疆封侯，分封大夫，立国立家，不能任用小人。

传

原文

彖曰：师，众也。贞，正也。能以众正，可以王矣。刚中而应，行险而顺，以此毒天下而民从之[1]，吉又何咎矣。

译文

彖辞说：师，人数很多，贞，坚持正道，能够把老百姓统一到正道上来，可以做老百姓的君主了。九二爻刚中而有六五爻相应，力图克服险阻而能顺利通过，凭借这些有利条件而役使天下百姓，天下百姓无不响应，吉祥无比，又哪里还有什么过失呢？

注释

1 **以此毒天下而民从之：**王弼注云："毒犹役也。"孔颖达《正义》曰："若用此诸德使役天下之众人，必从之以得其吉。"即凭借这些条件役使天下之民，天下之民必然服从他。

象曰：地中有水，师。君子以容民畜众[1]。

象曰："师出以律"，失律凶也。

大象辞说：上卦为地，下卦为水，地中有水，组成《师》卦。君子法象《师》卦，宽容民众，抚养百姓。

小象辞说：军队出征，必须要有严明的纪律约束，没有军纪约束，会很凶险。

"在师中，吉"，承天宠也。"王三锡命"，怀万邦也。

"师或舆尸"，大无功也。

"左次，无咎"，未失常也。

"长子帅师"，以中行也。"弟子舆尸"，使不当也。

"大君有命"，以正功也。"小人勿用"，必乱邦也。

掌握军队的实权，了解军队的实际情况，吉祥，是因为君王信任统帅。君王赏赐主帅以爵位、服饰、车马，是因为要诸侯各国效法主帅为君主效命。

军队可能会遭受惨败，死伤甚众，无功而返。

军队退却，不会有过失，没有违背战争规律。

命令长子统率军队，长子能够坚守正道，行军有法度约束，弟子死伤甚多，因为任命不当。

君王论功行赏，是因为要表彰军功，不要任用小人，是因为小人会扰乱国家。

注释

1 **君子以容民畜众**：孔颖达疏曰："'君子以容民畜众'者，言君子法此《师》卦，容纳其民，畜养其众，若为人除害，使众得宁，此则'容民畜众'也。又为师之主，虽尚威严，当赦其小过，不可纯用威猛于军师之中，亦是容民畜众之义。"孔颖达此疏，符合卦理，君子以容民畜众，即君子应宽容民众、畜养百姓，让老百姓能够休养生息。

䷇ 比[1]

导读

《比》卦是下卦为坤，为地，上卦为坎，为水。有地、有水，当然就会有人居住。阴为民，阳为君，九五爻居中正之位，有为有位之君。九五爻下面五阴爻为民，承顺九五之君，二爻与五爻位正应，四爻在五爻下面，顺承君主，初六爻则与六二爻、六四爻一起奉承君王，为比附。六三爻与上六爻相应，因此说，"比之匪人"。上六阴爻凌乘九五阳爻，因此，凶险。大象辞说："先王以建万国，亲诸侯。"可见上古、中古时代，诸侯林立，成千上万，九五为君王，那么其余五阴爻相对于九五君王来说，为臣，为民。实际上就他们所控制的土地人民而言，应当是诸侯之君。九五之君王，是仁义之君王，"王用三驱，失前禽"，田猎时对禽兽都要网开一面，对人民，当然更是施行仁义之道等仁政了，这也是儒家的政治社会理想。

原文

吉，原筮，元永贞，[2]无咎。不宁方来，后夫凶。[3]

初六，有孚比之，无咎，有孚盈缶，终来有它，吉。

六二，比之自内，贞吉。[4]

译文

吉祥，在郊外卜筮，永远坚守正道，不会有过错。不顺从的邦国诸侯也会共同来亲近辅佐君主，没有来亲近的邦国才会有凶险。

初六爻，具有诚心，亲近贤能之士，不会有过错。内心的诚信充实，洋溢于外表，就像瓦缶装满了美酒溢出缶口之外一般，结果会有意外的收获，吉祥。

六二爻，亲近贤君发自于肺腑，坚持正

六三，比之匪人[5]。

六四，外比之，贞吉。[6]

九五，显比，王用三驱，失前禽，邑人不诫，吉。

上六，比之无首，凶。[7]

道，吉祥。

六三爻，所亲近之人非正人君子。

六四爻，向外亲近贤君，坚守正道，吉祥。

九五爻，光明正大地团结臣民，君王打猎时行三驱之礼，网开一面，不去追赶逃跑了的禽兽，君王不强迫臣民亲近自己，臣民自然能亲近君王，少数冥顽不化之人不亲近君王，无伤大雅，吉祥。

上六爻，不亲近贤能之人和君王，凶险无比。

注释

1 **比**：卦名，尚秉和云："比，亲也，辅也。"也就是说，《比》卦九五一阳爻得位得中，居于君王之位，其余五爻为阴爻，对九五阳爻有相亲相辅之意。

2 **原筮，元永贞**：尚秉和云："原筮，犹言野筮也。"又云："元谓九五，永贞者永定也。"即野外卜筮，利于九五永远坚守正道。

3 **不宁方来，后夫凶**：不宁，王夫之认为，阴爻中只有六二与九五为正应，其余阴爻非正应，为不宁之爻。方，尚秉和认为"方为并，方来，谓下四阴并来归五也"。根据王夫之与尚秉和的解释，不宁方来，指九五阳爻下面的四阴爻一起来依附亲辅九五。后夫凶，尚秉和云："艮为夫，上六独居艮后，故曰'后夫'，下四阴皆承阳，独上六乘阳不顺，故'凶'。"后夫凶，即指上六乘九五之阳，不顺九五，因此凶险。

4 **比之自内，贞吉**：六二与九五为正应，两者相亲相助，发自六二的内心情感，自觉自愿，坚守正道，吉祥。

5 **比之匪人**：六三以柔居刚位，与上六为正应，而上六乘刚凌阳，因此说六三亲近帮助上六是看错了对象，比错了对象，当然不会有好结果。

6 **外比之，贞吉：**六四顺承九五，与外卦的卦主九五君王相亲相助，坚守正道，贞吉。

7 **比之无首，凶：**比附亲近之人没有首领，凶险。因上六乘阳，不能亲近九五，反而与六三为正应，远君子、欺君子而匿小人、亲小人，故凶险无比，所谓比之无首，即不能与独阳亲比，因水地比卦中只有九五一阳，且为一卦之主，中正得位，故称首。上六为阴，没有阳来支持庇荫，上六就没有依靠的对象，因此处境是十分危险的。

传

原文

彖曰：比，吉也。比，辅也。下顺从也。“原筮，元永贞，无咎”，以刚中也。“不宁方来”，上下应也。“后夫凶”，其道穷也。

象曰：地上有水，比；先王以建万国，亲诸侯。[1]

象曰：比之初六，有它吉也。

“比之自内”，不

译文

彖辞说：比卦，吉祥。比卦，辅助，在下位的臣子顺从君王。“原筮，元永贞，无咎”，是因为九五一阳刚正得位，能坚持正道。“不宁方来”，是因为臣下顺从君王，上下互相配合互相帮助。“后夫凶”，是因为不亲近君王和贤能之人的诸侯是没有出路的。

大象辞说：地上有水，有地有水即为有用之地，构成《比》卦。先王凭借自然条件优越的水土之地封建万国，树恩于诸侯，畜养民众。

小象辞说：初六在一开始就满心诚意亲近贤能之士，会有意外的收获，当然吉祥。

亲近君王，出自内心肺腑，得到君王指

自失也。

"比之匪人"，不亦伤乎。

外比于贤，以从上也。

显比之吉，位正中也。舍逆取顺，"失前禽"也。"邑人不诫"，上使中也。

比之"无首"，无所终也。

引和庇护，不会失去依靠。

亲近小人，不亲近正人君子，自己难道不会受到伤害吗？

向外亲近贤能之士，是为了跟从君主啊。

光明正大地团结臣民，吉祥，是因为九五君王坚持正道，中正得位啊。舍弃不服从自己的，争取顺从自己的，网开一面，会丢弃向前逃跑的禽兽啊。不强迫臣民服从自己，君王的德行合乎正道啊。

不亲近贤能之士和君主，不会有任何好前途和好结果的。

注释

1 **地上有水，比；先王以建万国，亲诸侯：**《比》卦为地上有水，即有水之地，水土能养人，有土而无水即为荒地不能养人，因此，先王在水土之地上封建万国，养育万民。孔颖达疏曰："建万国，谓割土而封建之；亲诸侯，谓爵赏恩泽而亲友之。万国据其境域，故曰建也。诸侯谓其君身，故曰亲也。"

䷈ 小畜[1]

导读

《小畜》卦上卦是巽，是阴卦，下卦是乾，复卦只有六四阴爻一个阴爻，整个复卦合起来是阴卦，六四阴爻据阴位，为当位，阴卦中阴爻为主，六四与初九阴阳相应，六四与九五阴阳相应，阴为小，因此叫作《小畜》卦。九三与六四的关系微妙，如果九三与六四结合的话，六四居于九三之上，表示女方地位高，女方强势，居于主导地位，男方则居于服从地位，造成阴凌乘阳的局势。因此，九三爻辞说，"舆说辐，夫妻反目"，马车的制动装置辐脱落了，马车不能走了。意思是说男人不能控制女人，因此，导致夫妻反目，家庭不和睦。责任在于男方地位低，不能够正室，没有能力管理好强势的妻子与家庭。如果六四与九五结合，则因为九五为君位，居于中正地位，取得六四信任，六四顺承九五，则关系会和睦了，因此说"有孚挛如，富以其邻"。初九与六四有应，九二居中位，皆吉。上九爻为阳爻，卦中没有阴爻相应，只有九三敌应，因此说"既雨既处，尚德载"，不能随便行动，行动会有危险，即"君子征凶"。

原文

亨，密云不雨，自我西郊。[2]

初九，复自道，何其咎，吉。

九二，牵复，吉。

九三，舆说辐[3]，夫妻反目[4]。

六四，有孚[5]，血去惕出[6]，无咎。

九五，有孚挛[7]如，富以其邻。

上九，既雨既

译文

亨通兴旺之卦，天上乌云密布，整个西郊上空不见日影，但却未见下雨。

初九爻，自己能够及时醒悟，返回到正道上来，哪里会有过错呢？吉利。

九二爻，与初九连类相从，返回正道，吉利。

九三爻，马车脱了辐轴，车子不能前进，夫妻不合。

六四爻，阴爻与阳爻互相感应、信任。阴爻阳爻变猜疑为诚信，没有过错。

九五爻，九五爻与六四爻互相信任，团结一心，如同一人，九五爻不独自己富裕，还帮助六四爻共同致富，共食禄位。

上九爻，阴阳和合，已经下雨了，已经和平

处[8]，尚德载[9]。妇贞厉[10]，月幾望[11]。君子征凶[12]。	共处了，尚往积德积善。阴气已盛，妇女应坚守正道，否则，会有危险，月亮快要圆了。君子怀疑妇人，有所行动，会有凶险。

注释

1 **小畜：**卦名，畜，止也。小，指代阴爻六四。六四以一阴爻畜五阳爻，因此卦名小畜，即以阴畜阳、以柔畜刚、以臣畜君之意。

2 **密云不雨，自我西郊：**阳气上升，阴气弱小不能固蔽，于是只能为密布之阴云，而不能为雨。自我西郊，是说西方郊外的天空，乌云密布，还没有下雨。《礼记》云："故先王患礼之不达于下也，故祭帝于郊，所以定天位也。""故礼行于郊而百神受职焉。""郊之祭也，迎长日之至也。"西郊可举行郊祭之礼，是否在西郊举行祭天祈雨之礼，亦未可知也。

3 **舆：**指马车。 **说：**即脱也。 **辐：**车轴缚也，即刹车制动装置。

4 **夫妻反目：**指夫妻言行不合。四爻为阴，三爻为阳，阴乘阳，妻凌夫，反目成仇之道也。

5 **有孚：**孚，指诚信。六四为阴爻，一阴爻畜五阳爻，互相诚信，为有孚。

6 **血去：**指阴阳不相伤而相合，不相疑而相信。血，指阴阳相斗，阴伤为血。 **惕出：**指阳释疑，不怀疑阴。《乾》卦九三爻云："君子终日乾乾，夕惕若，厉，无咎。"指阳爻警惕戒惧，担心阴阳相疑相战。故此"惕出"指阳爻不怀疑阴爻。

7 **挛：**连也。

8 **既雨既处：**阴德积盛，阴阳交媾，已经下雨了，已经相处得和谐了。

9 **尚德载：**崇尚积德，阴与阳皆崇尚德，皆应积德，不应产生疑惑，导致信任危机。

10 **妇贞厉：**阴德已盛，阴爻已处危险之地。

11 **月幾望：** 月亮快要圆了，阴德快要满了，月盈则亏，告诫阴爻不要不知节制，否则会发生意外。

12 **君子征凶：** 阳爻不要对阴爻妄加猜忌，妄加怀疑，如果怀疑阴爻而有所征讨，则会十分凶险，阴阳势必互伤。

传

原文

象曰：小畜，柔得位而上下应之，曰小畜。健而巽，刚中而志行，乃亨。“密云不雨”，尚往也。“自我西郊”，施未行也。

象曰：风行天上，小畜；君子以懿文德[1]。

象曰：“复自道”，其义吉也。

牵复在中，亦不自失也。[2]

“夫妻反目”，不能正室也[3]。

译文

彖辞说：小畜卦，六四阴爻得位而上下之阳爻互相因应配合，阴畜阳，柔畜刚，故此叫作小畜。下卦为乾为健，上卦为巽而顺，二、五爻皆为刚爻，得中而志行，因此会亨通。乌云密布却不下雨，应该继续阴阳配合，增强信任。乌云在我西方郊外上空，乌云没有化作雨水，还没有降落下来，不能泽及天下。

大象辞说：风云密布天上，小畜卦；君子效法小畜卦，应该要昭著文德，以柔美服人。

小象辞说：自己能够及时醒悟，返回到正道上来，结果理所应当是吉利的。

连类相从，返回正道，居于中位，也能够不失阳刚进取的本性。

夫妻不合，反目成仇，是因为丈夫不能做一个模范，没有给妻子带个好样，因此没有能管好妻子。

"有孚,惕出",上合志也。[4]

阴爻阳爻互相信任,变猜疑为诚信,六四爻与九五爻志向相应,同心同德。

"有孚挛如",不独富也。

九五爻与六四爻互相信任,团结一心,九五爻不单独一人致富。

"既雨既处",德积载也。"君子征凶",有所疑也。

阴阳和合,已经下雨了,已经和好相处了,应该继续积善积德。君子行动会有凶险,因为他无端怀疑对方,心里疑惑不定。

注释

1 **以懿文德:**刘沅曰:"懿,美也。"又曰:"道著躬行曰大德,道著仪文曰小德,曰文而必曰德,见文及德之华也。"

2 **牵复在中,亦不自失也:**与初九同类而互相牵连,返回正道,而得中位,亦能够坚守正道,不化阴而失其阳也。

3 **不能正室也:**指丈夫没有男子气概和风度,不能"刑于寡妻",不能做妻子的模范,不能处中正之道,不能正妻,反而为妻所制。室,指妻室,夫妻反目,不能正室,责任主要在于丈夫。

4 **"有孚,惕出",上合志也:**阴阳爻相信,互相释疑,说明六四爻与九五爻同心同德,志尚相合。九五爻为众阳之主,九五爻与六四爻合志,其他阳爻皆可知也。

䷉ 履

导读

《履》卦上天下泽,上卦为乾为天,下卦为兑为泽。就《履》卦而言,"柔履刚",是指下卦兑履上卦乾,因为下卦兑为阴卦,阴为柔,下卦为柔。上卦乾为阳,阳为刚,上卦为刚。就下卦而言,“柔履刚”,是指六三阴爻履九二阳爻。《履》卦只有六三为阴爻,因此属于阴卦,并且六三是阴爻居于阳位,能力严重不足,柔弱,不中正。必须坚守履道,即坚守礼制,才能避免过失与危险。六三爻辞:“眇能视,跛能履。履虎尾,咥人,凶。武人为于大君。”眇指两只眼睛有一只瞎了,只有一只眼睛能够勉强看见,视力严重不足,意思是六三观察能力、思考能力、判断能力严重不足,看不清事实真相。跛指一条腿坏了,只有一条腿走路,一瘸一瘸的,走不好路,意思是说,六三的行动能力也严重不足,有严重缺陷。因此,六三跟在老虎后面,因为看不清、走不稳,会踩上老虎尾巴,会被老虎咬人,凶险。就像能力远远不够的一介武夫当上君主一样,十分凶险。履就是走路,阳爻主进,阳爻有行动能力,因此,《履》卦中的阳爻皆吉利或者无咎,最好的是上九爻,顺利走到终点,元吉即大吉。

原文

履[1]虎尾,不咥[2]人,亨。

初九,素履,往无咎。

九二,履道坦坦,幽人贞吉。

六三,眇能视,跛能履。履虎尾,咥人,凶。武人为于大君[3]。

九四:履虎尾,愬愬,终吉。

九五,夬履[4],贞厉。

译文

跟着老虎尾巴前进,老虎不咬人,亨通。

初九爻,素位而进,做好分内之事,往前行,不会有过错。

九二爻,所行之路平坦宽阔,谨慎小心的行人稳健而吉利。

六三爻,瞎了一只眼睛,勉强能看见;跛了一条腿,勉强能行走。跟着老虎尾巴前进,老虎咬人,十分凶险。武夫侥幸当了首领。

九四爻,跟着老虎尾巴前进,小心谨慎,结果吉利。

九五爻,断然践履,心存危惧。

原文	译文
上九，视履考祥[5]，其旋[6]元吉。	上九爻，回头看看所走过的路，考察其得失，掌握规律，结果大吉大利。

注释

1 **履：**践履。

2 **咥：**啮、咬。

3 **武人为于大君：**武夫当了首领，德位不相称。

4 **夬履：**即决履，断然践履。夬，决也。

5 **视：**鉴也。 **考：**察也。 **祥：**祝也，吉之先见者也。

6 **其旋：**指结果。

传

原文	译文
彖曰：履，柔履刚也。说而应乎乾[1]，是以"履虎尾，不咥人，亨"。刚中正，履帝位而不疚，光明也。	彖辞说：《履》卦，柔爻踩着刚爻的足迹前进，下卦为兑为喜悦，上卦为乾，两卦相应，因此说跟着老虎尾巴前进，老虎不咬人，亨通。九五爻为阳爻刚爻，居于中正之位，德位相称，居于帝王之位而无愧色，正大光明。

注释

1 **说而应乎乾：**《履》卦下卦为兑为喜悦，上卦为乾。因此说下卦与上卦相应，为"说而应乎乾"也。

象曰：上天下泽，履；君子以辩上下、定民志[1]。

大象辞说：上卦为乾为天，下卦为兑为泽，上天下泽组成《履》卦。君子从《履》卦中得到启示，应该辨别上下尊卑，制定礼法，安定民心。

象曰：素履之往，独行愿也。

小象辞说：素位而行，孤零零一个人，也要前进，也要实现自己的宏愿。

"幽人贞吉"，中不自乱也。

幽静谨慎的人走路，一步一个脚印，吉利。内心有主见，不会慌张。

眇能视，不足以有明也。跛能履，不足以与行也。咥人之凶，位不当也。"武人为于大君"，志刚也。

瞎了一只眼，勉强能看，但视线不正，看不清楚看不明白；跛了一条腿，勉强能行走，但行动不便，走不快，走不稳。老虎咬人，这种凶险之所以发生，是因为六三走错了路，踩着了老虎尾巴，所处的地位不当的缘故。武夫当上了首领，才德不足而志气刚猛，十分危险。

"愬愬，终吉"，志行也。

小心谨慎，结果吉利，实现了自己的理想。

"夬履，贞厉"，位正当也。

断然践履，心存危惧，因为九五爻居于中正之位，有中正之德。

元吉在上，大有庆也。

上九爻大吉大利，有大喜事值得庆贺。

注释

1 **辩上下、定民志：**辨别上下尊卑，稳定民心。辩，通"辨"，辨别。民志，即民心，指按照礼制规则行事。

䷊ 泰

导读

《泰》卦上坤下乾，坤为地，为阴，为小。乾为天，为阳，为大。乾为大，来到地下，是指春天，阳气下降。小往，是指阴气上升，来到上面。阴阳相交，云行雨施，春天来临，万物生长，三阳开泰就是这个意思。《泰》卦卦象表明，阴阳往来交通，才能化生万物。除此之外，《泰》卦卦象，还有一个非常重要的特征，就是卦从下往上发展，《泰》卦下卦为阳，往上发展，上卦坤的阴爻会变成阳爻，因为阳为君子，阴为小人，所以《泰》卦的这种发展局势意味着君子感化小人，将小人教化成君子。《泰》卦发展到最后，物极必反，城墙将倒塌，政令混乱，局势会变坏。《周易》每卦的初爻为始，上爻为终，中间四爻为发展的四个阶段，六爻中的每个爻都同时表示时间与空间的具体情景，一般而言，到了上爻，局面都会发生改变。

原文

小往大来[1]，吉，亨。

初九，拔茅茹[2]，以其汇[3]，征吉[4]。

九二，包荒[5]，用冯河[6]，不遐遗[7]。朋亡，得尚于中行。

译文

小人外出，君子进来，吉利，通达。

初九爻，拔取茅茹，茅草之间根与根相连，汇集在一起，用来祭祀，吉祥。

九二爻，有能力包纳一切，用来渡河，不会遗弃远方的百姓，能以柔道安抚边民；不会结党营私，一心为公，能够行事中正、不偏不倚，以符合中庸之道为准则。

九三，无平不陂[8]，无往不复。艰贞无咎，勿恤其孚[9]，于食有福。

九三爻，没有平地不变为水池坡地的，没有一去不回的，沧海桑田，互相变化。戒惧谨慎，就会避免过失。不要担心别人不信任，禄食丰厚，五福值得庆贺。

六四，翩翩不富，以其邻，不戒以孚。[10]

六四爻，阴爻相连，纷纷下降，与阳爻互相结合，不必抱持戒心，阴阳互相信任。

六五，帝乙归妹，以祉元吉。

六五爻，帝乙嫁妹妹，福祉降临，十分吉祥。

上六，城复于隍[11]，勿用师，自邑告命，贞吝。

上六爻，城墙倾塌，倒在城外的深沟里。不要轻举妄动，征用军队。赶快回到自己的封地，整肃号令，坚守正道，拨乱反正，不应过分拘谨。

注释

1 **小往大来：**小，指阴爻，即指此卦中的《坤》卦三阴爻。小往，指坤三爻往外去了。大，指阳爻，三阳爻《乾》卦。大来，指《乾》卦从外面来到了里面。

2 **拔茅茹：**指拔取茅茹一类草本植物。茅茹，指茅草之类草本植物，根与根相连。茅茹为一种祭祀用的物品，《左传》有“尔贡包茅不入”，包与茅即祭祀用物品。《易·大过》初六云“藉用白茅”，指用白茅垫在祭祀用的物品下面。

3 **以其汇：**因为茅茹根与根相连，一起拔了一大把。

4 **征吉：**指用作祭祀，吉利。拔了这些茅茹用来祭祀，当然吉利。

5 **包荒：**包纳一切。包，包括、容纳。荒，荒远，荒远之夷狄、小人。或说“包荒”为一种渡河用的葫芦，亦可通。

6 **用冯河：**可用来渡过大河。冯，音 píng，涉。

7 **不遐遗：**没有遗弃冷落远方之人，即怀柔远方之人，获得他们的支持。遐，即远方之人。

8 **陂：**音 bēi，水旁或山旁陡峭之坡。

9 **恤：**忧。 **孚：**信。

10 **翩翩不富，以其邻，不戒以孚：**六四爻与六五爻、上六爻相连，皆为阴爻，空虚不实。翩翩不富，指三阴爻皆空虚不实。以其邻，不戒以孚，指三阴爻欲往下交接阳爻，阴阳互感，互相信任。

11 **城：**指城墙。 **隍：**指城墙下面无水的深沟。

传

原文

彖曰：泰"小往大来，吉，亨"，则是天地交而万物通也[1]，上下交而其志同也[2]。内阳而外阴，内健而外顺，内君子而外小人。君子道长，小人道消也。[3]

译文

彖辞说：《泰》卦，小的出去，大的进来，吉祥，通达。如此则天地互相往来而万物兴旺发达，上下互相沟通而同心同德，团结一心。内卦为阳，外卦为阴，内卦为乾为健而外卦为坤为顺，内卦代表君子，外卦代表平民百姓。君子之道不断推行，小人之道逐渐消弭。

注释

1 **天地交而万物通也：**天地交，指乾坤互相交通，乾为天，本在上面；坤为地，本在下面；天气下降，地气上升，乾坤互相往来，互相交通，诞生万物，万物欣欣然而能生长、壮大。

2 **上下交而其志同也：**具有尊贵地位的人，屈尊而下，礼贤下士，地位卑贱而有才能的人能够被选拔到重要岗位上来,上下同心,共济大事。

3 **君子道长,小人道消也:**卦由内向外发展,阴爻变为阳爻,因此说“君子道长”,即阳爻生长,六四阴爻、六五阴爻、上六阴爻逐渐变化为阳爻也,阴爻变阳爻,即小人道消也,小人变为君子也。

象曰:天地交,泰;后以财成天地之道,辅相天地之宜,以左右民。[1]

大象辞说:天地相交,《泰》卦。君王从《泰》卦得到启示,认识、把握天地自然规律,利用运用好天地自然规律,帮助平民百姓,为平民百姓谋利益。

象曰:“拔茅,征吉”,志在外也。

小象辞说:拔取茅草,用来祭祀,吉祥,说明初九的志向在于向外发展,以天下为己任,与六四共同进取。

“包荒”,“得尚于中行”,以光大也[2]。

包容一切,能够行事中正,可以发扬光大自己的品德。

“无往不复”,天地际也[3]。

有去就有回,这是天地变化之道啊。

“翩翩不富”,皆失实也。“不戒以孚”,中心愿也。[4]

纷纷下降,与阳爻结合,因为阴爻空虚不实,需要阳爻。不持戒心,阴阳互相诚信,能够实现心中美好的愿望。

“以祉元吉”,中以行愿也。[5]

降临福祉,非常吉祥,正好符合自己的心愿,正中下怀。

“城复于隍”,其命乱也[6]。

城墙倒塌,倾覆在城外深沟里,说明政治腐败不堪,天下即将大乱,局势将要改变。

注释

1 **后以财成天地之道,辅相天地之宜,以左右民:**君王以此(即遵循《泰》卦之道)裁成天地之道,辅助天地做适宜于百姓之事,用来帮助老百姓。后，即君王。财，裁。辅相，辅佐，辅助。左右，帮助、扶持。民，指百姓。财成天地之道，指认识和把握自然规律。辅相天地之宜，指利用自然规律为人类服务。

2 **以光大也：**能够光明正大，具有光明正大的美德。

3 **天地际也：**天地相接之处，天地变化之道。

4 **“翩翩不富”，皆失实也。“不戒以孚”，中心愿也：**翩翩舞动，来回奔波，皆应空虚不实，欲往民间选拔贤能，贤能之士亦有意辅佐，互相信任，能够实现心中的夙愿。

5 **“以祉元吉”，中以行愿也：**福祉降临，大为吉祥，说明行事中正，符合婚礼常道，能够实现自己的心愿。

6 **其命乱也：**泰极生否，形势将发生逆转，局面将要改变，现有的政令不畅，政治已腐败不堪，天下将大乱。

䷋ 否[1]

导读

《否》卦与《泰》卦的卦象相反，《否》卦是下卦为坤，上卦为乾，坤为地，乾为天，天在上面，地在下面，这个卦象看来是正常的。但是，如果从阴阳往来交通方面来说，《否》卦是闭塞不通之卦，属于秋天，天气上升，地气下降，没有往来交通。因为《否》卦中六二爻是阴爻居于阴位，九五爻是阳爻居于阳位，六二爻与九五爻皆为中正得位之爻，因此，《否》卦六爻并没有凶险之辞，没有一个爻是凶险的，这是值得我们特别注意的现象。当然，整个卦，如果从发展的角度而言，上面三个阳爻都被下面三个阴爻演变的话，整个卦就变成坤卦了，因此卦辞说“不利，君子贞”。彖辞也说：“小人道长，君子道消也。”《否》卦的发展趋势就是小人得志，君子隐退。发展到最后，上九爻就是否极泰来，向相反的方向转化了，即“倾否，先否后喜”，改变否闭局面，好的形势会来临。

原文

否之匪人[2]，不利，君子贞，大往小来[3]。

初六，拔茅茹，以其汇，贞吉，亨。

六二，包承[4]，小人吉[5]；大人否[6]，亨。

六三，包羞[7]。

九四，有命无咎[8]，畴离祉[9]。

九五，休否，大人吉；其亡其亡，系于苞桑。

上九，倾否，先否后喜。

译文

《否》卦之世，闭塞不通，是非人道的社会，不利于君子，君子坚守正道。君子躲避，小人当道。大人走了，小人来了。

初六爻，拔取茅茹，茅草根与根相连，坚守正道，吉祥，亨通。

六二爻，包容顺承，小人吉利，大人不利，亨通。

六三爻，贪于禄位，不知羞耻。

九四爻，得行天命，没有过错。同类百姓将共享福祉。

九五爻，制止否闭不通的局面，大人吉祥；担心国家将会灭亡，采取挽救措施，国家坚如磐石，就像鸟儿将巢筑在苞桑上面一样，有惊无险，非常稳固。

上九爻，改变否闭局面，原先否闭不通，后来改变过来，可喜可贺。

注释

1 **否：**音 pǐ，否闭不通。乾在上，坤在下，不相交通，不相往来。

2 **否之匪人：**匪人，指非人，即不人道的社会。《否》卦的时代，是非人道的社会。《否》卦时代，小人势力渐盛，君子势力隐退。

3 **大往小来：**指《乾》卦三爻居外，阳为外，《坤》卦三爻居内，阴为内，阳为大为往，阴为小为来。

4 **包承：**包容、奉承。

5 **小人吉：**指三阴爻都获好处。

6 **大人否：**指阳爻处于否闭之世，不应与小人同流合污。只有这样，大人才能亨通。

7 **包羞：**六三处群阴之上，不中不正，小人道长，恬不知耻者也。包羞，即应当知道羞耻而不知羞耻，厚颜无耻也。六三贪图禄位，为无耻小人也。

8 **有命无咎：**得行天命，没有过错。

9 **畴离祉：**即民众都能够享福，过上好日子。畴，通“俦”，众类。离，依附。祉，福祉。

传

原文

彖曰：“否之匪人，不利，君子贞”，“大往小来”。则是天地不交而万物不通也[1]，上下不交而天下无邦也[2]。内阴而外阳，内柔而外刚，内小人而外君子。小人道长，君子道消也。

译文

彖辞说：《否》卦之世，是非人道的社会，不利于君子，君子坚守正道，君子不与小人同流合污，君子只得躲避，小人当道。如此则天地不交通，万物不兴旺；上下不沟通，天下一团糟。内为阴外为阳，内为柔外为刚，实际为小人，表面上却伪装成君子。小人得势，日益猖狂，君子耻与为伍，隐遁逃世。

注释

1 **天地不交而万物不通也：**乾在上，坤在下，各安其位，不相交通，天地不往来，万物否闭，没有生机。

2 **上下不交而天下无邦也：**居于上位的官员与居于下位的民众不能沟通，官员不知民间疾苦，邦国混乱，政治腐败。

象曰：天地不交，否。君子以俭德辟难，不可荣以禄。

大象辞说：天地不交，《否》卦。君子处于《否》卦之世，应该韬光养晦，以节俭为品德，隐居避世，躲避灾祸，不应该与小人为伍，贪图荣华富贵。

象曰："拔茅，贞吉"，志在君也。[1]

小象辞说：拔取茅草，坚守正道，吉祥，因为志向在于辅佐君王。

"大人否，亨"，不乱群也。

大人不利，亨通，大人不与小人为伍，洁身自好。

"包羞"，位不当也。

贪于禄位，不知羞耻，是因为居位不当。

"有命无咎"，志行也。

天命将行，没有过错。九四爻能够实践自己的主张，实施自己的理想。

大人之吉，位正当也。

大人吉祥，九五爻居位中正得当。

否终则倾，何可长也。

否闭到极点，否闭局面势必将改变。否闭的局面怎么可能长久地延续下去呢？

注释

1 **"拔茅，贞吉"，志在君也：**拔取茅草，以供君王祭祀之用，坚守正道，吉祥，一心为了君王。《左传》有"尔贡包茅不入"的句子，茅草为祭祀用的物品之一，可垫在祭品下面。

䷌ 同人[1]

导读

《同人》卦上卦为乾为天，下卦为离为火，因此大象辞说“天与火，同人”，离为火，为日，日当然在天上，日与天属于同类，大象辞说“君子以类族辨物”，也是就卦象来说的。《系辞传》也说“方以类聚，物以群分，吉凶生矣”，搞清楚阴阳关系，搞清楚物种物类，搞清楚矛盾，吉凶因果就会清楚明白了。用毛泽东主席的话说就是要首先分清敌友，“谁是我们的敌人，谁是我们的朋友，这个问题，是革命的首要问题”。真正的同人同志，真正的朋友，就会一心一意、同心同德，团结就是力量。孔子在《系辞传》里面解释《同人》卦九五爻爻辞说：“二人同心，其利断金。同心之言，其臭如兰。”

下卦为离，是阴卦，上卦为乾，是阳卦。复卦合起来只有六二爻这一个阴爻，因此，复卦是阴卦，整个卦的性质由六二爻决定。《同人》卦主要就六二爻而言，《彖传》说：“柔得位得中而应乎乾，曰同人。”六二爻得位得中，居于中正之位，与上卦乾的九五阳爻相应，因此说《同人》卦突出的是六二爻这一爻，因为六二爻与九五爻相应，即“文明以健，中正而应，君子正也。唯君子为能通天下之志”。《同人》卦之所以能够相聚，之所以能够团结天下人，关键是能够通天下人之志。也就是说，与天下百姓的志向相通，才能够团结天下人。

原文

同人于野[2]，亨，利涉大川[3]，利

译文

与郊野之外的人能够同心同德，亨通，利于渡过大河，有利于君子坚守正道。

君子贞[4]。

初九，同人于门[5]，无咎。

六二，同人于宗[6]，吝。

九三，伏戎于莽，升其高陵，三岁不兴。[7]

九四，乘其墉，弗克攻，吉。[8]

九五，同人，先号咷而后笑，大师克相遇。[9]

上九，同人于郊，无悔。[10]

初九爻，一出门，就碰上志同道合的人，没有过错。

六二爻，只团结宗亲中人，这是很遗憾的。

九三爻，在草丛中埋伏军队，想在山冈上截击敌人，但一直没有机会阻击敌人，军队埋伏三年了，也没有发生作用。

九四爻，虽有高高的城墙作凭借，但还是不能够进攻敌人，只好撤军队，不与强敌争斗，结果是吉祥的。

九五爻，想与志同道合者聚合，开始阻力重重，不得不号咷大哭，但后来终于喜笑颜开，因为强大的军队扫除了前进的障碍，终于与所想之人会合了。

上九爻，所要聚会之人远在郊野之外，无法会见她，也没有什么值得后悔的。

注释

1 **同人：**卦名。王夫之云："同人者，同于人而人乐与之同也。刚者，柔之所依，一阴固愿同于众阳。柔者，刚之所安，众阳亦欲同于一阴。凡卦之体，以少为主，二者，同人之主也。"卦之所以名同人，是因一阴居二得中得位，而五阳想与之和合同行，阴又有此意，故说同人。

2 **同人于野：**连野外之民都想把他们组织起来，同心同德而一起前进。王夫之云："'于野'者，迄乎疏远，迨乎邱民，皆欲同之之谓。"

3 **利涉大川：**利于渡过大河，借指渡过大的困难，大的难关。

4 **利君子贞：**利于君子坚守正道，或有人说贞在此处作"卜"解，尚秉和即持此说，认为"利君子贞"，即为利于君子卜问。亦各一说耳。

5 **同人于门：**指初九一出门即得六二以为友，此卦因六二居中正之位，且有九五为正应，五阳应合一阴，故六二无乘阳之难，初九又无阴拘之迫。

6 **同人于宗：**指同于宗亲之人。王夫之云："二往同于人，而丽于二阳之间，交不能远，故为'于宗'。'同'云者，遇物而即相合之谓。二近初、三，即同之，虽有正应，不能待也。其志褊矣。"王夫之认为，宗，指初九与九三阳爻，但尚秉和却持相反之说，尚氏云："乾为主为宗，二五正应，故'同人于宗'。"尚氏以九五阳爻为宗，九三与初九不为宗。尚氏又云："今二独亲五，则三四忌之，致吝之道也。下系云：'远近相取而悔吝生。'远谓应，近谓比。远取应则不能近取比。如《无妄》六二往应五而利，则不系初。近取比，则不能远取应，如《中孚》六四绝类上则不应初，而马匹亡，是也。是故远近万不能兼取。同人六二远应五，则有近不承阳之嫌，近承阳则失远应，故吝也。"二说各有道理，虽以"宗"为不同之阳爻，但有一点是共同的，即六二不能同时同于初九、九三与九五，及近则遗远，及远则忽近，不能兼得。若以《系辞传》所云为据，"柔之为道，不利远者"，则以王氏之说为妥。惠栋、张惠言认为宗指同姓，同人于宗，即指同姓相娶，这种行为与西周婚礼相冲突，故为吝道。此说可从。

7 **伏戎于莽，升其高陵，三岁不兴：**九三想私霸六二，怕九五抢去六二，因此包藏祸心，藏兵于莽山茅草之中，在山冈上埋伏下来，但三年间却没有机会对九五下手。王夫之云："六二一阴得位，众阳皆欲与之同，不能遍与相应，则争必起，三、四、五所以皆有用兵之象。三密迩于二，以相丽为明，固欲私二以为己党，而忌五之为正应。五位尊谊正，不可明与之争，故伏戎于莽，待五之来合而邀击之。"王氏此说有理。

8 **乘其墉，弗克攻，吉：**凭借高高的城墙，也不能够攻克，退回坚守正道，则吉祥。王夫之云:“四居二、五之间,而与内卦相近,退而就下,故亦有急同于二之情焉。‘乘其墉’者,将逾三而取二也。乃以刚居柔,三方伏戎以待,则见不可攻而退,以承乎五。故吉。”王弼云:“处上攻下,力能乘墉者也,履非其位,以与人争,二自五应,三非犯己,攻三求二,尤而效之,违义伤理,众所不与,故虽乘墉而不克也。不克则反,反则得吉也。不克乃反,其所以得吉,‘困而反则’者也。”王夫之与王弼诠释相近,高岛吞象云:“墉者,城垣也。”

9 **同人,先号咷而后笑,大师克相遇:**同人,先号咷大哭,而后喜笑颜开,用强大的武力攻克了阻敌,能够与六二相遇相合。王弼云:“彖曰:‘柔得位得中而应乎乾,曰同人。’然则体柔居中,众之所与,执刚用直,众所未从,故近隔乎二刚,未获厥志,是以先号咷也。居中处尊,战必克胜,故后笑也。不能使物自归,而用其强直,故必须大师克之,然后相遇也。”此段释文概括地说,是讲九五爻因九三、九四之阻隔,而未能与六二相应相合,后来九五爻凭中正之位,用武力攻克九三、九四,而后才能与六二相应相合。

10 **同人于郊,无悔:**所欲同之人远在郊野之外,没有得到她,也不后悔。王弼云:“郊者,外之极也。处同人之时,最在于外,不获同志,而远于内争,故虽无悔吝,亦未得其志。”

传

原文	译文
彖曰:同人,柔得位得中而应乎乾,曰同人。同	彖辞说:《同人》卦,六二柔爻得位得中并且能够和九五爻相应与《乾》卦相配合,因此叫作《同人》卦。《同人》卦说,“同人于野,亨,利涉大

人曰“同人于野，亨，利涉大川”，乾行也，文明以健，中正而应，君子正也。唯君子为能通天下之志。

象曰：天与火，同人，君子以类族辨物[1]。

小象曰：出门同人，又谁咎也？

“同人于宗，吝”，道也。

“伏戎于莽”，敌刚也；“三岁不兴”，安行也。

“乘其墉”，义弗克也。其吉，则困而反则也。

同人之先，以中直也。大师相遇，言相克也。

“同人于郊”，志未得也。

川”，是乾阳的性质利于前进，《同人》卦下卦为离火，为文明，上卦为乾阳，为健旺，九五阳爻居中正之位，又有六二爻相应，君子能坚持中正之道啊。只有君子才能够体会天下百姓的心态并且能够按照天下百姓的心愿行事。

大象辞说：上卦为乾为天，下卦为离为火，组合成《同人》卦。君子法象《同人》卦，应该把志向相同的人组织起来，辨明哪些是同类哪些是异族。

小象辞说：出门即碰上志同道合之人，还会有什么过错，还会怨怪谁呢？

只与同宗族和有亲戚关系的人团结，这是自己给自己埋下悔恨的种子啊。

在茅草灌木下埋伏军队，是因为碰上了强大的敌人，三年了军队都没发挥作用，是因为困难重重，敌我双方相差悬殊。

虽然凭借高高的城墙，但因敌人强大，从道理上讲是不可能战胜敌人的。结果吉祥，是因为遇到困难受到挫折后撤回了进攻的军队，安分守己，不作非分之想。

想与志同道合之人会合，开始时就坚守正道，内心充满诚意。强大的军队碰上了所要会见之人，是因为强大的军队战胜了敌人啊。

想要聚会之人远在郊野之外，聚会的愿望无法实现。

注释

1 **类族辨物**:指辨别族类,区分群物。王夫之云:“人之贵贱、亲疏、贤愚,物之美恶、顺逆、取舍,无不分以其类而辨其情理。”

䷍ 大有[1]

导读

《大有》卦与《同人》卦相反,《同人》卦的上卦是乾,下卦是离,而《大有》卦的上卦是离,下卦是乾。在《周易》六十四卦里面,《谦》卦六爻是吉无不利,《谦》卦可以说是最好的卦,我认为《大有》卦是第二好的卦,《大有》卦没有凶爻,尤其是上九爻非常好,“自天祐之,吉无不利”,孔子在《系辞传》里面多次提到,可见孔子对《大有》卦的重视。《谦》卦是九三一个阳爻,《大有》卦是六五一个阴爻,这两个卦蕴含着深刻道理,值得我们仔细琢磨。

《大有》卦的主爻是六五,六五一个阴爻决定全卦性质,六五爻辞很好,“阙孚交如,威如,吉”。君臣之间诚信相交,相感,相信,君主有威信,因此会吉利。卦辞也说“元亨”,大通,君臣上下心志情感相通,没有隔阂。

《彖辞传》解释《大有》卦抓住六五爻这个主要问题,很到位。《大有》卦卦爻辞很好的原因,是因为六五爻居于尊位,五爻居上卦中位,因此说大中,上下阳爻都呼应六五爻,六五爻顺承天道而行,当然元亨大通了。

原文

元亨[2]。

初九，无交害，匪咎，艰则无咎。[3]

九二，大车以载，有攸往，无咎。[4]

九三，公用亨于天子[5]，小人弗克。

九四，匪其彭，无咎。[6]

六五，厥孚交如，威如，吉。[7]

上九，自天祐之，吉无不利。[8]

译文

一开始就畅通无阻。

初九爻，不会涉及祸害，不会有过失。戒骄戒躁、谨慎小心，当然不会有过失。

九二爻，用大车载满财物，利于前行，不会有过失。

九三爻，王公向天子贡献祭品，小人不能完成任务。

九四爻，不要将强盛的车队及财物据为己有，不会有过失。

六五爻，取信于臣下，会见时礼节周全，威严而有君臣之别，吉祥如意。

上九爻，得到君主的帮助支持，吉祥如意，无往不利。

注释

1 **大有：**卦名。王夫之云："大有者，能有众大，大谓阳也。"《大有》卦即有大，一阴爻居尊位，其余五阳爻服从她，而阳爻为大为实，一阴爻而能有五阳爻之大，故卦名大有。

2 **元亨：**王夫之云："元亨者，始而亨也。"即开始就能畅通无阻。

3 **无交害，匪咎，艰则无咎：**高岛吞象云："交害者，涉害也。"无交害，即没有涉害。"处富有之时，易致自满，满则骄生，骄生则害即随之。"匪咎，指无咎，艰则无咎，指小心谨慎、刻苦自励才能免咎，如果骄奢淫逸，祸患自会到来。初九不中，阳爻好动，因此有此戒辞。

4 **大车以载：**用大车装满财物，王弼注云："任重而不危。" **有攸往，无**

咎：利于前进，不会有过失。王弼云："健不违中，为五所任，任重不危，致远不泥，故可以往而无咎也。"

5 **公用亨于天子：**亨，指祭祀物品。王弼以亨为通于天子之道，王氏云："处大有之时，居下体之极，乘刚健之上，而履得其位，与五同功，威权之盛，莫此过焉。公用斯位，乃得通于天子之道也。"此说也合义理。

6 **匪其彭，无咎：**孔颖达疏彭为旁，王弼也以为旁，王夫之云："彭，许慎说鼓声也。鼓声所以集众而进之。四阳连类，四居其上而与内卦相接，疑于众将归己。乃其引群阳而升者，将与之进奉九五而使之富，非号召众刚使戴己也，故虽不当位而无咎。"尚秉和云："然则彭之义，为声容盛大无疑……匪其彭者，言文采之盛大显著也。"高岛吞象云："彭者，盛多貌。诗曰'行人彰彭'，曰'出车彭彭'，曰'驷骡彭彭'，曰'四牡彭彭'，皆形容人马之强盛也。此爻以刚居柔，当大有之时，在执政之位，有刚明之才德，立众贤之上，与六五之君，阴阳亲比，君上之眷顾至渥，宠遇殊盛，所谓位极人臣，威权富贵，萃于一身，是处过盛之势者也。过盛则可危，唯能体离之明，居柔善逊，见幾而避，虽处其盛，以为非己之盛也。"

分析以上诸家解释，王氏与高岛氏相近。匪即非之意，"彭"指车马强盛的样子。《大有》卦下乾三阳大车以载，人马强盛，齐聚于九四。九四要把这强盛的车马人才宝物奉献给六五君王，不能据为己有。匪其彭，即不能把强盛的车马队伍据为己有。无咎，没有过失。

7 **厥孚交如，威如，吉：**高岛吞象云："'孚'者，所以通上下之情；'威'者，所以严上下之分也。情不通则离，分不严则亵。'交如'者，交接之义；'威如'者，威严之义。"厥孚交如，指君臣上下相互信任，会见符合礼仪。威如，指君主威严的样子。吉，指吉祥。

8 **自天祐之，吉无不利：**尚秉和云："五，天位，祐，助也。"王弼云："余爻皆乘刚，上独履柔，故吉利也。"即上九得六五之帮助，吉祥如意，无往不利。高岛吞象有新解，亦合乎情理，云："以刚在六五国君之后，可谓尽人事而待天命者也，是贤师傅也。为能则天道，以计划国政，使大有之君，应天时，统万机，积德行，享有全盛之福。”高岛氏认为上九是六五的师傅。

传

原文

象曰：大有，柔得尊位，大中而上下应之，曰大有。[1]其德刚健而文明，应乎天而时行，是以元亨。[2]

译文

彖辞说：《大有》卦，六五柔爻得尊位，居于阳爻之间，处于中位，上下阳爻都服从她，因此叫大有。《大有》卦卦德刚健而文明，顺应自然规律，把握时机行事，因此一开始就会亨通。

注释

1 **大有，柔得尊位，大中而上下应之，曰大有：**这几句彖辞解释了《大有》卦名，因为《大有》卦六五爻为阴柔、为柔爻，居于五之尊位，居于阳爻之中故称大中，九二与六五为正应，其余四阳爻也拱卫她、配合她。因此卦名叫《大有》。

2 **其德刚健而文明，应乎天而时行，是以元亨：**这几句彖辞解释了“元亨”的含义。《大有》卦的卦德由上下卦体现出来，上卦为离为火，代表文明，下卦为乾为健，代表刚健，上下卦互相配合，与时俱进，因此一开始就会畅通无阻。

象曰：火在天上，大有。君子以遏

大象辞说：离火在乾天之上，组合成《大有》卦。君子法象《大有》卦，惩戒抑制邪恶，恶扬善，顺天休命。[1]

表扬光大善行，顺承上天的美好旨意。

象曰：大有初九，“无交害”也。

小象辞说：《大有》卦初九阳爻，不会涉及祸害。

“大车以载”，积中不败也[2]。

用大车装载财物，财物堆积其中，无论行走多远，也不会有损坏。

“公用亨于天子”，小人害也。

王公向天子贡献祭品，如果让小人去送，会有祸害。

“匪其彭，无咎”，明辩晢[3]也。

不将盛大的车队及财富据为己有，不会有过失，是因为九四阳爻能够明辨是非。

“厥孚交如”，信以发志[4]也。“威如”之吉，易而无备[5]也。

君臣互相信任，会见时礼节周全，臣下能够竭忠尽力，君臣共同实现理想。君主具有威信，吉祥，君主平易近人而不猜疑臣下。

大有上吉，自天祐也。

《大有》卦上九吉祥，是因为得到君主的帮助和支持。

注释

1 **火在天上，大有。君子以遏恶扬善，顺天休命：**上卦为火，下卦为天，故说火在天上。遏恶扬善，惩戒抑制邪恶，表赞发扬善行。休命，指美命美意，休即美。顺天休命，即指顺奉上天的美意。

2 **积中不败也：**财物贮存于大车之内，不会损坏。高岛吞象云：“大车得初、三左右两刚比辅，车体完厚，虽积重于中，行远而不败。”

3 **明辩晢：**即辨明是非、辨别上下之分。晢，音 zhé，明也。

4 **信以发志：**取信于臣下，臣子们无不尽忠竭力，君臣得以共同实现理想。

5 **易而无备：**尚秉和认为六五“居尊位，人皆敬之，左右咸宜，故不必有所戒备”。高岛吞象所解相反：“六五居群刚之间，独用柔道，未免为人所易慢，而无畏怖之心也。”王夫之所释与高岛氏相近，云：“易，和易近人。无备，不防其僭逼也。创业之始，感人心以和易，而久安长治之道，必建威以消萌。”王氏与高岛氏所解，皆有义理可观可取，但从上下文文意看，尚氏更有连贯性，孔颖达疏曰：“‘威中之吉，易而无备’者，释‘威如之吉’之义，所以威如得吉者，以己不私于物，唯行简易，无所防备，物自畏之，故云‘易而无备’也。”因此，易而无备，是指六五之君主平易近人，不必猜忌防范臣下。

䷎ 谦[1]

导读

《谦》卦只有一个九三阳爻，阳爻九三并没有居于二、五位，九三爻不得中，却很好，这个特点打破了《周易》只有居于中位的主爻才会是好卦的惯例，譬如《同人》卦，主爻六二居于中位，《大有》卦主爻六五居于中位，《比》卦九五居于中位。《谦》卦的下卦为艮为山，上卦为坤为地，山在地中，表明山不与地争高，而自然高于地上。下卦艮属于阳卦，代表天道，上卦坤属于阴卦，代表地道。天道居于地道之下，说明天道下济，地道上升，阴阳相交，与《泰》卦同理。《彖传》说：“天道下济而光明，地道卑而上行。天道亏盈而益谦，地道变盈而流谦，鬼神害盈而福谦，人道恶盈而好谦。”在《彖传》作者看来，谦与盈相对，谦是有缺陷而不满，盈则是充实而丰满、圆满，作者认为谦比盈好，天道、地道、鬼神之道、人道莫不亏盈、变盈、害盈、恶盈而益谦、流谦、福谦、好谦。《谦》卦是中国文化的一个典型特征，中国人中国文化谦虚而不骄傲，晚清曾国藩深得其中奥妙，毛主席也说“骄傲使人落后，谦虚使人进步”，仔细揣摩玩味《谦》卦卦象与卦辞、爻辞、彖辞、象辞奥义，当会获益无穷。

原文

亨，君子有终。

初六，谦谦君子，用涉大川，吉。

六二，鸣谦，贞吉。

九三，劳谦[2]，君子有终，吉。

六四，无不利，㧑[3]谦。

六五，不富以其邻，利用侵伐，无不利。[4]

上六，鸣谦，利用行师，征邑国。[5]

译文

亨通，君子会有好的结果。

初六爻，谦虚谨慎之至的君子，可以顺利渡过大河，渡过难关，吉祥如意。

六二爻，培养了谦虚的品德，谦虚的美名传播在外，坚守中正之道，吉祥。

九三爻，勤勤恳恳地辛勤工作，谦虚谨慎，君子会有好的结局，吉祥。

六四爻，将谦虚的美德发扬光大，无不利。

六五爻，国家财富不丰富，因为有叛逆的骚扰，利于团结百姓，让王公率领军队去讨伐敌人，无不利。

上六爻，谦虚的美名传扬在外，有利于出动军队讨伐叛逆之徒。

注释

1 **谦**：卦名，谦为不自足、不自满的意思。王夫之对《谦》卦的解释颇有哲理意义。王夫之云："道之在天下也，岂有究哉！以一人之身，藐然孤处于天地万物之中，虽圣人而不能知、不能行者多矣。其在心也，嗜欲攻取，杂进于耳目，以'惟微'之道心与之相感，势不能必其贞胜。皆孤阳介立之象也。君子知此，念道之无穷而知能之有限，故学而知其不足，教而知困，歉然望道而未之见。其于天下也，则匹夫匹妇胜予是惧，而不忍以骄亢伤之。故虽至于圣，且不自圣，以求进德于无已，而虚受万物以广其仁爱，斯则谦而有终矣。"王夫之认为，一个人孤处天地之间，即使是十分聪明十分能干的人，不能了解的事情还是非常多，不能做的事情还是非常多，而在一个人面对自己的私欲和贪心及错误认识时，要战胜这些也是十分困难的。因此，王夫之认为，一个人要认识到这些重重困难，不断学习，不断进德修业，不断发现自己的不足，活到老学到老，才能少犯错误，善始善终地走完人生旅程。

2 **劳谦：**勤劳、谦虚，像《乾》卦的九三爻辞一样，"终日乾乾，夕惕若"，整天努力工作，小心谨慎，到了晚上，也不敢有丝毫松懈。

3 **㧑：**音 huī，发挥，发扬光大。

4 **不富以其邻，利用侵伐，无不利：**六五爻为阴爻，四爻、上爻皆为阴爻，阴爻不实，故称不富。不富，又因六五能谦虚待人，下己尊贤，故邻居百姓无不乐为效命。上卦为坤、为土、为众、为师，有开拓疆土之意。谦己尊贤的目的在于治国平天下，此谦德之功用也，下卦为艮，为手，为击，谦之德已成，故下三爻皆吉；上卦为坤，地山相合，故利于开拓疆土，讨伐不服之人，六五"以其邻"者，即凭借九三等势力，率领其余阴爻，讨伐不服之人。

5 **鸣谦，利用行师，征邑国：**上六之谦德已成，谦虚尊贤的美德已扬名天下，上六与九三相应，九三为《艮》卦之主，为击，因此上六可以出动军队讨伐不服的小国。利用行师，即有利出动军队讨伐。

传

原文

彖曰：谦，亨。天道下济而光明，地道卑而上行。[1] 天道亏盈而益谦，

译文

彖辞说：《谦》卦，谦虚而不自满，亨通。天道下降而光明普照，地道谦卑而能上升。天道盈满就会亏损，谦虚不盈满就会增益；地道盈满就会改变，谦虚不充足就会流动增多；鬼神

地道变盈而流谦，鬼神害盈而福谦，人道恶盈而好谦。谦，尊而光，卑而不可逾，君子之终也。

盈满后就会害怕，谦虚不自满就会被施福；人道盈满就会向恶的方向转化，谦虚不自满就会得到大家的认同和赞扬。谦虚之道，尊贵庄重而又光明正大，自甘卑贱之位而别人无法超越他，君子遵守谦道，善始善终，会有好的结果。

注释

1 **天道下济而光明，地道卑而上行：**《谦》卦中一孤阳九三居于下卦，因阳爻具乾性，为天，因此说九三居于内卦为天道下济，一阳下降，于群阴有利，故说光明。地道卑而上行，指坤本为地，以柔顺谦卑为主，应居下卦却居于上卦，因此说是地道上行。

象曰：地中有山，谦。君子以裒多益寡，称物平施。[1]

大象辞说：地在山中，是《谦》卦，君子观察《谦》卦卦象，获得启示，应该发挥谦道，既增加富裕者的利益，也增加贫穷者的利益，按照万物的实际情形，公平地施予他们，增进他们的利益。

象曰："谦谦君子"，卑以自牧[2]也。

小象辞说：谦虚谨慎之至的君子，甘居卑下简陋恶劣的环境之中锻炼自己，培养品德。

"鸣谦，贞吉"，中心得也[3]。

谦虚的美名传播于外，坚守中道，吉祥，心中的理想得以实现。

"劳谦君子"，万民服也。

辛勤工作的谦虚谨慎的君子，千千万万百姓都服从他。

"无不利，㧑谦"，不违则也。

发扬光大谦虚的美德，无不利，不会违背谦虚谨慎的原则。

"利用侵伐"，征不服也。

利于出动军队讨伐不服者，惩处他们。

"鸣谦"，志未得也[4]。可"用行师，征邑国"也。	谦虚谨慎的美德传播在外，内心的理想还没有实现，可以利用军队出征，征服讨伐那些不服从的邑国。

注释

1 **裒多益寡，称物平施：**裒，音 póu，意为聚集。关于"裒多益寡"，学术界有两种截然相反的解释。如金景芳认为，"裒，掊，取的意思。裒多益寡，裒取多者，增益寡者"，"损有余补不足"；同样，唐明邦主编《周易评论》亦认为："当取（裒）其多者，补（益）予少者，量（称）物之多少，平均施之于人，使天下无不平。"《辞源》上也将"裒多益寡"解释为减损多余的补足不足的，直接将"裒"解释为减少。王弼则云："多者用谦以为裒，少者用谦以为益，随物而与，施不失平也。"王弼认为"裒多"即用谦道多者可更多；"益寡"用谦道，少者也可增多。孔颖达疏解也持如此见解："裒多者，君子若能用此谦道则裒益其多，言多者得谦，物更裒聚，弥益多也，故云'裒多'，即谦尊而光也，是尊者得谦而光大也。益寡者，谓寡者得谦而更进益，即卑而不可逾也。是卑者得谦而更增益，不可逾越也。"王夫之认为："裒，聚也。……多者裒聚之而益多，寡者益之使不乏，固不厚高而薄下，抑不损高以补下，各称其本然而无容私焉。故高者自高，卑者自卑，而要之均平。君子施惠于民，务大德，不市小恩。不知治道者，徇疲惰之贫民，而铲削富民以快其妒忌，酿乱之道也。故救荒者有蠲赈而无可平之粟价，定赋者有宽贷而无可均之徭役。虽有不齐，亦物情之固然也。"

笔者同意第二种意见，认为"裒多益寡"是指多者用谦道而益多，寡者用谦道而增多。考察卦象，《谦》卦为一阳五阴，阳为实为多，阴为虚为不足，在《谦》卦中，下三爻皆吉，上三爻皆利，所有六爻都吉利，这在《周易》六十四卦中也是罕见的现象，九三为阳，用谦道，当然多者益多，爻辞所谓"劳谦，君子有终，吉"，"吉"正如《系辞传》所说，是“得”也，即增加之意、增多之意、收获之意。劳谦君子，获得万民的拥护，不可谓不多。其余五爻为阴、为虚、为不足，阴爻用谦道，无不获利，五阴顺一阳，阴阳和合，于阴于阳，皆吉利。再考察自然及人类社会实践，万物之参差不齐，亦自然之道也，人之能力有强弱大小，劳动贡献有多有少，如果均贫富，分配收入相等，不能调动劳动者的积极性，也违背了自然规律，因此，为了促进生产力的提高，既要让能力强、贡献大的人增加更多收入，同时也要让劳动能力弱的人增加收入，提高生活水平，实现共同富裕的社会理想。此即称物平施的意思。

2 **卑以自牧：**自甘卑下，自愿在艰苦的环境中锻炼自己的意志，培养自己的才能和谦虚的品德。自牧，即自己培养自己的品德和才能，自我约束，自我修养。

3 **中心得也：**谦虚谨慎，遵守中正之道，已具备了谦虚的美德，并得到了百姓的认同。

4 **志未得也：**谦虚的品德已具备，但是谦道还没能够发扬光大，还有未驯化之人叛逆不服从，内心的愿望和理想还没能够实现。

䷏ 豫[1]

导读

《豫》卦上卦为震，为雷，为动。下卦为坤，为地，为土。《豫》卦中间互卦，即二、三、四爻组成《艮》卦，艮为石，石为磬，是打击乐器，因此说，《豫》卦是音乐演奏之卦。大象辞说：“先王以作乐崇德，殷荐之上帝，以配祖考。”由此可知，上古祭祀上帝和祖先时，都要演奏音乐。古代的礼乐制度有严格规定，王的乐器是四面陈列，称作宫县。诸侯乐器三面陈列,称作轩县。卿大夫乐器二面陈列,称作判县。士的乐器一面陈列,称作特县。一般庶民,没有规定用乐。由《豫》卦初六爻辞来看,“鸣豫,凶”,用乐器作乐,凶险,上古是不准庶民陈列乐器,不准庶民僭越礼制用乐的。六二爻是中正之爻,表示用乐合乎礼制规定。九四爻是《豫》卦主爻,因此说“由豫,大有得”,《彖传》说:“刚应而志行,顺以动,豫。”《谦》卦与礼制密切相关,《豫》卦与乐制密切相关,《谦》与《豫》两卦相连,礼乐相须,《周易》里面也有反映。在《系辞传》里面,《豫》卦的原意是“重门击柝,以待暴客”,用木头棒子打更报警,提醒人们晚上注意安全,木棒敲击的声音传得很远。

原文

利建侯行师。

初六,鸣豫,凶。[2]

六二,介于石,不终日,贞吉。[3]

六三,盱豫悔,迟有悔。[4]

九四,由豫[5],大有得[6]。勿疑,朋盍簪[7]。

六五,贞疾[8],恒不死[9]。

上六,冥豫成[10],有渝无咎。

译文

有利于封建诸侯,兴师动众。

初六爻,自鸣得意,凶险。

六二爻,知道事物变化之机,就如作为分界线的石碑一样,清楚明白,见机而作,立刻择善而从,改过迁善,不用再等待一天,坚守正道,吉祥。

六三爻,谄媚上司以寻欢作乐,导致悔恨;不能及时醒悟过来,导致悔恨。

九四爻,众人依靠他,寻求快乐,他因此会获得民心。不用怀疑,朋友们聚集拢来,就像括束头发的簪子一样,紧密团结在周围。

六五爻,患了疾病,长期遭受病患折磨,却不会死去。

上六爻,通宵达旦寻欢作乐,如果能够改变这种恶行恶习,就不会有过失。

注释

1 **豫：**欢喜快乐的样子。《豫》卦下卦为坤，为顺；上卦为震，为雷，为动。《豫》卦表示顺而动。

2 **鸣豫，凶：**自鸣得意，凶险。初六不中不正，与九四相应而有喜色，纵乐过甚，十分凶险。

3 **介于石，不终日，贞吉：**介于石，马振彪引刘沅的话说："介，善恶初分之介。"又说："凡事之得失，必有其幾，即其善恶初分之介而谨之，则易为力。于其已误而震动改过，则可复于善。"《系辞传》有一段话可作为旁证，子曰："知幾其神乎？君子上交不谄，下交不渎，其知幾乎？幾者，动之微，吉之先见者也。君子见幾而作，不俟终日。《易》曰：'介于石，不终日，贞吉。'介于石焉，宁用终日？断可识矣。君子知微知彰，知柔知刚，万夫之望。"介于石，是指善恶初分时的界划如石碑一样明显。"介于石"，即"以石为介"，君子知微知幾如以石为界那样明显。不终日，君子既然清楚明白地知道事物之机，当然见机而作，马上付诸行动，哪里还会等到过了一天才会去做呢？贞吉，指坚守正道，吉祥。

4 **盱豫悔，迟有悔：**盱，音 xū，《说文》："盱，张目也。"王弼曰："履非其位，承动豫之主。若其睢盱而豫，悔亦生焉。迟而不从，豫之所疾。位非所据，而以从豫，进退离悔，宜其然也。"睢盱，向秀说："小人喜悦佞媚之貌也。"盱豫悔，是说六三谄佞九四，寻欢作乐，必然导致后悔。迟有悔，若醒悟太迟，必致后悔。

5 **由豫：**即五阴爻由九四一阳而得豫乐喜悦之心。虞翻曰："由，自从也。"

6 **大有得：**即指九四一阳爻获得了五阴爻喜悦拥戴之心。

7 **朋盍簪：**朋友依附九四爻，就像括束头发的发簪一样紧密团结在九四周围。

8 **贞疾：**指有常疾，即经常有病，或指慢性病。

9 **恒不死：**能够长久活下去，不会死于疾病。

10 **冥豫成：**指晚上仍然耽于歌舞酒色之乐。冥，晦也，指夜晚。

传

原文

彖曰：豫，刚应而志行[1]，顺以动[2]，豫。豫，顺以动，故天地如之，而况建侯行师乎？天地以顺动，故日月不过，而四时不忒。[3]圣人以顺动，则刑罚清而民服。《豫》之时义大矣哉[4]。

译文

彖辞说：《豫》卦，刚与柔相应，而刚的志向得以实行。下卦为坤为顺，上卦为震为动，顺而动，组成《豫》卦。《豫》卦，即顺而动之意，因此天地自然也是这样顺而动，更何况封建诸侯、兴师动众要顺而动呢？天地的自然规律是顺而动，因此日月的运行不会有差错，四季的交替变化也不会出现失误。圣人效法天地自然规律，顺而动，那么刑罚分明，符合民情，顺应民意，平民百姓就会心悦诚服。《豫》卦的卦时、卦义实在是深刻而博大啊。

注释

1 **刚应而志行：**九四一爻为阳爻，其余五爻为阴爻，阴从阳，阳能够实现自己的志愿。

2 **顺以动：**遵循自然规律而运行或行动。

3 **日月不过，而四时不忒：**日月运行，以顺而动，因此，不会出现过错；四季更替顺而动，也不会出现差错。忒，音 tè，差错。

4 **《豫》之时义大矣哉：**《豫》卦之时，《豫》卦之义，皆具深广的含义啊。时，即卦时；义，即卦义。

象曰：雷出地奋[1]，豫。先王以作乐崇德[2]，殷荐之上帝，以配祖考。[3]

大象辞说：雷从地中奋然而出，春回大地，这就是《豫》卦。先王从《豫》卦中获得启示，制作礼乐，歌功颂德，非常隆重地将礼乐奉献给上帝，并让祖先与上帝一起共享。

象曰：初六"鸣豫"，志穷，凶也。

小象辞说：初六爻自鸣得意，乐极生悲，处境穷困，凶险啊。

"不终日，贞吉"，以中正也。

不用等待一天，马上就行动，吉祥，是因为六二爻改过迁善，持中守正的缘故。

盱豫有悔，位不当也。

谄媚求欢，导致后悔，是因为六三爻所处的地位不当的缘故。

"由豫，大有得"，志大行也。

众人从九四爻那儿寻求依靠寻求快乐，获得了所有人的拥戴，志向和理想完全可以得到实现。

六五"贞疾"，乘刚也；"恒不死"，中未亡也。[4]

六五爻患病，是因为凌逼九四阳爻，而九四爻又获得民心的缘故；六五爻遭受长期疾病折磨而不会死，是因为处于中正之位，行事能够坚守正道啊，以正确的心态和方法对待疾病，当然不会灭亡。

冥豫在上，何可长也？

通宵达旦寻欢作乐，高居上位，年纪已老，又怎么可能长期继续下去呢？

注释

1 **雷出地奋：**古人认为阴历二月份，惊蛰之时，雷从地上奋然而出，迅雷不及掩耳，藏在地下冬眠的动物都被惊醒，万物欣欣然而有生意。

2 **先王以作乐崇德：**先王因此而制作音乐，歌颂上天和祖宗之德。乐，指音乐、礼乐、乐器、乐舞，如文舞作籥舞，武舞作万舞。崇，充实、歌颂。德，品德、功德。

3 **殷荐之上帝，以配祖考：**举行隆重的典礼奉献给上帝，并让祖先与上帝一起共享欢乐。殷，盛也。《说文》说："作乐之盛称殷。"荐，进献。以配祖考，祭祀上帝时以祖先配享，让祖先与上帝共享其功。《孝经》说："郊祀后稷以配天，宗礼文王于明堂以配上帝。"可见，祖先与上帝可以一起祭祀。

4 **六五"贞疾"，乘刚也；"恒不死"，中未亡也：**六五长其遭受疾病折磨，是因为六五阴爻凌驾于九四阳爻之上，凌逼九四，与九四不和。但六五虽然长期患病，却能一直活下去，六五能够常怀戒心，居安思危，坚守正道，不会灭亡。

䷐ 随

导读

《随》卦上卦是兑，为泽，下卦是震，为雷。象辞说："泽中有雷，随。"这是就上下卦象而言。彖辞说："刚来而下柔，动而说。"应该是柔随刚而动，动而高兴，这是从卦理、义理而言。柔随刚，就上下卦而言，就是上卦兑随下卦震；就具体阴阳爻而言，就是指临近的阴阳爻与相应的阴阳爻相随与不相随的关系，譬如六二爻，系就是随、跟上的意思。"系小子"，是指六二随初九，初九为阳，但是居于初位，表示初九年龄比九二小，六二居于初九之上，表示六二年龄比初九大，《屯》卦六二与初九就是这种关系，可以参考《屯》卦注释。"失丈夫"，六二与九五阳爻为正应，如果六二跟上初九爻这个小子，就会失去与九五爻这个丈夫婚姻的机会。在《周易》时代，即上古时代，男女婚姻有年龄相近都年轻的，即少男少女相恋结婚的，《咸》卦是这种情况；有少男老妇、老男少妇的，《大过》卦是这种情况；也有女已成年，而男方还是小子即孩子的，如《屯》卦六二与初九，《随》卦六二与初九。上古时代，诸侯一娶九女，有媵婚现象，《归妹》卦是这种情况。婚姻六礼齐备的，《渐》卦是这种情况。上古婚期一般在春天、夏天，由《泰》卦六五爻“帝乙归妹，以祉元吉”可知，《泰》卦为春天之卦，《屯》卦也为冬春交替之时，因此六二、六四爻爻辞也与婚姻之事有关。

在《系辞传》里面，《随》卦最早的卦义是“服牛乘马，引重致远，以利天下”，《随》卦卦象是牛马拖拉着牛车或马车，长途运输大宗物资或者商品。下卦震为动，为牛或马行走，上卦兑为车，为随。

原文

元亨利贞，无咎。[1]

初九，官有渝[2]，贞吉；出门交[3]，有功。

六二，系小子，失丈夫。

六三，系丈夫，失小子；随有求，得；利居贞。

九四，随有获，贞凶；有孚在道，以明，何咎？

译文

元始，亨通，有利，贞正，没有过错。

初九爻，思想观念随着时势发生相应的变化，与时俱进，坚守正道，吉祥。走出家门与贤能之士互相往来，结成朋友，会取得成功。

六二爻这一阴柔处于中正之位的女子，如果迷恋上初九年轻小子，将会失去九五这样的具有英雄气概的男子汉。

六三爻，热恋上九四这样的男子汉，就舍弃初九这样追求自己的小子。六三主动追求九四这样的男子汉，会得到九四的爱情，利于坚守正道。

九四爻，有很多追随九四的人，九四获得民心，会引起君主猜疑，十分凶险。九四坚守正道，赢得君王信任，君王明白九四的忠心，哪里还会有什么过错呢？

九五爻，取信于贤能善良之士，吉祥。

九五，孚于嘉[4]，吉。

上六，拘系之，乃从，维之；[5]王用亨于西山。

上六爻，用强制的方法用武力捉来用绳索捆绑起来，这样捉来的（奴隶或动物）才会服从。于是继续用绳索捆绑着。这样捆绑好的奴隶或动物等牺牲作为君王在西山郊外祭祀上帝或祖先时的祭品使用。

注释

1 **元亨利贞，无咎：**元始，亨通，利益，贞正，没有过错。《随》卦的卦辞与《乾》卦的相同。元，即万物之始，亦即大，最初的、先天的一种物质。元亨，连在一起，也可以说大亨。

2 **官：**指思维器官，引申为思想观念、价值观念，所谓“心之官则思也”。**渝：**改变。

3 **交：**交往，来往，相互联系、沟通。

4 **孚：**相互信任，心心相印。**嘉：**指贤能善良之士。

5 **乃从：**才会服从。**维之：**用绳索捆绑。

传

原文

彖曰：随，刚来[1]而下柔，动而说[2]。随，大亨，贞，无咎。而天下随

译文

彖辞说：《随》卦，刚爻初九可以看作由《否》卦由上九而来，则《否》卦就变成上兑下震之《随》卦，下卦震表示行动，上卦兑表示高兴。《随》卦，各方面都亨通，坚守正道，没有过错，而天地万物都随着季节的交替、春夏秋冬的变换而春生夏长秋收冬

时，随时之义大矣哉！

藏。天下万物随着自然规律而生长变化，随着自然规律而发展变化的含义实在是太深刻了！

注释

1 **刚来：**初九阳爻为刚，是由上卦而来的，下卦阴爻初六上升到上卦上九的位置，就是说，随《卦》由《否》卦，上天下地，变化而来。

2 **动而说：**下卦震，为雷，为动；上卦兑，为泽为悦，两卦相合，故“动而悦”也。说，即“悦”，高兴，愉快。

象曰：泽中有雷，随。君子以向晦入宴息[1]。

大象辞说：泽水之中有雷霆喷薄而出，形成《随》卦。君子从中获得启示，春夏之交，雷声大作，应该及时躲避，回到家里好好休息，养精蓄锐。

象曰：“官有渝”，从正吉也。“出门交，有功”，不失也。

小象辞说：思想观念随时势变化而变化，坚守正道，吉祥。走出家门与贤能之士互相往来，结为朋友，抓住机会，取得成功，不会失去时机啊。

“系小子”，弗兼与也。

迷恋上初九年轻小子，就不会同时得到九五这样男子汉的爱情啊！

“系丈夫”，志舍下也。

六三阴柔女子热恋上九四这样的男子汉大丈夫，说明六三的爱情坚定，坚决舍弃主动追求自己的初九这样的年轻小子。

“随有获”，其义凶也；“有孚在道”，明功也。

追随九四的人很多，九四赢得民心，按道理说肯定会引起君王猜疑，十分凶险。九四如果赢得君王信任，坚守正道，君王就会明白九四是有功之臣啊！

“孚于嘉，

取信于有道德有才能之人，因为九五自己既

吉”，位正中也。

“拘系之”，上穷也。

有道德又有才华，坚守正道，并且居于君王之位啊！

用武力捉来捆绑起来，是因为上六黔驴技穷，没有别的办法啊！

注释

1 宴：安也。 **息：**休息。

䷑ 蛊[1]

导读

《蛊》卦是讲述子女如何继承父母家业、如何对待父母过错的卦。《蛊》的卦象，上卦是艮，艮为山，为少男，为止；下卦为巽，为风，为长女。从卦象看，都是乾坤父母的子女辈当家，父母退位，子女掌权，因此，《蛊》卦主要谈子女如何继承家业的问题。卦辞说“元亨，利涉大川，先甲三日，后甲三日”，《蛊》卦子女继位是大通，利于干大事。甲日指刚日的首日，《蛊》卦治理的时间在甲日前三日、甲日后三日，都可以。“干父之蛊”，即治理纠正父亲的过错过失，总共有初六、九三、九四、六五等四爻，初六表明有子女继承家业，纠正父亲过失，为父亲增光，是好事。九三爻虽然过刚，有小小的悔恨，也不会有大的过错。六四爻对于父亲过失纠正不力，也会有遗憾。六五爻得中，对于纠正父亲过失，恰如其分，赞美父亲教育出来好儿子。纠正母亲过失的只有九二爻一个爻，并且说，“不可贞”，就是家里的丑事有些不可外扬。对于母亲的过失，婉转地指出来，委婉地、偷偷地纠正就是了。上卦的上九爻，是表示一卦终爻，因此，子女老了以后，也要学会及时退休，"不事王侯，高尚其事"，功成名就后，到了退休年龄，主动光荣退休，功成身退，君王与百姓都赞赏这种高尚行为。

原文

元亨，利涉大川，[2]先甲三日，后甲三日。[3]

初六，干父之蛊[4]，有子，考无咎，[5]厉，终吉。

九二，干母之蛊，不可贞。[6]

九三，干父之蛊，小有悔，无大咎。[7]

六四，裕父之蛊，往见吝。[8]

六五，干父之蛊，用誉。[9]

上九，不事王侯，高尚其事。[10]

译文

有先天之生机、活力、实力，能够兴旺发达，有利于克服大的困难，救治祸乱者，当在祸乱未萌之时，预设治蛊之道；并且应当在祸乱将盛之时，洞察祸患如何才能够由盛转衰，施设治蛊的方法，彻底救治祸乱，纠正错误。

初六爻，纠治父亲的过失，有能继承父业的儿子，父亲死后，也不会有过失，不用担心。纠治过失，虽有危险，但最终结果，吉利。

九二爻，纠治母亲的过失，不能用常规办法。

九三爻，用阳刚的方法纠治父亲的过失，会有小小的后悔，但不会出现大的过错。

六四爻，纵容延续父亲的过失，行动做事，往往达不到目的。

六五爻，纠治父亲的过失，适宜于将美德归功于父亲，以显父亲美名。

上九爻，功成身退，不再事奉王侯，不贪禄位，王侯尊尚其人其事。

注释

1 **蛊：**蛊，惑乱也。在上者止而不动，在下者因循守旧，积成败坏，不动之木容易生蠹，不流之水容易腐臭，所谓"户枢不蠹、流水不腐"也。

卦自《泰》卦而来，泰之初至上，泰之上返下，即泰之初刚而上，而泰之上柔而返下，因而成《蛊》卦。《泰》卦是天地相交之卦，万物相通之卦，《泰》卦久了，必然生变，因循守旧，必然久而生事，风俗不振。《泰》卦下乾上坤，乾坤为父母，那么《蛊》卦为子女，艮，少男，巽，长女，为乾坤父母之子女也。《泰》卦久而成《蛊》，自然之势也，那么《蛊》卦有事，风俗败坏，吏治不振，家道不兴，当父母衰老殁世后，子女用事，就应当兴利除弊，拨乱反正，重振家国，革除父母的弊病，光大父母之德，师父母振兴家国之意而不师其迹，兴利除害。这样的子女，当然是孝子了，家国之业，也定能兴旺发达。《蛊》卦阐述的是为人子应承父业的大道理。

2 **元亨，利涉大川：**《蛊》卦时期的子女能继承父母之业，兴利除弊，重振雄风，因此会兴旺发达。元，即有实力之意。亨，即发达之意。利涉大川，即有利于克服困难，有能力解决问题，渡过难关，走上新的发展之路，出现新的转机。

3 **先甲三日，后甲三日：**古时以十天干记时日，即甲乙丙丁戊己庚辛壬癸十天干也，甲前三日辛壬癸，甲后三日乙丙丁。甲，指春季，《月令》明言，"孟春之月……其日甲乙……是月也，以立春。先立春三日，大史谒之天子，曰：'某日立春，盛德在木。'……乃命大史守典奉法……毋失经纪，以初为常"，"仲春之月……其日甲乙"，"季春之月……其日甲乙"，三春之月，即春天，其日皆为甲乙，简称为甲。先甲三日，指在立春前三日，此时还是冬天，天子斋戒，然后在立春时节率三公九卿诸侯大夫祭祀以迎春于东郊，祈谷于上帝，修治农事等。卦义指治蛊者当审其机于未萌，预设治蛊之道。后甲三日，指立夏及夏季来临。《月令》曰："孟夏之月……其日丙丁……是月也，以立夏，立夏前三日，大史谒之天子，曰：'某日立夏，盛德在火。'天子乃斋……立夏之日……迎夏于南郊……"，长夏为戊己，中央土；秋天为庚辛，盛德在金，迎秋于西郊。冬天为壬癸，盛德在水，迎冬于北郊。甲代春天，丙代夏天，庚代秋天，壬代冬天。己日代长夏。立夏之前，天子仍然要斋戒，到了立夏时节，天子率领众大臣祭祀迎夏于南郊，“毋有坏堕，毋起土功，毋发大众，毋伐大树”，“驱兽毋害五谷，毋大田猎”。夏天来了，则治夏天之事。卦义指治蛊者当察其机于将衰，方蛊之时，施没治蛊之法。

4 **干父之蛊：**纠正父辈的毛病。干，纠正。蛊，在这里指弊端、弊病。

5 **有子，考无咎：**有能干的能继承父业且能发扬光大父业的儿子，那么父辈的过错也会得到纠正，父辈的事业也会延续下去。有子，即指有能承继父辈事业的儿子。考，指父亲。一般而言，父生曰父，父死曰考。有时，尚健在的父亲也称考，《尚书·康诰》云：“大伤厥考心。”此处“考”，既可指年老的、尚健在的父亲，亦可指已经逝世的亡父。

6 **干母之蛊，不可贞：**纠正母亲的过错，不宜对外宣扬，不适宜用常理来处置。《易》之《家人》卦明言，母亲“主中馈”之事，是男主乎外，女主乎内之事，母之蛊，即指家丑之事也。家丑之事，不可外扬也。救母之过，当委曲权变，如《诗经·邶风·凯风》之诗，母有过而子自责不能尽孝道，婉转讽喻，言情而隐理。

7 **干父之蛊，小有悔，无大咎：**九三爻具阳刚之才，能够纠正父亲的过错，虽有过刚过猛之嫌疑，有微小的后悔之心，但不会有大的过失。

8 **六四，裕父之蛊，往见吝：**六四爻过于柔弱，没有治蛊之才，将父亲的过错延续下来，行动做事，往往不能达到目的。

9 **六五，干父之蛊，用誉：**六五爻以柔居刚，能得中道，善于纠正父亲的过错，并把自己的美德归功于父亲。

10 **上九，不事王侯，高尚其事：**上九爻为功成身退之爻，臣终事而退，致仕而去，年老告终，功成身退，不贪禄位，王侯尊尚其人其事。

传

原文

彖曰：蛊，刚上而柔下，巽而止蛊。[1]蛊，元亨而天下治也。[2]“利涉大川”，往有事也。[3]“先甲三日，后甲三日”，终则有始[4]，天行也[5]。

译文

彖辞说：《蛊》卦，由《泰》卦而来，《泰》卦初九上升为《蛊》卦上九，《泰》卦上六下降为《蛊》卦初六，刚爻上升，柔爻下降，下卦为巽，上卦为艮，巽而止，成为《蛊》卦。《蛊》卦，具有元精、元气、元神等先天活力，能够兴旺发达，因而能够很好地治理天下。利于克服大的困难，往前行动，有事情要做。救治祸乱前，心里预先有救治祸乱的设想；救治祸乱后，心里能够洞察祸乱如何产生、如何兴起、如何消弭的发展趋势。始终循环，有始则有终，有终则有始，这是自然的规律。

注释

1 **刚上而柔下，巽而止蛊：**刚上，指泰之初九上升至上六之位；柔下，指泰之上六下降至初九之位，刚柔相易。巽而止蛊，《泰》卦刚柔相易后，下卦成巽，巽，顺也；上卦成艮，艮，止也。即巽顺而救治蛊乱，不让蛊乱继续发展。救治蛊乱，要巽顺民心，遵循治乱之道。

2 **蛊，元亨而天下治也：**处于《蛊》卦之时，有子女承继父母之业，因此子女们会发扬光大父母之业，救治父母的弊端，因而元亨，而达到天下大治的目的。

3 **“利涉大川”，往有事也：**利于渡过难关，往前行动，救治父母辈的弊端。

4 **终则有始：**一年四季运行不息，循环往复，甲乙丙丁戊己庚辛壬癸十天干，往返不息。

5 **天行也：**按大自然的规律运行不息。

象曰：山下有风，蛊。君子以振民育德[1]。

大象辞说：山下有风，是《蛊》卦。君子揣摩《蛊》卦，从中获得启示，应该振作民众，培育品德。

象曰："干父之蛊"，意承考也。[2]

小象辞说：纠正父亲的过失，是为了继承父亲的事业，发扬光大它，显扬父亲的美名。

"干母之蛊"，得中道也。[3]

纠治母亲的过失，应该坚守中道，采用符合情理的方法。

"干父之蛊"，终无咎也。

纠治父亲的过失，最终结果，不会有过错。

"裕父之蛊"，往未得也。

纵容延续父亲的过错，做事行动，不会有好结果。

"干父"，"用誉"，承以德也。

纠正父亲的过错，赞美父亲的品德，是为了继承父亲的美好品德。

"不事王侯"，志可则也。

功成身退，不事王侯，这种高尚品德，值得他人学习。

注释

1 **君子以振民育德：**处蛊之时，君子拨乱反正，移风易俗，激发民气，走上正轨，革故鼎新，重育民德，去恶务善，使民风淳朴。

2 **"干父之蛊"，意承考也：**纠正父辈的过错，是真正的继承好父辈事业，事其意而不事其迹，即善继父志，是真正的大孝。

3 **“干母之蛊”,得中道也:** 纠正母亲的过错,应该持慎重的态度,不宜张扬,不宜直说道理,而适宜婉转讽喻,以自责,以尽人子之情。母子之间,以情为重,理应隐于情中,更不能以理拂情而扬恶,以陷己于不义不孝也。

䷒ 临

导读

《临》卦的卦象与《遁》卦相反,《遁》卦是最下两爻为阴爻,其余上面四爻为阳爻。《临》卦则是内卦最下两爻为阳爻,其余上面四爻为阴爻。从卦例是内卦往上生长来看,《临》卦是鼓励阳爻往上生长发展,这点也与《遁》卦的尽力控制阴爻发展相反。《临》卦初九、九二、六五、上六都是吉利之爻,阳爻发展,上卦阴爻也得利,六三、六四爻为无咎,整个卦爻没有一个凶爻。六三凌乘九二,虽然阴乘阳,但是六三阴爻欢迎阳爻发展,则不会有过错。六四也是“至临”,欢迎与初九阳爻发展,阴与阳相应,不会有过错。彖辞解释了下卦最下面两刚爻往上发展的情况:“临,刚浸而长,说而顺,刚中而应。大亨以正,天之道也。‘至于八月有凶’,消不久也。”发展虽然很好,但是,物极必反,六爻全部变成阳爻后,阴爻就会下生,因此卦辞告诫说八月有凶,初九阳爻会变成阴爻,对于阳爻来说是凶。

原文

元亨利贞,至于八月有凶。[1]

初九,咸临,

译文

元始,亨通,有利,守正。到了八月份,阳爻会变化为阴爻,出现灾难。

初九爻,君临百姓,与百姓感情相通,坚守

贞吉。[2]

正道，吉祥。

九二，咸临，吉，无不利。[3]

九二爻与六五爻君臣遇合，情感相通，吉祥，无所不利。

六三，甘临，无攸利。既忧之，无咎。[4]

六三爻，甜言蜜语，欺骗百姓，哗众取宠，没有什么好处。已经认识到自己的错误，马上改过迁善，那么不会有过错。

六四，至临，无咎。[5]

六四爻，诚心诚意地迎接贵客光临，不会有过错。

六五，知临，大君之宜，吉。[6]

六五爻，以智慧君临天下，体察民情，是英明君主的做法啊！

上六，敦临，吉，无咎。[7]

上六爻，感情深厚地体察民情，吉祥，不会有过错。

注释

1 **元亨利贞，至于八月有凶：**元始，亨通，有利，坚贞。《临》卦在十二月消息卦中为二月卦，即《坤》为十二月卦，《复》为正月卦，《临》为二月卦，《泰》为三月卦，《大壮》为四月卦，《夬》为五月卦，《乾》为六月卦，《姤》为七月卦，《遁》为八月卦，《否》为九月卦，《观》为十月卦，《剥》为十一月卦。自《临》卦至《遁》卦，从二月至八月，整个卦正好相反，阳爻变成了阴爻，阴爻变成了阳爻，阳爻不断消失演变为阴爻。因此说，卦至于八月份，对于阳爻来说，有凶险，即阳爻变成阴爻。临，监也，视也，有以贵临贱，以尊临卑之义。

2 **咸临，贞吉：**咸，感应，彼此感情相通。初九与九四感情相通，彼此相知，坚守正道，吉祥。

3 **咸临，吉，无不利：**九二与六五感情相通，以尊临卑，吉祥，无所不利。

4 **甘临，无攸利。既忧之，无咎：**六三与上六无应，因此说甜言蜜语地以贵临贱，不会有什么好处。如果担心自己言行不当，及时加以改正，那么就不会有过错。

5 **至临，无咎：**六四与初九阴阳相应，因此说迎接贵客光临，不会有过错。

6 **知临，大君之宜，吉：**六五与九二阴阳相应，即中且正，皆为得位，因此说，知临，以智慧巡视百姓，体察民情，符合英明君主的要求，吉祥。

7 **敦临，吉，无咎：**上六以阴居阴，为得位。敦，敦厚。即感情深厚地体察民情，吉祥，没有过错。

传

原文

彖曰：临，刚浸而长，说而顺，刚中而应。大亨以正，天之道也。"至于八月有凶"，消不久也。

象曰：泽上有地，临。君子以教思无穷[1]，容保民无疆[2]。

象曰："咸临贞吉"，志行正也。[3]

译文

彖辞说：《临》卦，刚爻（即指阳爻）不断生长壮大，下卦为兑为说为高兴，上卦为坤为地为顺。九二阳刚，坚守正道，品行端正，而六五与之相呼应，得到六五支持。各方面都会亨通顺利，坚守正道，这是天地自然的规律啊。

大象辞说：下卦为泽，上卦为地，泽上有地，组成《临》卦。君子从《临》卦中获得启示，教育开导民智，无论贤愚之人；包容保护百姓，无论远近之人。

小象辞说：与百姓感情相通，君临百姓，坚守正道，吉祥，是因为初九品行端正啊。

九二爻与六五爻情感相通，君臣相知，吉祥，

"咸临，吉，无不利"，未顺命也。[4]

无所不利，是因为还有不服从王命的人存在啊。

"甘临"，位不当也。"既忧之"，咎不长也。

甜言蜜语，哗众取宠，因为六三位置不妥当啊！既然认识到了自己的过失，改正错误，错误就不会再继续下去了。

"至临，无咎"，位当也。[5]

诚恳地迎接贵客光临，没有过错，六四的言行很妥当啊，很符合自己的身份地位啊。

"大君之宜"，行中[6]之谓也。

符合英明君主的做法，是品行端正、顺乎民心、符合中正之道的做法啊。

"敦临"之吉，志在内也。

感情深厚地体察民情，所以吉祥，是因为上六关心民生疾苦啊，知道民为邦本，本固邦宁啊！

注释

1 **教：**教育。 **思：**思虑。 **无穷：**不论贤愚之人也。

2 **容：**包容。 **保：**保护，养育。 **无疆：**无论远近之人也。

3 **"咸临贞吉"，志行正也：**感情相应，以尊临卑，坚守正道，吉祥，因为初九动机高尚，行为端正。

4 **"咸临，吉，无不利"，未顺命也：**九二与六五感情相通，以尊临卑，吉祥，无所不利。君臣遇合，是因为还有不服从、不听六五王命的顽固不化的边民啊。

5 **"至临，无咎"，位当也：**迎接贵客光临，没有过错，是因为六四德位相称、言行得当的缘故啊。至，指坤厚之至，坤阴能包容养育万物，为至也。此处指阴爻主动迎接阳爻之意。

6 **行中：**品行端正，符合常道。

䷓ 观[1]

导读

《观》卦上卦为巽为风,下卦为坤为地,组成风地《观》。从卦辞“盥而不荐,有孚颙若”来看,应该与祭祀礼制活动相关,祭祀礼制包括有神道设教的内容,彖辞说:“圣人神道设教,而天下服矣。”神道设教的目的是教化天下,并且神道设教是先王基于民情民俗的实际情况而定,即大象辞说的“省方观民设教”,省察地方,体察民情,设立相应的神道设教的教育方式。祭祀对象一般分为天神、地祇、人鬼,祭祀时主祭和助祭者对神灵十分虔诚恭敬,实际上培养了祭祀参与人员的一种诚实笃敬的政治品德,上古时代,政治主要内容是祭祀与战争,即“国之大事,在祀与戎”。《观》卦的下卦阴爻,都是观礼的参加者,因为所处的地位不同,观察结果自然有异。初六阴爻因为是小孩,观察力十分有限,只能观察到表面现象,对于小人来说,不会有过错,对于君子来说,则有不足。六二爻是阴爻处于中位,女子不能抛头露面,只能从家里窗户中往外看,因此说“窥观,利女贞”。六三爻则是观察我们老百姓的养生、治生之道,观察民众如何才能够生活好。六四爻则是君王祭祀的观礼嘉宾,“利用宾于王”,嘉宾应该是观察君王如何利用祭祀来治理天下。九五爻是主爻,君王观察百姓生活之道,体察民情。上九爻也是观察民众生活之道,体察民意,都是为了更好地神道设教,治理好天下。

原文

盥而不荐,有孚颙若。[2]

译文

参观祭祀时洒酒灌地以降神的隆重仪式,还没有进献牲羞之前,内心就充满了无比初六，童观，小人无咎，君子吝。[3]

六二，窥观，利女贞。

六三，观我生，进退[4]。

六四，观国之光[5]，利用宾[6]于王。

九五，观我生[7]，君子无咎。

上九，观其生，君子无咎。

虔诚无比崇敬的高尚感情。

初六爻，幼稚地观察，小孩子没有错，君子则有不足。

六二爻，偷偷地观察，利于女子坚守妇道。

六三爻，观察自己的生存之道，适当进退。

六四爻，观察君王祭祀的盛况，做君王的嘉宾，受到君王的礼遇。

九五爻，观察反省治理百姓之道，君子没有过失。

上九爻，体察天下百姓生活状况，君子不会有过失。

注释

1 **观：**敬仰参观之意。

2 **盥而不荐，有孚颙若：**盥，音 guàn，沃盥，马融说："盥者，进爵灌地以降神也。"荐，牲羞也，献也，祭祀中向神献牲羞之礼。盥而不荐，参观了祭祀时进爵灌地以降神的隆重礼仪，在没有进献牲羞之前。孚，信也，诚也。颙，音 yóng，敬仰之意。颙若，仰望敬重的样子。有孚颙若，即心中充满了虔诚崇敬之情。

3 **初六，童观，小人无咎，君子吝：**初六阴爻，像小孩观察事物一样，只看皮毛，只知表面现象，而不知事物本质，对于一般平民百姓来说，不会有什么过错。而对于肩负管理百姓责任的贵族、统治者来说，这种观察事物的方法缺陷太多了，太不明智了。童观，小孩一样观察事物。小人，指平民百姓。君子，指贵族统治者。吝，指不足，有缺陷，有遗憾。

4 **六三，观我生，进退：**观我生，观察自己的心地、言行，养生治生之道。

生，即生存之道。进退，时机来临则进取，时机未来则退隐等待。

5 **观国之光：**观赏大国的清明政治。光，指政治清明，正大光明。

6 **宾：**嘉宾，贤宾。

7 **生：**指芸芸众生，天下的平民百姓。

传

原文

彖曰：大观在上[1]，顺而巽[2]，中正以观天下[3]。"观盥而不荐，有孚颙若"，下观而化也。观天之神道，而四时不忒[4]。圣人神道设教[5]，而天下服矣。

译文

彖辞说：九五阳爻居尊位，具备了宏大的气魄、高尚的品德，遵循天道而又能风化天下，令百姓景仰。九五光明正大，具有中正的美德，能体察天下百姓的疾苦。参观祭祀时以酒洒地而降神的隆重仪式，还没有参观进献牲羞之前，内心就已经充满了无比虔诚的感情，天下百姓参观了祭祀仪式，都受到了感化。观察天地自然运行的规律，觉得那是如此神奇无比啊。四季春夏秋冬的交替变换，又是准确而不错乱。圣人从这里获得启示，利用自然规律，利用那神妙无比的法则来教化百姓，那么天下百姓当然会心服口服啊。

注释

1 **大观在上：**指九五爻得位居中，刚爻阳爻为大，九五爻观天下众生，故称大观。在上，指居于尊位、君王之位。

2 **顺而巽：**顺指下卦为坤为地为顺，巽指上卦。

3 **中正以观天下:** 指九五为阳爻居阳位,五位为天位,中位,九五爻既中且正,观临体察天下百姓之情。

4 **忒:** 音 tè,差错。

5 **神道:** 神奇无比的法则、运行规律。 **设教:** 作为教育百姓开启民智的工具。

象曰:风行地上[1],观。先王以省方观民设教[2]。

大象辞说:上卦为巽为风,下卦为坤为地,风行地上,组成《观》卦。先王从《观》卦中获得启示,去各地巡视,体察各诸侯方伯之国的民情,从而制定教育百姓的具体方法。

象曰:初六"童观",小人道也。

小象辞说:初六像小孩一样观察问题,不看问题实质,是一般普通人观察问题的方法啊。

"窥观,女贞",亦可丑也。

从门缝中往外面偷偷地观看,不敢光明正大地看,这虽然有利于遵守妇道,但也应该是感到羞愧的事情。

"观我生,进退",未失道也。

观察反省自己的生存之道,然后决定进退取舍,不会迷失正道啊。

"观国之光",尚宾也。

观赏大国的开明盛世,亲眼看到君王礼贤下士、求贤若渴。

"观我生",观民也。

体察了解百姓实情,是为了观察百姓是否满意现行政策措施,从而做出相应改革啊。

"观其生",志未平也[3]。

观察天下百姓,了解民众情况,是因为还没有达到天下大治,胸中的理想还没有完全实现啊!

注释

1 **风行地上:**上卦巽为风,下卦坤为地,因此说《观》卦是风行地上。

2 **省方:**巡视诸侯方伯之地。 **观民:**考察民情、民俗、民风、民意。 **设教:**用相应的神道方法教育百姓。

3 **志未平也:**天下苍生还未能全都感化,治理天下并没有达到尽善尽美的境地。志,指治国平天下之志。平,指实现。

䷔ 噬嗑[1]

导读

《噬嗑》卦上卦是离,为火,下卦是震,为雷,构成火雷《噬嗑》卦。彖辞说:"颐中有物,曰噬嗑。"嘴巴里面塞满食物,利用牙齿咀嚼咬合,食物经过口腔里面牙齿的咀嚼后,吞咽进胃里面就会容易消化,这就是噬嗑的原意。卦辞说:"亨,利用狱。"就是说《噬嗑》卦亨通,有利于利用《噬嗑》卦的道理治理狱政,管理好罪犯。经过监狱管理方的改造,罪犯得到教育,重新做人,回到社会,不再危害社会,成为有用之人。《噬嗑》卦的主旨就是如何管理好、教育好、改造好服刑人员。因此,初九爻辞说"屦校灭趾,无咎"。罪犯戴上脚镣等木制刑具,磨掉了脚指头,罪犯汲取教训,不再犯罪了,不会有过错了。罪犯如果屡教不改,积小恶为大恶,最后罪不可赦,会招来杀头的刑罚,就是上九爻所说的"何校灭耳,凶"。《系辞传》里面专门谈到《噬嗑》卦初九与上九的爻辞主旨,初九对待小人的方法很管用:"子曰:'小人不耻不仁,不畏不义,不见利不劝,不威不惩,小惩而大诫,此小人之福也。'"孔子认为一般的小人没有外力的强制,如耻辱、威慑等力量,他们一般不会主动履行仁义之道,小人们没有利益引诱,也不会主动履行仁义之道,没有给予他们适当惩罚,他们也不会吸取教训,不会改正错误。针对上九,孔子也分析了罪大不可解的原因:“善不积不足以成名,恶不积不足以灭身。小人以小善为无益而弗为也,以小恶为无伤而弗去也。故恶积而不可掩,罪大而不可解。”

《系辞传》里面谈到神农氏时,《噬嗑》卦还有一个更为原始的解释,和商业与市场经济贸易相关,可以说此卦是中国的市场贸易商业之祖,“日中为市,致天下之民,聚天下之货,交易而退,各得其所,盖取诸《噬嗑》”。由此可见,中国最早的刑罚制度,与市场经济和商业贸易有关,当时处罚的是那些违背公平交易原则的不道德商业行为。

原文

亨,利用狱[2]。

初九,屦校灭趾[3],无咎。

六二,噬肤,灭鼻,无咎。

六三,噬腊肉,遇毒。小吝,无咎。

九四,噬干胏[4],得金矢[5]。利艰贞,吉。

六五,噬干肉,得黄金。贞厉,无咎。

上九,何[6]校灭耳,凶。

译文

亨通,有利于施行刑律实行法治。

初九爻,脚戴刑具而磨伤了脚指头,行动不便,吸取教训,不再去犯法,不会有过错。

六二爻,吃带皮的肥肉,不小心弄伤了鼻子,不会有什么过错。

六三爻,吃腊肉,中了毒,有点小小的遗憾,不会有什么过错。

九四爻,吃带硬骨头的干肉,还得到了带金属箭头的箭;利于渡过难关,坚守正道,吉祥。

六五爻,吃干肉,得到了黄金;坚守正道以防危险。

上九爻,戴上枷锁,磨掉了耳朵,十分凶险。

注释

1 **噬嗑:**用上下牙齿咬合。噬,音 shì,咬也。嗑,音 hé,合也。

2 **狱:**指刑法刑律。

3 **屦:**音 jù ,一种鞋具,此指用脚穿上之意。 **校:**一种脚镣之类的木器刑具。 **趾:**足趾。

4 **胏:**根据马融的解释,"有骨谓之胏",即带骨头的肉称作胏。

5 **金矢:**金簇,带金属箭头的箭。

6 **何:**即荷,戴上。

传

原文

彖曰:颐中有物[1],曰噬嗑。噬嗑而亨[2],刚柔分[3],动而明[4],雷电合而章[5]。柔得中而上行[6],虽不当位,利用狱也。[7]

译文

彖辞说:口腔之中有食物,需要咬合、咀嚼,叫作《噬嗑》卦。《噬嗑》卦,亨通,刚爻与柔爻相间隔,下卦为雷为动,上卦为离为火为电为明,因此动而明,雷电组合成卦,象征电闪雷鸣,耀眼夺目。六五爻本为《否》卦中的初六爻,上升至《噬嗑》卦的六五爻,得中位,行事妥当,虽然五爻为阳位,六五为阴爻,以阴居阳,不当位,但是有利于施用刑律、实行法治。

注释

1 **颐中有物:**颐,音 yí,上下颚之间的空腔。口腔之中有食物,需要用牙齿咬合咀嚼,叫作《噬嗑》卦,上九爻为阳,初九爻为阳,象征上齿与下齿，九四爻为阳，象征食物。六二、六三及六五三阴爻，象征口腔。

2 **噬嗑而亨：**上下牙齿反复咬合，粉碎咀嚼食物，然后可以享用吃进肚里。亨，这里指享用吃掉，吃进肚子，有利于消化，化为营养，维持身体的生长及新陈代谢，延续生命。如果一个人不能吃食物了，那么他也就活不长久了。可见食物对于人的生命来说，是无比重要的，“民以食为天”，就是这个意思。

3 **刚柔分：**指《噬嗑》卦阳爻与阴爻互相间隔，初九为阳爻，六二、六三为阴爻，九四阳爻在中间，六五为阴爻，上九为阳爻。

4 **动而明：**下卦为震，为动，上卦为离，为火，为明，因此说动而明。

5 **雷电合而章：**下卦为震为雷，上卦为离为火为电，离与震组合成卦，即雷电合。章，指文章，此处指绚丽夺目，光彩照人。

6 **柔得中而上行：**指六五爻本在下卦初九位置，原卦为天地《否》卦，《否》卦之九五下降为初九，《否》卦之初六上升为六五，《否》卦变化成为《噬嗑》卦。六五爻居于尊位，得中位。

7 **虽不当位，利用狱也：**虽然六五爻为阳爻以阴居阳，不当位，但六五爻得中，有利于施行刑法刑律、治理天下。

象曰：“雷电”“噬嗑”，先王以明罚敕法[1]。

象曰：“屦校灭趾”，不行[2]也。

“噬肤，灭鼻”，乘刚[3]也。

“遇毒”，位不当也。

大象辞说：雷与电组合成《噬嗑》卦；先王从中获得启示，严明法纪，维护法律尊严。

小象辞说：脚戴镣铐等刑具磨掉了脚指头，行动不方便，以此为戒，不再去犯法了。

吃带皮的肥肉，弄伤了鼻子，是因为六二凌逼阳爻的缘故啊！

中了毒，是因为六三居位不当的缘故，

"利艰贞，吉"，未光也。

"贞厉，无咎"，得当也。

"何校灭耳"，聪不明也[4]。

以阴爻居于阳位。

利于渡过难关，坚守正道，吉祥，是因为九四的理想和抱负还没有完全得到实现啊。

坚守正道以防危险，六五行事妥当，合情合理。

戴上枷锁，磨掉了耳朵，太不聪明了。

注释

1 **明：**昭示、昭明。 **罚：**刑律、惩罚。 **敕：**音 chì，正。敕法，即正法。

2 **不行：**磨掉了足趾，当然不能走路了，引申为不敢再去违法犯罪。

3 **乘刚：**六二为阴爻，却在初九阳爻之上，以阴乘阳，以柔凌刚，因此会有"灭鼻"之灾，但六二居中得位，不会有大的灾祸。

4 **聪不明也：**聪，指用耳朵听，听觉好。明，指眼睛能看见，视力好。上九爻《离》卦之末，为日暮途穷，因此为不明。因为下卦为震，为动，因此为聪，可以听见，却看不见，即聪不明之意，现代语言可以直接说太不聪明了。

䷕ 贲[1]

导读

《贲》卦上卦是艮，为山，下卦是离，为火，山下有火，形成山火《贲》卦。火是人类跨入文明的第一道门槛，因此《贲》卦是表示文明、文饰、美化之卦。彖辞说："贲，亨，柔来而文刚，故亨。分刚上而文柔，故'小利有攸往'，天文也。文明以止，人文也。观乎天文，以察时变，观乎人文，以化成天下。"所谓文明，就是刚柔互相文饰，即柔来文刚，刚上而文柔，阴阳互相交错，产生美感。天文是刚柔交错、刚柔相济，人文是文明以止。“观乎天文，以察时变”，是说观察天象星象，把握季节变化，确立准确历法，不误农时。“观乎人文”，是说省察民风民俗，弘扬美好淳朴风俗，以教化天下百姓。六二爻、六五爻居于中位，此卦属于阴卦，阴为小，阳为大，因此卦辞说“亨，小利有攸往”，亨通，利于干小事。整个六爻爻辞都在围绕文饰、文明这个主旨来说的。初九说：“贲其趾，舍车而徒。”这里说的是初九严格遵守礼制，遵守文明之道。初九为民，古代一般民众一般情况下，礼制规定是不能乘车的，大夫则出门必须乘车，因此，初九舍下车子，徒步行走，是懂文明懂礼节之人。六二是“贲其须”，六二是大夫了，有较高社会地位，因此要打扮修饰得体，男子的胡须是男子的显著性别特征，六二以修饰胡须来说明男子应该注意仪表形象。如果说六二是阴爻居阴位，不能代表男子的话，也可以理解为六二爻为九三爻这位丈夫修饰胡须，美化容体。九三爻也是修饰胡须，六四爻则是婚姻礼仪了，六五爻是婚礼场景布置修饰，上九是说修饰到最后，以素净洁白为最好的修饰，所谓“清水出芙蓉，天然去雕饰”，自然美才是最精彩的美。《贲》卦蕴含着中国古代极为深刻和淳朴的美学思想。

原文

亨，小利有攸往[2]。

初九，贲其趾[3]，舍车而徒[4]。

六二，贲其须[5]。

九三，贲如[6]，濡如[7]，永贞吉[8]。

六四，贲如，皤

译文

贲卦，是装饰之卦，亨通，利于柔弱之人前行依靠刚强之人。

初九爻，在脚指头上画上图纹，不用车马，打着赤脚走路。

六二爻，修饰胡须，修饰脸面。

九三爻，装饰打扮很得体，光彩照人，永远保持着文明的仪表，言行举止合乎正道，可获吉祥。

六四爻，修饰打扮得体，朴素白净，白马

如[9]，白马翰如[10]。匪寇，婚媾。[11]

六五，贲于丘园[12]，束帛戋戋[13]。吝，终吉[14]。

上九：白贲[15]，无咎。

是那样的纯洁无瑕，并不是抢劫的强盗来了，而是来迎亲的马队呀！

六五爻，很简单很朴素地装饰园林，只花了几束帛之多的钱财。虽然吝啬节俭得有点过分，但结果会获吉祥。

上九爻，以白色为主色调来装饰，不会有错。

注释

1 **贲：**音 bì，文饰之意。《贲》卦，装饰、文饰之卦。

2 **小利有攸往：**利于柔弱之人往前进。小，指阴爻，柔弱者。

3 **贲其趾：**离为火，《离》卦又为南方之卦，初九之离即指最远的南方，古称南蛮，又称“交趾”，为极南之地，南方的少数民族脚指头张开，装饰脚指头，即文足，在脚上及脚指头上画上图案花纹，打着赤脚走路。

4 **舍车而徒：**南山多崇山峻岭，不适宜车行，只适宜徒步行走。

5 **贲其须：**美饰脸上的胡须，是说六二爻与九三爻相配合，共同推动文明进步。

6 **贲如：**装饰打扮很得体。

7 **濡如：**指光彩照人，美丽动人。

8 **永贞吉：**永远坚守正道则获吉祥。

9 **皤如：**素白的样子。皤，音 pó，白、素之意。

10 **白马翰如：**白色的马是那样的洁白无瑕。翰，音 hàn，白色的样子。

11 **匪寇，婚媾：**不是强盗，是来求婚的马队。匪，通“非”。

12 **贲于丘园：**即以简朴的方式装饰园林，包括亭台楼阁流水曲池等等。丘园，指园林；丘，即山丘；园，指田园。

13 **束帛戋戋：**花费不多的金钱来装饰丘园。帛，指古代的货币，即金钱。

束帛，指一束帛或几束帛。戋戋，音 jiān jiān，少量、不多。

14 **吝：**吝啬、俭朴。

15 **白贲：**最自然的白色，无须文饰，自然最美，可见《贲》卦提倡自然美。

传

原文

彖曰：贲，亨，柔来而文刚[1]，故亨。分刚上而文柔[2]，故“小利有攸往”，天文[3]也。文明以止，人文也。[4]观乎天文，以察时变，[5]观乎人文，以化成天下。[6]

译文

彖辞说：《贲》卦，亨通，六二阴爻从上六位置下来，文饰初九爻和九三爻两刚爻，因此亨通。《贲》卦当中，阴爻与阳爻互相间隔，《泰》卦九二爻上升到上九爻，六四、六五两阴爻与上九阳爻互相交错成文，相得益彰，因此利于柔弱之人前行依靠刚强之人。阴与阳互相交错，形成天地自然的文采呀！火是人类进化、人类文明的标志，这是人工的文采呀！通过观测天象以便准确了解季节气候的变化规律；通过观察人类文明的情况以便教育天下百姓、移风易俗、治理好天下。

注释

1 **柔来而文刚：**《贲》卦由《泰》卦发展而来，六二爻是由《泰》卦上六而来的。文刚，即六二爻文饰美化九三刚爻阳爻。《贲》卦由《泰》卦发展而来，可见《贲》卦作为文明之卦，文明必须建立在《泰》卦的基础上，即建立在国泰民安的基础上。

2 **分刚上而文柔：**《贲》卦如《噬嗑》卦一样，三阴三阳，互相区分。原本的九二刚爻分到上九，阴爻在阳爻中间，文饰阳爻，阳爻与阴爻配合，文质彬彬，刚爻与柔爻相得益彰。

3 **天文：**天的文采、天的装饰。包括日、月、星辰等等。

4 **文明以止，人文也：**火的使用是人类文明的重要标志，是人类文明进化的一个重要阶段。下卦离为火、为文明、光彩；上卦为艮，为山，为止，因此说文明以止。人文，即人的文明进化，人工的文采、文章、艺术品及人工制作的器物、器具等用品。

5 **观乎天文，以察时变：**观察天象的变化，即日、月、星辰等天象的变化状况，来预测季节、气候变化的情况。观乎，观察。以察，即凭借天象来预测、了解、把握。时变，即季节、气候的变化情况及变化规律。时，即四时、四季。

6 **观乎人文，以化成天下：**观察人类文明的现象，即柔来而文刚，刚上而文柔，阴阳互相交错，互相扶持，以此作为依据，教化天下百姓，移风易俗，达到天下大治的目的。

象曰：山下有火，贲；君子以明庶政[1]，无敢折狱[2]。

象曰："舍车而徒"，义弗乘也[3]。

"贲其须"，与上兴也[4]。

"永贞"之吉，终莫之陵也[5]。

大象辞说：山下有火，是《贲》卦，装饰之卦。君子从《贲》卦中获得启示，正确地处理好日常政务，谨慎而严肃地处理好刑事案件。

小象辞说：不用车马，却打着赤脚走路，是说不适宜于乘坐车马呀！

修饰胡须、脸面，与九三阳刚之人一起进步，同心同德呀！

永远保持着文明的仪表，言行举止符合正道，可获吉祥，是因为没有谁比得过他，能够侮辱他呀！

六四是阴爻居于阴位，品行端正，她怀疑马

六四当位，疑也。“匪寇婚媾”，终无尤也。

上之人是否是正人君子，通过仔细观察后，知道来的马队并不是来抢劫的强盗，而是来迎亲的正人君子啊，结果不会有过错。

六五之吉，有喜也。

六五吉祥，是因为六五有喜庆之事来临呀！

“白贲，无咎”，上得志也。

用白色来装饰，不会有错，是因为上九爻实现了自己的心愿呀！

注释

1 **庶政**：有关平民百姓的日常政务。庶，指平民百姓，众人。

2 **折狱**：断案，指处理平民百姓的刑事民事案件。

3 **义弗乘也**：根据当地的实际情况，如多山等，不适合使用马车。

4 **与上兴也**：六二与九三相配合，共同推动文明进步。兴，指文明进步。

5 **终莫之陵也**：最后没有谁赛过他。终，最后，结果。陵，本义为犯、侮、侵之意，这里指比得过。莫之陵，没有谁比得过。

䷖ 剥[1]

导读

《剥》卦凶爻很多，是个凶卦。《剥》卦上卦为艮，为山，下卦为坤，为地，全卦六爻只有一个阳爻居于上位，《周易》的惯例是卦从下面往上面发展，下面都是阴爻，阴爻势力强盛，独阳很难支撑局面，独阳剥落，就变成《坤》卦了，彖辞说：“剥，剥也，柔变刚也。‘不利有攸往’，小人长也。”阴爻势力渐长，阴爻侵蚀阳爻，之所以不利于前行，是因为小人势力渐渐变得强大。一般来说，阴需要阳的庇护，阴暗阳明，阴爻剥蚀阳爻，阴爻自己也会很危险。因此，《剥》卦初六爻贞凶，六二爻即使居于中位，同样凶险，在《周易》六十四卦中，六二爻居于中位而凶险的极少。六四爻凶险，六三因为与上九阴阳相应，故而无咎。六五则居于中位，顺承上九，因此“无不利”，上九则说：“硕果不食，君子得舆，小人剥庐。”“硕果不食”是说将最好的果实留作农业生产用的种子，会有收获。

原文

不利有攸往。

初六，剥床以足[2]，蔑[3]，贞凶。

六二，剥床以辨[4]，蔑，贞凶。

六三，剥之，无咎。

六四，剥床以肤[5]，凶。

六五，贯鱼[6]，以宫人宠[7]，无不利。

上九，硕果不食[8]，君子得舆[9]，小人剥庐[10]。

译文

剥卦，为剥落衰败之卦，不利于前行。

初六爻，床脚已经损坏了，床主人如果还没有引起注意，更没有及时修理，照往常一样坐卧在床上，那么床肯定会垮塌，坐卧在床上的人也会摔下床来，结果十分凶险。

六二爻，床脚与床之间相连接的床辨部分已经损坏，如果主人忽略不修，麻痹大意，仍然像往常一样在床上坐卧，那么床就会垮掉，人也会摔下来，十分凶险。

六三爻，床已经明显损坏，床主人不会再在坏床上坐卧，不会有过错。

六四爻，床面已经损坏，如果还像往常一样坐卧在上面，会导致凶险。

六五爻，将鱼一条条地贯穿起来，比喻带领众宫女，受到君王的宠幸，无所不利。

上九爻，硕大的果实不要吃掉，留作良种用。君子这样做，有远见，能够发家致富，坐上马车，而小人不这样做，无远见，家道衰落，最终房屋也会抵债。

注释

1 **剥**:剥落,衰败之卦。阴爻销蚀阳爻,阳爻为阴爻的基础和支持力量,阴消阳即是剥落衰败之卦。

2 **床**:古代一种坐卧具。 **足**:床脚。

3 **蔑**:虞翻释为“无”,有人释为“灭”,蔑的本义为目不明,引申为蔑视、轻视、忽视。

4 **辨**:指床脚与床之间相连接部分。郑玄认为:“足上称辨。”李鼎祚《周易集解》引崔憬曰:“今以床言之,则辨当在第足之间,是床梐也。”

5 **肤**:指皮肤,这里指床面。

6 **贯鱼**:即将鱼一条一条地贯穿起来。贯,贯穿。

7 **以宫人宠**:以宫人的身份受到君王的宠幸。

8 **硕果不食**:指饱满充实的大果实,选用作良种,不能够用作食物吃掉。

9 **君子得舆**:指君子不食硕果,注意发展生产,就会发财致富,有马车坐,并受到老百姓的敬慕和拥戴。

10 **小人剥庐**:没有远见的人将硕果吃掉了,没有生产用的良种,家业破败,最后只好卖掉房子抵债。

传

原文

彖曰:剥,剥也,柔变刚也[1]。“不利有攸往”,小人长也[2]。顺而止之[3],观象也。君子尚消息盈虚[4],天行也。

译文

彖辞说:《剥》卦,为剥落衰败之卦,阴爻柔爻将阳爻刚爻变化侵蚀掉。不利于前行,是因为阴爻柔爻势盛,小人猖狂得势。下卦坤柔顺,上卦艮制止小人肆虐,仔细观察揣摩卦象。君子特别关注衰落与生长、盈满与亏损之间互相转化的规律,这是天地自然运行的规律啊。

注释

1 **柔变刚也:**刚爻为柔爻所变,阳爻为阴爻所侵蚀,君子为小人所害也。
2 **小人长也:**即指小人猖狂、得势。长,指主宰、控制局面。
3 **顺:**指下卦坤为顺。 **止之:**指上卦艮为山为止,阻止阴爻继续发展,制止小人继续为害。
4 **消息:**指衰落与生长,消指衰落,息指生长,即生生不止。 **盈虚:**指盈满与亏损,盈指充实满足,鼎盛,虚指亏损,消失衰败。

象曰:山附于地,剥;上以厚下安宅。[1]

大象辞说:高山依附于平地之上,形成《剥》卦。居在上位的人必须为下面的平民百姓谋福祉,得到平民百姓的拥护,巩固统治基础,本固才会邦宁。

象曰:"剥床以足",以灭下也[2]。

小象辞说:床脚已经损坏,说明床的基础已经坏了,不能使用了。

"剥床以辨",未有与也[3]。

床辨已经损坏,说明床与床脚不能互相连接,上面和下面失去照应了。

"剥之无咎",失上下也[4]。

床已经损坏,不会有过错,说明床的上面和下面已经脱开散架、床已明显不能使用了。

"剥床以肤",切近灾也。

床面已经损坏,很可能会导致凶险。

"以宫人宠",终无尤也。

以宫人的地位受到君王宠幸,最终不会有过错。

"君子得舆",民所载也;"小人剥庐",终不可用也。

君子坐上马车,平民百姓学习他发家致富的本领,都会拥戴他;小人家道衰落,连房屋也要抵债,这样的人最终不能够用他。

注释

1 **山附于地,剥;上以厚下安宅:**附于地,指以地为基础,依附于地上。高山以大地为基础、为依靠,依附于地上,形成《剥》卦。上,指居于上位。厚下,加固地基,加固基础。下,指基础。安宅,指地位稳固,安指稳固,宅指地位,凭借依附之地,居位之所。高山有剥落于地的危险,山的上面小,下面大,基础牢固,才不致塌倒。修筑房屋必须加固基础,方保住宅安稳无虞。引申为君主必须为平民百姓谋福利,施德于民,百姓安居乐业了,君主的统治才会稳固。

2 **灭:**损坏。 **下:**基础、床脚。

3 **未有与也:**床与床脚不能够相互配合,不能发挥正常功能,不能坐卧了。因床辨已损坏,床足与床就不能够很好衔接,不能构成牢固的整体。与,指相应、共同发挥作用。

4 **失上下也:**床的上下部分即床与床脚不相连接,床已明显损坏不能正常使用了。

䷗ 复[1]

导读

《复》卦与《剥》卦相反,《复》卦一阳居于下卦初位,下卦为震,上卦为坤,一阳来复,卦时是冬至之时,阳气微弱,但是,卦气是从下往上生长,《复》卦预示着未来阳气发展前景很好,由《复》卦到《临》卦,到《泰》卦,三阳开泰,春天就来临了,万物复苏,自然界生机勃勃。因此,《复》卦是个比较好的卦,初九"不远复,无祇悔,元吉",偏离正道不远,马上返回到正道上来,不会后悔,大吉。六二居中位,"休复,吉"。六三爻反复偏离正道,又反复回到正道,虽然有危险,但是及时改正,不会有过错。六四爻“中行独复”，独行中庸之道，返回正道，当然是好事。六五“敦复”，不会后悔。只有上六爻，远隔初九阳爻，又居于高位，因此，迷于返回正道，凶险，会有灾祸。兴师打仗，会有大败。国政混乱，以至于十年不能恢复元气。

《复》卦主旨以返回正道为宜，《复》卦之时，适宜于静养阳气，因为冬至时阳气微弱，阴气大盛，一个阳爻居于地下，五个阴爻居于阳爻之上，潜心修炼，养精蓄锐，才是正道。

原文

亨，出入无疾[2]，朋来无咎[3]；反复其道，七日来复，[4]利有攸往。

初九，不远复，无祇[5]悔，元吉。

六二，休复[6]，吉。

六三，频复[7]，厉，无咎。

六四，中行独复[8]。

六五，敦复[9]，无悔。

上六，迷复，凶，有灾眚[10]。用行师，终有大败；以其国，君凶，至于十年不克征。

译文

亨通，出去与进来不会有危害，朋友来了不会有过错。返回到原来的道路上来，过了七个月，又回来了，利于前行。

初九爻，刚刚偏离就马上返回正道，不会有灾祸，不会后悔，十分吉祥。

六二爻，善于返回正道，吉祥。

六三爻，多次偏离而又能多次返回正道，虽然危险，但不会有过错。

六四爻，品行端正，能够独自返回正道。

六五爻，诚心诚意地返回正道，不会后悔。

上六爻，执迷不悟，不能返回正道，凶险，会有灾祸发生。如果迷失了正道，却还出动军队发动战争，结果会导致全军覆灭。如果治理国家迷失了正道，那么国君会处于凶险境地。以至于十年还不能够恢复力量，不能够组织军队征讨外敌。

注释

1 **复**:恢复、回复。《复》卦为返回正道之卦。

2 **出入无疾**:出,是指阳往上生长;入,是指一阳在下,在群阴之下。疾,危害之意。

3 **朋来无咎**:朋友来了没有过错。一阳往上生长,于众阴皆有益处,阳对于阴来说,为朋。

4 **反复其道,七日来复**:《复》卦一阳生长,至第六爻为《剥》卦,以一爻代替一月,至六个月,从《复》卦到《剥》卦,到第七个月,一阳又回到了众阴之下,又返回到《复》卦,《诗经》有"一之日""二之日"的说法,日即指月,七日指七个月。

5 **祇**:音 zhī,病、灾之意。

6 **休复**:善于回到正道,亦即亲近贤人,从善如流,礼贤下士之意。休,指美好,这里指稳妥、妥当、趁机的意思。

7 **频复**:多次改过迁善,多次偏离正道而又返回到正道上来,喻指努力克服各种困难,才能勉强回复到正道上来。频,指频繁。一说频,通颦,指颦蹙,皱眉的样子。

8 **中行**:指品行端正。 **独复**:独自能够回到正道上来。

9 **敦复**:诚心诚意地返回正道。敦,敦厚,诚心诚意,专心致志。

10 **有灾眚**:因自己的不慎而导致灾祸。眚,音 shěng,过失。

传

原文

彖曰:复,亨,刚反[1],动而以顺

译文

彖辞说:《复》卦,亨通,刚爻返回来了。下卦震为动,上卦坤为顺,组合成《复》卦,生行[2]，是以“出入无疾，朋来无咎”。“反复其道，七日来复”，天行也。“利有攸往”，刚长也[3]。复，其见天地之心乎！[4]

长发展，动而顺利，因此说出去与进来没有危害，朋友来了不会有过错。返回到原来的道路上来，过了七个月，又回来了，这是天地自然运行的规律啊。利于前行，是因为阳爻刚爻往上生长发展。从《复》卦中，我们可以窥见到天地运行变化的奥秘啊！

注释

1 **刚反：**阳刚回复到地下，阳气潜藏在地中。反，即返回、回复。《复》卦为十一月冬至之卦。

2 **动而以顺行：**动指下卦为震为雷为动；顺行，指上卦为坤为地为顺。

3 **刚长也：**阳气往上生长、发展。由《复》卦而《临》卦而《泰》卦，再至《大壮》卦、《夬》卦、《乾》卦，阳气不断往上生长，万物不断壮大、繁茂，达到鼎盛阶段。

4 **复，其见天地之心乎：**由《复》卦可以窥视到天地自然运行的奥秘。心，指奥秘。《复》卦由《坤》卦而来，《坤》卦由《剥》卦而来，事物衰落到顶点，物极必反，一阳复起于地中，逐渐地发展壮大，盛衰、消长、屈伸、反复之理，尽蕴于《复》卦之中。

象曰：雷在地中，复；先王以至日闭关，商旅不行，后不省方。[1]

象曰：“不远”之复，以修身也。

大象辞说：下卦为震为雷，上卦为坤为地，雷在地中，构成《复》卦。先王从《复》卦中得到启示：在《复》卦代表冬至日来临这一天，关闭城门，禁止商人和旅客通行，君王也不去诸侯方国巡视考察。

小象辞说：偏离不远就能返回正道，用这个道理来修养身心，是为了保持身心健康啊。

善于返回正道，得到吉祥，是因为六二不会

"休复"之吉，以下仁[2]也。	以阴凌阳、以势压人，而是能够礼贤下士、尊敬贤德，要善于向他们请教啊！
"频复"之厉，义无咎也。	多次偏离而又能返回正道，虽然危险，从道理上看来，是不会有过错的。
"中行独复"，以从道[3]也。	品行端正，能够独自返回正道，是因为六四追求正道。
"敦复，无悔"，中以自考也。	诚心诚意地返回正道，不会后悔，是因为六五品行端正，能够自我反省、自我批评从而返回正道啊！
"迷复"之凶，反君道也。	迷失了正道，十分凶险，是因为君王违背了为君之道，君王不像君王了。

注释

1 **雷在地中，复；先王以至日闭关，商旅不行，后不省方：**上卦为坤为地，下卦为震为雷，因此说雷在地中，构成《复》卦。先王在冬至日这一天，即《复》卦来临这一天，关闭城门不外出走动，因为冬至后，为小寒与大寒，天寒地冻，冰雪封山，路途不通，因此君王只好在京城宫廷里养精蓄锐，休养生息，商人旅客留在家里不外出，君王也不外出巡视诸侯方国。

2 **下仁：**善于向地位比自己低的贤人学习。六二在初九之上，一般来说，是以阴凌阳，以柔乘刚，对自己不利，但《复》卦中的六二，礼贤下士，亲近善人贤人，从善如流，因而能够获得初九的信任和支持。因得到初九的帮助，而很好地回复到正道上来。

3 **从道：**按照道而行事。从，遵循，遵从。

䷘ 无妄[1]

导读

《无妄》卦上卦为乾，为天，下卦为震，为雷，组合成天雷《无妄》卦象。《无妄》卦基本上是个好卦，虽然有意外之疾，可以勿药有喜。《无妄》卦讨论的是意外情况，如何处理意外情况，考验着我们的智慧，经是常道，权则是变道，《周易》变道中体现常道，常道中有变道。即使遇到意外，也不要惊慌失措，也要顺应自然。《无妄》卦彖辞提出了天命的概念，人必须要认识天命，天命很难认知，却又非常重要，孔子说"五十而知天命"，"不知命，无以为君子也"，孔子认为，一个不知天命的人，是没有资格当君子的。《无妄》卦彖辞解释天命说："刚自外来而为主于内，动而健，刚中而应，大亨以正，天之命也。"《无妄》卦九五爻是阳爻居于阳位中位，六二爻是阴爻居于阴位中位，九五阳爻与六二阴爻相应相通，因此说，刚中而应，大亨以正，属于天命范畴了。如果不正，则会有灾祸，不利于前行。彖辞认为，不中不正，则天命不会保佑。

原文

元亨利贞[2]，其匪正有眚[3]，不利有攸往。

初九，无妄，往，吉。[4]

六二，不耕获，不菑畬[5]，则利有

译文

元始，亨通，有利，贞正。天命如果不正，那么就会招来灾祸，不利于前行。

初九爻，处于《无妄》卦之初，春天来到，应该前行，将会获得吉祥。

六二爻，不耕种就不会收获；不开垦新的菑田，就不会有熟的畬田。利于前行，与九五爻配合。

攸往。

六三，无妄之灾，或系之牛，行人之得，邑人之灾。

九四，可贞，无咎。

九五，无妄之疾，勿药有喜。[6]

上九，无妄，行有眚，无攸利。[7]

六三爻，意外的灾祸，就好像村庄里的人将牛拴在道路边树上，走路的行人顺手将牛牵走，村庄里的人却无端被主人怀疑偷走了牛。

九四爻，可以正天命，不会有过错。

九五爻，无缘无故染上了疾患，九五因元气充盈，身体强壮，抵抗力强，用不着服药，过几天身体就会恢复健康。

上九爻，不要抱奢望，前行就会招来灾祸，不会带来利益。

注释

1 **无妄：**卦名。妄，马融、郑玄等以妄为望，无妄即无望，没有料想到，没有希望；焦赣、京房等以《无妄》卦为大旱之卦，以为“年收失望”。

2 **元亨利贞：**元始，亨通，有利，贞正。就祭祀意义上来说，元，即先天之诚也，祭祀时以牺牲为代表，元转化为活的祭品；亨，即烹煮食品用来祭神，让神来享用，沟通人与神之间的关系；利，即有利，神享用后会降福于有德之人；贞，即正命也，天命之正者也。《无妄》卦，言祭祀之诚意笃敬也。

3 **其匪正有眚：**天命有正有匪正。正即贞，能够存活延续下来，匪正即有疾病灾祸，很难存活，会夭折，当然不利于发展，不利于前行。匪正，即非正，指天命不正，先天有缺陷的生物。眚，指由后天本身导致的灾祸。

4 **元妄，往，吉：**初九爻为阳爻，为震卦主爻，为动，因此说初九处无妄之时，应该前行，会获得吉祥。

5 **不菑畲：**即不菑不畲。不开垦新的菑田就不会变成熟的畲田。菑，音

zī,指初垦的新田。畬,音 yú,指耕作多年的良田、熟田。菑,《尔雅·释地》说:“田一岁曰菑……三岁曰畬。”菑、畬都作动词用。不耕获,不菑畬是一种特殊的否定句式,否定词“不”否定后面两个并列动词。

6 **无妄之疾,勿药有喜:**这里是一种比喻的说法。自然界之事,变化万千,不可以人意全测也。有疾病而服药,是常理常识,然而并不是所有的病都需要服药。笔者以为,有两种病不必服药,一是依靠自身抵抗力、免疫力完全能自愈的小风寒、小感冒。如果经常有点小毛病就服用药,身体反而弱不禁风了,俗话说是药三分毒,所有的药都或多或少地具有副作用。经常服用药,既有副作用,又降低了自身抵抗力,于身体无益。另一种是送终之病,所有的人都是要死的,当年老衰竭之时,一点小病也无法治愈,甚至就此被夺走生命,刘邦就懂得这一点,因此他不愿意治这种病。从人事上看,有时别人的无端攻击,不必作回应,你去辩解,反而中了敌人的诡计,有时谣言会不攻自破。若有人在大庭广众中说你背部或胸部长了一个疮,你会脱掉衣服证明你没有吗?并不是所有的谣言需要辩解,并不是所有的谎言需要揭破。另外,根据民俗习俗,有喜在民间一般指怀孕了,女性怀孕早期身体会有严重不适,这不是疾病,属于无妄之疾,意外的小毛病,因为怀孕而产生的,不能够服药,服药反而害了怀孕的胎儿,因此说勿药有喜。

7 **无妄,行有眚,无攸利:**眚,指因主体自我的言行而招致的灾祸。上九居于亢悔之地,宜后退,不宜再继续前行。若一味前行,不知进退之机,只会自己招来灾祸。

传

原文

彖曰：无妄，刚自外来而为主于内[1]，动而健[2]，刚中而应[3]，大亨以正，天之命也。“其匪正有眚，不利有攸往”，无妄之往，何之矣？天命不祐，行矣哉！[4]

译文

彖辞说：《无妄》卦，初九阳刚之爻自外而来，在《震》卦之内居于主要地位，内卦震为动，外卦乾为健，九五阳爻居于中位，六二与它互相配合，大为亨通，正天之命。如果天命不正，那么就会有灾祸发生，不利于前行。命运不正，穷困之时，还奢望前行，能够到哪里去呢？老天爷不保佑你，处于命运不正之时，你还走到哪里去呢？

注释

1 **刚自外来而为主于内**：初九阳刚一爻自外卦而来到内卦，内卦变为《震》卦，《震》卦以初九阳爻为主爻，属阳卦。

2 **动而健**：指内卦为震为动，外卦为乾为健，《无妄》卦为动为健。

3 **刚中而应**：《无妄》卦的九五爻为阳爻刚爻，居于九五中位，而六二爻亦居中位，为阴爻柔爻，阴爻与阳爻互相配合，九五与六二互相配合，即刚中有应之意。

4 **大亨以正……行矣哉**：彖辞这里释元亨为大亨，元为大，故称大亨。以正即利贞，正什么呢？大亨以正天之命也，正天命也。元亨、大亨才能正天命。非元亨当然不能正天命了。其匪正有眚，指那些天命不正的当然会有灾祸。不利有攸往，不利于生长发展，不利于前行。

无妄之往，指天命非正者如果前行。何之矣？指能够到哪里去呢？天命不祐，指老天不保佑，因为天命非正者有先天缺陷，有先天灾祸，因此称天命非正者为天命不祐。行矣哉，指能够走到哪里去呢？马振彪先生引李士鉁的话说："《无妄》一卦，阐明天命，元亨利贞，君之所以受命；匪正有眚，所以安命；不利有攸往，所以俟命。不知命无以为君子，易固明示之矣。"引马其昶的话说："《无妄》之卦，言天命也。故魏晋以前，儒者皆以运数说之。杂卦，无妄灾也，亦谓运数。盖天命有正有变，元亨利贞者，天之正命也。其匪正有眚者，亦天命也。……易之为书与天地合德，有可以人力胜者，则示以趋吉避凶之方。有不可以人力为者，则告以委心任运之道。"

象曰：天下雷行[1]，物与[2]无妄；先王以茂对时育万物[3]。

象曰：无妄之往，得志也。[4]

"不耕获"，未富[5]也。

行人得牛，邑人灾也。

"可贞，无咎"，固有之也。

无妄之药，不可试也。[6]

无妄之行，穷之灾也。[7]

大象辞说：天下雷行，春天来到，万物竞相复苏，构成《无妄》卦。先王从卦中获得启示，极力配合季节的变化，抓住时机，养育万物。

小象辞说：无妄之初，春天来临，万物生机勃勃，趁机前行，将会实现自己的愿望。

不耕种就不会有收获，说明六二还不富裕，六二不前行与九五配合，就不会获得九五阳刚君主的赏识与支持。

走路的行人偷得了牛，而村庄里的人却无端遭疑，倒了霉。

可以正天命，不会有过错，本来合乎自然的规律啊！

无故染上的小毛病，身体强壮，不需要服药，因此不能尝试用药治疗。

处于卦极，居于穷困之时，处于命运不正之时，却要前行，这是由于时困、命运不正招来的灾祸啊。

注释

1 **天下雷行：**上卦为乾为天，下卦为震为雷为动为行，因此说天下雷行。天下雷行为春天惊蛰之后的季节。

2 **物与：**万物都参与其中，竞相生长发展。即万物复苏之意。

3 **先王以茂对时育万物：**先王以此极力配合季节的变化，抓住时节，养育万物。茂，勉力、极力。对，指配对、配合、应对。时，指四时四季等季节变化。育，培育、养育。

4 **无妄之往，得志也：**无妄之时前行，会实现自己的心愿。无妄之初，春天来临之时。

5 **未富：**不会致富。

6 **无妄之药，不可试也：**找不到病因的药，是不可以试用的。无妄之疾，指找不到病因的病。无妄之药，即指找不到病因的药。

7 **无妄之行，穷之灾也：**上九处于卦极，应后退保身，不宜前行，若继续前行，在穷困之时，只会招来灾祸。

䷙ 大畜[1]

导读

《大畜》卦上卦为艮，为山，下卦为乾，为天，组成山天《大畜》卦的卦象。卦象乾天意味着自然，山天意味着原始的天然的大山森林里面，有原始的野马、野牛、野猪，《大畜》卦就是人工畜养这些野马、野牛、野猪，如果说，《周易》里面的《离》卦伏羲氏发明渔网意味着中国渔业文明的开端，《益》卦神农氏发明耒耨等农具意味着中国农业文明的开端，《噬嗑》卦神农氏发明市场意味着中国商业文明的开端，那么《大畜》卦则意味着中国畜牧业文明的开端。《大畜》卦辞说："利贞，不家食，吉，利涉大川。”指牛、马、猪等大型动物，应该在大山里面放养。利贞，指要管理好这些大型动物，否则会跑回深山老林，变回野生动物了。针对这个问题，《大畜》卦爻辞所采取的切实可行的措施，对于马则是“日闲舆卫”，九三爻辞说，天天训练野马驾车的技能，就会变成“良马逐”了。对于野牛，则在小牛未长大时采取措施，训练耕田拉车，给小牛的嘴巴上戴上竹笼子，即“童牛之牿”，驯化好童牛即小牛后，小牛长成大牛，那么习惯成自然，大牛也会听话，因此“元吉”。六五爻是讲如何驯化野公猪，野公猪具有很强的攻击性，猪即豕，豕的厉害之处，就是嘴巴，乡村俗话说“三百斤野猪，强的是那张嘴巴”，可见猪嘴巴里面的獠牙十分恐怖厉害，因此针对野猪的驯化首先就是阉割，其次是将被阉割的猪的獠牙去掉。经过这样的驯化后，野猪变成了家猪，就会听话多了，因此说“豶豕之牙，吉”。

《大蓄》卦的主旨是讲如何控制驯化好野马、野牛、野猪等大型野生动物，进一步引申为如何供养好天下贤能之才为君王所用，利用这些贤才来治国理政，治理好天下。彖辞明显说：“‘不家食，吉’，养贤也。”为什么君王能够养贤呢？因为君王具有《大蓄》卦的品德，君王能够日新其德、崇尚贤才，还能够发挥好贤才的优势，使用好贤才，即“刚健，笃实，辉光，日新其德，刚上而尚贤，能止健，大正也”。所谓止健，就是留住人才、培养好人才，使人才乐于奉献、为国家服务。

原文

利贞，不家食[2]，吉，利涉大川。

初九，有厉，利已。[3]

九二，舆说輹[4]。

九三，良马逐，利

译文

有利于坚守正道，不让贤者留在自己家里自食其力，吉祥，利于渡过大的难关。

初九爻，发现危险，就立即停止前进，是有利的。

九二爻，马车脱开了轮輹，不能前进。

九三爻，良马奔跑，在艰难的环境中坚

艰贞；日闲舆卫，利有攸往。[5]

六四，童牛之牿[6]，元吉。

六五，豮豕之牙[7]，吉。

上九，何天之衢[8]，亨。

守正道，不迷失方向，才会有利。对驾驶马车和防卫防范的技术非常纯熟，利于前进。

六四爻，给小牛犊戴上木枷，限制它乱跑乱窜乱触乱斗，十分吉祥。

六五爻，已被阉割的猪的牙齿，不会被猪用来咬人，吉祥。

上九爻，多么四通八达、畅通无阻的平坦大道啊，亨通。

注释

1 **大畜**：卦名，上卦为艮，为止，下卦为乾，为健，上卦为艮，为阳卦，下卦为乾，亦为阳卦，阳卦为大，因此称作《大畜》卦，所畜之卦为大，被畜之《乾》卦亦为大，皆为君子贤人也，即贤能、贤德、贤才济济一堂之卦。将最具有才能品德之人组织在一起，这是《大畜》卦的本意所在。

2 **不家食**：指贤德才能之士不在家里吃饭，当然是聚集到君王朝廷之上辅佐君主，食君之禄也。德才兼备之人聚集到一起，君主得到他们的支持帮助，有利于渡过难关。

3 **厉**：指危险。 **已**：停止。

4 **舆**：指马车。 **说**：通"脱"。 **輹**：音 fù，《说文解字》云"车轴缚也"，即轮輹。

5 **逐**：指奔跑。 **艰贞**：在艰苦的环境中仍能坚守正道。 **闲**：通"娴"，熟习、熟练、娴熟。《诗》云："四马既闲。"闲指驾车很熟练。 **卫**：指防御技术。

6 **童牛之牿**：在小牛头上戴上木枷。童牛，指性功能还没有成熟的小牛犊。牿，音 gù，《说文解字》云："牿，牛马牢也。"牿指在小牛角上加横木以禁止其触人。

7 **豮豕之牙**：被阉割的猪的牙齿，不会用来咬人。豮，音 fén，《释文》引刘表曰"豕去势曰豮"，即指被阉割，凶性已除。豕，指猪。

8 **衢**：四通八达之平坦大道。

传

原文

象曰：大畜，刚健[1]，笃实[2]，辉光[3]，日新其德[4]，刚上而尚贤[5]，能止健[6]，大正[7]也。"不家食，吉"，养贤[8]也。"利涉大川[9]"，应乎天[10]也。

译文

象辞说：《大畜》卦，刚强健进，笃敬敦实，光辉照人，每一天都有新的进步。刚爻在上面，崇尚贤能之士，能够把握住前进的步向，走向光明、正确、平坦宽阔的大道。不让贤能之士留在家里自食其力，应该将贤能之士选拔到朝廷上来，辅佐君主，食君之禄。利于渡过大的难关，顺应自然的规律啊。

注释

1 **刚健**：指内卦乾为阳，为刚为健。

2 **笃实**：指上卦艮为阳，为实，为止，为笃，为敦厚。

3 **辉光**：指上下卦敦厚刚健，因此能够光辉外显，美德焕发。上卦为艮，为阳；下卦为乾，为阳，因此说辉光。

4 **日新其德**：乾阳与艮阳之道，日新不已，因此说日新其德。每一天，品德和才能都有所长进，都有新的进步。

5 **刚上而尚贤**：《艮》卦一阳在上，表明能够尊崇贤德贤能之人。

6 **能止健**：指《艮》卦能够畜止《乾》卦，艮为止，乾为健。

7 **大正**：指阳卦阳爻能够发扬光大，能够正天之命。

8 **养贤**：畜养贤德贤能之士，礼贤下士，招揽人才。

9 **利涉大川**：指利于渡过大的难关。川，指大河。

10 **应乎天**：指顺应自然规律。天，指自然规律。

象曰：天在山中，大畜；君子以多识前言往行[1]，以畜其德。

大象辞说：天在山之中，下卦乾为天，上卦艮为山，构成《大畜》卦。君子从《大畜》卦中获启示：应该多多记住前代圣贤们如何治理好国家的精辟言论，熟悉往代圣贤治理国家的光辉业绩，建设国家的显赫事功，学习他们的治理经验，以丰富自己的治国知识，提高自己的治国能力，增进自己的美好品德。

象曰："有厉，利已"，不犯灾[2]也。

小象辞说：发现危险就停下来，不去冒险闯祸。

"舆说輹"，中无尤也。

马车脱开了轮輹，只要坚守正道，不会有过错啊。

"利有攸往"，上合志也[3]。

利于前进，与居于上九爻位的君子志同道合啊。

六四"元吉"，有喜也。

六四爻十分吉祥，是因为有喜事来临啊！

六五之吉，有庆也。

六五爻之所以吉祥，是因为有喜事来临值得庆贺啊。

"何天之衢"，道大行也。

多么平坦宽阔、四通八达的大道，说明正确的治国之道在全国得到很好的贯彻执行，天下出现了太平盛世啊。

注释

1 **识**：音 zhì，志，记住。**前言**：指前贤精辟的言论、修身治国之道。**往行**：前贤的光辉业绩、显赫事功。

2 **犯灾**：冒险闯祸。

3 **上合志也**：与上九爻志向相同。即指与居于上位之君子志向相同。利于前行，是因为与居于上位的君子的志向相同啊。

䷚ 颐[1]

导读

《颐》卦上卦为艮为止，下卦为震为动，卦象象征着人的口腔嘴巴，咬食物时，上颚不动，下颚动。因此，《颐》卦与食物和养生密切相关。对于人类来说，“民以食为天”，因此，获取食物是人类生存繁衍的第一件大事，《周易》里面获取食物、加工食物相关的卦主要有九卦，即《需》《小畜》《大畜》《颐》《离》《家人》《益》《鼎》《井》卦等。《需》卦是如何求取饮食，讲饮食宴乐之道；《小畜》卦是讲集聚财富，发小财；《大畜》卦则是畜养大型动物牛马猪等发大财；《颐》卦讲如何养自己和如何养他人，讲颐养的正道；《离》卦讲渔业用渔网捕鱼；《家人》卦讲女主人“在中馈”，女主人有责任义务为家庭准备餐饮的食物；《益》卦讲农业生产；《鼎》卦讲用鼎烹煮食物；《井》卦讲如何疏浚水井，提取甘甜的井水用来煮饭、做菜、饮用。实际上，《既济》《未济》里面还提到了饮酒一事，《剥》卦里面提到“硕果不食”等等，都与饮食相关。

《颐》卦的主旨是“养正则吉”，卦辞说“贞吉，观颐，自求口实”，为什么《颐》卦贞吉呢？主要来自两点：一个是观颐，观其所养；二是观自养。一个看养活了谁，是否符合正道；一个看如何养活自己，是否遵守了正道。养正则吉利，养不正，则凶险。从《颐》卦六爻来看，下卦妄动，求人来养，因此凶险，初九、六二、六三皆凶，下卦应该是自己养活自己才合乎正道。上卦爻辞都吉，是因为上卦是为了养活他人，是为了养贤以及万民。观察上卦所养，完全合乎正道。《颐》的颐养之道，吉凶鲜明，下卦应该自己养活自己，却反而求人来养，结果都凶险，上卦供养圣贤以及万民，都吉利。

原文

贞吉，观颐，自求口实[2]。

初九，舍尔灵龟，观我朵颐，凶。[3]

六二，颠颐[4]，拂经[5]，于丘颐[6]，征凶。

六三，拂颐，贞[7]凶，十年勿用，无攸利。

六四，颠颐，吉；虎视眈眈，其欲逐逐，无咎。[8]

六五，拂经，居贞吉，不可涉大川。

上九，由颐，厉[9]，吉。利涉大川。

译文

坚守正道，吉祥。观察他所养的人，观察他如何自己养活自己，如何找到口里吃的食物。

初九爻，舍弃你自己十分灵验的宝龟不用，不思长远之道，却跑来观看我鼓着腮帮子大吃大喝，志向与兴趣仅仅停留在吃喝玩乐上面，前途当然凶险。

六二与初九来往，颠倒了颐养之道；六二与六五不相呼应，违背了颐养的常理。六二往前行动，必然发生凶险。

六三爻位不中不正，违背了颐养的常理，正好碰上凶险，十年都不能够有任何作为，不会有什么利益。

六四爻与初九爻为正应，但六四爻却不与初九爻来往，违背了颐养的常理；六四爻与上九来往，得到了上九的帮助，获得了吉祥。六四爻像老虎一样，神情专注地凝视着猎物，他的强烈欲望需要得到满足，不会有过错。

六五爻不与六二相呼应，违背了颐养的常理，安静不动，坚守正道，获得吉祥，不能渡过大的难关。

上九爻位，其他各爻都要依赖他颐养，虽然危险，却能获得吉祥，利于渡过大的难关。

注释

1 **颐:**《颐》卦,卦名,《颐》卦上下两阳爻,中间皆为阴爻,阳实阴虚,象征口腔,上面为艮,不动,下面为震,为动,表示用下颚牙齿咬合上颚牙齿咀嚼食物,养活自己。

2 **自求口实:**自己如何找到口腹所需要的食物,即通过什么途径养活自己,亦即颐养人道。

3 **舍尔灵龟,观我朵颐,凶:**舍,舍弃、丢弃。尔,你。灵龟,很灵验的占卜用的宝龟。朵颐,音 duǒ yí,下颚下垂,腮帮鼓突的样子,因口腔中塞满食物,因此腮帮鼓胀,指大吃大喝时的形象。言语、饮食戒妄动,初九爻为下卦震之主爻,下卦为养身之卦,自养不得其道,往往多凶。上卦为养贤养人之卦,谨慎节制,故上卦多吉。初九为下卦之主,尤戒妄动,初九爻警告说,丢掉你自己灵验的宝龟不用,却跑来观看我鼓着腮帮子大吃大喝,十分凶险。很明显,初九爻警告说,行动要十分谨慎,应该用好自己十分灵验的宝龟,行动之前深思熟虑,万无一失,才去做事。尤其要坚守正道,用正当的途径来养活自己,而不能光看着人家吃喝,羡慕人家,求人施舍。

4 **颠颐:**指六二与初九相养,六二凌逼初九,违背了颐养之道。颠,本义为头顶,此处指颠倒。

5 **拂经:**违背了颐养的常理。拂,违背。经,指颐养的常理。

6 **于丘颐:**六二往前与六五互相颐养,却因为阴与阳不能相应。丘,高也,上也,谓六五。

7 **贞:**正,遇上,碰上。

8 **颠颐,吉;虎视眈眈,其欲逐逐,无咎:**六四爻本与初九爻相应,但六四却不与初九往来,反而与上九往来,求助于上九,因此说颠颐。在《颐》卦中,上卦为艮,为止,下卦为震,为动,凡上卦为吉,下卦为凶。可见在《颐》卦中,凡乱动的皆有凶险。六四弃正应初九而求助于上九,因此会获得吉祥。虎视眈眈,老虎注视着所追逐之物,目光炯炯有神。

眈眈，指专一注视之状。其欲逐逐，指老虎的强烈欲望需要得到满足。逐逐，指满足。

9 **厉：**危险，因上九爻不居于五位，不居于帝位，有功高震主之嫌。

传

原文

彖曰：颐，"贞吉"，养正则吉也。"观颐"，观其所养也。"自求口实"，观其自养也。天地养万物，圣人养贤以及万民。《颐》之时大矣哉。

象曰：山下有雷，颐；君子以慎言语，节饮食。[1]

象曰："观我朵颐"，亦不足贵也。

六二"征凶"，行失类也[2]。

"十 年 勿

译文

彖辞说：《颐》卦，坚守正道，吉祥，颐养坚守正确的方法和途径，就会吉祥啊。观察颐养之道，要观察他养活的人是谁；自己寻找口里吃的食物，要观察他是如何养活自己的。天地养育万物，圣人养育贤人以及千千万万的老百姓。《颐》卦所表明的养育人和万物的时机是那么的伟大啊！

大象辞说：山下有雷，上卦为艮为山，下卦为震为雷，构成《颐》卦。君子从《颐》卦中得到启示，言语应该深思熟虑，饮食应该节制有度。

小象辞说：观看我鼓着腮帮子吃喝，志向与兴趣仅仅在吃喝玩乐上面，也是不值得尊重的人。

六二行动会发生凶险，是因为六二言行得不到同伙的支持，他的行动得不到同心同德之人的帮助，六二孤独无助啊。

十年没有任何作为，是因为完全违背了颐养之道，与颐养正道背道而驰啊。

用”，道大悖也[3]。

“颠颐”之吉，上施光也。

“居贞”之吉，顺以从上也[4]。

“由颐，厉，吉”，大有庆也。

违背了颐养的常理，却获得了吉祥，是因为上九施加恩泽给六四啊。

安静不动，坚守正道，吉祥，是因为六五顺从上九，按照上九的号令行事啊。

其他各爻都要依赖上九爻颐养成，虽然危险但可获吉祥，是因为有大喜事来临值得庆贺啊。

注释

1 **慎言语，节饮食：**言语要谨慎，饮食要节制。俗话说，祸从口出，病从口入，即是这个道理。节饮食，可理解为饮食要有规律，要守食礼。

2 **行：**前进，往前行。 **失：**失去，没有。 **类：**指同心同德之人。

3 **道大悖也：**完全违背了常道。悖，音 bèi，违背。

4 **顺以从上也：**六五能够顺从上九的号令行事。顺，服从，顺服。从，跟从，服从。

䷛ 大过[1]

导读

《大过》卦，上卦为兑，为泽，下卦为巽，为木，泽灭木，组成《大过》卦象。《系辞传》里面提到的《大过》卦与死亡和丧礼相关：“古之葬者，厚衣之以薪，葬之中野，不封不树，丧期无数，后世圣人易之以棺椁，盖取诸《大过》。”由《系辞传》看来，以前中国人的葬法是用柴草裹住尸体，葬于野外，没有封土堆，没有栽树做记号，也没有一定时段的丧期。到了《大过》卦时代，丧礼具备了，有棺椁和丧期的规定了。可以说，《大过》

卦是中国丧礼文明的开端。但是,我们今天所看到的《大过》卦卦辞与爻辞,已经找不出丧礼太多的痕迹了,仅仅是上六爻"过涉灭顶,凶",可能涉及凶礼。

《大过》卦中间四个爻是阳爻,上下是两个阴爻。阳爻过于强大,因此,取名"大过"。卦辞"栋桡,利有攸往,亨",栋桡即本末弱也,因此,《大过》卦也是不太好的卦,九三爻、上六爻凶险。九四因为刚爻居于柔位,故吉。九二、九五则因为居于中位,因此,爻辞分别是男女不正常婚姻,即九二的老年男子娶年轻的女子为妻,九五爻是年老的妇人嫁年轻的士大夫为妻,所谓"过以相与",老妇少男,老夫少女,婚配不正常。《大过》卦当然也是权变之道,不是中庸之道。

原文

栋桡[2],利有攸往,亨。

初六,藉用白茅[3],无咎。

九二,枯杨生稊[4],老夫得其女妻[5],无不利。

九三,栋桡,凶。

九四,栋隆,吉;有它,吝。

九五,枯杨生华,老妇得其士夫;无咎无誉[6]。

上六,过涉灭顶,凶,无咎。

译文

栋梁向下弯曲,利于前行,亨通。

初六,用白茅草垫在祭品下面,不会有什么过错。

九二爻,干枯了的杨树又长出了新的嫩牙,老汉娶了上年轻美貌的妻子,万事顺利。

九三爻,栋梁向下弯曲,会有凶险。

九四爻,栋梁向上隆起,吉祥。如果不是向上隆起的话,就会有遗憾发生。

九五爻,干枯了的杨树又开了花,年老的妇人嫁上了正当盛年奋发有为的士大夫,虽没有什么过错,倒也用不着宣扬、赞美。

上六爻,过河时不幸陷入深水坑中,淹没了头顶,发生凶险,但过河者没有过错啊!

注释

1 **大过:**卦名,中间四阳爻,上下为两阴爻,中间过于强盛,本末过于弱小,因此卦名“大过”。大过,指阳爻过于强盛,阳为大。

2 **栋桡:**栋梁因两端过于柔弱,中间过大过重,以至于弯曲。栋,指栋梁。桡,音 ráo,曲折,弯曲。

3 **藉用白茅:**用白茅草垫在祭品下面,以免损坏弄脏祭品。藉,音 jiè,用什么垫之意。初六为阴爻,阳爻在上面,阴爻为阳爻的辅佐,配合阳爻共成事功,因此说“藉用白茅”。

4 **枯杨生稊:**干枯了的杨树又开始恢复生机,长出了新的嫩芽。稊,音 tí,嫩芽。

5 **老夫得其女妻:**老汉娶到了年轻的少女做妻子。老夫,老汉,年纪大的男子。女妻,以少女为妻。《大过》卦之时,阴阳不均,阳偏盛,阴偏弱,阳强阴弱,因此阴阳结合以老夫少妻做比。年纪偏大的男子与年轻女子结合,虽然不太妥当,不相匹配,但还可以生育后代,因此说“无不利”。

6 **枯杨生华,老妇得其士夫;无咎无誉:**九五爻当位而中,为年轻有为的士大夫,正当壮年,上六爻为年纪衰老的妇女,正当盛年的男子与年迈的女人结合,不可能生儿育女了,因此说“无咎无誉”。

传

原文

彖曰:《大过》,大者过[1]也;栋桡,本末弱[2]也。刚过而中[3],巽

译文

彖辞说:《大过》卦,阳刚过于强盛啊。栋梁向下弯曲,是因为树头和树尾过于弱小的缘故。阳刚过盛而能够中用,

而说行[4]，“利有攸往”，乃亨。《大过》之时大矣哉。

巽顺而悦服，共同行动，利于前行，才会亨通。《大过》卦抓住时机的意义是多么地重大啊！

注释

1 **大者过：**指阳爻过盛。

2 **本末弱：**本指树头，末指树尾，本指初六，末指上六，初六与上六皆为阴爻，因此说本末弱。

3 **刚过而中：**阳刚过盛却处于二五中位。

4 **巽而说行：**指下卦为巽，上卦为兑为说，巽顺而喜悦。行，指共同前进。

象曰：泽灭木[1]，大过；君子以独立不惧[2]，遁世无闷[3]。

大象辞说：上卦兑为泽为水，下卦巽为木，泽水淹没了树木，构成了《大过》卦。君子从《大过》卦中获得启示：君子应该独立行事，毫不畏惧，隐居于世间，也能够不怨天不尤人，怡然自乐。

象曰：“藉用白茅”，柔在下也。

小象辞说：用白茅草垫在下面，是因为初六阴爻在阳爻的下面啊。

“老夫”“女妻”，过以相与也[4]。

老汉娶上年轻老婆，虽然男女年龄相差很大，但能够跨越年龄差距，相亲相爱、互相结合啊！

“栋桡”之凶，不可以有辅[5]也。

栋梁向下弯曲，发生凶险，是因为没有任何物体支撑弯曲的地方辅助它啊！

“栋隆”之吉，不桡乎下也。

栋梁向上隆起，吉祥，是因为栋梁不会再向下弯曲发生凶险啊。

“枯杨生华”，何可久也？

干枯了的杨树又开了花，这杨花又能够开

"老妇""士夫",亦可丑也。

"过涉"之凶,不可咎也。

多久呢?年老的妇人嫁给了年盛的士大夫,也是一桩羞愧的婚事啊!

过河时不幸陷入深水坑中,淹没了头顶,发生了凶险,不能责怪过河者啊!

注释

1 **泽灭木:**指下卦为巽为木,上卦为兑为泽,下卦巽木在上卦泽水之下,因此说泽灭木,构成《大过》卦。八卦取象不一,意义亦不同。巽为风,亦可为木,震为雷,亦为木;兑为泽为水,亦可为说,《说卦传》关于八卦的取象,有详细的说明,可参考后文《说卦传》疏解。

2 **独立不惧:**指君子能独立于世,不随波逐流。不惧,指超越生死,将生死置之度外,毫不畏惧。

3 **遁世无闷:**指君子的才德不为世人所知,隐居于世间,达观快乐,不因此而自暴自弃,不因此而怨天尤人。

4 **过:**即超过了结婚年纪,婚龄相差过大。 **相与:**指阴阳男女互相结合。

5 **有辅:**有物体支撑它、辅助它。

䷜ 坎[1]

导读

《坎》卦是一个阳爻陷入两个阴爻中间,上卦是坎,下卦也是坎,因此说"习坎,重险也"。《坎》卦因为阳爻陷入阴爻中间,阳为阴所拘束,因此,阳爻不能够施展手脚干大事,阴爻则因为陵乘阳爻而遭遇凶险。《坎》卦基本是凶卦,卦辞还好:"习坎,有孚,维心亨,行有尚。"爻辞则初六为凶,上六为凶。九二、九五阳爻,因为得中,九二求小得,是说干小事可以有点收获，干大事显然不行。九五是弥补过错，不会有咎害。六四则涉及祭祀礼制问题，遇到困难时，静下心来，诚心祭祀，心神安定，获得神灵保佑，自然最终祸害消除。《彖传》则说明坎，险也，可以用来守卫国家，“天险不可升也，地险山川丘陵也。王公设险以守其国，险之时用大矣哉”！在《周易》看来，任何事情都具有两面性，关键在于人们如何认识好它、利用好它，《坎》卦给我们的指示很有启发意义。

原文

习坎[2]，有孚[3]，维心亨[4]，行有尚[5]。

初六，习坎，入于坎窞[6]，凶。

九二，坎有险，求小得。[7]

六三，来之坎坎，险且枕，[8]入于坎窞，勿用。

六四，樽酒[9]，簋贰[10]，用缶[11]，纳约自牖[12]，终无咎。

九五，坎不盈，祗既平[13]，无咎。

上六，系用徽纆[14]，置于丛棘[15]，三岁不得，凶。

译文

《坎》卦，上卦是坎，下卦也是坎，九五与九二两阳爻居中，互相信任，共济危难，行动一致。

初六爻，面临重重险阻，轻举妄动，不知戒备，仍然前行，结果陷入深渊之中，有生命危险。

九二爻，虽处险境之中，但行中正之道，刚健有为。力渡险难，会不断地获得小的进步。

六三爻，陷入重坎之中，前进又遇坎险，后退亦遇坎险，刚刚渡过坎险，前进又陷入坎险之中，不宜急于行动，应该无所作为静观变化。

六四爻，一樽酒，两簋食品，用瓦器盛上，从小窗口上拿进来，结果没有过错。

九五爻，坎水没有满，坎中的小丘已被水淹没了，没有过错。

上六爻，罪犯用两股的纆索和三股的徽索牢牢地捆绑住，关押在四周长满针棘的牢狱内，三年了还没有释放出来，罪犯有生命危险。

注释

1 **坎**:卦名,《坎》卦为阳卦,九二、九五二阳居中正之位,然皆陷阴中,为四阴所包围,《坎》卦卦爻多凶险,最好的断辞是无咎,即善于改正过失。六爻之中,尤以初六和上六二爻之凶为最,因无上六与初六之包围钳制,即不成《坎》卦,《坎》卦之险,责任在于上六与初六爻互相钳制二阳,如初六成阳爻,则成水泽《节》卦,上六成阳爻,则成风水《涣》卦,阳不得相制陷害矣。三爻与四爻爻变,情况不如上六初六爻变,三爻变阳,则成水风《井》卦,四爻变阳,则成泽水《困》卦。三四同时变阳,则成泽风《大过》卦,初六与上六同时变阳,则成风泽《中孚》卦。可见,《坎》卦之险,虽名阳卦,险在二阳,但初六与上六也因陷阳而罪不可赦,尤其凶险无比。

2 **习坎**:即重坎,多重险阻。习,本义为鸟反复地飞,引申为反复、重复。《坤》卦六二爻辞云"不习无不利",不习,即指做事一做就会成功,用不着反复。

3 **有孚**:指九二、九五居中正之位,互相信任。

4 **心亨**:指二阳心心相印,思想行动一致,遥为声援。

5 **行有尚**:指二阳刚健笃实,行为中正,和衷共济,共渡难关。

6 **入于坎窞**:陷入了坎中最深之处。窞,坎中之小坎也,也就是说坎中最深的地方。

7 **坎有险,求小得**:九二以刚居中,行中正之道,虽处坎险之中,如果极力济险,仍然有小的进步,小的收获。

8 **来之坎坎,险且枕**:六三处上下卦之中,前坎后坎之中,故说"来之坎坎",来也处于险中,去(之)也处于险中。枕,音 dān,谓前险已过。

9 **樽酒**:即指奉上一杯酒。樽,酒器。

10 **簋贰**:指两簋食品。簋,盛黍稷的器皿。

11 **用缶**:指用陶制的瓦盆盛上汤菜。缶,陶制的器皿。

12 **纳约自牖**:从小窗口上拿取这些简单的食品用来祭祀。纳,即取。牖,指小窗户。

13 **衹既平：**水已流满了坎中的小丘。衹，通“坻”，即坎中小丘。

14 **系：**捆绑。 **徽纆：**纆，音 mò。据《周易集解》引马融曰：“徽纆，索也。”引刘表曰：“三股为徽，两股为纆，皆索名，以系缚其罪人矣。”由此可知，徽是三股的绳索，纆是两股的绳索，这两种绳索都是用来捆绑罪犯的。

15 **丛棘：**指监狱的四周栽上针棘等障碍物，借指监狱。

传

原文

彖曰：习坎，重险也。水流而不盈，行险而不失其信[1]。“维心亨”，乃以刚中也。“行有尚”，往有功也。天险[2]不可升也，地险[3]山川丘陵也。王公设险[4]以守其国，险之时用大矣哉！

译文

彖辞说：《坎》卦上下卦都是坎，是双重险阻啊。《坎》卦水流而不盈溢，历经险阻却能勇往直前，前后相续，矢志不移。九二与九五两阳爻心心相印，思想一致，是因为两爻都是阳爻，并且都居于中正之位的缘故啊。二阳爻行动一致，目标一致，勇往直前，共渡险阻，一定会成功。天生的险阻是难以逾越的，地理形势的险阻指崇山峻岭、深山大泽、大江大河之类，王公筑建高高的城墙，挖掘又阔又深的护城河，是为了防备敌人的侵略，保卫国家啊。险阻的用处也很大啊！

注释

1 **行险而不失其信：**一指水流历经坎坷，百折不回，奔赴大海。一指爻象而言，二阳陷四阴之中，但九五与九二中正，刚健，互相信任，力图突破险阻；一指君子被小人包围，但君子身在险中却能安其身而后动易其心而后语定其交而后求，因此获得民众支持，树立威信，共渡难关。

2 **天险：**指因天时造成的险阻，诸如狂风暴雨之天气变化所造成的险阻，或因奇寒酷暑所造成的险阻，或因自然灾难，如洪水、火灾、地震等造成的险阻，皆属天时之列，属于自然变化运动所造成的险阻。

3 **地险：**即指崇山峻岭、深山峡谷、大江大河等地理环境所造成的险阻。

4 **设险：**指人为地设置险阻或利用自然险阻。一般指修筑城墙，挖掘护城河，利用地险以守其国。当然，在人事安排上，在战略战术上也可以设险，比如说暗度陈仓、声东击西、诱敌深入等，都属设险的范畴。

象曰：水洊至[1]，习坎，君子以常德行[2]，习教事[3]。

象曰：习坎入坎，失道凶也。

“求小得”，未出中也。

“来之坎坎”，终无功也。

“樽酒簋贰”，

大象辞说：河水不断流动，前后相续，形成重重水坑及漩涡。君子立言行事，坚持正道，符合道德，教化百姓，孜孜不倦，循循善诱。

小象辞说：初六面临重复险阻，陷入了险阻之中，是因为初六柔弱，不能出险，却又以柔居阳位，急躁冒进，与四阴一起控制二阳，因此会发生凶险。

九二中正，力求渡过险难，会有小的收获，是因为九二还没有脱离危险，还受到群小的包围。

六三陷入重坎之中，前进又遇坎险，后退亦遇坎险，最后结果无所作为。

六四敬奉一樽酒二簋食品，用瓦器盛上，

刚柔际也。[4]

“坎不盈”，中未大也。

上六失道，凶三岁也。

从小窗口递给九五，表示自己顺从九五追求正道的诚心。

九五坎水还没有满，九五的品德还没有发扬光大。

上六违法犯罪，关押了三年，凶灾不减。

注释

1 **水洊至：**水流不停，前后相因相续，后浪推前浪。洊，再也。

2 **常德行：**《文言传》云：“君子以成德为行，日可见之行也。”即是说君子立言行事，当以道德为准。常，即指每一言每一行都如此。

3 **习教事：**指反复地教育老百姓依道德行事，做正人君子。习，指反复进行。教事，指教化之事，教育平民百姓依道德行事，改过迁善。

4 **“樽酒簋贰”，刚柔际也：**指六四奉上一樽酒二簋食品，进献给处于困境而身陷囹圄之中的九五，得到九五的信任，六四承九五，刚爻与柔爻相承，相交往。际，即交际、交往。

䷝ 离[1]

导读

《离》卦与《坎》卦一样，是八纯卦，坎为水，离为火。《离》卦比《坎》卦好些，卦辞为吉，爻辞有吉有凶，而《坎》卦则无吉利爻辞。《离》卦可以说是吉凶参半。六二爻、六五爻，因为居于中位，皆吉。上九爻也应该属于吉利范畴，爻辞说“王用出征，有嘉折首，获匪其丑，无咎”，出征讨伐，获得敌方首领，应该是好事了。三、四两爻是凶爻，九三、九四处于大火中间，当然凶险无比，没有好日子过了。九三为下卦之终，因此说:"日昃之离,不鼓缶而歌,则大耋之嗟,凶。"意思是太阳即将落山,老年迟暮,很危险了。九四为不孝之子,处罚很严厉。中国人最讲孝道,严重违反孝道的,都会处以重刑。

原文

利贞,亨。[2]畜牝牛[3]吉。

初九,履错然[4],敬之无咎。

六二,黄离,元吉。[5]

九三,日昃之离[6],不鼓缶而歌[7],则大耋之嗟[8],凶[9]。

九四,突如其来如,焚如,死如,弃如。[10]

六五,出涕沱若,戚嗟若,[11]吉。

上九,王用出征,有嘉折首,获匪其丑,无咎。[12]

译文

坚守中正之柔道,前途光明亨通。畜养母牛,吉利。

初九爻,穿着鞋走起路来,步伐错然不乱,整齐有序,如此小心谨慎,不会有灾祸发生。

六二爻,六二中正,坚持坤道,美德远扬,大吉大利。

九三爻为《离》卦下卦之终,好比偏西的太阳,日薄西山,好景不长,不奏瓦器不用乐器伴奏而悲歌,那么那些年迈垂老之人也哀叹不已,处境凶险。

九四爻,灾祸突如其来,来不及躲避,焚毁一切,烧死一切,抛弃在荒郊野外。

六五爻,泪流满面,哀叹悲伤,吉利。

上九爻,王命出征,讨伐凶逆,俘杀首恶,值得庆祝。王恩浩荡,胁从不问,民心稳定,不会再有叛乱发生。

注释

1 离:卦名,八纯卦之一,为阴卦。《离》卦代表火,代表光明,代表亮丽,代表南方，代表中女，代表外实中虚之物，如蚌、蟹、鳖、龟之类。

2 **利贞，亨：**只有坚守中正之道才会亨通。《离》卦六二为卦主，二五得中，故二五爻言吉，而三四不中不正，故言凶。

3 **畜牝牛：**指《离》卦属于阴卦，利于坚守柔道，牝牛为雌性柔顺动物，因此畜牝牛吉，是说坚守柔道坤道，自然会吉利。

4 **履错然：**指步履错然不乱，步伐整齐可观，开头就有好的声势。开头就很谨慎小心，没有丝毫松懈之心。履，本指鞋子，此处指步履。错然，指有文采。

5 **黄离，元吉：**黄为中正之色，为土之正色，为坤之本色，《坤》卦六五爻，"黄裳"之黄，亦即土之正色，坤之正道。六二为中正之位，黄离即指六二爻具有坤阴的美德，能遵守中正之柔道，表现在色彩上，为黄色，也就是六二爻的中正之柔道的美德文采粲然可观，人人都能见到，被她所感化，因此十分吉利。

6 **日昃之离：**指九三爻为《离》卦下卦之终，以日为比喻，则相当于傍晚的夕阳了，虽然无限好，也是近黄昏了，好景不会很长了。昃，音 zè，倾侧、不正。日昃，指日头偏西、日薄西山。

7 **不鼓缶而歌：**指徒歌，没有乐器伴奏，没有礼饰文采。

8 **大耋之嗟：**指垂暮年老之人，在风烛残年哀叹伤心，不久就会辞世了。耋，音 dié，指八十岁以上的老人。嗟，音 jiē，哀叹。

9 **凶：**指有凶险，年迈者当有生命危险。

10 **突如其来如，焚如，死如，弃如：**如，语来助词。突如其来如，指灾祸猝然到来，来不及躲避。焚如，死如，弃如，烧毁了，烧死了，只好抛弃于荒郊野外了。九四爻处于烈火中心，前面是火，后面也是火，逃也无处逃，躲也无处躲，必然丧命身亡。九三、九四属《离》卦，即宜守柔道宜持中正之卦，却不中不正，刚烈莽撞，正如文明法治社会，不能容忍残暴犯罪之徒一样，其必遭绳之以刑法的下场。

《盐铁论》云："《易》曰'焚如弃如'，处非其位，行非其道。"《说文》

云:“突,不顺忽出也,从到子。《易》曰‘突如其来如’,不孝突出,不容于内也。”郑玄注曰:“震为长子,爻失正,又互体兑,兑为附决,子居明法之家,而无正,何以继其,君父不得志也。突如,震之失正,不知其所如。又为巽,巽为进退,不知所从。不孝之罪,五刑莫大焉。得用议贵之辟刑之,若如所犯之罪。焚如,杀其亲之刑。死如,杀人之刑也。弃如,流宥之刑。”由上述引注,尤其是郑注可知,《离》卦九四爻为不孝之子所犯罪获得相应的刑罚,五刑中以不孝之罪为最大,刑罚当为五刑之极。犯了杀亲之罪的当然要用火来烧死,即焚如也。犯了杀人罪的当处以死刑,即死如也。犯了一般不孝之罪的,当处以流放边地,发配边疆之刑,即弃如也。郑注可从。

李士鉁认为《离》卦有离明继位之义,那么九四爻之不孝子,当为篡弑之子。《周易学说》引李士鉁曰:“九四居不中正之地,内卦之明方终,突起欲代,为继位之谋,上欺五之阴,此父死争立之象,亦弑君之象,天地之所不容。下刚无人应之,上则必欲诛之。自作之孽,必不可活,故焚如、死如、弃如。”李氏之说可从。《离》卦象辞亦说继明照于四方,即指圣明之君继位之义。那么《离》卦之爻与嗣位相关,亦不足为奇了。

11 **出涕沱若,戚嗟若:**六五爻为中位,为君主,因离有戈兵之象,迫不得已动武,故忧愁悲伤,伤心其冥顽不化,犯上作乱,只好命上九王公出征剿灭,歼其魁首,故吉也。涕,音 tì,眼泪与鼻涕。沱若,眼泪和鼻涕流了出来,泪流满面的样子。戚,忧愁。嗟,哀叹。

12 **王用出征,有嘉折首,获匪其丑,无咎:**离有戈兵之象,且《周易》爻辞设象,外卦之上爻往往多兵事,如坤上六、蒙上九、小畜上九、泰上六、谦上六、随上六、复上六、坎上六、晋上九、益上九、革上六、困上六、震上六等爻辞,其次为内卦上爻,如三爻位,亦多兵事,上爻为卦末,于事为终,于境为边,边塞往往多兵事,教化不能解决问题,最后一着不得不使用武力,所谓先礼后兵也。《离》卦上九为王公之位,受命出征讨逆。嘉，喜庆。首，指敌首脑，首恶。折首，指俘获斩杀首恶之敌。其丑，一般胁从作乱分子。有嘉折首，被斩了敌人首领，值得庆祝；获匪其丑，王恩浩荡，只诛首恶，不问胁从，民心安定。无咎，不会再出祸乱之事。

传

原文

彖曰：离，丽也。日月丽乎天，百谷草木丽乎土，重明以丽乎正[1]，乃化成天下。柔丽乎中正，故亨，是以"畜牝牛，吉"也。

译文

彖传说：离，指依附，光彩照人。日月依附于天而光明照耀，百谷草木依附于土地而光彩照人，《离》卦上下为火，依附于中正之柔道，能化育天下百姓，泽及万物。阴柔依附于中正之道，因此前途光明，畜养母牛，会吉利无比。

注释

1 **重明：**指上卦下卦皆为离。 **丽乎正：**指光明照人，合乎正道。丽，指阴附于阳，光明照人，即依质生文而有光彩之谓。

象曰：明两作[1]，离。大人以继明照于四方[2]。

象曰："履错"之敬，以辟[3]咎也。

"黄离，元吉"，得中道也。

大象辞说：光明接着而来，是《离》卦；大人效法《离》卦精神，日夜以光明照察四方，了解四方民情。

小象辞说：步伐整齐，小心谨慎，为了躲避灾祸。

美德名声远播于外，是坚持中正之

"日昃之离"，何可久也？

"突如其来如"，无所容也。

六五之吉，离王公也[4]。

"王用出征"，以正邦也。

道的缘故啊。

太阳偏西，日薄西山，白天还会有多久呢？

灾祸突然从天而降，无法躲避啊。

六五之所以吉利，是因为六五有王公支持。

王命出征，是为了讨伐凶逆，维护国家的安定和统一。

注释

1 **明两作：**指日月照耀，循环不息。

2 **大人：**指统治百姓的君主。 **继明照于四方：**指君主的眼光能照察四方，关注各地的实际情况，了解四方百姓的生活状况，君主的光辉泽被四方。

3 **辟：**通"避"，避免、躲避。

4 **离王公也：**获得王公支持。离，依附，指获支持。

䷞ 咸[1]

导读

《咸》卦上卦为兑，为阴，为口舌，为巫，为少女，下卦为艮，为阳，为山石，为少男。阳在下面，阴在上面，表示阴阳往来交通，即彖辞说的："柔上而刚下，二气感应以相与。"刚柔二气互相感应、交往。少男少女的密切来往，当然是不一般的恋爱，应该是进入热恋阶段了。《咸》卦的这个恋爱意义，自古以来的易学家都清楚，但是还有一个和针灸治疗有关的医学意义，大家却往往忽略了。从文字起源的角度看，"咸"是古字，"感""箴""针(古作'鍼')"等字都是后起字。古"咸"字除了感应意义之外，同时还是"箴""针(鍼)"等字的字义，指用砭石砭针，用来扎针刺激穴位治疗疾病。上古时代的巫咸，非常著名，《咸》卦或许与巫咸有联系。《咸》卦卦象上卦为兑，为少女，为女巫。下卦艮为砭石，卦象与针灸治疗相关。用砭石或针或箴等刺激穴位，疏通经络，促进阴阳二气的顺利流动，从而恢复人体的阴阳动态平衡，以致恢复身体健康。《咸》卦的针疗内容，我们不能够忽视。

原文	译文
亨，利贞，取[2]女吉。	亨通，能坚守正道，娶少女为妻，吉祥。
初六，咸其拇[3]。	初六爻，用砭石等针刺激脚拇指穴位进行治疗。
六二，咸其腓，凶，居吉。[4]	六二爻，用砭石等针刺激小腿上穴位进行治疗。随意动会危险，安静不动就吉祥。
九三，咸其股，执其随，往吝。[5]	九三爻，用砭石等针刺激大腿上经络穴位进行治疗。执其针以随经气，气至而后行针，则能发挥补虚泻实的作用。若气未至而行针，则效果不明显。
九四，贞吉，悔亡，[6]憧憧往来，朋从尔思。[7]	九四爻，卜筮后觉得用扎针刺激穴位治疗疾病吉祥，不会有悔恨。经气经过穴位刺激后往来顺畅，病患者的经气皆能顺从扎针者的心思意图运行。
九五，咸其脢[8]，无悔。	九五爻，用砭石等针刺激背脊上督脉经络穴位进行治疗。及时进行治疗，不会后悔。
上六，咸其辅、颊、舌[9]。	上六爻，用砭石等针刺激脸部、面部和舌头上的穴位进行治疗。

注释

1 **咸：**卦名，从文字起源的角度看，“咸”是古字，“感”“箴”“针（鍼）”等字都是后起字。古“咸”字包含了后起的“感”“箴”“针（鍼）”等字的字义。“咸”是砭石砭针，用来扎针刺激穴位治疗疾病。《咸》卦就是反映中国古代针灸治疗的原始医疗案例记录。《咸》卦卦象兑为女巫，艮为砭石，合象为女巫手拿砭石针刺穴位行医治疗。

卦名咸，含有三重意义，一是指阴阳相与相应相通，卦中指少阳与少阴相与相应相通，亦即少男少女相与相应相通。这是传统易学家所解释的含义。毫无疑问，是正确的。二是指砭石或针或箴等用来扎针刺激穴位的医疗活动。爻辞所描述的内容即是用砭石或针或箴扎刺人体上不同经络的不同穴位以治疗疾病，从而恢复人体阴阳平衡的动态系统。而这种含义在汉代以来的易学传承中，已湮没无闻。三是指古巫巫咸。用“咸”来命名该卦，说明该卦内容与巫咸有关系，后来易学家也把这种联系忽略了。因此，导致我们解释《咸》卦时，把丰富的内容变得简单化，只谈阴阳感应，而忽略了《咸》卦包含上古针灸治疗的医学内容，也包含巫咸等古巫民俗内容，从而导致爻辞解释似是而非，不可理解。

2 **取：**通“娶”。

3 **咸其拇：**指用砭石等针刺激足拇指隐白穴位进行治疗。足拇指上穴位，譬如隐白，是足太阴脾经的井穴，井穴是经气始发之处，隐白是非常重要的穴位，刺激隐白，可以治疗鬼神之疾，即精神疾病。刺隐白放血，可以治疗中风、偏瘫等疾病。

4 **咸其腓，凶，居吉：**六二爻指的是，用砭石针、竹“箴”或者青铜“针”刺激小腿上的穴位进行治疗。随意动会危险，安静不动就吉祥。腓，小腿肚，主要有承山、承筋等穴位，非常敏感，针刺时反应强烈，如向上、向内刺得过深，病人将难以忍受，因而不能配合治疗，所以凶险。居吉就是刺入以后留针，不再进行强烈刺激，病人感到舒适，吉利。

5 **咸其股,执其随,往吝:**“咸其股”指用砭石针、竹“箴”或者青铜“针”刺激足的大腿上经络穴位进行治疗。大腿上穴位很多,如“风市”“殷门”等,针刺之所以能够治疗,是针能够调动经气,气盛者衰之,气虚者实之,结者散之,滞者导之,令经气畅行无阻。针刺时有“迎随补泻”之法,所谓执其随,就是执其针以随经气之流以候之,气至而后行针,则能发挥补虚泻实的作用。往是指若气未至而行针,吝是指效果不明显。

6 **贞吉,悔亡:**指卜筮后觉得用扎针刺激穴位治疗疾病吉祥,不会有悔恨。

7 **憧憧往来,朋从尔思:**指经气经过穴位刺激后往来顺畅,病患者的经气皆能顺从扎针者的心思意图运行。九四爻总论治病情况很好。

8 **咸其脢:**九五指用砭石针、竹“箴”或者青铜“针”刺激的背脊上督脉经络穴位进行治疗。脢,音 méi,指脊背肉。

9 **辅:**牙床。 **颊:**面颊。 **舌:**舌头。

传

原文

彖曰:《咸》,感也。柔上而刚下,二气感应以相与。止而说,男下女,是以“亨,利贞,取女吉”也。天地感而万物化生,圣人感

译文

彖辞说:《咸》卦,互相感应、感动之卦。柔爻上升,刚爻下降,刚爻柔爻阴阳二气互相感应互相交合。男方专心,女方乐意,男方主动追求女方,因此亨通顺利,遵守感应的正道,娶女子为妻。吉祥。天地二气互相感应,万物得以变化生存,圣人感动天下百姓的心而天下得以安宁太平。观察所感应的对象和情况,那么

人心而天下和平。观其所感，而天地万物之情可见矣！

天地万物的隐秘实情就可以显露出来了。

象曰：山上有泽，咸；君子以虚受人。

大象辞说：《咸》卦下卦为艮为山，上卦为兑为泽，山上有泽，构成《咸》卦。君子从《咸》卦中获得启示：君子应该胸怀广阔，容纳保护千千万万的普通百姓。

象曰："咸其拇"，志在外也[1]。

小象辞说：用砭石等针刺激脚拇指穴位进行治疗，可以达到治理好精神疾病的效果。

虽"凶居吉"，顺不害也。[2]

虽然随意动会危险，但安静不动就吉祥，说明顺从正道便不会有危害。

"咸其股"，亦不处也[3]；志在随人，所执下也。[4]

用砭石等针刺激大腿上经络穴位进行治疗，且不只用一种针法治疗；应该根据病人的实际病况采取相应的针疗措施。用针刺调动经气，使之畅行无阻。

"贞吉，悔亡"，未感害也；"憧憧往来"，未光大也。

针刺治病总体情况很好，没有害处。病情不稳定，医生治疗病人需要持久坚持，病情没有完全治好，就还需要继续治疗。

"咸其脢"，志末也。

用砭石等针刺激的背脊上督脉经络穴位进行治疗，病情已明显好转，很快会康复了。

"咸其辅、颊、舌"，滕口说也。

用砭石等针刺激脸部、面部和舌头上的穴位进行治疗。病人病情明显好转，很愉悦。

注释

1 **志在外也：**通过针刺隐白等穴位治理好鬼神之疾即精神疾病，通过刺隐白放血，可以治疗中风、偏瘫等疾病。

2 **虽"凶居吉"，顺不害也：**六二爻说随意动会危险，安静不动就吉祥。

腓,小腿肚,主要有承山、承筋等穴位,非常敏感,针刺时反应强烈,如向上、向内刺得过深,病人将难以忍受,因而不能配合治疗,所以凶险。居吉,刺入以后留针,不再进行强烈刺激,病人感到舒适,吉利。

3 **亦不处也:**指不能只用一种针法治疗,应该运用多种针法治疗。

4 **志在随人,所执下也:**应该根据病人的实际病况采取相应的针疗措施。大腿上穴位很多,如“风市”“殷门”等。针刺之所以能够起到治疗作用,是因为针能够调动经气,气盛者衰之,气虚者实之,结者散之,滞者导之,令经气畅行无阻。针刺时有“迎随补泻”之法。

䷟ 恒[1]

导读

《恒》卦的上卦是震,长男为嫡长子居上,主外事。下卦是巽,长女为嫡媳妇居下居内,主家事。古代男主外,女主内,合乎礼制规定,《家人》卦讲如何治理好家庭,《恒》卦讲如何长久保持家庭兴旺发达,尤其是作为丈夫,更有责任承担家庭义务,要有“久于其道”的恒心。《恒》卦卦辞还好,但是爻辞却有三爻是凶的,初六爻“浚恒,贞凶,无攸利”,上六爻“振恒,凶”,六五爻则“夫子凶”,因为在《周易》看来,六二爻居于下卦中位,九五爻居于上卦中位,得中得正,合乎男主外、女主内之礼制规定,《家人》卦下卦六二、上卦九五正好合乎礼制规定。但是《恒》卦却与《家人》卦相反,变成九二、六五,男主内、女主外了。从上下卦来看,更麻烦的是阳爻在中间二、三、四爻,而阴爻则居于初位、五位、六位,正好阴爻把阳爻包在中间了,形成困境局面。因此,阴爻过失尤其严重,初六柔弱,担当不起家庭保持恒久兴旺的重任,因此凶。上六爻摇摆不定,没有恒心,也是凶。六五爻虽然居于中位,“恒其德”,吉利,但是对于阳爻来说，却是“夫子凶”，家庭中女主外，对于男人来说，受制于老婆，爻辞认为凶。由此可见，《周易》时代，男女家庭内外分工已经十分普遍、变成了社会共识。虽然还有女主外之家庭，但是对于男主人来说，不是好事。

【原文】

亨，无咎，利贞，利有攸往。

初六，浚恒[2]，贞凶，无攸利。

九二，悔亡。

九三，不恒其德[3]，或承之羞[4]，贞吝。

九四，田无禽。

六五，恒其德，贞；妇人吉，夫子凶。

上六，振恒[5]，凶。

【译文】

亨通，没有过错，利于坚守正道，利于前往。

初六爻，急不可耐地追求恒久之道，肯定会带来凶险，不会有什么好处。

九二爻，不会有后悔。

九三爻，不能够长久不变地保持住自己的美德，很有可能招来别人的羞辱，肯定会有遗憾发生。

九四爻，田猎时不会猎取到任何禽兽。

六五爻，能够长久地保持住自己的节操，坚守恒久的正道，妇女吉祥，丈夫凶险。

上六爻，摇摆不定，没有主见，没有恒心，凶险。

【注释】

1 **恒：**卦名。下卦为巽为风为长女，上卦为震为雷为长男，长男与长女在一起，为已婚夫妇也。卦有恒久之意。

2 **浚恒：**急于求成，初六阴柔，能力弱小，开始即过分追求恒久之道，违背了中正的原则。浚，音 jùn，深。

3 **不恒其德：**品德不能始终一贯，美好的德行保持不了多久。

4 **或承之羞:**有可能遭受到别人羞辱。或,有可能。承,受到、遭遇到。羞,羞辱。

5 **振恒:**摇摆不定,没有恒心。振,摇摆不定。

传

原文

彖曰:恒,久也。刚上而柔下[1],雷风相与[2],巽而动,刚柔皆应[3],恒。“恒:亨,无咎,利贞”,久于其道也。天地之道,恒久而不已[4]也。“利有攸往”,终则有始也。日月得天而能久照,四时变化而能久成,圣人久于其道而天下化成。观其所恒,而天地万物之情可见矣!

译文

彖辞说:《恒》卦,是长久之卦。刚爻上升柔爻下降,雷与风互相配合,顺应自然规律而行动,刚爻与柔爻即阳爻与阴爻都互相配合照应,形成《恒》卦。《恒》卦,亨通,没有过错,利于坚守正道,能够长久不变地坚持自然的规律啊。天地运行的自然规律,长久地坚持下去,一刻也不会停息啊。利于前往,有终就有始,有始就有终,应该要始终如一啊。日月包含天地的自然规律因此能够永久照耀,四季交相联系变化因此能够不断地成就事功、养育万物,圣人长期不懈地致力于治理天下的正道,因而能够教化百姓,天下共享太平。观察长久不变的现象与原因,那么天地万物的隐秘实情就会明白无误地显露出来了。

注释

1 **刚上而柔下:**刚爻上升,指九四爻上升,柔爻指初六下降。

2 **雷风相与:**上卦震雷与下卦巽风紧密结合。相与,指互相配合、结合。

3 **刚柔皆应:**刚爻和柔爻都阴阳互应,如初六与九四,九二与六五,九三与上六,一阴一阳互相照应。

4 **已:**停止。

象曰:雷风恒,君子以立不易方[1]。

大象辞说:雷与风组合在一起,构成《恒》卦。君子从《恒》卦中获得启示,君子立身处世应该坚持原则坚守正道,永不改变恒久之道。

象曰:"浚恒"之凶,始求深也。

小象辞说:急切地追求恒久之道,带来凶险,是因为初六爻一开始就急于求成追求那长久之道啊。

九二"悔亡",能久中也。

九二爻不会后悔,是因为九二爻能够长久地坚守中正之道啊。

"不恒其德",无所容也。

不能够长久不变地保持节操、反复无常的人,处处不受欢迎,谁也不会容纳他的。

久非其位,安得禽也。

长期居于不适合于自己的位置,哪里还会猎取到禽兽呢?

妇人贞吉,从一而终也;夫子制义[2],从妇凶也。

妇女坚守妇道吉祥,是因为妇女应该从一而终、嫁夫从夫啊;丈夫是家庭的主宰,处理家事应该合情合理,如果不能够治理家庭,反而事事听从妻子的话,被妻子所操纵,那是十分凶险的。

"振恒"在上,大无功也。

居于高位,却摇摆不定,朝令夕改,没有恒心,只是白费心思与精力,哪里会有半点收获呢,哪里会取得成功呢,更不用说大的功绩了。

注释

1 **立**:指立身于世。 **方**:即道。

2 **制义**:制定家规,适合家庭实际情况,裁决家事家务,使它符合常情常理。制,控制、裁制。义,适宜,合乎常情常理。

䷠ 遁[1]

导读

《遁》卦上卦为乾,为天,下卦为艮,为山,为止。虽然内卦初位、二位为阴,卦是从内往外生长,阴爻有往上生长之意,但是下卦《艮》为止,第三爻阳爻能够止住阴爻生长蔓延之势,因此,《遁》卦下卦的爻辞都在强调如何控制住盲目行动,崇尚谦让隐居,初六爻告诫说,“遁尾,厉;勿用有攸往”,谦让隐居落在后面,会有危机,谦让归隐要积极,初六柔弱,不能轻举妄动。六二再次告诫,“执之用黄牛之革,莫之胜说”,用最为坚固牢靠的黄牛皮捆绑起来,不会松开,能牢牢控制住,意思当然是告诫阴爻要坚守中正之道,千万不能偏离中正之道。九三爻是下卦主爻,九三止住初六、六二,相当于管理好家庭妻妾,因此,吉利。既然九三控制住了阴爻往上生长的局势,那么上卦爻辞对于阳爻来说就都很吉利了。九四则“好遁”,喜欢隐居生活,君子很吉利,但是对于追求浮华的小人来说,却认为没有趣味。九五爻“嘉遁,贞吉”。上九爻说“肥遁,无不利”。《遁》卦的主旨是君子要管理好、控制好小人,如果能管理好、控制好小人,于君子有利,于小人也有利。《遁》卦主张小人在君子的影响之下,养成谦让、谦退之品格,最为有利。

原文

亨，小利贞。[2]

初六，遁尾，厉[3]；勿用有攸往。

六二，执之用黄牛之革[4]，莫之胜说[5]。

九三，系[6]遁，有疾厉；畜臣妾，吉。

九四，好遁，君子吉，小人否[7]。

九五，嘉遁，贞吉。

上九，肥遁[8]，无不利。

译文

亨通，利于柔小者坚守正道。

初六爻，隐退在后面，有危险。不能够向前行。

六二爻，用黄牛皮绑缚住，没有谁能够解脱它。

九三爻，隐退时心有牵挂，有疾病，危险。畜养臣仆和侍妾，吉祥。

九四爻，喜爱隐退，君子吉祥，小人不利。

九五爻，君子及时隐退，嘉美无比，坚守正道，吉祥。

上九爻，及时隐退，过着优裕的生活，无所不利。

注释

1 **遁：**音 dùn，退避、归隐、急流勇退之意。

2 **亨，小利贞：**亨通，柔小者利于坚守正道。在《易》卦中，阴爻为小，阳爻为大，小利贞即指有利于阴爻坚守正道，《遁》卦下两爻为阴爻，上四爻为阳爻，阴爻方长，阳爻方消，阴长则阳消，形势非常危险，因此说利于阴爻坚守正道，不销蚀阳爻。

3 **遁尾：**指逃遁、躲避在后面。 **厉：**危险。

4 **执：**捆绑住。**革：**皮革。

5 **说：**通“脱”，解脱。

6 **系：**牵挂。

7 **小人否:**小人不喜爱隐居,不会获得吉祥。

8 **肥遁:**指及时隐居,心广体胖。一说“肥”为飞,肥遁,即飞遁也。

传

原文

彖曰:遁,亨,遁而亨也。刚当位而应[1],与时行也[2]。“小利贞”,浸[3]而长也。遁之时义大矣哉。

译文

彖辞说:《遁》卦,亨通,隐退然后亨通顺利啊。刚爻九五居于中正之位,并且有六二阴爻相呼应相配合,顺应时势变化而行动。利于柔小者坚守正道,是因为柔小者慢慢地向外发展侵蚀阳爻啊。《遁》卦所表明的要顺应时势符合时宜的意义是那么重大啊。

注释

1 **刚当位而应:**指刚爻阳爻九五居于中位正位,以阳爻居阳位,因此说当位。而应,指九五爻与六二爻一阳一阴,互相呼应,一唱一和。

2 **与时行也:**跟着时势的变化而改变策略前进,即与时俱进,紧跟时代潮流前进。

3 **浸:**逐渐地、不断地、不知不觉地。

象曰:天下有山,遁;[1]君子以远小人,不恶而严。

象曰:“遁尾”

大象辞说:上卦为乾为天,下卦为艮为山,天下有山,构成《遁》卦。君子从《遁》卦中获得启示:君子应该疏远小人,对小人没有表现出憎恶的神色,却凛然不可侵犯,让小人感到之厉，不往何灾也？

“执用黄牛”，固志[2]也。

“系遁”之厉，有疾惫[3]也；“畜臣妾，吉”，不可大事也。

君子好遁，小人否也。

“嘉遁，贞吉”，以正志[4]也。

“肥遁，无不利”，无所疑[5]也。

畏惧。

小象辞说：隐退在后面，出现危险，如果不往前行的话，又会有什么灾祸呢？

用黄牛皮捆绑住，是为了坚守自己的意志啊。

隐退时心有牵挂，出现危险，是因为有疾患啊。畜养臣仆和侍妾，吉祥，是因为只适宜干些家庭内的小事，不能够干大事啊！

君子喜爱隐退，小人追逐权势名利啊。

及时隐退，嘉美无比，坚守正道，吉祥，是为了使自己的志向合乎正道啊。

及时隐退，过着优裕的生活，无所不利，是因为心里没有任何担心没有任何顾虑啊！

注释

1 **天下有山，遁：**上卦为天，下卦为山，因此说天下有山，构成《遁》卦；下卦为山，初六、六二阴爻，会往上发展，侵蚀阳爻，因此，九三与上卦三阳要极力阻止阴爻侵长的趋势。

2 **固志：**即矢志不移。固，坚定，牢固。志，志向，意志。

3 **疾惫：**指疾患。惫，音 bèi，疲惫，精神不振。

4 **正志：**使自己的志向合乎正道。

5 **疑：**担心、顾虑。

䷡ 大壮[1]

导读

《大壮》卦上卦为震为雷，下卦为乾为天，卦象为雷天大壮，阳爻往上生长，过于强盛，因此称作《大壮》。《大壮》卦卦辞简单，就“利贞”两个字，利于坚守正道。因为阳气过盛，因此，卦爻以遵守中正之道为吉，以谦让、谦退为吉。九二爻阳爻居于阴位，居于中位而谦让，因此“贞吉”。九四爻也是如此，阳爻居于阴位，表示谦退，因此“贞吉，悔亡”。上六爻居于高位，经历艰难困苦才得到吉利的结果。上六爻说公羊勇猛，冲撞藩篱，陷入进退两难境地。当然，还是主张谦让谨慎为好。初九“壮于趾”，躁动妄进，因此“征凶”。初九爻是阳爻居于阳位，表示躁动。九三爻也说“小人用壮”，阳爻居于阳位，容易轻举妄动，“君子用罔”，则不会出问题。六五爻是“丧羊于易，无悔”，阴爻居于阳位，虽然得中位，但还是丢失了羊。因为《大壮》卦是阳气过盛，上下卦俱动，乾动，震也动，阳气继续往上发展，因此卦辞爻辞都是告诫不要躁动妄进，要小心谨慎为妙，实际上是追求中庸之道，求得卦爻的阴阳平衡局面。

原文

利贞。

初九，壮于趾[2]，征[3]凶，有孚[4]。

九二，贞吉。

九三，小人用壮[5]，君子用罔[6]，贞厉；

译文

利于坚守正道。

初九爻，强盛表现在脚指头上，往前走，必然凶险。要保持诚信。

九二爻，坚守正道，吉祥。

九三爻，小人自恃强盛，轻举妄动，君子却相反，不会轻举妄动。小人轻举妄动很羝羊触藩[7],羸[8]其角。

九四,贞吉,悔亡。藩决不羸,壮于大舆之輹[9]。

六五,丧羊于易[10],无悔。

上六,羝羊触藩,不能退,不能遂[11],无攸利,艰则吉。

危险,大公羊轻举妄动,撞上了篱笆,羊角被篱笆缠绕束缚住。

九四爻,坚守正道,吉祥,不会有后悔。篱笆被冲破了,羊角不会被缠住,大马车的轮輹非常牢固。

六五爻,在田地里丢失了羊,后悔也没有用。

上六爻,大公羊冲撞上了篱笆圈,退也不能退,进也不能进,不会有什么好处。在艰难的处境中坚持住,不久就会吉祥。

注释

1 **大壮:**卦名,象征阳爻阳气强盛,大者阳也。

2 **壮于趾:**指强盛表现在脚指头上,即轻举妄动之意。

3 **征:**指往前行。

4 **孚:**指诚信。

5 **用壮:**指轻举妄动,以强盛自负。

6 **罔:**勿也,不也。

7 **羝羊触藩:**大公羊撞到了藩篱上。羝,音 dī。羝羊,指成年公羊。藩,指藩篱。

8 **羸:**音 léi,拘系缠绕。

9 **壮:**指牢固、稳固。 **大舆之輹:**大马车上的轮輹,为控制马车前行或停止的装置。

10 **易:**通"埸",即田畔、田地里。

11 **遂:**进。

传

原文

彖曰：大壮，大者壮也。刚以动，故壮。[1]“大壮，利贞”，大者正也。正大而天地之情可见矣。

译文

彖辞说：《大壮》卦，阳刚之爻很强盛啊。刚健而好动，因此说强盛。《大壮》卦，利于坚守正道，阳刚之爻必须坚守正道啊。阳刚之爻遵守正道，那么天地的实情也就可以表现出来了。

注释

1 **刚以动，故壮：**下卦为乾为刚，上卦为震为雷，因此说刚健而行动，由此得强盛之卦名。

象曰：雷在天上，大壮；君子以非礼弗履[1]。

大象辞说：上卦为震为雷，下卦为乾为天，雷在天上，构成《大壮》卦。君子从《大壮》卦获启示，凡是不符合礼义之道的事，都不应该去做。

象曰：“壮于趾”，其孚穷也。

小象辞说：强盛表现在脚指头上，轻举妄动，这样的诚信必然会使自己陷入被动穷困的境地。

九二“贞吉”，以中也。

九二爻坚守正道，获得吉祥，是因为九二爻能够处于中位坚守正道啊。

“小人用壮”，君子罔也。

小人恃强好胜，君子却不这样啊！

“藩决不羸”，

尚往也[2]。

“丧羊于易”，位不当也[3]。

“不能退，不能遂”，不详也[4]；“艰则吉”，咎不长也。

篱笆被撞破了，羊角不会被缠住，有利于前进啊。

在田地里丢失了羊，说明六五爻所处的位置不妥当啊！

既不能退却，又不能前进，不吉祥啊。在艰难的处境中坚持住，就会吉祥，是因为咎害不会长久啊！

注释

1 **礼：**指符合礼义之道，亦指当时社会通行的礼义制度。非礼，即不符合礼义之道。 **履：**本义为鞋，引申为践履，这里指行动，做事。弗履，指不要去做。

2 **尚往也：**向往前行。尚，指崇尚、向往。往，指前进、往前。

3 **位不当也：**六五爻以阴爻居于阳位，并且以阴爻居于阳爻之上，因此说位置不当。

4 **详：**通“祥”，吉祥。

䷢ 晋[1]

导读

《晋》卦卦象是上卦为离为日，下卦为坤为地，太阳照耀大地，光明普照大地，即象辞所说的“明出地上”之意。晋即晋升，《晋》卦是好卦。卦辞说“康侯用锡马蕃庶，昼日三接”，康侯得到君王宠幸赏赐，一天之内就接见了三次，可见康侯得到君王高度信任，康侯称得上是一位政治明星了。《晋》卦的卦辞很好，六爻爻辞也都好，四个爻吉利，初六爻晋升踏实缓慢稳妥，贞吉。六二爻晋升小心谨慎，得到王母赐福，贞吉。六五爻是阴爻居于中位，应该是指六二爻所说的王母，可见上古时代，出现过女君主掌权的现象，这个时代可能正好是母系社会向父系社会转型的时候，该卦爻辞反映的就是这种转型现象，六五爻女君主领导得很好，爻辞很好，“悔亡，失得勿恤；往吉，无不利”，往前进，吉无不利，悔恨消失，用不着考虑得失。上九爻有六五顺承，因此也吉利。中间两爻次之，六三爻是“众允，悔亡”，与其余阴爻一起共同前进，不会有后悔。九四爻“晋如鼫鼠，贞厉”，晋升像鼫鼠一样，虽有五种本领，一种都不精通，当然隐藏着危机。九四爻告诫只有本领过硬，才会顺利晋升。六三爻、九四爻当然算不上凶爻。因此，《晋》卦无论从卦辞看，还是从爻辞看，应该是比较好的卦了。虽然不如《谦》卦，六爻都吉无不利，但是却与《乾》卦、《坤》卦、《大有》卦、《大畜》卦、《同人》卦、《泰》卦、《观》卦、《贲》卦、《家人》卦、《解》卦、《升》卦、《涣》卦等相当。

原文

康侯用锡马蕃庶，昼日三接。[2]

初六，晋如摧如[3]，贞吉；罔孚[4]，裕无咎[5]。

六二，晋如愁如[6]，贞吉；受兹介福[7]，于其王母[8]。

六三，众允[9]，悔亡。

九四，晋如鼫如

译文

康侯被天子赏赐了许许多多的马匹，一个白天之内被天子接见了三次。

初六爻，前进时遇上阻碍，坚守正道，吉祥。还没有赢得别人的信任，宽缓下来，慢慢等待时机，不会有过错。

六二爻，前进时忧愁担心，坚守正道，将会获得吉祥。接受到如此大的福气，是从他的母后那里得来的。

六三爻，赢得众人的信任，悔恨消除了。

九四爻，像鼫鼠一样，没有过硬的本领，却要冒进，十分危险。

鼠[10]，贞厉[11]。

六五，悔亡，失得勿恤[12]；往吉，无不利。

上九，晋其角[13]，维用伐邑[14]，厉，吉，无咎，贞吝。[15]

六五爻，悔恨消除了，不用担心得到什么或者失去什么，往前进，必然会获得吉祥，无所不利。

上九爻，利用角作为攻击武器前进，适宜于攻打小城邦，结果可能危险，也可能吉祥，可能不会有过错，也可能十分遗憾惋惜。

注释

1 **晋：**卦名，上卦为离为日，下卦为坤为地，象征太阳从东方冉冉升起，光明普照大地，《晋》为晋升、前进之卦。

2 **康侯用锡马蕃庶，昼日三接：**天子赐给康侯许多强壮的马匹，一天接见康侯三次。古代战争，马匹非常重要，天子对康侯非常宠信，赐许多马给他，当然是为了增强康侯的军事力量，希望康侯拱卫王室。一天之内就三次接见康侯，说明天子有许多重大事情要与康侯商议，需要依赖康侯，可见康侯是天子身边的红人，得到天子的无比信任。康侯，指一位诸侯国首领，爵位为侯。顾颉刚认为《晋》卦中的康侯即西周武王之弟卫康叔，可备参考。锡，通"赐"。蕃，繁盛。庶，众多。

3 **晋如：**前进。**摧如：**遭受到阻碍，摧为摧折抑制阻碍之意。如为语气词。

4 **罔孚：**指没有被别人信任，即别人还不信任自己。

5 **裕无咎：**宽容待时就不会有过错。初六爻与九四爻为正应，因向前进遭六二、六三两阴爻阻碍，故而只能够宽缓待时，而不能急于冒险前进。裕，宽裕迟缓。

6 **愁如：**忧虑担心。

7 **受兹介福：**接受到这样大的福气。受，接受。兹，此。介，大。福，福气。

8 **于其王母：**从他母后那里，从他女王那里。于，从。王母，母后或女王。先秦古籍中，最初王、后皆为王；后来才以王为男主，后为王后、女主。这里的"王母"，即先秦的王后或王太后。

9 **众允:**指获众人信任。允,指信任。初六与六二相信六三,共同行动。

10 **鼫鼠:**即梧鼠。鼫,音 shí。《周易正义》曰:“蔡邕《劝学篇》云:‘鼫鼠五能,不成一伎术。’注曰:‘能飞不能过屋,能缘不能穷木,能游不能度谷,能穴不能掩身,能走不能先人。’”许慎《说文解字》曰:“鼫,五技鼠也。能飞不能过屋,能缘不能穷木,能游不能渡谷,能穴不能掩身,能走不能先人。”鼫鼠虽有五样本领,却没有一样精通到家。比喻九四不当位,没有专长,不中不正,不走正道。

11 **贞厉:**指十分危险。贞,作副词用,十分之意。

12 **失得勿恤:**失去什么,得到什么,都不要担心,也就是说不要患得患失。恤,担心、计较。

13 **晋其角:**即利用其角前进。就动物羊、牛而言,羊角、牛角都是用来与敌方作战的武器,是攻击敌人的武器。

14 **维用伐邑:**适用于讨伐邑国。维,语气助词,无意义。邑,指城镇都邑。

15 **厉,吉,无咎,贞吝:**这是讨伐邑国的几种有可能的结果:一种是厉,危险;一种是吉,获得吉祥;一种是无咎,不会有过错;一种是贞吝,十分遗憾,十分惋惜。

传

原文

象曰:晋,进也,明出地上。顺而丽乎大明[1],柔进而上行[2],是以“康侯用锡马蕃庶,昼日三接”也。

译文

彖辞说:《晋》卦,前进之卦,光明出现于大地之上。柔顺而阳光灿烂,柔爻慢慢前进,往上面行进,因此说康侯被天子赏赐了许许多多的马匹,一个白天之内康侯就被天子接见了三次。

注释

1 **顺而丽乎大明:**柔顺而阳光灿烂。顺,指下卦坤为顺。丽乎大明,指上卦离为日,为丽,即阳光灿烂。

2 **柔进而上行:**以阴柔之道前进,向上升起。

象曰:明出地上[1],晋;君子以自昭明德[2]。

大象辞说:上卦为离为日为明,下卦为坤为地,因此说,光明出现在大地之上,构成《晋》卦。君子从《晋》卦中获得启示,君子应该自己显示自己的光明品德。

象曰:"晋如摧如",独行正[3]也;"裕无咎",未受命也[4]。

小象辞说:前进时遭受阻碍,因为初六单独一人前进在正确的道路上;宽缓下来,等待时机,不会有过错,是因为初六还没有赢得君子的信任,还没有被君子任用。

"受兹介[5]福",以中正也[6]。

接受到如此大的福气,是因为六二遵循中正之道。

"众允"之志,上行[7]也。

赢得众人的信任,他的志向为与众人一起向上面前进啊。

"鼫鼠,贞厉",位不当也[8]。

鼫鼠十分危险,是因为九四所处的位置不当的缘故。

"失得勿恤",往有庆也。

用不着担心得到什么或者失去什么,往前进会有喜庆之事啊。

"维用伐邑",道未光也[9]。

适宜于攻打小的城邦,说明上九的治国之道还没有发扬光大啊。

注释

1 **明出地上:**明指上卦离为日为丽为光明,下卦坤为地,因此说光明出现在大地上。

2 **自昭明德:**即显示出自己的光辉品德。自昭,指自我显示。昭,昭明,显示。明德,光辉品德。

3 **行正:**指品行符合正道。

4 **受命:**指受到君子的信任和任用。

5 **介:**大也。

6 **以中正也:**是因为六二居于中正之位的缘故。六二以阴爻居于阴位,且得中位,因此说六二中正。

7 **上行:**一起上升,一起往上前进。

8 **位不当也:**九四爻阳爻居于阴位,因此说不当位。

9 **道:**指上九晋之道,即前进的政策、前进的方案。**未光:**没能发扬光大,得不到百姓的认可、理解、支持。

䷣ 明夷[1]

导读

《明夷》卦上卦是坤,为地,下卦是离,为日。太阳落入地下,就是晚上了,光明被掩盖,这就是《明夷》卦的卦象。《明夷》卦是很不好的卦,意味着遭遇到巨大危机,陷入严重的黑暗之中。彖辞以文王和箕子所遭遇到的危难来说明如何应对明夷之时的巨大危机。采取的方法有两个,一个方法是"内文明而外柔顺",像文王一样,实力与商纣王相比严重不足时,陷入羑里之厄,只能首先认清形势,修柔顺之道,向商纣王表明忠心,等待时机,解除危机。第二个方法是像箕子一样,装疯作傻,即“晦其明也”，将聪明才智掩盖起来，装糊涂装傻，箕子佯狂，保全了自己，在武王伐纣后，被武王分封到朝鲜，《尚书·洪范》就是箕子向武王进献的治国大法，“晦其明”，即韬光养晦。三国时司马懿也是用装糊涂这一招战胜了曹真，夺取了曹氏政权。从《明夷》卦可以看出，有时故意向敌人示弱示愚，以麻痹、蒙蔽敌人，蒙混过关，也是一种高明的应对危机的策略。

《明夷》卦辞简单，“利坚贞”，有利于在艰难困苦中坚守正道。实际上艰难困苦中的正道就是“晦其明也”，即韬光养晦。因此，《明夷》卦六爻都是围绕这点展开的。初九爻是采取韬光养晦策略，乘夜晚不被人发觉，赶紧逃跑。六二爻也是采取韬光养晦策略，左大腿受伤了，换上健壮快马，赶紧逃命，吉利。九三爻采取欺骗敌人的办法，讨伐敌人，活抓敌方首领，打了胜仗。六四爻也是采取明夷策略，获得民心。六五爻专门说明箕子采用的佯狂策略，成功躲过纣王迫害，因此说“利贞”，利于坚守明夷正道。上六爻则违背明夷之道，所谓“不明晦”就是不能装聋做傻，不会韬光养晦，因此，“初登于天，后入于地”，即使开始取得成功，最后仍然会失败。

原文

利艰贞。

初九，明夷于飞，垂其翼；[2] 君子于行，三日不食。[3] 有攸往，主人有言。[4]

六二，明夷，夷于左股[5]，用拯马壮[6]，吉。

九三，明夷于南

译文

利于在艰难处境中坚守正道。

初九爻，太阳落山了，光线暗淡下来，鸟儿为了躲避灾祸，急匆匆地飞离开，低垂着翅膀，以免发出响声，让人发觉。君子要躲避灾祸，急匆匆地赶路，接连三天连饭都来不及吃。急于赶路往前走，主人不明白，讲了一些责怪君子的话。

六二爻，光明被遮蔽，左边大腿受了伤，用一匹健壮的马来救助伤者，吉祥。

狩[7]，得其大首[8]。不可疾[9]，贞。

九三爻，光明被遮蔽，去南方巡狩征讨，俘获了敌军最高首领；不能够急躁，应坚守正道。

六四，入于左腹[10]，获明夷之心，于出门庭[11]。

六四爻，进入左边腹心里，获得了光明被遮蔽时的心里的真实意图，决定走出门庭。

六五，箕子之明夷，利贞。

六五爻，箕子假装发疯，掩盖隐藏自己的聪明与智慧，利于坚守正道。

上六，不明晦[12]，初登于天，后入于地。

上六爻，光明被遮蔽，黑暗一片。开始时升到了天上，后来就落到了地下。

注释

1 **明夷：**卦名，即光明被掩蔽，照耀不到大地。明指光明、日光。夷，伤也，残伤。

2 **明夷于飞，垂其翼：**鸟儿在傍晚时发现灾难，匆匆地小心地飞离以躲避灾难，收敛起翅膀怕别人发现它的响声，引起危险。这里的明夷指太阳落山，天色逐渐暗淡。于飞，指飞翔，于为语气助词。垂其翼，收敛它的翅膀，低垂它的翅膀，收缩它的翅膀。

3 **君子于行，三日不食：**君子发现会有灾难降临，急忙躲避，赶路，绝踪隐形，生怕被别人发觉、追赶过来，一连三天连饭都来不及吃，怕耽误躲避逃走的时间。

4 **有攸往，主人有言：**急于赶路躲开，主人不理解，有责怪的言论。对于以上三句，王弼的解释颇为合理："初处卦之始，最远于难也。远难过甚，明夷远遁，绝迹匿形，不由轨路，故曰"明夷于飞"；怀惧而行，行不敢显，故曰"垂其翼"也；尚义而行，故曰"君子于行"也；志急于行，饥不遑食，故曰"三日不食"也；殊类过甚，以斯适人，人心疑之，故曰'有攸往，主人有言'。"

5 **夷于左股:**左边大腿受伤,走路不方便。夷,伤。股,大腿。

6 **拯:**拯救、救助。 **马壮:**指马很壮实、健壮。

7 **南狩:**在南方巡狩、征讨。

8 **得其大首:**俘获了敌方最高首领。得,得到、获得、俘获。大首,元凶首恶。

9 **不可疾:**不能够急躁。

10 **入于左腹:**进入左边腹心,心在腹部左旁。

11 **于出门庭:**走出门庭。“于”为助词。

12 **不明晦:**不明指光明被遮蔽,晦指一片黑暗,夜晚。

传

原文

象曰:明入地中[1],明夷;内文明而外柔顺[2],以蒙大难[3],文王以之[4]。“利艰贞”,晦其明也[5];内难[6]而能正其志,箕子以之。

译文

象辞说:光明隐入地中,光明被遮蔽,即是《明夷》卦。《明夷》卦内卦为离为日为文明,外卦为坤为柔顺,内怀文明之才德,外露柔顺之神色,以渡过所遭遇的巨大灾难,文王就是采用这种方法的。利于在艰难的处境中坚守正道,隐藏掩盖住自己的聪明和智慧,朝廷内遭受灾难却能保持住自己的正确的理想和志向,箕子就是采用这种方法这样做的啊!

注释

1 **明入地中:**太阳下山,明指太阳,指光明隐于地下,这是从卦象角度解释。

2 内文明而外柔顺：内卦为离为日为文明，外卦为坤为柔顺，这是从卦性角度解释。

3 以蒙大难：以此渡过所遭受的巨大灾难。蒙，蒙受、遭受。大难，巨大灾难，生死攸关的灾难。

4 文王以之：文王用的就是这种韬光养晦的方法。以之，即用之，用这种方法。

5 晦其明也：掩盖自己的聪明与智慧。晦作动词用，掩蔽、隐藏。其明，他的聪明智慧。明指光明，引申为智慧与聪明。

6 内难：发生的变故、灾难，是因君王的主观原因所造成的祸乱，即内乱。

象曰：明入地中，明夷；君子以莅众[1]，用晦而明[2]。

大象辞说：光明隐入地中，《明夷》卦；君子从《明夷》卦中获启示；君子在明夷时代治理百姓，应该用隐藏自己的聪明与智慧的方法，这是一种聪明的方法。

象曰："君子于行"，义不食也。

小象辞说：君子急忙逃避灾祸，不食昏君的秩禄，这是符合正道的啊。

六二之吉，顺以则也。

六二爻获吉祥，是因为六二爻柔顺并且能够坚守中正之道、坚持原则啊。

"南狩"之志，乃大得也。

去南方巡狩征讨，完全实现了自己的远大理想。

"入于左腹"，获心意也。

进入左边腹心里，获得了内心的真实意图啊。

箕子之贞，明不可息[3]也。

箕子坚守正道，箕子的聪明与智慧是不可能消失的。

"初登于天"，照四国也。"后入于地"，失则[4]也。

开始时升到了天上，照亮了四方诸侯国；后来落到了地下，违背了正道、丧失了原则。

注释

1 **莅众:**君临百姓。莅,音 lì,临、面临、君临。众,百姓。

2 **用晦而明:**用晦就是用明,用晦能够达到明,利用隐藏自己的聪明与才智的方法君临天下治理百姓,不苛察,不自作聪明,就是一种聪明的治理方法。晦,指隐晦的方法,隐藏自己聪明才智的方法,即韬光养晦的方法。如楚庄王三年都无作为;三年不鸣,当然不鸣则已,一鸣就会惊人。明指聪明的治理方法。

3 **息:**这里指熄灭、消失。

4 **失则:**指违背正道、违背原则。

䷤ 家人[1]

导读

《家人》卦上卦是巽,为风,为木,下卦是离,为火,因此象辞说风火家人。巽为风,为木,木柴可以烧火煮饭,因此《家人》卦表示女主人治理家庭的主要责任是"在中馈",给家人准备好饮食。《家人》卦有三个主旨,一个是女主人"在中馈",料理好饮食,即女主内。第二个是男主外,男女分工合作,九五爻为男,从事王事,因此说"王假有家,勿恤,吉"。即男主外,得到君王信任,能够管理好国家大事。第三个是用严明的礼制治理家庭,教育好小孩,即初九的"闲有家",开始时就用严厉的家规家礼管制好家人。管理好家庭的标准是团结、有序、富裕、得到君王信任、善始善终。《家人》卦是个很好的卦,仅次于《谦》卦,初九爻以礼制礼教严厉管教家人、教育家人,吉凶后果要在中间、后面才会体现出来,因此初九没有吉利断语。但是,六二、九三、六四、九五、上九等五爻,都有贞吉、吉、大吉、吉、终吉等断语,可见,《周易》对家庭严格管理、齐家富家的高度重视。礼制治家的一个非常明显的特点是用儒家伦理治理家庭，首先是正男女，即家庭里的男女主人是家里的领导，是家长，要尽好责任与义务，彖辞所说的“男女正，天地之大义也”；其次是家庭里的每一个人，都要扮演好自己的角色，各就其位、各司其职，即“父父、子子、兄兄、弟弟、夫夫、妇妇”，家庭内的每一个人都安守本分、坚守岗位、各尽其才、各尽其责，家庭一定会兴旺发达。

原文

利女[2]贞。

初九，闲有家[3]，悔亡。

六二，无攸遂[4]，在中馈[5]，贞吉。

九三，家人嗃嗃[6]，悔厉，吉；妇子嘻嘻[7]，终吝。

六四，富家[8]，大吉。

九五，王假有家[9]，勿恤，吉。

上九，有孚，威如[10]，终吉。

译文

利于女主人坚守正道。

初九爻，开始就有防范邪恶祸患的准备，家庭才不会衰落。

六二爻，并不是为了满足自己的私欲，而是正在主持预备祭祀用的食品，坚守正道，吉祥。

九三爻，家里的人怨恨不满，家教过于严厉，有悔恨之心，虽然危险，但会获得吉祥。家庭松弛，妻子和儿女们嘻嘻哈哈，最终会有遗憾。

六四爻，发家致富，十分吉祥。

九五爻，君王以身作则，言行感动了天下百姓，以天下为一家，不用担忧，吉祥。

上九爻，有诚信，威严庄重，最终会吉祥。

注释

1 **家人：**卦名，上卦为巽为风，下卦为离为火。烟火旺盛为一家烹煮食物，家庭兴旺的标志。《家人》卦表明的是如何组织好家庭、使家庭不断兴旺发达的道理。

2 **女：**这里指主持家政家务的女主人，即六二爻中正之爻。

3 **闲有家：**闲，防邪，防范邪恶之事，防止邪恶不正的事情发生，防范走向邪路。开始时就应有防范邪恶的心理，家庭才不致衰败。闲，一是防范外面盗贼进入家里，盗取东西；二是防范自己家里的子弟不务正业，走向邪路。

4 **攸：**音 yōu，所也。 **遂：**音 suì，成也，进也。

5 **在中馈：**正在主持准备进献的食物，以备主持祭祀之用。馈，音 kuì，向身份尊贵者进献食物。

6 **嗃嗃：**音 hè hè，指家人愁怨、不满。九三家长过分严厉。

7 **嘻嘻：**嬉笑无度，嬉皮笑脸。

8 **富家：**使家庭变富裕。六四与初九相应，又顺承九五。初九与九五皆为阳，阳为实，为富裕，因此说六四富家。

9 **王假有家：**指君王圣明，能以身作则，能以自己的言行感动百姓，以天下为一家。假，至也，感动也，以德感人，以德服人也。君王能够以身正家，以身正天下，即《诗经》所谓："刑于寡妻，至于兄弟，以御于家邦。"就君王而言，天下即为一家也。

10 **威如：**威严的样子。

传

原文

彖曰：家人，女正位乎内，男正位乎

译文

彖辞说：《家人》卦，女主人做好家庭内自己应该做的事，管理好家务，男主人做好家庭外社会上的工作。女主人、男主人把家庭内、家庭外的分外，男女正，天地之大义也。[1]家人有严君[2]焉，父母之谓也。父父[3]、子子、兄兄、弟弟、夫夫、妇妇，而家道正[4]。正家而天下定矣。

内工作都干好了，当好女主人、男主人的角色，各司其职，各尽其责，这是符合天地自然分工的大道理的。一家人之中有威严的君长，指的是父亲与母亲啊。父亲和母亲应该做父亲与母亲分内的事，子女应该做好子女分内的事，兄长应该像一位兄长，弟弟应该做个好弟弟，丈夫应该做个好丈夫，妻子应该做个好妻子，家庭里的每一位成员，各司其职、各尽其责，家庭就会真正走向正道，就会兴旺发达。家庭走上正轨、家庭治理好了，天下也就会稳定太平了。

注释

1 **男女正，天地之大义也：**女主人做好家庭里应该做的事，男主人做好在外面社会上应该做的事。女，指女主人，男主人的正夫人，因中国古代男子实行一夫多妻制，除了正妻之外，可能还有许多妾，《周易》爻辞里，有“蓄臣妾吉”，妾即指正妻之外的其他妻子。男女正，指充当好应该充当的角色，做好自己本分的工作，女主人就应该做好女主人，管理好家庭事务；男主人，主外事，指社会上的事务，政府部门的公共事务，或者朝廷大事；男主人应该做好外面社会上的工作。

男女各自做好了家庭里面的工作和家庭外面社会上的工作，男女主人的分工，各自做好分内工作，是符合天地自然的大道理的。男女各自充当好自己的角色，完成好社会分工的工作。天地之大义，天地自然的大道理。一个社会组织，只有组织内的所有成员都做好了分内工作，组织才会正常运转，才会发展。家庭也是一个组织，古代的“家”，指诸侯有国，大夫有家之“家”，家是一个相当大的具有社会性的组织，家里有君王所赐的土地，有臣仆，有妻妾，人口众多，这样的大家庭，要组织好、治理好，并非易事。古代的家，并不是现代意义上的两口之家、三口之家这么简单。如何治理好这么一个大家庭，让家庭兴旺发达，确实需要大量精力和过人的才能。

2 **严君**：指威严的君长，在家庭里指父母。

3 **父父**：前面"父"字是动词，后面"父"字是名词，父亲要做好父亲，父亲要当好父亲的角色，做好父亲应该做的事。

4 **家道**：指家庭生存和发展之道。 **正**：指走向正轨。

象曰：风自火出[1]，家人；君子以言有物而行有恒。

大象辞说，风随着火吹来，上卦为巽为风，下卦为离为火，构成《家人》卦。君子从《家人》卦中获得启示，君子说话应该切合事理、切合实际，做事应该有恒心，有始有终，能够把事情干完做好。

象曰："闲有家"，志未变也。

小象辞说：预备防范邪恶灾祸，家庭才会兴旺，振兴家道的志向并没有改变啊！

六二之吉，顺以巽也[2]。

六二爻获得吉祥，是因为六二爻具有柔顺的品德，并能听从九五阳爻行事啊！

"家人嗃嗃"，未失也；"妇子嘻嘻"，失家节也[3]。

家里人怨声载道，怨怪管教严厉，但不会有过失啊；如果妻子儿女们嘻嘻哈哈，就会丧失家教家法。

"富家，大吉"，顺在位也。

发家致富，十分吉祥，是因为六四爻柔顺，顺应九五君王，居于显要地位啊。

"王假有家"，交相爱也。

君王感动百姓，以天下为一家，天下百姓都能够相互仁爱、和睦相处啊。

"威如"之吉，反身之谓也[4]。

威严庄重，获得吉祥，是因为上九能够反省自己、以身作则啊！

注释

1 **风自火出:**风随着火而出现,上卦为巽为木为风,下卦为离为日为火,构成《家人》卦,《家人》卦以内卦为主,因此说风随着火而出现。有风来,火更旺盛,更炽热,燃烧得更充分,没有风,没有氧气,火也会熄灭。有火肯定有风,有氧气。因此说风自火出。家里生火,当然是为了烹煮食物,为家里的成员提供合口味的食品。

2 **顺:**柔顺。 **巽:**入也,跟着前进,追随,听从。

3 **失家节也:**失去了家里的家法、家教。节,指管理的法度、条例。

4 **反身之谓也:**指以身教治家,以身教教人,让子弟做到的,自己首先做到。反身之谓中的"之",为助词"的","谓"指"说法""意思",即指"反身"的意思。

䷥ 睽[1]

导读

《睽》卦上卦是离,为火,下卦是兑,为泽,为水,水火不相容,因此卦象乖违。另外,离是阴卦,兑也是阴卦,阳为大,阴为小,因此,《睽》卦不能够干大事,只适宜于干小事。卦辞说"小事吉"就是这个意思。彖辞说明为何小事吉,说明睽中有通、异中有同的道理。为什么会睽违隔阂呢?彖辞说:"火动而上,泽动而下;二女同居,其志不同行。"从《睽》卦的卦象来看,火势延烧向上,水势流动向下,一上一下,各奔一方,分道扬镳。离为中女,兑为少女,两个女子虽然同居一室,长大成人后嫁人要各奔东西。《睽》卦六五爻、九二爻居于中位,阴阳相应,即所谓"柔进而上行,得中而应乎刚",因此干小事情会吉。彖辞接着说明世界上许许多多的事情都是睽违却又相通的道理,天与地,男与女,万事万物,莫不如此,"天地睽而其事同也，男女睽而其志通也，万物睽而其事类也”，彖辞赞叹《睽》卦的道理作用很大，“《睽》之时用大矣哉”！《睽》卦象辞还提出一个非常重要的哲学与人生命题，即“君子以同而异”，君子应该追求的是求同存异，如此，社会才会和谐，天下才会太平。如果党同伐异，顺我者昌，逆我者亡，霸权主义盛行，社会就会不得安宁，天下就会大乱。

原文

小事吉[2]。

初九，悔亡，丧马，勿逐，自复，见恶人，无咎。

九二，遇主于巷[3]，无咎。

六三，见舆曳[4]，其牛掣[5]，其人天且劓[6]，无初有终。

九四，睽孤[7]，遇元夫[8]，交孚[9]，厉，无咎。

六五，悔亡，厥宗噬肤[10]，往何咎？

上九，睽孤，见豕负涂[11]，载鬼一车[12]，先张之弧[13]，后说之弧[14]；匪寇，婚媾；往遇雨则吉。

译文

做小事情吉祥。

初九爻，悔恨会消失，丢失了马匹，不要去追赶寻找，马匹自然会返回来；看见了恶人，不会有过错。

九二爻，出乎意料，在小巷子里碰上了君主，不会有咎害。

六三爻，看见大车被人拖住，拉车的牛被牵制住；赶车的人，额头被烙伤，鼻子被割伤，开头很不利，结果还算好。

九四爻，乖违孤单，碰上了大丈夫，诚心相交，取得信任，虽然有危险存在，但不会有过错。

六五爻，悔恨会消失，那些同宗族的人聚会，一起吃带皮的肥肉，去参加聚会有什么过错呢？

上九爻，乖违孤单，看见一群猪在路上走着，车上载满了妖魔鬼怪模样及装扮的人，开始拉开弓准备射箭，后来又松开了弓。看清楚了，原来不是来抢劫的强盗，而是来迎亲的队伍，去送亲碰上了下雨，那么会吉祥。

注释

1 **睽**:卦名,上卦为离为日为火,火性炎上,下卦为兑为泽为水,水性向下,互相乖违,因此称作《睽》卦。睽,音 kuí,《序卦传》说:"睽,乖也。"《说文》曰"目不相听",指两目相背。

2 **小事吉**:做小事顺利,会获吉祥。《睽》卦六五爻为阴爻,为卦主,因此称做小事吉也。《睽》卦为乖违之卦,不可成大事,因此只能干些小事。

3 **遇**:指不期而遇,事先没有约定就碰上了。 **巷**:指小巷子。

4 **曳**:拖住,拉住。

5 **掣**:牵制,绊住。

6 **天**:黥额,烙伤额头之类的刑法。 **劓**:音 yì,古代割鼻之刑。

7 **睽孤**:指处乖违之时,孤立无援。

8 **元夫**:指初九爻大丈夫。元,大。

9 **交孚**:以诚信相交,取得信任。

10 **厥宗**:那些同宗族的人。宗,同宗族。 **噬肤**:指用嘴咬带皮的肥肉。噬,咬,吃。肤,肥美带皮的肉。

11 **见豕负涂**:看见一群猪被驱赶在路上。豕,音 shǐ,指猪。负,背负,这里指驱赶。涂,通"途",指路途。

12 **载鬼一车**:车子上载满了脸上被画成妖魔鬼怪或戴着鬼怪面具的人。

13 **先张之弧**:开始先拉开弓,准备射箭。弧指射箭的弓。

14 **后说之弧**:说,通"脱"。后来看清楚了对方后,又把弓箭松开。

传

原文

彖曰:睽,火动而上[1],泽

译文

彖辞说:《睽》卦,上卦为离为火,火往上燃烧,下卦为兑为泽为湖泊,湖水往下流动,互相乖动而下[2]；二女同居，其志不同行。[3]说而丽乎明[4]，柔进而上行[5]，得中而应乎刚[6]，是以“小事吉”[7]。天地睽而其事同也，男女睽而其志通也，万物睽而其事类也。《睽》之时用大矣哉！

违。上卦为离，为中女，下卦为兑为少女，中女与少女同居在一起，但她们姐妹俩长大成人后，理想和志向各不相同，会分别出嫁。下卦兑为喜悦，上卦离为灿烂、光明，六五爻为阴柔之爻，由下卦前进往上卦走，来到六五爻位，居于中位，并且与九二爻阴阳相应，六五爻为阴爻柔爻，九二爻为阳爻刚爻，阴阳相应，柔刚相配合，因此干小事情会吉祥。天地相乖违但天地化育万物的事功却一致；男女性别不一样，但男女之间相互爱慕的心理却相通；万物性质不相同，但万物的事理却可以归为一类。抓住乖违不一致的时机，予以充分利用，其意义实在太伟大了啊。

注释

1 **火动而上**：指上卦为离为火，火燃烧起来，火焰往上。

2 **泽动而下**：指下卦为兑为泽，为湖水，水往下流动，往低处流动。

3 **二女同居，其志不同行**：离之象，从自然物象上讲，基本的物象是火，当然还可是蚌，就人而言，离代表中女。兑之象，基本的物象是泽，湖泊，当然也可以是羊，就人而言，兑代表少女。中女与少女，即姐姐与妹妹居住在一起，但长大成年后，她们俩都要嫁给别人。其志，指姐妹俩的心思；不同行，指分别出嫁，不一起出嫁。

4 **说而丽乎明**：指下卦为兑为说为悦；上卦为离为丽为明，即喜悦、鲜丽、明亮。

5 **柔进而上行**：指六五为柔爻阴爻，前进到了六五君位。

6 **得中而应乎刚**：指六五爻获得中位，并且与九二爻阳爻相应。

7 **是以“小事吉”**：因此说干小事会吉祥。小事指家庭内部之事，大事则指君国之事、朝廷之事。

象曰：上火下泽，睽；君子以同而异[1]。	大象辞说：上卦为离为火，下卦为兑为泽，构成《睽》卦。君子从《睽》卦中获得启示，君子与人相交往，应该求同存异。
象曰："见恶人"，以辟咎也。[2]	小象辞说：看见了恶人，是为了躲避灾祸啊！
"遇主于巷"，未失道也。	在小巷道内碰见主人，没有违背礼义之道。
"见舆曳"，位不当也；"无初有终"，遇刚[3]也。	看见大车被人拖住，是由于六三所处的地位不妥当啊；开头很不利，后来还算好，是因为六三爻遇上了上九爻，阴阳相应，得到上九爻的帮助与支持。
"交孚""无咎"，志行也。	诚心相交，不会有过错。志向与理想能够实现啊。
"厥宗噬肤"，往有庆也。	那些同宗族的人聚会吃带皮的肥肉，去参加聚会。有喜事值得庆贺啊！
"遇雨"之吉，群疑亡也。	碰上了天下雨，阴阳不再乖违，许多疑问都烟消云散了。

注释

1 **同而异：**指有相同的地方，有不同的地方，追求大同，但应该允许各自有各自的特点。同而异，才是辩证意义上的真正大同。如果只同不异，那不是同，而是复制了。

2 **"见恶人"，以辟咎也：**辟，通"避"，避免、躲避。会见恶人，是为了躲避灾祸，如刘邦在鸿门宴见项羽表现得尽善尽美，即是为了躲避灾祸。

3 **遇刚：**指遇上刚爻、阳爻，即指六三爻遇上上九爻，阴阳相应，得到上九的帮助、支持。

䷦ 蹇[1]

导读

《蹇》卦上卦是坎，坎为水，下卦是艮，艮为山，一重山一重水，山重水复，前途艰难，险阻重重，路极不好走，卦名为《蹇》。《蹇》卦虽然艰难，但是没有一个爻是凶爻，卦辞有“贞吉”的断语，上六爻也有吉的断辞，虽然算不上很好的卦，也还算是不错的卦。我们根据《说卦传》对八卦的方位解释来看，上卦坎水居于北方，下卦艮山居于东北方，往东北方走险阻重重，因此卦辞说“不利东北”。西南方是《坤》卦，坤为顺，往西南方走顺利，没有险阻，因此，卦辞说“利西南”。卦辞与爻辞，很明显地说，险阻重重的东北方不要前往，应该是回到比较顺利的西南方来。初六说“往蹇，来誉”，九三说“往蹇，来反”，六四说“往蹇，来连”，上六说“往蹇，来硕”等四爻，都是说不要前往路途艰难危险的东北方，而应该回到顺利的西南方去。六二爻、九五爻居于中正之位，因此六二爻说“王臣蹇蹇，匪躬之故”，六二爻从事王事，即使遭遇艰难，也值得肯定，无可指摘。九五爻是阳爻居于阳位，“大蹇，朋来”，遭遇大的危险，会有朋友前来相助解救。

原文

利西南，不利东北；[2]利见大人[3]，贞吉。

初六，往蹇[4]，来誉[5]。

译文

有利于向西南方向发展，不利于往东北方向逃生。利于见到地位尊贵、品德高尚、才能卓越的人物，坚守正道，会获得吉祥。

初六爻，往前进会遇到阻碍，返回来值得称赞。

六二，王臣蹇蹇[6]，匪躬之故[7]。	六二爻，君王的大臣身处艰难险恶的环境，并不是为了自己的私利啊。
九三，往蹇，来反[8]。	九三爻，往前进，会遇到险阻，应一起返回来。
六四，往蹇，来连。	六四爻，往前进，会遇到险阻，返回来，团结百姓，同心同德。
九五，大蹇，朋来。	九五爻，遇到了巨大险阻，志同道合的朋友们纷纷前来支持，大家一起渡过难关。
上六，往蹇，来硕；吉，利见大人。	上六爻，往前行，会遇到险阻，返回来，则会有很大收获；获得吉祥，利于见到地位尊贵、品德高尚、才智卓越的大人物。

注释

1 **蹇：**音 jiǎn，卦名，上卦为坎为水，下卦为艮为山，山上有水，象征行走艰难，为逃难之卦。

2 **利西南，不利东北：**西南为崇山峻岭之地，层峦叠嶂，属亚热带，适宜于躲避逃难，而东北则为寒冷之地，冬天气温很低，冰天雪地，上古时代，百姓抵御寒冷的方法不多，尤其是中原失败部落要逃到东北方向去，难以生存下来。中原失败的部落如果要逃到西南去，则容易存活下来。但要逃走，因多山，行走也极其艰难，因此卦名为《蹇》。刘范弟《善卷、蚩尤与武陵》一书认为《解》卦是黄帝打败蚩尤后肢解蚩尤、拆散蚩尤部落的卦，笔者以为《蹇》卦也与上古时代部落联盟之间的争夺战争有关，某些部落被打败，在中原无法立足，只好逃窜，逃到哪里去呢？还是逃到西南方向适宜，往东为大海，往西为大漠，往东北也不行，往西南，虽然山高水险，但还能生存下来。利西南，即往西南方向走有利。不利东北，往东北方向走，不利。

3 **利见大人:**有利于求见君主或部落联盟首领。

4 **往蹇:**往前行走,会遇到危险。

5 **来誉:**返回来,值得赞扬。

6 **王臣:**指君王的臣仆、大臣。 **蹇蹇:**艰险无比的环境。

7 **匪躬之故:**不是为了自己的私事。躬,自身。故,事情。

8 **来反:**指一起返回来,九三与上六相应,上六会返回到九三这里来。

传

原文

象曰:蹇,难也,[1]险在前也[2]。见险而能止,知矣哉![3]"蹇,利西南",往得中[4]也;"不利东北",其道穷也[5]。"利见大人",往有功也;当位"贞吉",以正邦也。[6]《蹇》之时用大矣哉!

译文

象辞说:《蹇》卦,是遇上灾难灾祸之卦,前面有险阻啊。看见前面有险阻,能够及时停止下来,这是聪明的做法啊。《蹇》卦,有利于西南方发展,是因为往西南方适宜逃生啊;不利于往东北方向逃跑,是因为到了东北方后再也无路可走啊。利于见到地位尊贵、品德高尚、才智卓越的大人物,是因为去大人物那里,能够建立一番不朽的功业啊。九五爻位居中得位,坚守正道,会获得吉祥,象征大人物能够使邦国走向正途,振兴邦国啊。《蹇》卦表明应该抓住险阻艰难时的机会,在灾难面前有一番作为,这意义实在太伟大了。

注释

1 **蹇,难也:**《蹇》卦,是遇上灾难,如何逃难之卦。难,指灾难。

2 **险在前也:**指上卦为坎为水为险,象征前面有危险,有险阻。

3 **见险而能止，知矣哉：**预见到有危险，能够及时停下来，这是聪明的做法啊。上卦为坎为水为险，下卦为艮为山为止，因此说见险而能止。

4 **得中：**指符合实际情况。

5 **其道穷也：**那些道路没有了。穷，穷尽。

6 **当位“贞吉”，以正邦也：**指九五爻位，以阳爻居于阳位，处于君主之位，坚守正道，吉祥，九五爻的大人能够逃离灾难，使邦国走上正确道路。

象曰：山上有水，蹇；君子以反身修德[1]。

象曰：“往蹇，来誉”，宜待也[2]。

“王臣蹇蹇”，终无尤也[3]。

“往蹇，来反”，内喜之也[4]。

“往蹇，来连”，当位实也[5]。

“大蹇，朋来”，以中节也。

“往蹇，来硕”，志在内也；“利见大人”，以从贵也。

大象辞说：下卦为艮为山，上卦为坎为水，山上有水，构成《蹇》卦；君子应该从《蹇》卦中获得启示，经常反省自己，多做自我批评，增进品德修养。

小象辞说：往前行会遇到险阻，及时返回值得称道，是因为适宜于等待时机啊。

君王的大臣陷于险恶处境，并不是为了他自己的一己之利，最终是不会有过错的。

往前行会遇到险阻，一起返回来，初六与六二等内卦之爻会很高兴。

往前行，会遇到险阻，返回来，与百姓紧密团结在一起，是因为六四所处地位适当，得到九五爻与九三爻两阳爻的帮助与支持啊。

遇上了巨大险阻，朋友们纷纷前来帮助支持，因为九五爻品行端正，具有高尚的品节啊。

往前进会遇到险阻，返回来则会有很大收获，是因为上六的志向在团结自己内部的人啊。利于见到地位尊贵、品德高尚、才智卓越的大人物，是因为上六要追随地位尊贵、品德高尚、才智卓越的大人物以建功立业啊。

注释

1 **反身:**反省自己,作自我批评、自我检讨。 **修德:**提高道德修养,整顿组织,提高战斗力。

2 **宜待也:**适宜等待时机。

3 **终无尤也:**最后不会有过错。尤,过错。

4 **内喜之也:**指初六、六二,因为九三阳爻能庇护她们,她们感到很高兴。

5 **当位实也:**实指九三与九五两阳爻,六四当位,居于中间,因此说“当位实”。

䷧ 解[1]

导读

《解》卦上卦为震为雷,下卦为坎为水,象辞说:“雷雨作,解。”《解》卦的卦辞与《蹇》卦有相同的地方,都是“利西南”,可见《解》卦也利于在《坤》卦西南一方,因为去西南方,“往得众也”,会得到群众拥护,吉。九二、六五得中位,因此,都吉。九二是“田获三狐,得黄矢,贞吉”,九二爻田猎获得许多猎物,六五则是“君子维有解,吉,有孚于小人”,六五之君宽大为怀,解除刑罚,赦免小人罪过。象辞说“君子以赦过宥罪”,就是指六五之君所为。《系辞传》里面孔子解释《解》卦爻辞,针对六三爻与上六爻,说得非常精彩,可以参考。《系辞上传》孔子的一段话解释了六三爻辞的精义:“子曰:‘作《易》者,其知盗乎?《易》曰:“负且乘,致寇至。”负也者,小人之事也。乘也者,君子之器也。小人而乘君子之器,盗思夺之矣。上慢下暴,盗思伐之矣。慢藏诲盗,冶容诲淫。易曰:“负且乘,致寇至。”盗之招也。’”小人无德无能,而占据君子之位,强盗当然会抢夺高位。《系辞下传》孔子的一段话解释了上六爻辞的精义："子曰：隼者，禽也。弓矢者，器也。射之者，人也。君子藏器于身，待时而动，何不利之有？动而不括，是以出而有获，语成器而动者也。"

原文

利西南；无所往，其来复，吉；有攸往，夙吉。

初六，无咎。

九二，田获三狐[2]，得黄矢[3]，贞吉。

六三，负且乘[4]，致寇至[5]，贞吝[6]。

九四，解而拇[7]，朋至斯孚[8]。

六五，君子维有解[9]，吉，有孚于小人。

上六，公用射隼[10]于高墉[11]之上，获之，无不利。

译文

有利于追击西南方逃跑的敌人；敌人走投无路，返回来向我们投降，吉祥。有部分人逃跑了，我们早做了追击的准备，吉祥。

初六爻，不会有过错。

九二爻，田猎时猎获了三只野狐狸，并且还获得金黄色的金属箭头，坚守正道，吉祥。

六三爻，背负着财物却反而乘坐在马车上，自己不小心招来了强盗抢劫，非常遗憾。

九四爻，解开捆绑你手脚的绳索，朋友来了，无比信任你。

六五爻，君子能够宽恕小人，赦过宥罪，让小人能够改过自新，吉祥，获得了小人的信任。

上六爻，王公站在高高的城墙上，用弓箭射杀凶禽隼鸟，射了下来，获得了隼鸟，无所不利。

注释

1 **解：**卦名，下卦为坎为水，上卦为震为雷，《说文解字》曰："解，判也，从刀判牛角。"本卦意义为解除灾难。国光红和刘范弟认为，《易》之《解》卦为雷雨之神蚩尤，雷雨之神为云中君。蚩尤的部落也应当被解散，

“窜三苗于三危”，有的赶跑，有的驱散，有的饶恕了，有的投降过来则予以利用，当然有一部分肯定会被杀死。《解》卦所表明的，是一个部落战胜了另一个部落，解除了对方的战争威胁，如黄帝战胜了蚩尤，即是如此。《解》卦为消除战乱、战祸之卦。

2 **田获三狐**：田，指田野、田地、旷野外打猎，田猎。《乾》卦九二爻为“见龙于田”，可见九二爻为地上之位、田野之位。获，猎获。三狐，三只狐狸，狐为阴性之物，代指三阴爻，即初六爻、六三爻、六五爻三爻也。

3 **得黄矢**：获得了金黄色的金属箭头。矢，指箭头。

4 **负且乘**：背负着财物却乘坐在马车上。负，指背负着财物。乘，音 shèng，指乘着马车。且为转折连词。六三承顺九四为负，乘九二之刚为乘。

5 **致寇至**：招来了强盗来抢劫。致，招致。寇，强盗。至，来了，到了。

6 **贞吝**：非常遗憾。贞，作副词用。

7 **解而拇**：解开你捆绑住的手脚。而拇，指被捆绑住的手脚。

8 **朋至斯孚**：朋友来了，无比信任。孚，信任。

9 **维**：语气助词。 **有解**：指宽恕小人，赦过宥罪。

10 **隼**：音 sǔn，恶鸟，凶禽。象征祸乱的首恶分子，所谓贼王也。射杀凶隼，也就是所谓擒贼先擒王之意。除了首恶必办外，其余胁从者，都予以宽大处理。《解》卦所表明的分化瓦解敌方的策略，很有战略意义。

11 **高墉**：高高的城墙。墉，城墙。《说文》曰：“城垣也。”

传

原文

象曰：解，险以动，动而免乎

译文

象辞说：《解》卦，在险恶的环境中行动，行动成功了，就可以免除危机，这就是《解》卦的险，解。“解，利西南”，往得众也；“其来复，吉”，乃得中也；“有攸往，夙吉”，往有功也。天地解而雷雨作，雷雨作而百果草木皆甲坼[1]；《解》之时大矣哉！

含义。《解》卦，利于追击西南方的敌人，往西南方向去，就会俘获许多敌人；那些走投无路的敌人返回来了向我们投降，是因为我们所作所为符合中道；有部分敌人逃跑了，如果我们早做防范的准备，则会吉祥，是因为我们前进会获得功劳啊。天地处于《解》卦时，雷雨大作，雷雨大作后，许许多多草木果实的种子在地上裂开了外壳，萌芽了。《解》卦所表明的，应该要抓住《解》卦的时机，意义是多么伟大啊。

注释

1 甲：种子的外壳。 **坼**：音 chè，开裂。

象曰：雷雨作，解；君子以赦过宥罪[1]。

大象辞说：上卦为震为雷，下卦为坎为雨为水，电闪雷鸣，风雨大作，构成《解》卦。君子从《解》卦中获得启示：应该赦免小人的过错，从宽处治他们的罪过，适度减轻小人的刑罚。让他们有机会改过自新。

象曰：刚柔之际[2]，义无咎也。

小象辞说：刚爻与柔爻互相来往，从道理上说，应该不会有祸害。

九　二“贞吉”，得中道也。

九二爻坚守正道吉祥，是因为九二爻居于中位行中道啊，处事符合常情常理啊。

“负且乘”，亦可丑也；自我致戎，又谁咎也？

背负着财物却反而坐在马车上，也是令人羞愧丑恶的事情；自己招来了强盗抢劫，又怎么能够怨怪别人呢？

“解而拇”，

未当位也。

“君子有解”，小人退也。

“公用射隼”，以解悖[3]也。

解开你被捆绑住的手脚，是因为九四爻所处的地位不妥当啊。

君子能够宽恕小人，让小人改过自新，小人则会退缩回去，不再危害君子。

王公用箭射杀凶隼，是为了要解除祸乱啊。

注释

1 **赦：**赦免，免除。 **过：**过错，罪过，过失。 **宥：**音 yòu，宽恕，宽宥，从宽处治。 **罪：**罪恶，罪过。

2 **刚柔之际：**刚柔互相交往，来往。际，交际、交往、来往、感应。刚爻指九二、九四两爻，柔爻指初六本爻。九四爻与初六爻相应，九二爻居于内卦得中，初六承九二刚爻应九四刚爻。

3 **悖：**祸乱、叛乱。

䷨ 损[1]

导读

《损》卦上卦为艮，为山，下卦为兑，为泽。就卦的卦象变化来说，所谓损，就是《泰》卦的下卦《乾》的九三爻上升到上卦的上九爻，上卦《坤》的上六爻下降到六三爻，损其下卦《乾》补其上卦《坤》，因此该卦的关键是上九爻，它决定了该卦损下益上的性质特征。上九爻辞说“弗损，益之，无咎，贞吉，利有攸往，得臣无家。”上九补益上卦《坤》卦，实际上也补益整个《益》卦因此贞吉，象辞说，“大得志”，实现了自己的伟大志向、宏伟理想。六三爻与上九相应，六三说：“三人行，则损一人；一人行，则得其友。”指的《乾》卦三爻损一爻，九三上升到上九，成上九后与六三相应，六五顺承上九，因此得其友。六五爻“或益之十朋之龟，弗克违，元吉”，就是指上九带给六五的好处。初九爻与祭祀有关，酌损之，九二爻“利贞，征凶。弗损，益之”，有利于安静不动，动则凶险，没有损失，还会有益处。六四则“损其疾”，当然是喜事。《损》卦的实质是损其阳刚，补其阴柔，损实补虚，阳为实，阴为虚，也就是损有余补不足，中医上治病是如此，国家、社会治理也是如此，阴阳平衡，身心才会健康、国家才会太平。有损，就有益，《损》卦是损下益上，就损的角度而言；《益》卦是损上益下，从益的角度而言，实际上《损》卦、《益》卦都有损益现象。因此，彖辞说：“损益盈虚，与时偕行。”

原文

有孚[2]，元吉，无咎，可贞，利有攸往。曷之用[3]？二簋[4]可用享。

初九，已事遄往[5]，无咎，酌损之。

九二，利贞[6]，征凶[7]。弗损，益之。[8]

六三，三人行[9]，则损一人[10]；一人行，则得其友。[11]

六四，损其疾，使遄有喜，无咎。[12]

六五，或益之十朋之龟[13]，弗克违，元吉。

上九，弗损，益之，

译文

阳爻之间互相信任，大吉，没有过错，利于正道行事，利于前往。用什么来祭祀呢？只要两簋简单的祭品祭祀神灵，就可获得神灵的保佑。

初九爻，已经祭祀了神灵，可以速往，没有过错，可以酌情而减损阳爻。

九二爻，利于稳定，轻举妄动会有凶险。不用减损，会有人来帮助。

六三爻，三人一起行路，可以减少一人。一个人前往，就可以得到朋友。

六四爻，去掉六四的疾患，马上有喜事来临，不会有过错。

六五爻，有人送来了价值十朋的珍贵宝龟，不好违背人家的好意，大吉。

上九爻，没有受到损失，得到了好

无咎，贞吉，利有攸往，得臣无家[14]。	处，没有过错，稳定，吉祥，利于前去行事，获了无家可归的忠心耿耿的臣子。

注释

1 **损：**卦名，此卦由《泰》卦来，《泰》卦上卦为坤为地，为三阴爻，下卦为乾为天，为三阳爻，《泰》卦发生变化，损有余补不足，损三爻一阳，补上六爻一阴，由此，三阳变为阴，三阴变为阳。损阳补阴，损实补虚，是为《损》卦，有损即有益，卦名损而不名益，是从阳的角度立论，从有余的角度而言为《损》卦。天地交泰时，天与地之间会发生物质变换，天之阳气注入地之阴气之中，阴阳细缊，才能化生万物，《损》卦亦为天地之道的必然规律。

2 **有孚：**孚，指同类相孚，即阳与阳孚，有孚即指互相信任。《损》卦六爻皆相应，一与四应，二与五应，三与六应。有孚有应，阴阳平衡。

3 **曷之用：**即有什么用。曷，通“何”。

4 **簋：**音 guǐ，竹篮子之类的竹器，用来盛饭食。

5 **已事遄往：**祭祀之事要赶紧去办。《周易集解》曰：“祀，旧作巳。”巳事，即祀事，祭祀之事。遄，迅速。遄往，急于前往。这里用祭祀等比喻的说法，表明损下益上之意。王夫之释初九爻，可供参考。他在《周易内传》中讲：“损者三也，受益者上也。然盈虚之变，非骤然而遽成，必以渐为推移，而未变者已早变其故。三损而乾刚已成兑说，上益而坤柔以从艮止，非徒三、上之损益已也。初、二之情已移，而后三之情乃决，故曰三人行，明非三独有损之志，特所用者三耳。”

6 **利贞：**利于安静不动。

7 **征凶：**指前进会有凶险。

8 **弗损，益之：**不宜于损九二，因为九二为中正之爻，为内卦乾之主爻，宜损三爻，而不宜损二爻，损三，成兑，为说。

9 **三人行：**指三阳爻一起，构成《乾》卦。

10 则损一人：指《泰》卦九三爻一爻上行。

11 一人行，则得其友：指《泰》卦九三至上九，因而上卦有阴阳，下卦因上六来成六三，亦有阴阳，故皆得其友也。友，即指阴阳合德，刚柔有体。

12 损其疾，使遄有喜，无咎：去掉六四的疾患，马上有喜事来临，不会有过错。六四之疾，是指处于《泰》卦状态下的六四"翩翩不富，以其邻，不戒以孚"，即指六四乘九三之阳，失去阳爻的支持与庇护，象辞亦说："'翩翩不富'，皆失实也。"并且，《泰》卦时，内阳而外阴，君子道长，小人道消，发展变化时，阳消阴，六四首当其冲，故称疾焉。《泰》卦九三爻上行，上六下行，六四在《损》卦中获得利益，损去了乘阳之危机，因而有喜事来临。

13 或益之十朋之龟：或，有人。益，指赠送。朋，上古时代的货币单位。十朋，指很多的钱。十朋之龟，借指非常贵重之龟。有人无偿赠送给六五值十朋那么多钱的珍贵大龟。六五居君位，外卦又居中位，内卦乾损阳益外卦坤阴，六五当然是受益者，实际上整个《坤》卦都是受益者，但以六五为最，故说得十朋之珍龟。

14 得臣无家：即指得无家之臣。上九是得益之爻，得臣，指上九得坤之二爻，六四与六五，又因三与六相应，故曰得阴爻是得臣。无家，即指六三爻与上九相应，六三爻乘刚，受到九二爻的排斥，是一个无家可归之臣，这样的臣子，一定会忠心耿耿地侍奉上九。

传

原文

象曰：损，损下益上，其道上行。

译文

象辞说：《损》卦，减损下卦三阳之《乾》卦中的第三阳爻，补足上卦三阴之《坤》卦中损而“有孚，元吉，无咎，可贞，利有攸往”。“曷之用？二簋可用享。”二簋应有时，损刚益柔有时，损益盈虚，与时偕行。

的上六阴爻，损实补虚，九三阳爻上升到上六，成为上九，损实益虚，获得初九与九二两阳爻的信任，大吉，没有过错，正直行事，利于前往，用什么祭祀呢？只要两簋简单的祭品祭祀就行，就会获得神灵的保佑。用两簋祭品祭祀神灵，应该乘时而行，抓住机会，损刚益柔也要乘时而行，抓住机会，损盈损实补益不足与虚弱，机会来了就行，不来就不行。

象曰：山下有泽，损，君子以惩忿窒欲。

大象辞说：山下有泽，是《损》卦。君子体会其卦象，认为应效法《损》卦之精神，抑制自己不正当的情绪，控制自己的贪婪的欲望。

象曰：“已事遄往”，尚合志也。

小象辞说：已经祭祀了神灵，可以速往，与其余阳爻团结一致。

九二“利贞”，中以为志也。

九二利于稳定，坚守正道，矢志不移。

“一人行”，三则疑也。

一人前往，会获得朋友。三人共路，互相之间会产生猜疑。

“损其疾”，亦可喜也。

去掉六四的疾患，是件可喜可贺之事。

六五“元吉”，自上祐也。

六五获得大吉，是因为有上九保佑帮助的缘故。

“弗损，益之”，大得志也。

没有任何损失，反而获得大利，实现了自己宏伟的抱负。

䷩ 益[1]

导读

《益》卦上卦为巽为风，下卦为震为雷，按照《周易》的惯例，阳卦居于阴卦之下，是指阴阳二气相交，是好卦。《系辞下传》说："神农氏作，斫木为耜，揉木为耒，耒耨之利，以教天下，盖取诸《益》。"可见，《益》卦是和农业生产有十分密切关系的卦，春天播下种子，夏天辛勤耕耘，秋天大有收获。《益》卦初九爻辞说"利用为大作，元吉，无咎"，下卦震是阳卦，震的主爻是初九，因此，整个卦的关键是初九爻，春天来了，农业生产，大有作为，大吉大利。上古时代，神农氏就已经发明耒耨等先进农具，中国很早就进入农业文明时代了。六二爻、九五爻都是中正之爻，阴阳相应，都很吉利。彖辞说："损上益下，民说无疆。"从卦的形成过程来看，原来的卦是《否》卦，上面三爻为乾，为阳，下面三爻为坤，为阴。损上益下，就是说，九四爻往下居于初九爻位，初六爻上升居于六四爻位，《否》卦本来是天地否闭，阴阳不通，变成《益》卦，阴阳就往来交通了，因此，"天施地生，其益无方"，天地阴阳化生，万物生长，欣欣向荣，一派生机勃勃了。当然，物极必反，《益》卦上九如果没有恒心，可能会走向事情的反面。

原文

利有攸往，利涉大川。

初九，利用为大作，元吉，无咎。[2]

译文

利于前去行事，利于渡过大江大河。

初九爻，上卦九四下降于初爻之位，正好可以趁此机会，大展宏图，大吉，没有过错。

六二爻，有人送来了价值十朋的宝龟，不

六二，或益之十朋之龟[3]，弗克违，永贞吉。王用亨于帝[4]，吉。

六三，益之用凶事[5]，无咎，有孚中行[6]，告公用圭[7]。

六四，中行告公从[8]，利用为依迁国[9]。

九五，有孚惠心，勿问元吉，[10]有孚惠我德。

上九，莫益之，或击之，立心勿恒，凶。[11]

要违背人家的好意，不要拒绝，永远坚守正道，吉利。王用此龟来祭祀上帝，吉利。

六三爻，上应上九，上九有凶事，仍然帮助它，没有过错。取得六二、六四的信任，坚守正道，前往九四，劝说它应该下降初爻，帮助阴爻。

六四爻，坚守正道，劝说九四下降初爻，初六则上升九四之位，九四与初六迁其位，九四成了初九，初六成为六四。

九五爻，九四下降初爻，心怀好意，取得九五信任，九四下行之事，事先没有征求九五意见，也是非常吉利的，九四下行，将功劳归于九五，九五、九四互相信任。

上九爻，没有谁来帮助他，反而有人来攻击他，因为他没有恒心，无德无义，失去了朋友的信任，损伤了朋友的感情，所以凶险。

注释

1 **益：**卦名，《益》卦由《否》卦而来，《否》卦上天下地，天地不交，内卦为坤，为小人，外卦为乾，为君子，内卦阴爻继续发展，则小人道长，乾消退，君子道消也。为了改变天地不交的状态，乾损九四以益初六，则成风雷《益》卦。《益》卦有损有益，自上而言，为损，自下而言为益，《益》卦亦从内卦角度立卦。

2 **利用为大作，元吉，无咎：**初爻一阳为整个《益》卦之关键，九四一阳爻下降于初，则损阳益阴，下卦变为震，震主动，故云有利于大有作为。元吉，指大吉大利，因初九为《益》卦之关键，亦可称为《益》卦之主爻。凡称元吉之爻,一般可视为主卦之爻。

3 **或益之十朋之龟:**或益之,指有人送来。十朋之龟,指非常珍贵的宝龟。六二中正,初九自上下下,改变否塞状态,六二为下卦中正之爻,大受其益。此爻辞与《损》卦六五之爻辞正好一样。

4 王用亨于帝:指六二将获得的宝龟向九五进献,用于祭祀上帝,大吉大利。王,指九五。帝,指昊天上帝。

5 **益之用凶事:**凶事,指上九。上九因勿恒而有凶,六三与上九相应,对上九有助益。

6 **有孚:**指六三与六二、六四同心同德。 **中行:**指六三居三阴爻之中,行为合乎正道。

7 **告公:**指告六四。六四近九五帝位,故曰公。 **圭:**王夫之解释说:"诸侯之聘圭,以昭信也。"圭即指诸侯之间往来用以表明信用的一种宝玉,把什么东西告诉六四呢?即把"益之用凶事"一事告诉六四之公。

8 **中行告公从:**指初六告九四之公,九四从其义。

9 **利用为依迁国:**指九四下降初六之位,初六上居九四之位,初六成六四,九四成初九,二者皆迁国安居。

10 **有孚惠心,勿问元吉:**九四与九五、上九,皆为阳爻,互相信任,九四获得九五的信任,下迁初位,九五亦获其利,改变了否塞状态,因此说,九四没有向九五报告,也是大吉大利的。

11 **莫益之,或击之,立心勿恒,凶:**《系辞传》对这一爻有详细解释,说没有与别人建立起交情就去求别人,别人不会答应;没有在思想上取得沟通和理解,就去与别人谈事,别人不会理你;自己的脚跟都还未站稳,就轻举妄动,别人不会听从你的。莫益之,即指别人不理解你、不支持你。或击之,指有人攻击你。没有人理解你、支持你,反而有人诬陷你、攻击你,当然会无比凶险了。立心,指思想,思考行动的准则。立心勿恒,即指语言与行动因为没有周密的思考和详细的计划,前后矛盾,得不到别人的理解与支持。上九一爻独居高位,高高在上,傲慢无比,既不愿意主动接近别人,与别人沟通,也不注意帮助别人从而建立交情、建立友谊,因此,上九有困难、有危险时,谁也不会去帮他的忙了。

传

原文

象曰:益,损上益下,民说无疆[1],自上下下,其道大光。“利有攸往[2]”,中正有庆[3]。“利涉大川”,木道乃行。[4]益,动而巽[5],日进无疆[6],天施地生[7],其益无方[8]。凡益之道,与时偕行。

译文

彖辞说:《益》卦,是损去上卦乾之阳爻来补足下卦坤之阴爻,阴爻无比高兴。九四阳爻从乾阳上面下降到坤阴初爻位置,阳道布施,发扬光大。利于前去行事,九五与六二都居于中正爻位,都因九四阳爻下降初爻位置而获得益处,有喜事来临。利于渡过大江大河,九四下行,乾变成巽,巽为木,木为舟,舟送九四下行,畅行无阻。《益》卦,由《否》卦而来,下卦震主动,上卦巽随震而动,因而震的行动得到支持。往上发展,形势非常顺利,进步很快。天地相交,阴阳相合,万物化生,生长变化,神妙莫测。凡是《益》卦的生长进步的原则,应该抓住时机而行,错过时机,则不行。乘时而生长,才会非常顺利。

注释

1 **民说无疆:**民,指阴爻而言,《系辞传》说“阳一君而二民”,“阴二君而一民”,君民与阴阳相对待而言,阳为君,阴为民。民说无疆,即指阴爻得益而喜悦万分。九四阳爻下降初六，改变阴阳不交、天地不通的否塞状态，阴阳相交，损阳补阴，阴阳和合。从人事与政治角度而言，君指统治者，民指平民百姓，损君益民，指君为民服务，统治者为平民百姓服务，体恤民情，民意上达，政治修明，政通人和，平民百姓很高兴，顺民心、顺民意。

2 **利有攸往：**指利于上卦九四下行至初六。

3 **中正：**指九五、六二当时、当位。 **有庆：**即有喜事，指九四下行，阴爻获得益处。

4 **“利涉大川”，木道乃行：**木道，指木舟济渡之功，巽为木，上卦为巽，故曰木，因上卦由乾变巽，九四之阳下降于初，越过阴爻而往，故曰“利涉大川”。大川，曰阴爻也。

5 **动：**指下卦震，震为阳卦，主动。 **巽：**指上卦为巽，巽为阴卦，主随顺。

6 **日进无疆：**指震阳爻居初位，阳爻具有往上生长、继续发展的势头，上爻皆为阴爻，随顺而无阻挡。

7 **天施：**指乾阳九四下降。 **地生：**指阴阳交姤合德，天地变化而万物化生。

8 **其益无方：**即指天地《否》卦因九四下降，初六上升，阴阳交合，而天地变化，上卦为巽为木，为生长，为益，下卦为震，为木，亦为生长，为益，因此说万物的生长神奇莫测。无方，指神奇莫测，《系辞传》所谓“神无方而易无体”也。

象曰：风雷益，君子以见善则迁[1]，有过则改[2]。

象曰：“元吉，无咎”，下不厚事也。

大象辞说：上卦为巽为风，下卦为震为雷，组成《益》卦。君子玩味此卦，损九四益初六：凡是有益之事就应该去做，凡是发现了错误就立即改正，因《益》卦改正了《否》卦否塞不通的状态。

小象辞说：大吉，没有过错，不做那些力所不及的事。

“或益之”，自外来也。

益用凶事，固有之也。

“告公从”，以益志也。

“有孚惠心”，勿问之矣。“惠我德”，大得志也。

“莫益之”，偏辞也。“或击之”，自外来也。

有人帮忙，送来了宝龟，是从外卦来的。

当上九有凶险之难时，六三去帮助他，这也是情理之中的事。

初六求告九四，希望得到帮助，得到了九四的应允，坚定了初六上升为六四的信心。

九五和九四相互信任，九五不用追问九四之事，不去干涉九四之事。九四将功劳归功于九五，九五损上益下的志向由九四去实现了。

没有谁来帮助上九，是因为上九傲慢无礼，无情无义，失去了朋友的信任。反而有人攻击上九无德无义，遭受到了意外的攻击，因为他丧失了朋友，没有朋友的信任和支持，所以才有人敢攻击他。

注释

1 **见善则迁：**指乾之阳爻九四下降。

2 **有过则改：**指阳爻九四下降后，改变了天地不交的否塞状态。过，即指天地不交之《否》卦。

䷪ 夬[1]

导读

《夬》卦上卦为兑，下卦为乾，一阴居于五阳之上，一阴凌乘五阳，因而遭到五阳的反对，阳爻试图决去阴爻，这是《夬》卦的本义。《夬》卦不太好，因为阴凌乘阳，卦辞与爻辞都围绕这点展开论说。《夬》卦的主旨是决而和，要充分利用舆论优势，逐步推进，不利于兵戎相见，不要因为激烈的冲突而产生新的矛盾与问题。卦辞说："扬于王庭，孚号有厉。"适宜在君王朝廷上大声呼唤，揭发上六凌逼阳爻的罪行。"不利即戎"，不要武装冲突，要有理、有利、有节地进行和平斗争，就是说要文斗，不要武斗。初九告诫不要轻举妄动，"壮于前趾，往不胜，为咎"，轻举妄动，不但不能战胜敌人，反而伤害自己。九二爻得中，阳爻居于阴位，刚而能柔，大声呼喊，发出警告，晚上有敌人来了，做好应对准备。九三爻阳爻居于阳位，过刚过猛，因此凶险，"壮于頄，有凶"。九四爻则阳爻居于阴位，刚而能柔，不会有凶，"臀无肤，其行次且，牵羊悔亡，闻言不信"。屁股的皮肤都磨去了，坐立不安，行动艰难。九五爻阳爻居于中位，行动中正，虽然受到上六凌逼，但是，无咎。上六爻一个阴爻，在下面阳爻的斗争中，终于会失败，因此，凶险。所谓"无号，终有凶"。

原文

扬于王庭[2]，孚号有厉[3]，告自邑，不利即戎，利有攸往。[4]

初九，壮于前趾[5]，往不胜，为咎。

九二，惕号，莫夜有戎[6]，勿恤。

九三，壮于頄[7]，有凶。君子夬夬[8]，独行遇雨，若

译文

上六在九五君王的后宫里为所欲为，挟制君王，九五的臣下大声疾呼，提醒君王要提高警惕，并且告诫部下，凡事宜从长计议，不可轻举妄动，利于防备，只要计划周全，正道而行，最后结果是好的。

初九爻，禁不住往前迈步，轻举妄动，前行不会取胜，是错误的行为，会有损失。

九二爻，大声提醒众人，提高警惕，防止夜晚有人偷袭，做好准备，不要担心也不要害怕。

九三爻，怒容满面，草率行动，会有凶险。君子很果断，独自一人去劝说小人，碰上了小

濡[9],有愠[10],无咎。	人,小人有所感动,虽然相互之间还有隔阂,但不会出现过错与危险。
九四,臀无肤[11],其行次且,牵羊悔亡[12],闻言不信[13]。	九四爻,屁股上没有一块好皮肤,走起路来一颠一颠的,牵上了一只羊,没有什么值得后悔的,不听从别人的劝告。
九五,苋陆夬夬[14],中行,无咎。	九五爻,斩草除根,消除小人势力,正道而行,不会有失误。
上六,无号,终有凶。	上六爻,不用痛哭流涕,小人的结局一定很凶险。

注释

1 **夬:**音 guài,卦名,决断之意。《序卦传》说:“夬者决也。”《杂卦传》说:“《夬》,决也,刚柔决也。君子道长,小人道忧也。”从卦象来看,为阴卦,上六一阴爻居于上位,下面五阳爻居于其下。《系辞传》说:“阳卦多阴,阴卦多阳。其故何也,阳卦奇,阴卦耦。其德行何也?阳一君而二民,君子之道也。阴二君而一民,小人之道。”《夬》卦为一阴五阳,当然属于阴卦,也就是说,上六一阴处于卦主的地位,它决定了该卦的性质。其所系之卦辞与爻辞,皆与它有密切关系。该卦是小人之道很猖獗,如何克服小人之道,是该卦立意宗旨所在。

2 **扬于王庭:**即指上六乘九五,小人挟君子之意。王庭,指九五,九五为君主之位,有王庭之意。王夫之说:“扬者,相诩自安之貌。宫中曰庭,王庭,王之后宫也。”李鼎祚引郑氏之言说:“扬,越也。”又云:“阴爻越其上,小人乘君子,罪恶上闻于圣人之朝,故曰夬,扬于王庭也。”

3 **孚号有厉:**《周易集解》引虞翻的话说:“阳在二五,称孚。”孚,指阳爻与阳爻之间相互信任。孚号,就是说阳爻同类,发现阴爻上六乘刚,大声疾呼同党引起注意。有厉,指处境很危险。九五阳爻如果疏忽大意，就有可能受制于上六阴爻。

4 **告自邑，不利即戎，利有攸往：** 告自邑，即告诫自己的同党，对于上六阴爻乘刚之事，虽然要引起警惕，但不宜鲁莽从事，更不宜兵戎血刃相见，此即"不利即戎"之意。上六一阴爻居于九五阳爻之上，如果将九五比作君主之位的话，那么上六就极有可能是王母或王之得宠的后妃，处置失措，反会激成祸变，如汉代吕后夺权、唐代武后夺权、清代西太后争权之事，即是如此。利有攸往，即是说，只要备有戒心，保持警惕，处理好内政，不失中道，"健而说"，"决而和"，以理服人，以情感人，以正道治人，君子之道长，小人之道自然消弭无迹耳。吕后夺权，权终归汉室，武后篡唐，权终归唐室，即是如此，因一阴无法与五阳抗衡，只不过一阴处于特殊地位罢了，一旦失位，则烟消云散。

5 **壮于前趾：** 指轻举妄动。前趾，指足趾，有所行动，则足先动。以人身体部位作比喻，这是形象义。实在义则指不能轻举妄动。引申义则指阳爻同党，君子同党应该深谋远虑，壮于其心，而不能壮于其表，应有理有节有策略地去斗争，而不能逞一己之私、图一时之快，轻举妄动、急躁冒进，反而贻误大事。

6 **莫夜有戎：** 敌人晚上来偷袭。莫、暮为古今字，莫夜即暮夜，指夜晚。戎，指带有兵器的敌人。

7 **壮于頄：** 指脸色大变，大发雷霆，禁不住就要急躁冒进，不审时机当否，就要去除掉君侧的小人。頄，音 qiú，指颧骨。《周易集解》引翟玄云："頄，面也。"

8 **夬夬：** 指果断行走，一说匆匆行走。

9 **若濡：** 如果被雨淋湿。被雨淋湿，即指阴阳感应，亦指三爻与六爻两人之间有感应。

10 **有愠：** 脸上有不高兴的表情，有怒色。因三爻与六爻有相互感应，如果九三一人果断去劝说上六，用诚心打动上六，这样，即使上六和九三之间仍然有隔阂未能消除，也不会有什么危险了。

11 **臀无肤：**指屁股上的皮肤擦伤了。臀部，人坐的部位，暗喻位置不当，指九四失位，不当位，行动不便。

12 **牵羊悔亡：**《说卦传》说："兑为羊。"九四虽然与其余阳爻之间有矛盾隔阂，但究竟同属阳爻，并且靠近九五，得到九五一定程度的信任，也获得一定的利益，虽然处境艰难，也没有什么怨言可说。

13 **闻言不信：**九四不聪明，对其余阳爻的警告不放在心上，对上六戒心不够，九四处境之不利，很大程度上是由自己造成的。

14 **苋陆夬夬：**苋，音 xiàn，《周易集解》引荀爽的话说："苋者，叶柔而根坚且赤，以言阴在上六也。陆，亦取叶柔根坚也。"并说："苋，根小。陆，根大。"意谓柔软之草长在坚硬的根上，谓阴六附丽于九五，上六为九五所生发，意即有九五，便有上六之阴柔存在的可能。因此，除掉苋陆之草，必然要从根除掉。也就是说，九五要除掉上六，必然要从自身的缺点毛病改起，不偏听偏信，行中道，兼听则明，奸邪之人亦无计可施矣。武后在太宗时，无计可施，到高宗时，才为所欲为，即是此理。

传

原文

彖曰：夬，决也，刚决柔也。健而说，决而和。"扬于王庭"，柔乘五刚也。"孚号有厉"，其危乃光也。"告自邑，不利即戎"，

译文

彖辞说：《夬》卦，是决断之卦。阳爻决断阴爻，君子铲除小人之势力。行为刚正而让小人心服口服，铲除小人势力时，局势平稳。君侧小人在王庭内得意洋洋，凌驾于君主之上，妄图钳制君主。正直的大臣们向君主进谏，揭露小人的罪恶，提醒君主要有戒

所尚乃穷也。“利有攸往”,刚长乃终也。

象曰:泽上于天,夬。君子以施禄及下,居德则忌。

象曰:不胜而往,咎也。

“有戎,勿恤”,得中道也。

“君子夬夬”,终无咎也。

“其行次且”,位不当也。“闻言不信”,聪不明也。

“中行,无咎”,中未光也。

“无号”之凶,终不可长也。

备之心,只有保持警惕,才能化险为夷。并且告诫部属,不得轻举妄动。机智地和小人作斗争,是有利的,正气终究会战胜邪气。

大象辞说:泽兑在天乾的上面,是《夬》卦。君子玩味《夬》卦的卦象,得到启示,应该给予下面的老百姓施以恩惠,对老百姓有恩德,而不自以为有恩德,否则对君主不利。

小象辞说:明知不胜,偏要前去,会有过失。

不用害怕敌人偷袭,是因为做了准备,按原则办事。

君子果断前行,结果不会有什么过错。

走起路来十分艰难,是因为位置不当的缘故,不听从别人的劝告,是因为不聪明的缘故。

按原则办事,正直而行,虽然铲除了小人势力,但是君德还没有光大。

来不及哭喊就发生了凶险,结局一定不妙。

䷫ 姤[1]

导读

《姤》卦一个阴爻居于初位,《夬》卦是一个阴爻居于上位,都不是好卦。阴居于上位会凌逼下面阳爻,阴居于初位会不断往上面发展,不断侵蚀上面的阳爻。因此，卦辞告诫“女壮，勿用取女”，阴为女，阴气渐渐生长，侵蚀阳爻，阳为男，女壮即对男子不利，因此告诫不要娶这种强势凌逼男人的女子为妻。整个《姤》卦初六爻是关键，因此告诫初六爻要严格管束自己、约束好自己，就会“贞吉”，否则，便会“见凶”。根据与初六爻的关系远近，可以看出其他阳爻的吉凶。九四爻与初六正应，但是九五爻是君位，居于中正之位，九二爻居于下卦之中，就与初六的关系而言，九四竞争不过九二、九五，因此，九四：“包无鱼，起凶。”鱼暗指初六，鱼为阴物。九二爻居于中位，初六顺承九二，所以九二爻说：“包有鱼，无咎，不利宾。”包有鱼，指九二拥有初六。不利宾，指其余阳爻也想拥有初六，因为九二已经拥有，所以对他们不利。九三则对初六毫无希望，处境艰难。九五爻居于中位，包容万物，成熟的果实自然会脱落，九五会获得。上九爻是居于穷困境地，于初六当然无望。彖辞从另外一个角度说明刚柔相遇、男女相遇、天地相遇以及“品物咸章”的道理。

原文

女壮[2]，勿用取女[3]。

初六，系于金柅[4]，贞吉。有攸往，见凶。羸豕孚蹢躅[5]。

九二，包有鱼[6]，无咎，不利宾。

九三，臀无肤，其行次且，厉，无大咎。

译文

女子强壮，不要娶这种女子为妻。

初六爻，车子装上那种用金属制作的刹车装置，牢固而可靠，非常安全，贞吉。反之，如果贸然前进，会有凶险。譬如那处于发情期的焦躁不安的瘦弱的母猪，它要东窜西跑，是十分危险的。

九二爻，厨房里有鱼，没有过错，不利于宾客。

九三爻，屁股上没有一块完好皮肤，行走起来东颠西颠的，形势严峻，但没有大的危险。

九四，包无鱼，起凶。	九四爻，厨房里没有鱼，会有凶险。
九五，以杞包瓜[7]，含章，有陨自天。	九五爻，因杞树长得高大挺拔，树上爬满了藤类植物，结满了瓠瓜。这些瓠瓜，个大壮实，营养丰富，成熟的时节自然而然地从树上掉了下来。
上九，姤其角[8]，吝，无咎。	上九爻，偶然遇上初六这样的女子，与其他男子发生争执，不胜，只好放弃，不会有危险。

注释

1 **姤：**音 gòu，卦名，柔遇刚，女遇男之义，姤即不期而遇之义。同一阴五阳之卦，《周易》共有《夬》《姤》《同人》《大有》《履》《小畜》六卦，皆为阴卦。《大有》卦，六五一阴居主位，得中。《同人》卦，六二一阴居主位，亦得中正之位。《小畜》卦，六四当位。天泽《履》卦，六三一阴居阳位，居危惧之地。《夬》卦一阴居九五君位之上，以柔乘刚，凶险之至。《姤》卦一阴处众阳之下，阴势渐长而阳势渐消，不利于阳爻。

2 **女壮：**指初六一阴，初六处于五阳之下，本为柔弱之爻，但卦为阴卦，初六为阴卦之主，从阴爻与阳爻相对比的角度而言，因为是卦主，所以言"女壮"，又初爻本为阳爻之位，阴爻居初位，不当位，亦可言"女壮"，有人说，初六的发展趋势是逐渐往上发展，逐渐蚀阳，因此亦言"女壮"。此言也有道理。

3 **勿用取女：**勿用，即指不要。取，通"娶"。不要娶这样强壮的女子为妻，这里反映了上古时代的观念，男尊女卑，女子过分强壮，胜过男子，且又不安分，一般人认为娶这样的女子对男子不利。

4 **金柅：**金，指金属制作的，不是指金子做的，有的易学著作上如此解释，并不恰当。金，在上古时代，泛指金属，如金文，即指青铜器上的文字。柅，指车上的刹车装置。金属制作的刹车装置，一定是非常牢固、非常可靠的装置了。

5 **羸豕孚蹢躅:**羸,指瘦弱。豕,指母猪。孚,指母猪发情期按时来了。王夫之释“孚”曰:“如期而不爽。”即按时而来没有错过之意。蹢躅,指母猪发情时不吃不喝不睡,焦躁不安,窜跳不止的情形。这一句用形象的比喻来说明“有攸往,见凶”的含义。

6 **包有鱼:**包,指厨房。鱼,指初六,又暗指女子。表面上说,厨房里有鱼,实际含义是说,九二娶了初六为妻,包有鱼,借指厨房里有妻子,《家人》卦说,女子“在中馈”,即是说女子料理饮食管理家务家政。

7 **以杞包瓜:**因杞树长得高大挺拔,藤蔓植物爬满了杞树,结满了瓠瓜。杞,杞树。包,通“匏”。包瓜,即瓠瓜,葫芦一类的东西。杞树,指代九五阳爻。瓠瓜,指代初六阴爻。

8 **姤其角:**姤,指不期而遇。角,指斗殴、角斗。上九远离初六,它一旦遇上初六,也想据为己有,进而发生争斗,因所处地位不利,与初六又不相应,故吝,不会有什么结果,当然,殴斗不赢,只好放弃,亦无大的过错。

传

原文

彖曰:姤,遇也,柔遇刚也。“勿用取女”,不可与长也。天地相遇,品物咸章也。刚遇中正,天

译文

彖辞说:姤,是相遇的意思,也就是柔爻遇刚爻、女子遇上男子的意思。不要娶这种女子为妻,因为不能与这种女子白头到老。天和地相遇,万物欣欣向荣。刚爻遇柔爻能够中正无私,就能够凭借这种精神大行于天下。《姤》卦因时而变的意义真是太丰富了啊!

下大行也。《姤》之时义大矣哉！

象曰：天下有风，姤，后以施命诰四方。

象曰："系于金柅"，柔道牵也。

"包有鱼"，义不及宾也。

"其行次且"，行未牵也。

"无鱼"之凶，远民也。

九五"含章"，中正也。"有陨自天"，志不舍命也。

"姤其角"，上穷吝也。

大象辞说：天下有风，乾下面是巽，组成的重卦是《姤》卦。君主受到《姤》卦的启示，效法《姤》卦的象征意义，颁布法令，诏告四方百姓，让百姓家喻户晓，有法可依。

小象辞说：装上金属制作的刹车装置，为了控制初六阴爻的行动，使强壮的女子有所收敛，有所节制。

厨房里有鱼，比喻九二阳爻之位的男子娶上了初六阴爻之位的女子，从道义上讲，这位女子当然不能再嫁给别人了。

九三阳爻之位的男子也追求初六阴爻之位的女子，但他自己行为不检，位置不当，行动艰难，虽然还没有受到限制牵连，但没有娶到女子。

九四远离初六之女子，不中不正，娶不上初六之女子，会有凶险。

九五阳爻中正刚健，处于君位，这样的男子能容纳贤才，就像有美好的果实自然从天下掉下来，他的志向与天命相符。

上九阳爻与其他阳爻争夺初六阴爻，没有办法得到，只好放弃。

䷬ 萃[1]

导读

《萃》卦上卦为兑为泽，下卦为坤为地，有地、有水，万物自然会生长茂盛，民众自然会聚集群居，有人群聚居就会有信仰，就会有祭祀活动。国民集聚起来，是为了参与君王去祖庙祭祀祖先的祭典。《萃》卦整个卦都与祭祀有关。卦辞说："亨，王假有庙，利见大人，亨利贞。用大牲，吉，利有攸往。"从卦辞看，是君王前往宗庙举行祭祀祖先的祭典。用牛、羊、猪等大牲来祭祀，吉祥。六爻爻辞都是围绕祭祀典礼而讨论，初六爻说开始有诚信，但没有贯彻始终，意志不统一，如果大声号召，就会集聚起来，一起前行，不会有过错。六二爻说按照四时祭祀常典，有诚信，在夏季举行禴祭，当然会吉祥。六三爻前行参加祭祀，不会有错。九四爻参加祭祀，大吉。九五爻居中正之位，在整个祭祀活动中是主祭者身份，因此说："萃有位，无咎。"上六爻是阴爻居于阳爻之上，有逼迫君王之嫌，因此，上六不安，痛哭流涕，也不会有过错。从整个《萃》卦来看，没有一个爻是凶爻，且有六二、九四两个吉爻，因此，《萃》卦专门谈论祭祀祖先问题，也算一个比较好的卦。

原文

亨，王假有庙[2]，利见大人，亨利贞。用大牲，吉，[3]利有攸往。

译文

亨通，君王去祖庙祭祀，利于见到地位尊贵的大人物，亨通，有利，坚守正道。用大牛作为牺牲祭品去祭祀，吉祥，利于前行。

初六爻，有诚信，却不能够坚持到底，

初六，有孚不终[4]，乃乱乃萃；若号，一握为笑[5]，勿恤，往无咎。

有诚信时就聚集拢来，失去诚信时就混乱开来。如果以诚信相号召，奔走呼号，大家就会笑容满面地聚集拢来，一起握手。不用忧虑，往前行动，不会有咎害。

六二，引吉[6]，无咎。孚乃利用禴[7]。

六二爻，有人援引，吉祥，不会有咎害。只要诚心诚意，在举行春祭或夏祭时，祭品虽不丰盛，也会有利。

六三，萃如嗟如[8]，无攸利；往无咎，小吝。

六三爻，聚集起来，嗟叹不已，不会有什么利益。往前行动，不会有祸害，会有小小的遗憾。

九四，大吉，无咎。

九四爻，大为吉祥，不会有咎害。

九五，萃有位，无咎，匪孚；元永贞，悔亡。

九五爻，聚集之时，居于君王之位，不会有祸害，诚信还不能够感化所有人。正本清源，始终保持中正之道，悔恨就会消失。

上六，赍咨涕洟[9]，无咎。

上六爻，嗟叹哀伤，痛哭流涕，不会有咎害。

注释

1 **萃：**音 cuì，卦名。萃指聚集，会聚。上卦为兑为泽，下卦为坤为地，地上有湖泊，构成《萃》卦。湖泊是将水汇聚在一起。

2 **王假有庙：**君王去祖庙祭祀。假，至。有，为语助词。

3 **用大牲，吉：**用大牛作为祭品，吉祥。牲，指祭祀用的牛。

4 **有孚不终：**有诚信，却不能够坚持到最后，诚信不能够长久。有孚，即有诚信存在时就会聚集在一起；不终，即诚信没有了，或失去诚信时，就会出现混乱状态。

5 **一握为笑:**聚集拢来的人很高兴,笑容满面地把手握在一起。

6 **引吉:**引,牵引,援引。有人援引,吉祥。六二与九五相应,且都居中当位,因此说引吉。

7 **禴:**音 yuè,商之春祭曰"禴",周之夏祭亦曰"禴",祭品薄少不丰盛。

8 **萃如嗟如:**聚集在一起,嗟怨哀叹。萃如,指聚集在一起,如为语气词。嗟如,指嗟叹哀伤。六三无正应,上六为阴,因此嗟叹哀伤。

9 **赍咨涕洟:**嗟叹伤心,眼泪鼻涕一起流出来。赍咨,嗟叹不已。涕洟,眼泪鼻涕横流,痛哭流涕的样子。上六爻乘刚,故有此象。赍,音 jī。洟,音 tì,鼻涕。

传

原文

彖曰:萃,聚也。[1]顺以说[2],刚中而应[3],故聚也。"王假有庙",致孝享也[4]。"利见大人,亨",聚以正也。"用大牲,吉,利有攸往",顺天命也[5]。观其所聚,而天地万物之情可见矣。

译文

彖辞说:《萃》卦,聚集之卦。柔顺而高兴,刚爻居于中正之位并且有柔爻相应,因此称聚集之卦。君王去祖庙,用祭品祭祀奉献给祖先神灵,以表达孝敬之心。利于见到地位尊贵的大人物,畅通无阻。能够以正道聚集百姓。用大牛作为牺牲祭品来祭祀,吉祥,利于前行,顺应自然规律啊。观察所聚集的对象,那么天地万物的实际情况就可以看出来了。

注释

1 **萃,聚也:**《萃》卦,是聚集人群去祖庙祭祀祖先之卦。

2 **顺以说:**下卦为坤为地为顺,上卦为兑为泽为说,因此说顺应而高兴。说,通“悦”,高兴。

3 **刚中而应:**指九五爻阳爻居于中位,即中且正,并且与六二爻,同样居于中位且居于正位的阴爻相呼应。刚中,指九五爻为阳爻为中,且居于上卦中位。应,指六二爻为阴爻,九五爻为阳爻,阴阳相应,阴阳互相吸引。

4 **致:**表明。 **享:**用祭品祭祀祖先,奉献给神灵,为了祖先享用。

5 **顺天命也:**顺,指顺应。天命,指天的法则、自然规律,即天地赋予万物的命运。

象曰:泽上于地,萃;君子以除戎器,戒不虞。[1]

大象辞说:上卦为兑为泽,下卦为坤为地,泽在地面之上,构成《萃》卦。君子从《萃》卦中得到启示,修治自己的兵器,清除所聚集之人的兵器,以防意外情况的发生。

象曰:“乃乱乃萃”,其志乱也。

小象辞说:有诚信时就会聚集在一起,失去诚信时就会发生混乱,是因为他们的心智迷乱,不能专一持久。

“引吉,无咎”,中未变也。

有人援引,吉祥,不会有咎害,说明六二矢志不变,能够始终保持中正之道。

“往无咎”,上巽也。

往前行动,不会有咎害,说明六三能够顺应九四、九五等居于上位的刚爻啊。

“大吉,无咎”,位不当也。

十分吉祥没有祸患,是因为九四所处的地位不妥当啊。

“萃有位”,志

处于聚集之时,居于君王之位,志向还没能

未光也。

“赍咨涕洟”，未安上也[2]。

够发扬光大。

嗟叹哀伤，痛哭流涕，说明上六居于九五君位之上，未能安稳。

注释

1 **君子以除戎器，戒不虞：**君子从《萃》卦中获得启示，应该修好自己的兵器，以防备发生不测事件。除，整修。戎器，兵器。不虞，不测事件、意外事件。

2 **未安上也：**指上六居于九五君王之位上面，以柔乘刚、以阴乘阳，因此不能安稳。

䷭ 升[1]

导读

《升》卦上卦为坤为地，下卦为巽为木，树木在大地上生长，慢慢会长成参天大树。《升》卦是个比较好的卦，近似于《谦》卦，卦辞说：“元亨，用见大人，勿恤，南征，吉。”举行大祭，利于见到大人物，用不着担心，去南方讨伐，吉祥。卦辞没有说祭祀之事，但是爻辞有九二爻、六四爻说到祭祀之事，应该出征前也会举行相关军礼。爻辞中有三个是吉祥的，如初六“允升，大吉”，六四“王用亨于岐山，吉，无咎”，六五“贞吉，升阶”。九二爻得中，说明心存诚信，利于举行夏季禴祭，不会有错；九三“升虚邑”，不会有阻碍；上六“冥升，利于不息之贞”，这三个爻也没有一个是凶爻。彖辞解释卦辞说：“柔以时升，巽而顺，刚中而应，是以大亨。”所谓“柔以时升”，阴爻与时偕行，九二爻刚爻居于中位并与六五相应，因此大亨。

原文

元亨[2],用见[3]大人,勿恤,南征[4],吉。

初六,允升[5],大吉。

九二,孚乃利用禴[6],无咎。

九三,升虚邑[7]。

六四,王用亨于岐山[8],吉,无咎。

六五,贞吉,升阶[9]。

上六,冥升[10],利于不息之贞[11]。

译文

举行盛大隆重的祭祀,利于见到大人物,不用忧虑担心,周王南征,吉利。

初六爻,获得信任,上升,大为吉利。

九二爻,诚能感人,心心相印,即使举行禴祭等薄祭,也会有利,不会有过失。

九三爻,登上了城邑。

六四爻,周王指派大臣协助他在岐山举行盛大隆重的祭祀活动,吉利,不会有咎失。

六五爻,占卜吉利,周王升上了台阶,举行祭祀活动。

上六爻,夜晚还在上升,占卜以为不停止祭祀活动是有利的。

注释

1 **升:**卦名,上卦为坤,下卦为巽,坤为地,巽为木,卦象为木生地中,不断往上生长、发展。就社会组织而言,当然可以指诸侯升为天子升为王,亦可以指贤士职位往上升迁。《周易集解》引崔憬曰:"用大牲而致孝享,故顺天子而升为王矣。"《序卦》亦云:"聚而上者谓之升。"李道平以为:"圣人在上,则众贤聚而上升。"刘师培认为《升》卦有"卦禅之礼",即"王用亨于岐山"。易顺豫认为《升》卦"言天子之得贤也"。

2 **元:**大。 **亨:**祭祀。马融曰:"亨,祭也。"

3 **用见:**即利见。

4 **南征:**指周王南征,具体所指不详。

5 **允升:**马振彪《周易学说》引李光地语:"允升者,为上所信而升也。"

又引刘沅云:“允,信也。……内卦二阳同体而允,外卦三阴同德而允。”

6 **孚乃利用禴:**内心充满诚信,自然能感通神灵,亦能感动君主,即使薄祭,亦为有利。所谓神享德与信,不求备也。孚,诚信,谓九二与六五相应。禴,音 yuè,指夏祭,薄祭也。《周礼》的六享中列有春祠、夏禴、秋尝、冬烝等四时之祭。《礼记》的《祭统》《王制》中排列时祭作春礿(同“禴”)、夏禘、秋尝、冬烝。故此,有人说禴祭又指春祭。禴祭仅用时蔬菜果,不用大牲,祭之俭约者也。

7 **升虚邑:**马融以为“虚,丘也”,荀爽以为“坤称邑”,由此可见虚邑为丘邑。马其昶曰:“丘,即四井为邑、四邑为丘之丘。”那么丘、邑即皆为城邑。升虚邑,即登上城邑。

8 **王用亨于岐山:**马融曰:“亨,祭也。”王谓六五爻,指周王。六四爻为大臣。周王同大臣等人一起在岐山举行盛大的祭祀活动。刘师培以为此爻指周王在岐山举行封禅之礼。

9 **升阶:**登上台阶,指周王祭祀时升登台阶,举行祭祀等礼仪活动。

10 **冥升:**到了夜晚还在上升,指祭祀活动一直持续到晚还没有结束。

11 **利于不息之贞:**指卜问结果表明,不宜马上停止祭祀活动,这是有利的,也就是说卜问结果表明利于继续进行祭祀活动。贞,此处指卜问。荀爽曰:“坤性暗昧,今升在上,故曰‘冥升’也。阴用事为消,阳用事为息。阴正在上,阳道不息,阴之所利,故曰‘利于不息之贞’。”可备一说。

传

原文	译文
彖曰:柔以时	彖辞说:阴爻得到阳爻的帮助信任按时

升，巽而顺，刚中而应，是以大亨。[1]“用见大人，勿恤”，有庆也。[2]“南征，吉”，志行也。

上升，下卦为巽，上卦为坤亦为顺，九二为刚爻居中，与六五爻阴阳相应，因此卦辞说大亨通。利于见到大人物，不必忧虑，是因为有喜事来临，值得庆贺。周王南征，吉利，是因为周王能够实现他的伟大而崇高的理想和愿望。

注释

1 **柔以时升，巽而顺，刚中而应，是以大亨：**此节彖辞解释《升》卦卦辞“元亨”，元亨即为大亨，为何会大亨呢？因为《升》卦的阴柔即柔爻能抓住时机而上升，下卦为巽，上卦为坤顺，九二爻以刚居中而上应六五爻，所以大通。彖辞在此处将“亨”释为“通”，此“通”为祭祀事神致福，人神沟通得到神的佑助之后的通，即干事顺利之意。

2 **“用见大人，勿恤”，有庆也：**有庆，以有喜事来解释利于见到大人，不必忧虑。就《升》卦的阴爻而言，六五爻与九二相应，初六爻得到九二庇荫，六四爻随阳升而升，上六爻亦升，因与九三相应。就阴爻而言，得到阳爻的帮助，有喜可庆也，就大人而言，得到百姓的支持，亦为可喜有庆也，阴阳爻之间、君子与平民百姓之间，都不用担心猜疑。

象曰：地中生木，升；君子以顺德[1]，积小以高大[2]。

象曰：“允升，大吉”，上合志也[3]。

大象辞说：地中生木，是《升》卦卦象。君子从《升》卦卦象中获得启示，君子应该不断积累自己的善行与品德，一天天不断进步，最后总有一天会成为圣贤。（就像小树一天天生长，不断汲取营养，总有一天会长成参天大树一样。）

小象辞说：获得信任，上升，大为吉利，是

九二之孚，有喜也。

因为初六与上面的九二爻等其他诸爻的志向相合。

九二爻，以诚感人，是因为有喜事来临。

“升虚邑”，无所疑也。

升到了城邑之上，没有任何的怀疑。

“王用亨于岐山”，顺事也。

周王任用信任的大臣协助他举行祭祀，符合君心与民意。

“贞吉，升阶”，大得志也。

周王占卜吉利，升上了台阶（举行祭祀，南征将会成功），周王伟大而崇高的理想会得到实现。

冥升在上，消不富也[4]。

祭祀时祖先的神灵升到了神位之上，利于夜晚继续举行祭祀活动。

注释

1 **顺德：**一作慎德，即积蓄品德，修养增进品德。

2 **积小：**即积累小的品德，莫以善小而不为之意。 **高大：**即累积成大德，成为贤人圣人等品德高尚之人。

3 **上合志也：**与上爻或与君子的志向相符合。即初六与九二爻等其他诸爻的志向相合，阴爻与阳爻的志向相合，民众与君子的志向相合。

4 **消不富也：**象辞认为冥升指人死后升为鬼神，由人而变为神，当然是消失了形体，不再有形体了。那么在象辞作者看来，利于不息之贞，即指神灵不会不灵，还会坚守正道，冥升在上，即指神灵被奉祀在宗庙神位之上。

䷮ 困[1]

导读

《困》卦上卦为兑为泽，下卦为坎为水，上六、初六、六三为阴爻，九二、九四、九五为阳爻，阳爻居于阴爻包围之中，处处受到阴爻牵制、钳制，有志不得伸展，处于穷困境地。《困》卦阳陷入群阴包围之中，阳爻处于困境，包围阳爻的阴爻，处境更凶险。卦辞说："亨，贞，大人吉，无咎。有言不信。"处于《困》卦之时，只有君子才能够亨通，坚守正道，因此说，大人吉祥。有言不信，是说处于困境中的人说话没有分量，得不到别人信任。孔子曾在《论语》中说："君子固穷，小人穷斯滥矣。"君子处于穷困之时，坚守正道，不因贫穷而改变自己的志向，善处困境，即使穷困潦倒，对祖先的祭祀仍然虔诚恭敬，因此会吉祥。从爻辞看，九二爻、九五爻得中位，处于穷困之时，最好的应对方法就是祭祀，九二虽然"困于酒食"，但是"利用享祀"，告诫九二不能妄动，否则凶险，即"征凶"。九五虽然"困于赤绂"，但是"利用祭祀"，"乃徐有说"，能够慢慢脱离困境。阴爻包围阳爻，阴爻处境更为艰难。初六爻是"臀困于株木，入于幽谷，三岁不觌"，指初爻被监禁于幽谷三年之久，见不到光明，也见不到人。六三则是直接说凶险："困于石，据于蒺藜，入于其宫，不见其妻，凶。"上六爻处于穷困之极，"曰动悔有悔"，阴爻能够认识到错误并予以改正，则会吉祥，即"征吉"。九四爻阳爻居于阴位，"困于金车，吝，有终"，结局会好。《困》卦卦辞说"大人吉"，爻辞的三个阳爻却没有一个是吉利的，彖辞说"'贞，大人吉'，以刚中也"，指九二爻、九五爻以刚爻居于中位会吉利，应该说能够利用祭祀慢慢走出困境就是胜利了，所以九二、九五爻辞并不言吉利，但是卦辞说刚爻居于中位，是整个《困》

卦脱离困境的关键,因此许诺大人吉,是希望居于中位的阳爻不要失去信心。

《周易》处境不好的卦,除了《困》卦外,其他还有《讼》《师》《否》《噬嗑》《剥》《颐》《大过》《坎》《离》《大壮》《明夷》《蹇》《睽》《夬》《小过》等卦,总共十六个卦。《周易》告诉我们,既要善处顺境,更要善处逆境。好卦教会我们如何善处顺境,不好的卦是教我们如何善处逆境。

原文

亨,贞,大人吉,无咎。有言不信。

初六,臀困于株木,入于幽谷,三岁不觌。[2]

九二,困于酒食[3],朱绂方来[4],利用享祀[5],征凶,无咎。

六三,困于石,据于蒺藜,[6]入于其宫,不见其妻,凶。

九四,来徐徐[7],困于金车[8],吝,有终[9]。

九五,劓刖[10],困于赤绂[11],乃徐有

译文

举行祭祀亨通,占卜结果表明大人吉利,不会有过失。陷入困境的人说话,别人不相信他。

初六爻,臀部被困在树木中间,被人监禁在幽牢里,三年不能见到外人。

九二爻,为祭祀用的酒食所困,正好送来了朱绂等祭祀用的祭服,有利于举行祭祀。轻举妄动有凶险,不妄动则不会有过失。

六三爻,被困于石头作高墙的监狱里,监狱的高墙上还栽了长满刺的蒺藜,进入他的住室,看不到他的妻子,凶险。

九四爻,慢慢地来了,被困在用金属装饰着的豪华马车里,很遗憾,但终究会摆脱困境。

九五爻,因滥行割鼻子砍足的刑罚而失去民心,天子被不满的人夺去权力。慢慢地才能够摆脱困境,有利于举行祭祀,祈求神灵

说[12],利用祭祀。

上六,困于葛藟[13],于臲卼[14],曰动悔有悔[15],征吉。

的庇护。

上六爻,被葛藟所困,摇动不安,对自己的行动表示后悔不已,检讨自己的错误再行动,会吉利。

注释

1 **困:**卦名,下卦为坎,为水,上卦为兑,亦为水,象征困穷。《周易正义》曰:"困者,穷厄委顿之名,道穷力竭,不能自济,故名为困。"所谓《困》卦,即陷入困境之义,下卦九二阳爻为初六与六三阴爻所掩,上卦九四、九五阳爻为上六阴爻所掩,阳爻为阴爻所掩,处于困穷境地,阴爻亦同样不利,因此整个卦爻皆陷入困境矣。

2 **臀困于株木,入于幽谷,三岁不觌:**臀,指臀部。株木,树木,株指树干,《程氏易传》以为株木指"无枝叶之木也"。觌,音 dí,见。臀部困于树木中间,被监禁于幽暗的山谷里,三年都不能见到外面的人。初六爻指被囚禁,失去自由,动弹不得。王弼注以为:"最处底下,沉滞卑困,居无所安,故曰'臀困于株木'也。"《周易举正》"觌"下有"凶"字,帛书《易》亦有"凶"字,通行本可能脱"凶"字。

3 **困于酒食:**为酒食所困,即酒食等祭祀用的祭品不充足,不合礼制所规定的数额。

4 **朱绂方来:**指有人把祭祀用的朱绂等礼服拿过来了。绂,音 fú。朱绂,宗庙祭祀之服。

5 **利用享祀:**指有利于举行祭祀活动。享祀,祭祀。

6 **困于石,据于蒺藜:**蒺藜,指针棘等有刺的植物,石与蒺藜都指监狱的高大坚固难以逾越的围墙。《周官·大司寇》有"以嘉石平罢民",《围师》有"茨墙则翦阖","茨"则蒺藜之类,"可证古代有用茨盖墙的设施,而监狱里有嘉石之设"(见陈戍国《周易校注》)。

7 **徐徐:**指迟疑缓慢。

8 **金车:**指用金属镶嵌装饰的车。

9 **有终:**指有结果,即摆脱困境。

10 **劓刖:**音 yì yuè。劓指割鼻子,刖指砍足,为古代两种刑罚。一说“劓刖”为“鯢鼿”,云“不安貌”,如《经典释文》言“荀、王肃本‘劓刖’作‘鯢鼿’”,又引郑玄说“劓刖当为倪仉”。亦可备参考。

11 **困于赤绂:**李鼎祚《周易集解》引崔憬注“赤绂,天子祭服之饰,所以称困者,被夺其政,唯得祭祀,若《春秋传》曰‘政由宁氏,祭则寡人’,故曰‘困于赤绂’。”

12 **徐:**渐也,慢慢地。 **说:**通“脱”。

13 **葛藟:**藤蔓类有刺的植物。藟,音 lěi。

14 **臲卼:**音 niè wù,动摇不安的样子。

15 **动悔有悔:**指对错误的行动悔恨不已。被长满刺的葛藟所困惑,动摇不安,对自己的错误行动表示悔恨不已,改正错误后再行动,会摆脱困境,结果是吉利的。

传

原文

彖曰:困,刚掩也。险以说[1],困而不失其所,亨,其唯君子乎?“贞,大人吉”,以刚中也。“有言不信”,尚口乃穷也[2]。

译文

彖辞说:《困》卦,刚爻被柔爻阴爻所掩。陷于险境而能泰然处之,虽陷困境而仍然不会改变其操守,亨通,能够这样做的只有君子啊。占卜的结果是大人吉利,是因为大人能够遵守中正之道啊!陷入困境的人说话得不到别人的信任,如果只崇尚言辞,那么就会陷入困境无法自拔。

注释

1 **说:**通“悦”,指心气平和,泰然处之。

2 **尚口:**指望依靠言语来摆脱困境。**乃穷:**陷入穷困而不能摆脱的境地。

象曰:泽无水[1],困。君子以致命遂志[2]。

象曰:“入于幽谷”,幽不明也[3]。

“困于酒食”,中有庆也。

“据于蒺藜”,乘刚也[4]。“入于其宫,不见其妻”,不祥也。

“来徐徐”,志在下也[5]。虽不当位,有与也[6]。

“劓刖”,志未得也。“乃徐有说”,以中直也。“利用祭祀”,受福也。

“困于葛藟”,未当也。“动悔有悔”,吉行也。

大象辞说:泽无水的卦象组成《困》卦,君子从《困》卦中获得启示,应该敢于用自己的生命去实现自己的崇高理想。

小象辞说:被人监禁在幽牢里,幽暗无光,看不见事物。

为祭祀的酒食所困,但坚守中正之道会有喜事来临。

困于围墙上栽满蒺藜的监狱内,是因为以阴凌逼阳的缘故。进入他的住室,见不到他的妻子,这是不吉祥的事。

慢慢地来,与民众的志向相合,虽然自己所处的位置不妥当,以阳爻处于阴位,但有初六等爻的配合、支持与帮助啊。

因滥施割鼻砍足的刑罚致使人心离散,自己的志向也得不到实现。慢慢地会摆脱困境,是因为遵守中正之道的缘故。利于举行祭祀活动,会受到神灵佑助,得到神灵赐福。

被葛藟所困,是由于行动不妥当的缘故啊。对自己的行动表示悔恨不已,检讨自己的错误后,行动会吉利。

注释

1 **泽无水:**上卦卦象为兑为泽,下卦卦象为坎为水,上下卦卦象组合在一起表示泽无水,即《困》卦。

2 **致命遂志:**用自己的生命去实现自己的志向或理想。致,用。命,生命。遂,实现、成就。志,志向、理想。

3 **幽不明也:**身处幽暗之中而看不清事物真相。

4 **乘刚也:**即指六三阴爻乘九二阳爻,阴爻凌逼阳爻,表示小人凌逼君子,小人冒犯君子,当然不会有好下场。

5 **志在下也:**指九四与初六相应,志向在帮助小人民众。

6 **有与也:**指有初六相应,有小人与民众的支持和帮助。与,支持、帮助、配合。

䷯ 井[1]

导读

《井》卦上卦为坎为水,下卦为巽为风为木,卦象构成木上有水。象辞说的“巽乎水而上水”,实际上是古时候的一种从水井里面提水的工具桔槔,是用树木做成的。《井》卦反映了上古时代的井田制情况,“改邑不改井”,村落有变化了,井田分配制度依旧不变。卦辞说的就是这种井田制情况。爻辞则主要讨论修葺陈旧荒废水井重新使用的问题。从《井》卦来看,古人应该很早就认识到饮用水的卫生对于民众生活健康的极端重要性,因此,当时应该建立了定时定期维修陈旧水井的制度。初六爻说水井污泥多了,不宜饮用。九二爻说还没修好井。九三爻说已经修好井了,可以放心饮用,因此说“可用汲,王明并受其福”。六四爻修好井,很坚固,不会有错。九五爻赞美井水清凉、水质优良、水味甘甜。上六爻鼓励民众都来取水，大家都觉得井水好喝，大吉大利。彖辞说"井养而不穷也"，一口好井，如果经常定期维护，会给民众提供源源不断的优质饮用水，保证民众生活方便、身体健康。

原文

改邑[2]不改井，无丧无得，往来井井[3]，汔至亦未繘井[4]，羸[5]其瓶，凶。

初六，井泥不食，旧井无禽。[6]

九二，井谷射鲋，瓮敝漏。[7]

九三，井渫[8]不食，为我心恻[9]；可用汲，王明并受其福。

六四，井甃[10]，无咎。

九五，井洌，寒泉食。[11]

上六，井收[12]，勿幕[13]，有孚，元吉。

译文

城镇村落等组织制度改变了，但水井却无法迁移改变，没有丧也没有得，人们仍然来来往往去井边汲水，用绳子系在瓶上提水，当水几乎快提上来时，却没能提上来，水瓶被撞坏了，凶险。

初六爻，水井里积满淤泥，井水不能饮用。水井已年久失修，不能取水。

九二爻，在水井底部射捕小鱼，汲水的瓮已残破漏水。

九三爻，水井修治后井水可以汲用却没有人来汲用，我心里感到忧伤不已。井水已清洁，可以汲用，君王圣明，百姓都能蒙受君王的洪福恩泽。

六四爻，用砖砌好井，不会有过错。

九五爻，井水清亮，冰凉可口，可以饮用。

上六爻，水井的修治工作已大功告成，不要盖上井盖，诚心诚意等待人们来汲用，大吉大利。

注释

1 **井**:卦名,上卦为坎为水,下卦为巽为木。郑玄解释《井》卦卦象说:"坎,水也。巽,木,桔槔也,互体离兑,离外坚中虚,瓶也。兑为暗泽,泉口也。言桔槔引瓶下入泉口,汲水而出,井之象也。井以汲人,水无空竭,犹人君以政教养天下,惠泽无穷也。"

2 **邑**:指城镇村落。

3 **井井**:去井里汲水。前一个井字为动词,汲水之意。

4 **汔**:qì,几乎。 **繘**:音 jú,绠也,指绳子,系在瓶上以提水。一说繘为出。《经义述闻》引王念孙曰:"《注》内'出'字正释'繘'字,《广雅》曰'矞,出也','矞'与'繘'通。"可备参考。

5 **羸**:音 léi,毁坏、毁折。

6 **井泥不食,旧井无禽**:井里积满淤泥,井水不能饮用,旧井已年久失修,不能取水了。禽,通"擒",即获。《周易集解》引崔憬曰:"禽,古'擒'字;禽犹获也。"一说禽指禽鸟,王弼注云:"最在井底,上又无应,沈滞滓秽,故曰'井泥不食'也。井泥而不可食,则是久井不见渫治者也。久井不见渫治,禽所不乡,而况人乎?一时所共弃舍也。"意谓旧井久不修治,连禽鸟都不来喝旧井里的井水,更何况人呢?

7 **井谷射鲋,瓮敝漏**:井底捕射小鱼,汲水的瓮已残破漏水。《经义述闻》曰:"谷,犹壑也。"又曰:"井中容水之处也。"鲋,小鱼。

8 **渫**:指修治井之污秽,去其污泥,使井水清洁,能够让人饮用。荀爽曰:"渫去秽浊,清洁之意也。"

9 **恻**:忧心、忧伤。

10 **甃**:音 zhòu,以砖修井。《周易正义》引《子夏传》曰:"甃,亦治也,以砖垒井,修井之坏,谓之为甃。"

11 **井洌,寒泉食**:洌,音 liè,水清澈、洁净之意。寒泉,指夏天的冰凉泉水。一般来说,夏天冰凉,冬天温热的泉水,则是好泉水,这种泉水往往特别可口。九五爻是说，泉水清澈、洁净，冰凉可口，可供饮用。

12 **收：**成也，指水井的修治工作已大功告成。

13 **幕：**盖也，指井盖。

传

原文

象曰：巽乎水而上水[1]，井；井养而不穷也。“改邑不改井”，乃以刚中也[2]；“汔至亦未繘井”，未有功也[3]；“羸其瓶”，是以凶也。

译文

象辞说：用桔槔去提水就能轻易地从水井里提上水来，这个卦象就是井卦。井水可以供许多人饮用，养活他们，年年月月不会穷尽。城镇村落的组织体制改变了，但水井却不会迁移改变，因为九二、九五两阳爻象征水井的阳刚中正的品德啊。几乎快要将水提上来了，用绳子系上瓶子去提水却仍然没有提上来，没有功效啊。水瓶被撞坏，因此凶险。

注释

1 **巽乎水而上水：**用桔槔等提水工具去水井里提水上来。巽，指下卦巽，为木，即指桔槔等提水工具。

2 **乃以刚中也：**指九二、九五两爻为阳爻刚爻而得下卦、上卦之中位。

3 **未有功也：**没能实现井水让人饮用的功用。

象曰：木上有水，井；君子以劳民劝相[1]。

大象辞说：用桔槔去提水可以轻易从水井里提上来，这是《井》卦的卦象。君子从《井》卦中获得启示，应该鼓励百姓勤勉劳动，劝勉他们互相

	帮助。
象曰:"井泥不食",下[2]也;"旧井无禽",时舍也[3]。	小象辞说:水井里积满淤泥,井水不能饮用,是因为初六爻处于最卑下的位置;水井年久失修,连禽鸟也不来光顾,当时已舍弃不用。
"井谷射鲋",无与[4]也。	在水井底部射捕小鱼,是因为无人来管理、修治、疏通水井。
"井渫不食",行恻也;求王明,受福也。	水井已修治好,井水可以饮用,却没有人来汲用,修井的行动没有得到人们的理解,修井人内心感到很忧伤;盼望君王圣明,百姓都能蒙受君王的洪福恩赐。
"井甃,无咎",修井也。	用砖砌井,不会有过错,因为是为了修理好水井啊。
寒泉之食,中正也。	井水清亮冰凉可口,可以饮用,是因为水井修得好,九五爻有中正的美德。
"元吉"在上,大成也。	最后大吉大利,是因为水井修理工作大功告成,人们都可以来汲用井水啊。

注释

1 **劳民劝相:**鼓励百姓努力劳动,勉励百姓互相帮助,《周易正义》认为,"劳,谓劳赉;相,谓助也。"劳民指鼓励百姓勤勉工作,劝相指劝勉他们互相扶助。

2 **下:**指井底多淤泥,处于卑下位置。

3 **时:**指当时。 **舍:**指舍弃不用。

4 **与:**指帮助、支持、配合,这里指没有谁来修治水井。

䷰ 革[1]

导读

《革》卦上卦为兑为泽为水，下卦为离为火，彖辞所说“水火相息”，即水火有相生相成的一面，譬如食物经火煮，即能食用。展现水火相克一面的是《睽》卦。《革》卦的本义应该是加工兽皮，制作皮革等日常生活物品。我们从初九“黄牛之革”、九五“虎变”、上六“豹变”等可以看出，当时皮革制作技术应该已经比较发达，应用也比较广泛了。“革”又可进一步引申为革命之义，革新原来不合理的旧制度，使之适应变化后的新情况，从而改变个人命运、家族命运、国家命运。那么这种革命就应该慎之又慎，要像加工皮革制品一样，也应该像天地四时季节变化一样。革命如果不慎重，就会出问题，如九三、上六不谨慎就会“征凶”。六二、九五得中相应，六二“征吉”，九五则“未占有孚”，都很好。九四阳爻居于阴位，表示刚而能柔，十分小心谨慎地革命，因此“改命，吉”。初九则告诫不适宜轻易变革。九三告诫“革言三就”，在革命前反复大造革命舆论，才会取得民众信任。

《革》卦卦辞说“已日乃孚，元亨利贞，悔亡”，己日是十个天干里居中的天干之一，意味着时间合适，不早不晚，实际上是告诫我们，革命要坚守中庸之道，才会“元亨利贞”，才会“悔亡”。因为革命最容易走向极端，最容易偏激，最容易出大问题。彖辞说：“‘已日乃孚’，革而信之。文明以说，大亨以正，革而当，其悔乃亡。”彖辞说革命应该获得民众信任，应该文明、正当，应该获得民众普遍欢迎，并且获得民众广泛共识，只有这样才不会后悔。彖辞大力赞扬汤武革命，说明它符合革命的各项标准，应乎天顺乎人。

原文

己日乃孚，元亨利贞，悔亡。[2]

初九，巩用黄牛之革[3]。

六二，己日乃革之，征吉，无咎。

九三，征凶，贞厉。革言三就，有孚。[4]

九四，悔亡，有孚，改命[5]，吉。

九五，大人虎变[6]，未占有孚[7]。

上六，君子豹变[8]，小人革面[9]，征凶，居[10]贞吉。

译文

己日推行改革事业，才会取得平民百姓的信任与支持，举行盛大祭祀，大为亨通，占卜有利，不会有悔恨出现。

初九爻，用黄牛的皮革捆绑住，不可轻举妄动。

六二爻，到了己日，取得平民百姓的信任与支持后才推动改革，往前走会吉利，不会有过失。

九三爻，轻举妄动会凶险，占卜表明危险。改革的言论要多次广泛地向平民百姓宣传，这样才会取得民众信任与支持。

九四爻，悔恨消失，获得平民百姓信任支持后发动革命，吉利。

九五爻，具有威信、才德与实力的领袖人物推进改革事业，天子所乘坐的车马以虎皮为饰，不用占卜也会使平民百姓相信支持。

上六爻，君子推行改革事业，君子所乘坐的车马以豹皮为饰，合乎礼制。小人纷纷改变脸色服从改革。改革完成时，宜稳定局面，如果还动荡不已，则凶险。利于稳定，占卜吉利。

注释

1 **革：**卦名，帛书《周易》作“勒”，指治兽皮去毛，制成皮革，以成日用之物，用作皮服、皮带、皮鞋、皮帽等之原料。王夫之《周易内传》曰：“革者,治皮之事,渍诸泽而加之火上,内去其膜,外治其毛,使坚韧而成用。”引申为改革、变革、革命等义。《周易集解》引郑玄曰:“革,改也,水火相息而更用事,犹王者受命,改正朔、易服色,故谓之革也。”《周易正义》曰:“革者,改变之名也,此卦明改制革命,故名革也。”

2 **己日乃孚,元亨利贞,悔亡:**己日,即戊己之己日,《周易集解》作“巳日”,帛书《周易》作“巳日”,王夫之《周易内传》、高亨《周易大传今注》等也都作“巳日”,古人以十天干纪时日,戊为第五位,己为第六位,戊己正当前五位天干与后五位天干的转变之际。己日乃孚,是说到己日这一天,才会取得百姓的信任与支持。元亨利贞,指举行盛大祭祀,大为亨通,占卜有利。悔亡,指改革后有利于百姓,悔恨会消失。王夫之以为,“有其德,乘其时,以居其位,而后可革”,如果无其时无其德而像王莽一样进行改革,“篡而乱旧章,众叛亲离,虽悔何及乎”?卦辞作者赞成改革和革命,然而又对改革与革命持非常慎重的态度。如果匆忙改革,改得面目全非,或者还不到时候,得不到百姓支持,众叛亲离,到时想后悔也来不及了。没有充分的准备只会葬送改革事业。

3 **巩用黄牛之革:**巩,固也。黄牛之革为最坚韧的皮革,适宜用黄牛皮做的皮革牢固地捆绑住,不轻举妄动。初九爻适宜于坚守中正常道,固守典章旧制,不宜匆匆变革。

4 **征凶,贞厉。革言三就,有孚:**征凶,轻举妄动会凶险。贞厉,占卜表明危险。就,成也。革言三就,改革的言论要多次广泛地向民众宣传,深入民心。有孚,指取得民众信任和支持。九三爻说明改革要有过程,首先要广泛宣传,发动民众,争取民众信任支持,否则轻易改革,就很凶险。“革言”之“言”,马振彪《周易学说》以为“言”为语助词也,引赵汝楳《周易辑闻》曰:“言者,语辞,犹《诗》之云‘驾言’也。”亦可备一说也。

5 **改命:**即改制革命,实行新的礼制,如颁布新的历法、改正朔、易服色等。

6 **大人:**指有威信、才德、实力与地位,并且为群众所充分信任和支持的领袖人物。 **虎变:**指君车以虎皮为饰。

7 **未占有孚:**用不着占卜、不用怀疑,百姓充分信任支持改革事业。

8 **豹变:**指士大夫等君子之车以豹皮为饰。虎变豹变,谈的是易服色之事,应指天子与君子所承坐的车马之饰的礼制规定。陈戍国先生认为:"闻一多先生作了准确的解说:'虎变豹变,犹言虎文豹文,故《象传》曰'其文炳''其文蔚'。大人虎变即《玉藻》之君车以虎皮为饰,君子豹变即大夫士车以豹皮为饰。"《公羊传》昭二十五年何休注曰:"礼,大夫大车,士饰车。"关于君车、大夫士车的车饰礼制,应该从商汤开始,直到周武王时代,都是以虎皮为君车之饰,豹皮为大夫士车之饰。

9 **革面:**改变脸色。

10 **居:**指稳定局面。

传

原文

象曰:革,水火相息[1],二女同居,其志不相得,曰革。"已日乃孚",革而信之[2]。文明以说,大亨以正,

译文

象辞说:《革》卦,上卦为兑为泽为水,下卦为离为日为火,水火相息;上卦为兑又为少女,下卦为离又为中女,卦象又为少女与中女同处一室,她们两人的志向各异,这样的卦象叫《革》卦。到了己日这一天,才会取得民心,得到民众信任,推行改革,百姓才会信任和支持。下卦为离为文明,上卦为兑为高兴,既文明又高兴,举行盛大祭祀,

革而当，其悔乃亡。天地革而四时成，汤武革命，顺乎天而应乎人。《革》之时大矣哉！	大为亨通，占卜认为革命正当合理。发动革命，革去弊政，推进新政，符合民意民心民情，十分妥当，那些悔恨才会消失。天地之间气候变化导致四季形成，商汤与周武王，发动革命，取得成功，顺乎天意，符合民心。《革》卦的时机是多么重要啊。

导读

1 **水火相息**：上卦兑为泽代表水，下卦离为日代表火，水火相息，共同发生作用，成其功效。

2 **革而信之**：让平民百姓充分了解相信从而拥护支持改革事业。

象曰：泽中有火，革。君子以治历明时[1]。	大象辞说：上卦为兑为泽，下卦为离为火，泽中有火的卦象，即《革》卦。君子从《革》卦的卦象中获得启示，君子在革命之际，应该修治历法，在革命成功后颁布新历，明确季节时令，以利百姓遵守，不误农时。
象曰："巩用黄牛"，不可以有为也。[2]	小象辞说：用黄牛的皮革捆绑住，不可能有什么作为。
"已日革之"，行有嘉[3]也。	说已日才推行改革，这样的行动值得赞美，会有美好的结果。
"革言三就"，又何之矣[4]？	革命的言论要多次反复地向民众广泛、深入宣传，在没有取得民心之前，又能够干什么实际事情呢，又怎么能推行实质性的改革呢？
"改命"之吉，信志[5]也。	发动革命，吉利，是因为百姓信任支持改革啊。
"大人虎变"，其文炳[6]也。	

"君子豹变"，其文蔚[7]也。"小人革面"，顺以从君也。

天子所乘坐的车马以虎皮为饰，虎皮文采绚烂。

士大夫等君子所乘坐的车马以豹皮为饰，豹皮的文采十分丰富。小人纷纷改变脸色支持改革，听从君主的命令跟从君主行动。

注释

1 **治历明时：**修治原来的历法，改掉不合时宜的内容，颁布新的历法，指导百姓遵守正确的历法，清楚明白四季的变革，不误农时。古代改朝换代之际，往往要修治历法，颁布新历，如夏历、商历、周历，皆有损益。

2 **"巩用黄牛"，不可以有为也：**用黄牛皮革捆绑住，时机还没有来临，不可能有什么作为，不能推进改革事业。

3 **嘉：**指值得赞美，有好的结果。

4 **又何之矣：**指又能够干成什么事情呢？

5 **信志：**革命的理想获得平民百姓的信任与支持。

6 **文炳：**文采鲜丽，光辉灿烂。

7 **文蔚：**文采丰富。王夫之《周易内传》释"蔚"为"盛而不舒也"。

䷱ 鼎[1]

导读

《鼎》卦上卦为离为火，下卦为巽为风为木，用木柴烧火烹煮鼎中的食物，组成火风《鼎》卦。卦辞说"元吉，亨"，彖辞解释时认为，《鼎》卦烹煮食物也是用来祭祀上帝的，即"以享上帝"，此外，《鼎》卦所烹煮的食物还用来供养参与祭祀的圣贤。九二爻、六五爻得中而阴阳相应，因此，元吉，亨通。《鼎》卦象辞说“君子以正位凝命”，应该是君子继承君位举行典礼正式履职。爻辞初六说“得妾以其子，无咎”，有了儿子，才能够继承君位。九二得中，吉。九三终吉。六五得中，利。上九大吉，无不利。有四个爻辞或吉或利。九四爻则因为德薄而位尊、知小而谋大、力少而任重，不胜其任，会耽误公侯大事，因此，凶险。《鼎》卦有四个爻吉利，一个无咎，一个凶险，基本上偏向于是个比较好的卦。从《鼎》卦可以看出，上古时代，中国的青铜器冶炼技术已经很高超，并且祭祀时用鼎烹煮食物得到了普遍应用，铸造鼎器的工艺水平应该很高超了，六五爻说“鼎黄耳，金铉”，上九爻说“鼎玉铉”，即说明鼎器的装饰都很精美，工艺精湛。

原文

元吉，亨。[2]

初六，鼎颠趾[3]，利出否[4]，得妾以其子[5]，无咎。

九二，鼎有实，我仇有疾，不能我即，吉。[6]

九三，鼎耳革[7]，其行塞[8]，雉膏不食[9]，方雨亏悔[10]，终吉。

九四，鼎折足，覆公餗[11]，其形渥[12]，凶。

六五，鼎黄耳，

译文

大吉，举行祭祀亨通。

初六爻，将鼎倒转过来，鼎足朝上，有利于倾倒干净鼎里面原来的积污积垢，娶得了妾，妾生下了儿子，不会有过失。

九二爻，鼎中有食物，妾子继承君位，祭祀社稷宗庙，但不能尊其生母。符合礼制规定，吉祥。

九三爻，鼎耳需要换上新的，鼎器不能够动，因旱灾而减膳不吃鼎里的雉肉。天下雨后，旱情缓和，反省改过，修明政治，最终的结果吉祥。

九四爻，鼎足折断，鼎被翻倒，鼎中王公的食物被倾倒出来，鼎器也被弄脏，凶险。

六五爻，鼎器配上了金黄色的新的鼎耳

金铉[13],利贞。

上九,鼎玉铉[14],大吉,无不利。

以及金属制作的坚实的鼎杠,占卜有利。

上九爻,鼎器配上宝玉装饰的鼎杠,大吉,无所不利。

注释

1 **鼎:**卦名,指古代烹煮食物的鼎器,即烹饪器具。《周易正义》曰:“鼎者,器之名也。自火化之后,铸金而为此器,以供烹饪之用,谓之为鼎。”《鼎》卦上卦为离为火,下卦为巽为木,以木生火,烹煮食物之象也。

2 **元吉,亨:**元吉为大吉,亨为通顺,即举行祭祀、礼享宾客后通顺之意。

3 **颠:**倒之意,王夫之《周易内传》以为“覆也”。 **趾:**鼎足。

4 **利出否:**宋书升《周易要义》认为:“祭先一日溉鼎,去其旧污以取新,故言利出否。”即祭祀的前一天,在使用鼎装载新煮的食物之前,清洗鼎内的积污积垢,这是有利的。否,宋氏认为初六爻为阴爻,“阴爻为不善称否,鼎之积污也”。即指鼎中的旧有积污积垢。

5 **得妾以其子:**娶妾是想让妾生儿子,这与洗鼎是为让鼎装上食物是同样的道理,因此说无咎,不会有过失。

6 **鼎有实,我仇有疾,不能我即,吉:**《鼎》初六爻“得妾以其子”及九二爻“我仇有疾”,皆与婚姻相关礼制相涉。郑氏云:“怨耦曰仇。”二以四为仇。张惠言认为虞翻注为非:“虞以二据四妇,与为仇,非也。”并认为:“初之象,以初之四为妾,成三震为子,守宗庙,享帝,岂四所得妇乎?”张惠言认同郑氏之意:“郑玄怨耦是也。”张氏云:“鼎有实者,妾子守宗庙,后有子也。我仇有疾,不能我即者,初之四,二变正位,四在坎疾,二在离丽阳,四不能即二也。此明妾子为君,不得尊其母。”

7 **鼎耳革:**即指鼎的耳朵坏了,需要换了。

8 **塞:**指不通,因鼎耳已坏,鼎当然不便移动。

9 **雉膏不食:**马其昶在《周易学说》中说:“鼎之义大享以养圣贤,《内则》记上大夫庶羞有雉兔,今雉膏不食,是荒年减膳时也。乾天兑泽,加离火为旱征。《白虎通》引《礼》云,三谷不升,不备雉兔。《穀梁传》亦云,大祲之礼,君食不兼味。夫岁凶不兼味可也,以雉膏不食之故,任鼎耳坏裂而不修,则失其义矣。”又据《礼》说,士大夫官僚在旱年因五谷歉收而主动减膳,不食雉膏。这种解释既合卦象又符当时礼俗规定,因此颇有道理。

10 **方雨亏悔:**指阴阳和合才会下雨,主人自省后悔,改过自新。古人以为天道与人事相连,大旱大灾以为是上天对人不敬失德的惩罚。故汤有身祷祈雨的举动。马其昶在《周易学说》中说:“《乾》曰‘亢龙有悔’,阳亢故不雨,悔则变阴成坎而雨。亏悔者,是遇灾修省之心,自亏损自悔咎也。”马氏认为九三至六五为兑,九二至九四为乾,而九四至上九为离,天上因阳亢有火而无雨,因此卦有旱象。

11 **餗**:鼎实,即鼎中之食物。郑康成曰,“餗,美馔”,即认为餗是美食。

12 **其形渥:**指鼎身龌龊不堪。形,指鼎的形体。渥,音 wò,沾濡之貌。王弼与王夫之等作此解,而李道平《周易集解纂疏》等则以为“形渥”当作“刑剭”,谓“重刑也”,指在屋内施以诛杀等重刑,亦可通。鄙意以为,王弼等用其本身的意义,即鼎足折断,鼎中的食物倾覆而出,弄得鼎身肮脏。而李氏等人则用其物象的比喻义,鼎折足,指三公不胜其任;覆公餗,则指倾败国家,败坏君王大事;其形渥,当然要指君王处罚诛杀不胜其任的诸侯了。二义不同,其实可通。

13 **铉:**音 xuàn,举鼎的器具,即鼎杠。

14 **鼎玉铉:**鼎器配上宝玉做的鼎杠,或为宝玉装饰着的鼎杠,不知上古时是否有玉做的鼎杠,玉杠是否能举动鼎器?

传

原文

彖曰：鼎，象也，以木巽火，亨饪也。圣人亨以享上帝，而大亨以养圣贤。[1]巽而耳目聪明[2]，柔进而上行，得中而应乎刚，[3]是以元亨。

译文

彖辞说：《鼎》卦的下卦卦象为巽为木，上卦卦象为离为火。以木柴生火，表示用鼎来烹煮食物。圣人用鼎烹饪食物以供祭祀天帝，用牛羊豕等三牲大牢来奉养圣人与贤人。下卦为巽又表示人耳聪目明，上卦离阴爻上行进到六五之中位，并且六五与九二阴阳互相呼应，刚柔相应，因此说大亨，举行祭祀大为亨通。

注释

1 **圣人亨以享上帝，而大亨以养圣贤：**圣人举行祭祀之礼，用特牲郊祭天帝，用牛羊豕等三牲大牢来奉养圣贤。亨，祭也。享，亦祭祀、供享之意。上帝，指天，或天帝。这两句阐明鼎的两大功用，一是祭祀上帝，二是奉养圣贤。《周易正义》曰："此明鼎用之美，亨饪所须，不出二种：一供祭祀，二当宾客。若祭祀则天神为大，宾客则圣贤为重。故举其重大，则轻小可知。享帝直言'亨'，养人则言'大亨'者，享帝尚质，特牲而已，故直言'亨'；圣贤既多，养须饱饫，故'亨'上加'大'字也。"王夫之以为："亨宾之礼，牛羊豕具焉，故曰大。"

2 **巽而耳目聪明：**释内卦，王夫之《周易内传》认为："巽以入人之情而达之，目明而耳聪，达矣。"下卦巽表示人耳聪目明，人很聪明。

3 **柔进而上行，得中而应乎刚：**释外卦，王夫之云：“巽敌应而不相与，变而柔进居中，以与刚相应，志通而养道行矣。”外卦离由巽变来，巽之初爻上升至中爻，变为离，离为外卦，中爻为阴爻为六五，与内卦九二相应，故云“得中而应乎刚”。

象曰：木上有火，鼎。君子以正位凝命[1]。

象辞说：下卦为巽为木，上卦为离为火，木上有火的卦象表示《鼎》卦，君子从《鼎》卦的卦象中获启示，君子应该登上王位，继承上天的旨意，完成上天的使命。

象曰：“鼎颠趾”，未悖也。“利出否”，以从贵也。

小象辞说：鼎足颠倒在上，为了倾倒鼎内的污垢，没有违背常理。有利于倾倒出鼎内旧污积垢，洗干净鼎后是为了装上新的珍贵的美味。

“鼎有实”，慎所之也[2]。“我仇有疾”，终无尤也。

鼎里有食物，鼎器移往别处应该谨慎小心。妾子继承君位后不能尊其生母，符合礼制规定，最终不会有过失。

“鼎耳革”，失其义也。

鼎器的鼎耳需要换配新的，旧的鼎耳已失去作用，不能再使用了。

“覆公𫗧”，信如何也[3]。

使王公鼎里的美味倾倒了出来，这样的人怎么值得信任呢？

“鼎黄耳”，中以为实也。

鼎器配上金黄色的鼎耳，六五爻居中位，符合中道，与九二阳爻相应，具有诚实的美德。

“玉铉”在上，刚柔节也。

用宝玉装饰的鼎杠配在鼎上，阴阳刚柔互相调节配合。

注释

1 **正位：**即登上天位，或登上帝位。 **凝命：**即继承上天的旨意。

2 慎所之也：指将鼎移动至别处时要小心谨慎，喻指所行需要符合礼制规定。

3 信如何也：指如何能得到信任，怎么值得信任。信，指信任。

䷲ 震[1]

导读

《震》卦上震下震，为八纯卦。震为长子，因此，《震》卦表示长子继承父亲爵位，主持好祭祀，面对迅雷等突发情况，镇定自若，应付自如，能够承担责任，胜任职位，守住宗庙社稷，治理好国家。卦辞说"亨，震来虩虩，笑言哑哑，震惊百里，不丧匕鬯"，举行祭祀，亨通，突然来了惊雷，小心谨慎，祭祀有条不紊，雷声震惊百里，主持祭祀的长子镇定自如，手里祭祀时舀酒洒地用的匕鬯不会失落。爻辞也都围绕长子祭祀与震雷这个主题展开，初九爻是卦主，初九爻之义就是卦辞的主旨，因此说震雷来了，谨慎小心，祭祀进行得有条不紊，祭祀圆满举行后发出欢乐的笑声，因此，吉祥。中间四爻吉凶未定，上六爻处于《震》卦之极，凶险。

原文

亨，震来虩虩[2]，笑言哑哑[3]，震惊百里[4]，不丧匕鬯[5]。

初九，震来虩虩，后笑言哑哑，吉。

六二，震来厉，

译文

举行祭祀，亨通，惊雷响起时，恐惧不安。修省改过后笑语声声。惊雷炸响，方圆百里都能听到，主祭的君主镇定自若，祭祀活动照常有条不紊地进行，亲手用匕挑牲肉，用鬯酒洒地，匕和鬯酒等祭具没有从手中失落。

初九爻，雷声响起来，恐惧不安，小心谨

亿丧贝[6],跻于九陵[7],勿逐,七日得。

六三,震苏苏[8],震行无眚[9]。

九四,震遂泥[10]。

六五,震往来厉,亿无丧[11],有事[12]。

上六,震索索[13],视矍矍[14],征凶。震不于其躬,于其邻,无咎,婚媾有言[15]。

慎,后笑语声朗朗,吉祥。

六二爻,雷声隆隆,危险,丢失了许多钱币,躲避到高山上去,不用追逐钱币,七天过后又会得到它们。

六三爻,惊雷惊得人恐惧不安,在雷声中小心前行,不会有祸害。

九四爻,惊雷炸响,行人被惊恐得掉入了泥水潭中。

六五爻,雷声隆隆,一个接一个,在雷雨中行走,十分危险。不会丢失什么,举行祭祀活动。

上六爻,巨雷惊得人两腿发抖,走路不稳,两眼发晕,看不清方向,继续走下去十分危险。巨雷没有击中自己,却击中了邻居,自己没有祸害。男女婚姻不合,出现言语争执。

注释

1 **震**:卦名,《乾》《坤》二卦为父母,则《震》卦为长子,震又为雷为动,李道平《周易集解纂疏》以为:"震一索得男为长子,传国家,继位号,为祭祀主。"《震》卦继《鼎》卦而来,李疏认为:"鼎,宗庙之祭器,故云'所以亨饪,亨于上帝'也。""震"则是主宗庙祭祀之鼎器的长子。郑玄注曰:"震为雷,雷,动物之气,雷之发声,犹人君之出政教,以动中国之人也,故谓之震。人君有善声教,则嘉会之礼通矣。"由郑注可知,《震》卦又可由雷声引申至人君之政教号令。

2 **虩虩**:音 xì xì,马融曰:"恐惧貌。"即恐惧不安的样子。

3 **哑哑**:音 yā yā,郑玄曰:"哑哑,乐也。"马融曰:"哑哑,笑声。"可见"哑哑”为快乐的笑声或讲话声。

4 **百里:**借指诸侯之国。郑玄曰:“雷发声闻于百里,古者诸侯之象。诸侯出教令,能警戒其国。”

5 **匕鬯:**音 bǐ chàng,马振彪《周易学说》引刘沅曰:“匕,以棘为之,长二尺,未祭则烹牢于镬,实诸鼎而加幂焉。将荐,乃以匕出,升于俎上。”王夫之《周易内传》亦认为:“匕,以升肉于鼎而载之俎。”郑玄认为:“人君于祭之礼,匕牲体、荐鬯而已,其余不亲也。升牢于俎,君匕之,臣载之。”王夫之说:“鬯,秬黍酿酒以和郁而灌者。”由上述引辞可见,匕是君主亲自操用的一种木制的祭祀用的器具,君主用这种器具,将牲体分解挑出,放置俎上。鬯,一种秬酒,用郁金调制而成,芬芳无比,祭祀时用以灌地降神。

6 **亿丧贝:**丢失了许多钱币。贝,古代货币。

7 **跻:**登。 **九陵:**高山。九为老阳,阳之极数,喻高。

8 **苏苏:**《释文》引郑玄曰:“不安也。”

9 **眚:**指灾祸。

10 遂:坠落、进入、掉进。《说文通训定声》曰:“遂,假借为隧。” **泥:**泥水、泥潭。

11 **亿无丧:**大无丧。举行祭祀之事,不会有什么丧失。

12 **有事:**指祭祀之事。《周易集解》引虞翻曰:“事谓祭祀之事。”

13 **索索:**《释文》引郑玄曰:“犹缩缩,足不正也。”指走路不稳。

14 **矍矍:**音 jué jué,《释文》引郑玄曰:“目不正。”指眼睛惊恐得看不见东西。

15 **婚媾有言:**指男女婚姻不合,出现言语争执。

传

原文

彖曰：震，"亨，[1]震来虩虩"，恐[2]致福也；"笑言哑哑"，后有则[3]也。"震惊百里"，惊远而惧迩[4]也；出，可以守宗庙社稷，以为祭主[5]也。

译文

彖辞说：《震》卦，举行祭祀，亨通。惊雷响起来时，人们惶恐不安，小心反省，因恐惧修身而带来了福泽。笑语声朗朗，恐惧害怕后反省改过，遵循常理。巨雷惊响，方圆百里都能听到雷声，远地方的人惊惶不安，近地方的人恐惧害怕。君主出外巡狩，长子可以留守宗庙社稷，代为祭主，举行祭祀活动。

注释

1 **震，亨：**指雷声惊响，举行祭祀，亨通。

2 **恐：**指恐惧修省，反思检讨自己。

3 **则：**指礼制、规则、规律。

4 **迩：**近。

5 **祭主：**《周易正义》曰："出，谓君出巡狩等事也。君出，则长子留守宗庙社稷，摄祭主之礼事也。"主祭之人为君主，君主外出，则由长子代替，长子是继位之君主。

象曰：洊雷[1]，震；君子以恐惧修省[2]。

大象辞说：上下卦皆为雷，表示《震》卦。君子从《震》卦中获启示，应该在恐惧不安中反省改过，加强修养。

象曰："震来虩虩"，恐致福也；"笑言哑哑"，后有则也。

"震来厉"，乘刚也。

"震苏苏"，位不当也。

"震遂泥"，未光也。

"震往来厉"，危行也；其事在中，大无丧也。

"震索索"，中未得也；虽凶无咎，畏邻戒也。[3]

小象辞说：惊雷响起来，人们被吓得惶惶不安，因害怕所以谨慎而带来福泽；笑语声朗朗，害怕后小心反省，遵守常理。

惊雷响起来，十分危险，六二爻以阴乘阳，以柔乘刚，即以弱凌强。

被惊雷吓得惶恐不安，是由于六三爻所处的地位不适当啊。

被惊雷吓得掉入了泥潭里，说明九四的品德还没有得到光大啊。

雷声隆隆，惊雷一个接一个，在雷雨中行走，十分危险。举行祭祀活动，典礼符合礼仪，遵守常理，不会有什么过失啊。

被惊雷吓得两腿发抖，走不稳路，没有走正路，遵守正道啊。虽然凶险，后来却没有祸害，是因为从邻居的祸害中吸取了教训啊。

注释

1 **洊雷：**巨雷接连响起。洊，音 jiàn。《周易正义》曰："洊者，垂也，因仍也。"

2 **恐惧修省：**指恐惧不安，修心省过。

3 **"震索索"……畏邻戒也：**被雷惊得双腿发抖，走不稳路，说明上六所处位置不对；虽然凶险，但仍然不会有灾祸，是上六从邻居被雷所击中吸取教训，反省改过。《周易正义》释"中未得也"为"未得中也"，即不遵守正道，不走正路。

䷳ 艮[1]

导读

《艮》卦是八纯卦，上下卦都是艮山，互相敌应，卦爻之间没有呼应，因此，卦辞爻辞都不主张行动干事，只是强调稳定与坚守不动。卦辞说："艮其背，不获其身；行其庭，不见其人，无咎。"上下两卦互相敌应，就像两个人背靠背，互相看不见对方，得不到对方的帮助。也像两个人背道而驰，相反而行，也互相看不见对方。无咎是不会有害处，反过来说，也不会有利益。因此，卦辞是吉凶未定，没有吉凶断语。爻辞下面五爻，都同样吉凶未定，没有涉及吉凶断辞，只有上九爻，说"敦艮，吉"，一直稳定下来，不出事，不妄动，也是好事，因而吉祥。

原文

艮其背，不获其身；行其庭，不见其人，无咎。

初六，艮其趾，无咎，利永贞。

六二，艮其腓[2]，不拯其随[3]，其心不快。

九三，艮其限[4]，列其夤[5]，厉，薰心[6]。

六四，艮其身，

译文

《艮》卦，在他的背面停下来，不知道那人是谁。在庭院中背对背行走，看不见那人的模样，不会有什么过失。

初六爻，止住脚指头不动，不会有过失，有利于长期坚守正道。

六二爻，止住小腿不动，不能跟随别人行动，心里不愉快。

九三爻，止住腰身不动，腰背部的背脊肉被撕裂致伤，十分危险，心里焦灼不安。

六四爻，止住其身体不动，不会有

无咎。

六五，艮其辅[7]，言有序，悔亡。

上九，敦艮[8]，吉。

过失。

六五爻，止住其嘴巴不让乱说，言语有条理，悔恨会消失。

上九爻，敦厚地止住不动，吉祥。

注释

1 **艮**：卦名，上卦为艮，下卦亦为艮，八纯卦之一，艮为山，为静止不动之意。王弼注以为："艮者，止而不相交通之卦也。"《周易正义》以为："艮，止也，静止之义，此是象山之卦，其以艮为名。施之于人，则是止物之情，防其动欲，故谓之止。"《艮》卦六爻不相应，因此王弼注说六爻止而不相交通，《周易正义》解释《艮》是为了防止不当的欲望而妄动。

2 **腓**：音 féi，小腿肚，指小腿。

3 **不拯其随**：拯，虞翻曰："拯，取也。"李道平疏以为："震动为随。"不拯其随即不取其震动，止住不动之意。

4 **限**：指腰部。

5 **列**：通"裂"。 **夤**：音 yín，《释文》引马融曰："夹脊肉也。"

6 **薰心**：即烧灼其心。《周易注疏》曰："薰，烧灼也。"

7 **辅**：脸颊，牙床，指口。

8 **敦艮**：郑注《乐记》曰："敦，厚也。"敦艮即厚艮，敦厚稳重地止住不动。

传

原文

象曰：艮，止

译文

彖辞说：《艮》卦，止住不动的意思，时

也。[1]时止则止，时行则行，[2]动静不失其时，其道光明。[3]艮其止，止其所也。[4]上下敌应，不相与也。[5]是以"不获其身，行其庭，不见其人，无咎"也。

机与环境要求停止即停止下来，时机与环境要求行动即行动起来，行动与停止不能与时机和环境的要求相违背，这种动静的规律光明伟大啊。停住不动，停止在原来的地方不动。上下两卦各爻相互敌应，爻与爻之间没有配合呼应，因此说不知道背面的人是谁，脸背过去在庭院中行走，看不见那人的模样，不会有过失啊。

注释

1 **艮，止也：**虞翻曰："位穷于上，故止也。"《艮》卦一阳独在上，位居穷困之地，因此应停滞不前。

2 **时止则止，时行则行：**虞翻曰："时止谓上阳穷上，故止。时行，谓三体处震为行也。"

3 **动静不失其时，其道光明：**虞翻曰："动谓三，静谓上。艮止则止，震行则行，故不失时。五动成离，故'其道光明'。"

4 **艮其止，止其所也：**内外两卦为艮，各止于其地不动。

5 **上下敌应，不相与也：**上下两艮象各止于其地不动，相互违背。上下两卦之阴爻阳爻互相敌应，不相配合。

象曰：兼山，艮，君子以思不出其位。[1]

大象辞说：上下卦为艮为山，组成《艮》卦；君子从《艮》卦中获得启示，思考问题应该不超出其职责范围。

象曰："艮其趾"，未失正也。[2]

小象辞说：止住脚指头不动，没有失去正道啊。

"不拯其随"，

未能跟随别人而动，没有违背听从别人的

未退听也。[3]

“艮其限”，危薰心也。

“艮其身”，止诸躬也。

“艮其辅”，以中正也。

“敦艮”之吉，以厚终[4]也。

原则啊。

止住腰身不动，十分危险，心里焦灼不安啊。

止住身体不动，止住自己的身体不动啊。

止住其嘴巴不让乱说，因为言语要符合中正之道啊。

敦厚地止住，吉祥，因为敦厚能够有好结果啊。

注释

1 **兼山，艮，君子以思不出其位：**李道平《周易集解纂疏》认为：“两山相并，故曰兼山。止莫如山，故曰艮。艮三索成男，自乾来也，乾九三曰‘君子终日乾乾’，艮三即乾三，故‘君子谓三也’。三为君子之位，互震为出，互坎为隐伏，又坎心为思，坎思震动于中，艮阳限止于外，故‘以思不出其位’。艮阳小为慎，不出，即《中庸》所谓慎思也。”

2 **“艮其趾”，未失正也：**虞翻曰：“震为趾，故‘艮其趾’矣。失位变得正。”又云“动而得正，故‘未失正也’”。止住其足趾不妄动，没有失去正道。虞氏从爻变角度解释爻辞，初六为阳爻，为得位，故变而得正，亦即未失正也。

3 **“不拯其随”，未退听也：**《周易集解》“未退听”作“未违听”，虞翻以为：“坎为耳，故‘未违听也’。”未能跟随别人动，没有违背要听从别人的原则。即阴要承阳、从阳之义。

4 **终：**结果、结局。

䷴ 渐[1]

导读

《渐》卦上卦为巽为风为长女，下卦为艮为山为少子，男下女上，表示举行亲迎礼，因此，《渐》卦是严格按照六礼婚姻制度来谈婚论嫁的婚姻之卦，《渐》卦之义就是循序渐进、遵守婚礼规定举办婚事。因此，卦辞说“女归，吉，利贞”，嫁女，吉祥，利于遵守婚姻六礼。大象辞说：“君子以居，贤德善俗。”可见，当时婚姻制度在圣贤君子的推动下，应该在民间得到较大普及，形成良好的民风民俗了。《渐》卦是个婚姻卦，是个比较好的卦。六二爻与九五爻中正而应，都是吉祥、吉利之爻，表示婚姻之道，遵守礼制最为重要。上九爻亦吉祥，表示遵守婚姻礼制，结局很好。初六无咎，六四无咎，九三爻则因为结婚后，丈夫出征在外，妇孕流产，不能养育婴儿，因此，凶险。

原文

女归，吉，利贞。[2]

初六，鸿渐于干[3]，小子厉[4]，有言，无咎。

六二，鸿渐于磐[5]，饮食衎衎[6]，吉。

九三，鸿渐于陆，夫征不复，妇孕不育，凶，利御寇。

译文

女子出嫁，吉祥，利于遵礼制守正道。

初六爻，鸿雁缓缓地飞到了水边，小子遇上了危险，用语言告诫他，不会有过错。

六二爻，鸿雁缓缓地飞落在磐石上面，一边饮用磐石边的清水，一边吃着食物，显得快乐而满足，吉祥。

九三爻，鸿雁缓缓地飞到了陆地上，丈夫远征没有回家，妇女怀孕后流产了，六四，鸿渐于木，或得其桷[7]，无咎。

九五，鸿渐于陵[8]，妇三岁不孕[9]，终莫之胜，吉。

上九，鸿渐于陆[10]，其羽可用为仪[11]，吉。

没有生孩子，凶险，利于抵御敌寇的入侵。

六四爻，鸿雁缓缓飞落到了树上，找到了可以暂时栖息的枝丫，不会有过错。

九五爻，鸿雁缓慢地飞到了山冈上，主妇三年了，一直没有孕育小孩，但最终没有谁能够取代她，吉祥。

上九爻，鸿雁缓慢地飞到了陆地上，鸿雁的羽毛可作羽舞之用，吉祥。

注释

1 **渐：**卦名，王弼注："渐者，渐进之卦也。"孔颖达疏："渐者，不速之名也，凡物有变移，徐而不速，谓之渐也。"马振彪《周易学说》引李士鉁曰："长女在外，下乘艮止而不即前，待男而行，六礼必备，乃以渐进。"《渐》卦上卦为巽，为长女；下卦为艮，为少男，须六礼俱备，女才能待男而行，即渐之义。

2 **女归，吉，利贞：**女归指女子嫁人。吉为吉祥，利贞为利于坚守正道，皆为占筮断语。孔颖达疏曰："女人生有外成之义，以夫为家，故谓嫁曰归也。妇人之嫁，备礼乃动，故渐之所施，吉在女嫁，故曰'女归，吉'。'利贞'者，女归有渐，得礼之正，故曰'利贞'也。"《周易学说》引马其昶曰："古昏期，毛氏谓秋冬，郑谓仲春，束皙又谓四时通用，则毛郑二说可合也。然必以春时为正，《周礼·媒氏》以仲春会男女，《白虎通》云嫁娶必以春者，天地交通时也。《诗》'士如归妻，迨冰未泮'，《渐》曰'女归吉'，亦以艮巽东方维卦，于时为春也。"马其昶先生认为，古时嫁娶以春天为正时，《渐》卦之巽与艮，亦表示春天之卦。

3 **鸿：**虞翻以为"大雁也"，王弼认为"水鸟也"。 **干：**陆绩以为"水畔称干"，毛传认为"干"为"涯也"，孔疏亦以"干"为"水涯"。

4 **小子厉：**虞翻认为："艮为小子，初失位，故厉。"

5 **磐：**磐石。

6 **衎衎：音** kàn kàn，快乐满足。

7 **桷：**音 jué，《音义》引《说文》："秦曰榱，周谓之椽，齐鲁谓之桷。"虞翻认为："巽为木，桷，椽也，方者谓之桷。"此处之桷，可能指木枝。

8 **陵：**金景芳先生认为指"高冈"，"是鸿雁所能栖息的最高处"。《周易学说》引张浚说曰："艮上为陵。"陵即山顶、山峰、山冈之意。

9 **妇三岁不孕：**《周易学说》引李士鉁曰："妇指二，二五阴阳之正应也。女归则育子，不急求合，是以不孕。情易合者亦易离，不孕至三岁，合之难故合必固也。"又引刘文凤曰："终莫之胜，吉，言妾媵不得以不孕之故而夺其正也。"此二位先生所解有理。

10 **陆：**当指高地。宋人范谔、胡安定等以为作"逵"，清人江永、王引之、俞樾及今人周振甫等以为"陆"为"阿"之讹，惠士奇认为："逵，天衢也，天文有北逵、南逵。"可备一说。

11 **仪：**指舞。"凤凰来仪"之"仪"即指舞。毛奇龄认为："文舞用羽，名羽舞。"

传

原文

彖曰：渐之进也，女归吉也。[1]进得位，往有功也。[2]进以正，可以正邦也。其位，刚得中也。止而巽，动不穷也。[3]

译文

彖辞说：《渐》卦缓慢有次序地前进，女子出嫁遵循六礼，吉祥。前进能够获得正位，行动能够获得收获。前进得到九五中正之位，在齐家的基础上可以治理好邦国。九五的爻位，阳刚之爻得到了中位。按照礼制的规定行动，沉稳不焦躁，行动就不会陷入困境。

注释

1 **渐之进也,女归吉也:**《渐》卦之按次序缓慢前进,女子出嫁按照这个原则去做,就会吉祥。"女归"有六个程序,即纳采、问名、纳吉、纳徵、请期、亲迎,六礼备而后才能成婚。这样符合礼制规定的出嫁在当时社会的人们心目中视为吉祥,《左传》有多处合礼则吉违礼则凶的例子。六礼不备则为私奔。

2 **进得位,往有功也:**指渐进能够获得正位,行动能够有所收获。若指女子出嫁,则当指女子为正妻,承继姑氏,奉祀祖先,主持家政,行事会有功效。若指男子,则可以正家室,行事有收获,能够齐家。

3 **止而巽,动不穷也:**指《渐》卦下卦为艮为止,上卦为巽为顺,止而顺,安静安稳不急躁,按照礼制规定去行动,就不会有障碍和阻力。穷,指面临困境。动不穷也,指行动不会面临困境。

象曰:山上有木,渐;君子以居[1],贤德善俗。

象曰:小子之厉,义无咎也。[2]

"饮食衎衎",不素饱也。[3]

"夫征不复",离群丑[4]也。"妇孕不育",失其道也。利用御寇,顺相保也[5]。

"或得其桷",

大象辞说:下卦为艮为山,上卦为巽为木,上下卦表示山上有木,这个卦象组成《渐》卦。君子从卦象中获得启示,应该积累美好的德行,感化百姓,移风易俗。

小象辞说:小子遭遇到的危险,告诫他后,他加以改正,从道理上说,就不会再犯过错了。

快乐而满足地饮用清水和食物,不是吃闲饭的啊。

丈夫外出远征,一直没有回家,离开了同伴;妻子怀孕却流产了,没有生下孩子,失去了孕育之道;有利于抵御敌寇入侵,互相团结以保家卫国。

鸿雁或许能够得到可以暂时栖息的枝

顺以巽也。

“终莫之胜，吉”，得所愿也。

“其羽可用为仪，吉”，不可乱也。[6]

丫，六四处于《巽》卦的阴爻之位，能承顺上面的阳爻。

最终没有谁能够取代她、战胜她，吉祥，是因为她谨守礼制，实现了内心的愿望。

鸿雁的羽毛可作文舞羽舞之用，吉祥。因为用鸿雁的羽毛，羽舞的次序就不可能乱了。

注释

1 **居：**累积，积蓄。

2 **小子之厉，义无咎也：**小子有危险，告诫改过后当然不会有过错。小子若指鸿雁而言，当指小鸿雁，在水边练习飞行捕食的本领，只要小心，当然不会有过错。若指男子，当指刚成年之男子。《周易学说》引马其昶之说，以为指冠礼：“大宗伯以冠昏之礼，亲成男女。渐女归吉，三五两爻皆言夫妇，是昏礼。初言小子，则冠礼也。郑《目录》云，童子任职，居士位，年二十而冠，故曰小子。始冠缁布之冠，继加皮弁，加爵弁，三加弥尊，亦渐进之义，玄端玄冠奠贽于君，遂以贽见于乡大夫乡先生，以成人见也。仕进于此始，成败于此判，故曰厉。申儆告诫之，故有言。三加皆有祝辞，曰弃尔幼志，顺尔成德，冠义所云将责成人礼焉也。责成人礼焉者，将责为人子、为人弟、为人臣，为人少者之礼行也。责四者之行于人，虽厉无咎矣。”

3 **“饮食衎衎”，不素饱也：**素饱，即素餐，吃闲饭之意。素，即空之意。饮食时，快乐而满足，不白白地饮食，不是吃闲饭啊。《周易学说》引马其昶以为：“艮为少男，互坎中男，少长相随，衎衎而乐。诗云‘兄弟既翕，和乐且耽’，此之谓也。《周礼》以乡三物教万民，而宾兴之，族师书其孝弟睦渊有学者，闾胥书其敬敏任恤者。盖初既冠而成人，二乃观其大行而宾兴之，此渐进之义。君子居贤德善俗，莫大于任睦之道也。”

4 **群丑：**同类、同伴。丑，即类，同类。

5 **顺相保也：**互相团结、保家卫国。顺，指和顺、团结。

6 **“其羽可用为仪，吉”，不可乱也：**鸿雁的羽毛可作羽舞之用，羽舞用羽，羽舞的次序不可能乱了。《周易学说》引姚配中曰：“《春秋》：‘考仲子之宫，初献六羽。’何休注云：‘羽者，鸿羽也，所以象文德之风化疾也。’是古者文乐用鸿羽。”又引马其昶曰：“鸿之高飞遵陆，既可贵矣。即其羽毛落于人间者，亦可用作乐舞。蔡邕《月令章句》云，佾，舞列也，有俯仰张翕之容，行缀长短之制。人之动而有节者，莫若舞。肆舞所以动阳气而导物也。不可乱，谓舞之有节，而阳不可变也。”

䷵ 归妹[1]

导读

《归妹》卦上卦为震为长子，下卦为兑为少女，《归妹》卦是长子代父主持妹妹的婚姻之事，反映了当时贵族婚姻中的媵婚制度。《归妹》卦辞“征凶，无攸利”主要从阴凌逼阳、娣妾媵凌逼女君主等角度告诫应该防患于未然，娣侄等不能够再单独举行婚礼，“征凶”指娣侄等如果僭越礼制行动，就会很凶险。初九爻说明帝乙嫁妹妹时，以同姓同族之娣侄相从，“跛能履”说明娣侄能够协助女主人主中馈，治理好家政，因此说“征吉”。九二爻居于中位，“眇能视”说明娣侄能够遵守妇道臣道，协助主人治理好家政。六三爻说明当时媵婚制度，举行婚礼时因为娣侄年龄还小，因此要随“反马”礼返回娘家，待到成年后再去夫家。九四爻说的是娣侄因为某种原因耽误了去夫家的日期，但是会确定去夫家的日子。六五爻是《归妹》卦主爻，即女君出嫁为嫡夫人，女君是帝乙的妹妹，帝乙给妹妹主持婚礼，符合礼制规定，因此吉祥。上六爻说明如果出嫁的女人不守妇道，不遵礼制，那么出嫁三个月后祭祀祖先之礼就不会成功，最终不会成为女主人。《归妹》卦主要是告诫出嫁后的妇人包括女主人以及娣侄妾媵等应该谨守礼制，否则不会吉利，象辞说的“君子以永终知敝”就是这个意思。

原文

征凶，无攸利。[2]

初九，归妹以娣[3]，跛能履[4]，征吉。

九二，眇能视[5]，利幽人之贞[6]。

六三，归妹以须，反归以娣。[7]

九四，归妹愆期[8]，迟归有时[9]。

六五，帝乙归妹，其君之袂，不如其娣之袂良。月幾望，吉。[10]

上六，女承筐，无实；士刲羊，无血。无攸利。[11]

译文

如果有行动，就会很凶险，没什么好结果。

初九爻，妹妹出嫁时为媵妾，为娣，随姐姐出嫁，姐姐为正嫡，妹妹虽是偏房，好像跛了一只脚一样，照样可以走路，如果坚守妇道，出嫁仍然吉利。

九二爻，媵妾处于偏室，不敢正视，就像瞎了一只眼睛看人一样，谨守妇道，安守本分，有利于媵妾侍奉家人。

六三爻，将已成年的须女随嫡姐嫁出去，未成年的娣（年幼的妹妹）随反马时节又返回娘家。

九四爻，反马回来的妹妹等待着长大成人，到达婚龄后再嫁过去。

六五爻，帝乙嫁妹，她姐姐的衣袖不如她妹妹的衣袖漂亮、精美，要到十五了，月亮快要圆了，吉利。

上六爻，女子嫁出去后，与丈夫一起祭祀，而筐里却没有食物；士要杀羊祭祀，羊却没有出血。女子与丈夫不能够承祭宗庙，当然不适宜结为夫妇。这种婚姻不会有什么好结果。

注释

1 **归妹**:卦名。归,嫁的意思。妹,指少女。女子先出为姊,后生妹,诸侯一娶九女,姊嫁则妹媵。孔颖达说:"少女谓之妹,从姊而行,谓之归。"卦体震上兑下,震为长男,兑为少女。《归妹》卦反映了商代诸侯贵族间盛行的一种媵婚制现象。

2 **征凶,无攸利**:《归妹》卦本从《泰》卦来,《泰》卦九三上升至四爻,六四下降至三爻,六三爻位本为阳爻,却由阴爻居住,九四爻位本为阴爻,却由阳爻居住,因此,六三、九四皆不当位,不仅不中不正,就全卦而言,阴爻皆居阳爻之上,内卦兑,六三凌乘二阳,外卦震,六五、上六凌乘一阳,因为全卦阴爻凌逼阳爻,因此往凶。征,即往之意。无攸利,即没有什么利益,得不到什么好处。

3 **娣**:指初九动爻,变为阴爻,随姐出嫁,姐为正嫡,为正妻,初九则为媵妾,为娣。

4 **跛能履**:指虽然不是正嫡,但能遵守媵妾妇道。跛,指跛足。履,即能走路。又说,履即礼。

5 **眇能视**:眇,《说文》云:"眇,一目小也。"即一目有疾。两目之视正,一目之视偏。妾媵处于偏室,不敢正视,因此以"眇能视"作比喻。

6 **幽人**:即指九二,宜谨慎守妇道,言行不逾规矩,安其本分。 **贞**:即正,指安其本分。

7 **归妹以须,反归以娣**:对于此爻解释,颇有分歧。王夫之认为:"须,给使之人,女之贱者也。"《穀梁传》云:"妇人谓嫁曰归,反曰来归。"许多易学者认为指被夫家所遣所出。笔者认为,须,即年长之女,成年之女。"归妹以须"是说,将已成年成人的须女嫁出去,此须女不是女君嫡妻,但比娣年长。"反归"即反马以归,不是指嫡妻被出。婚礼举行完毕后三个月,有一个礼节,即男方家应及时将女方家送嫁妆来的马队返回给女方家,此即反马以归之意。此处请参考拙著《周易卦爻辞研究》第三章第九节《〈归妹〉卦媵婚制考论》一文。娣因未成年，即随反马时返回娘家。

8 **愆期：**即指等待长大成人的日期。虞翻说："愆，过也。"期，指婚约双方共同订定的日子。

9 **迟归：**即指等到成年后再出嫁。 **有时：**指有婚期。

10 **帝乙归妹……月幾望，吉：**袂，衣袖。五为尊位，六五即为帝乙所嫁之妹，她的衣饰合乎中道，并没有浓妆艳抹，因此她的衣饰反不如其娣的衣饰漂亮。帝乙的妹妹注重德行，月亮圆的时候，夫妇和合，会很吉利。

11 **女承筐……无攸利：**清代李道平在《周易集解纂疏》中说："女之适人，实筐以贽于舅姑，士之妻女，刲羊以告于祠庙，'筐无实，羊无血'，约婚不终者也。曰'女'曰'士'，未成夫妇之辞，先'女'后'士'，咎在'女'矣。故'无攸利'之占，与彖繇同。"高岛吞象在《高岛易断·归妹》中说："《士婚礼》云，'妇入三月而后祭行'，上，宗庙爻，故曰祭。三月祭行，而后成妇，未承祭，犹称女也。宗庙之礼，主妇奉筐，即《诗》所咏'于以盛之，维筐及筥'是也。兑为羊，少牢馈食，司马刲羊，'刲'，杀也，承筐刲羊，皆助祭事也。……按祭礼，执盎者宗妇，荐豆者夫人，设黍者主妇，未闻有以娣妾从事者，使娣而与祭，是渎伦也，欲以示宠，适以启祸，亦何利焉？"综合两家释义来看，都认为上六爻辞所讲述的是祭祀宗庙之事。在古代，宗庙祭祀为第一件大事，女子承祭时，筐无实，士人助祭时，刲羊无血，都是很不吉利的事件，意味着祭祀宗庙没有成功，女子与士人的婚姻也极不吉利。因此，没有什么好的结果，凶多吉少。

传

原文

象曰：归妹，天地之大义也[1]。天地不交，而万物不兴。归妹，人之终始也[2]。说以动[3]，所归妹也[4]。“征凶”，位不当也。[5]“无攸利”，柔乘刚也。[6]

译文

象辞说：《归妹》卦，揭示的是天地之间的大义，讲述的是大道理。天地如果不交接往来，那么万物就不会诞生繁盛。《归妹》卦，也揭示了男女婚娶等婚姻关系是人类下一代诞生的开始，同时也是男女归宿的一个大问题，是关系到人类终始相承相续的一个大问题。从卦象分析，下卦为兑为少女为悦为高兴，上卦为长男为震为动，少女对自己的婚事感到满意，因父亲已没，于是长兄便把妹妹嫁出去，承担父亲的责任，这就是《归妹》卦的含义。妹妹嫁出去会有凶险，是因为爻位不当的缘故。没有什么好结果，是因为柔爻乘刚爻，妹妹以娣的地位嫁出去，却想以色求宠，控制丈夫和嫡夫人。

注释

1 **天地之大义也：**指天地交通，万物才会兴盛，如《泰》卦，小往大来，乾天来下，坤地去上，所谓三阳开泰，万物复苏、大地回春也。天地不交，乾自在上，坤自在下，即成《否》卦，当然万物不兴。《归妹》之卦，震为长男，来自于乾天，兑为少女，来自于坤地，因此说男女相悦相来往，体现了天地的大义，或者说是天地大义的体现。

2 **人之终始也：**指男婚女嫁为人生的归宿，是人生的必经阶段之一，没有这一个阶段，人类就不会有后代延续下去。男婚女嫁，男有室，女有家，就这个意义上来说，也是新生活的开始，是下一代生命的开始。虞翻曰："人始生乾而终于坤，故'人之终始'。"《杂卦传》说："归妹，女之终也。"干宝曰："归妹者，衰落之女也。父既没矣，兄主其礼，子续父业，人道所以相终始也。"

3 **说以动：**即震这位长兄嫁他的小妹妹兑这位少女，因他们的父亲已过世，因此，长兄为父，代行嫁娶之事。说，即兑，悦。动，震也。

4 **所归妹也：**即所嫁的人是妹妹。归，即嫁。

5 **"征凶"，位不当也：**中间四爻，九二、六三、九四、六五皆失位，居位不当，象征妹妹不是以正嫡正妻的地位嫁出去的，因此，嫁出去后如果不遵守礼制，会有一定的危险。《公羊传·庄公十九年》曰："诸侯一聘九女。"兑非长女，只能是媵妾而已，不能是正妻嫡妻。

6 **"无攸利"，柔乘刚也：**六三爻、上六爻无应，柔爻都在刚爻之上，阴爻凌逼阳爻，因此，无吉利可言。王肃曰："以正则有不正之凶，以处则有乘刚之逆也，故无所利矣。"用今天的话说，这位嫁给别人做小老婆的可怜的少女，动也是错，不动也是错，真的是动辄得咎，做人难，难做人了。

象曰：泽上有雷，归妹，君子以永终知敝[1]。

象曰："归妹以娣"，以恒也。"跛能履"，吉相承也。

"利幽人之贞"，未变常也。

大象辞说：泽水之上有雷，卦为《归妹》，君子从卦象上得到启示，如果始则不善，那么终则无攸利，君子能够知始知终，知道其中的弊端。

小象辞说：妹妹出嫁时为媵妾，为娣，是为了能够长久地夫妇和谐，遵守妇道。像跛了一只脚一样，还能走路，接着是吉利平安。

有利于媵妾谨守妇道，没有改变正常的

“归妹以须”，未当也。

“愆期”之志，有待而行也。

“帝乙归妹”，“不如其娣之袂良”也。其位在中，以贵行也。

上六“无实”，承虚筐也。

伦理关系。

将成年的妹妹随嫡姐嫁出去，如果不遵守礼制，是不妥当的。

反马回来的妹妹等待着长大成人，到达婚龄后再出嫁啊。

帝乙嫁妹妹，正妻衣袖不如媵妾衣袖漂亮，因为正妻地位尊贵，不必靠漂亮的衣裳来装扮自己。

女子祭祀时筐里没有食物，拿着的是空筐，没有做好祭祀的准备。

注释

1 **永终知敝**：《归妹》卦因阴爻凌逼阳爻，中爻不正，始则“征凶”，终则“无攸利”，君子见此象，知悦牵于私，动失其正，始既不善，始则“征凶”，那么终则“无攸利”，敝即在后。君子欲防患于未然，故宜永终知敝，不能以妾为妻，以贱妨贵，正嫡庶而严名分，以维大义之不敝。由此象辞，可以看出周代及其以前，媵妾在家庭中的地位比较低下，即使以情相悦，也会受到正嫡和丈夫的限制和防范。

䷶ 丰[1]

导读

《丰》卦上卦为震为雷为动，下卦为离为火为日，彖辞说“明以动，故丰”，《丰》卦的卦象是太阳出来处于正午时候，阳光最为强烈，丰为大，卦辞说“亨，王假之，勿忧，宜日中”，亨通，君王在日食时举行击鼓救日等祭祀活动，不用担心，适宜于正午时候。《丰》卦爻辞则从多个角度说《丰》卦日食时隐藏许多危机，只有处理好危机后才会吉祥，否则凶险。六二爻居于中位，吉祥，但是六二爻是个有危机的爻，它描述了白天日食现象，“日中见斗”，大白天的，天空中看见了星星，当然是发生了日食，如果举行击鼓等祭祀活动应对，就会吉祥，古人认为日食是阴乘阳的结果，阴凌逼阳会发生日食。九三爻也描述了“日中见沫”的日食现象，“折其右肱”说君王折断右臂，指君王损失了一位重要的大臣，说明在日食时轻举妄动就会有危险，安静就会平安。九四爻描述“日中见斗”的日食现象，“遇其夷主”，应对得当，吉祥。六五爻“来章，有庆誉”是说祭祀典礼举行得完满，因此，吉祥。上六爻阴爻居于上位，过分凌逼阳爻，因此，凶险。《丰》卦彖辞说“日中则昃，月盈则食，天地盈虚，与时消息”，说明了天地变化与时消息的道理，太阳过了正午就会偏斜，月亮盈满后就会亏蚀。阴气过盛，就会凌逼阳气，月亮代表阴气，古人认为阴盛导致日食，因此说“月盈则食”。

原文	译文
亨[2]，王假之[3]，勿忧，宜日中[4]。	举行祭祀，亨通，王来到了祭庙，不用忧虑，适宜于日中正午举行祭祀活动。
初九，遇其配主，虽旬，无咎。往有尚[5]。	初九爻，修聘礼朝拜，遇上了九四相匹配之诸侯，九四以宾客之礼待之，虽有十天，不会有过失，往前行动会有可喜之事。
六二，丰其蔀[6]，日中见斗。往得疑疾，有孚发若，吉。[7]	六二爻，像草莽般的遮蔽物扩大开来，太阳完全被遮住，白天里看见了星斗，前行心里犹豫狐疑，有诚信表现出来，吉祥。
九三，丰其沛[8]，	九三爻，像幡幔般的遮蔽物扩大开来，

日中见沬[9];折其右肱,无咎。

太阳被遮住,白天里见到了小星星,折断了右臂,不会有过失。

九四,丰其蔀,日中见斗,遇其夷主[10],吉。

九四爻,像草莽般的遮蔽物扩大开来,太阳被遮住,白天里见到了星斗,九四爻遇见了来朝见天子的远方诸侯,吉祥。

六五,来章[11],有庆誉,吉。

六五爻,有贤才来彰显君王的美德,有喜庆可贺之事,吉祥。

上六,丰其屋,蔀其家,窥其户,阒[12]其无人,三岁不觌[13],凶。

上六爻,房屋高大华丽,其家周围长满了野草,从窗户窥视里面,看不到人,非常寂静,已经有三年看不到房屋的主人了,凶险。

注释

1 **丰:**卦名,丰为大,《序卦》与彖辞都已指出,王弼注曰:"丰之为义,阐弘微细,通夫隐滞者也。"《音义》云:"案丰是腆厚光大之义,郑云丰之言倎,充满意也。"《周易正义》曰:"丰者,多、大之名,盈足之义。财多德大,故谓之为丰。""丰"字繁体作"豐",篆文作"豐",《说文》云:"豆之豐满者也。"段注云:"谓豆之大者也,引申之,凡大皆曰豐,《方言》曰'豐,大也'。"许慎《说文》云:"豆,古食肉器也。"段注引《考工记》曰:"食一豆肉,中人之食也。《左传》曰:'四升为豆。'"可见,"豆"是装食肉用的器具,普通人可以一人吃完一豆肉。《左传》又说到豆的大小,可以装四升。段注说"丰"就是大豆,即一种比较大的豆,因此丰就引申为大,《说文》释丰,为"豆之丰满",说的是"豆"里装满了食物。"豆"装肉食,豆当然为食具,但同时,豆亦为礼器,段注引《士昏礼》云:"醯酱二豆,菹醢四豆。"《士丧礼》云:"笾豆用布巾。"综上所述,"丰"是一种大豆,豆里装满了肉食。"豆"既是食器,又是礼器。

也可以说,丰是装满了肉食的大豆,豆不装肉,或豆不装满,都不能称作“丰”。丰,装满了肉食的大豆,可能仅是用来食用,也有可能是用来行礼。郑玄所释的充满意,即指用肉食装满大豆。引申为大。

2 **亨:**亨,通达,指举行祭祀活动沟通人与神、人与人之间的关系,即所谓事神以致福。

3 **王假之:**指王至之,王达到了大亨通的目的。孔颖达疏云:“王假之者,假,至也。丰亨之道,王之所尚,非有王者之德,不能至之。故曰王假之也。”马融释“假”为“大”,亦为有理。

4 **宜日中:**适宜太阳正午时。王弼注云:“为天下之主,而令微隐者不亨,忧未已也。故至丰亨,乃得勿忧也。用夫丰亨不忧之德,宜处天中,以遍照者也。故曰宜日中也。”

5 **遇期配主……往有尚:**配主,指九四,初九与九四皆为阳爻,同德相配。郑康成曰:“初修礼上朝四,四以匹敌,恩厚待之,虽留十日不为咎。正以十日者,朝聘之礼,止于主国以为限。聘礼毕归,大礼曰旬而稍。旬之外为稍,久留非常。”《周易学说》引马其昶曰:“《仪礼》疏云,宾客之道,十日为正,一旬后或逢凶变,或主人留之,不得时反,即有稍礼。乡食燕献无日数,尽殷勤也。”注疏及《释文》以为“旬”作“均”讲。初九爻遇上九四爻配主爻,初爻以聘礼朝九四,九四爻以宾客之礼待之,待客之礼已有十天,不会有过失。前去会有可喜之事。

6 **丰其蔀:**蔀,音 bù,王弼注谓“覆暖鄣光明之物也”,《周易学说》引刘沅曰:“蔀,苇也。”引王宗传曰:“蔀,草莽阴蔽之地。”虞翻则认为“日蔽云中称蔀”,郑康成曰:“蔀,小席”,综上释义,蔀应为像草莽般的遮障太阳之物。丰其蔀是指像草莽般的遮蔽物扩大起来,完全挡住了太阳,这里极可能指发生日食现象。如果是乌云挡住了太阳,也不至于白天看见了星斗,乌云能挡住太阳,那肯定也能挡住星斗,这是常识问题,我们有哪一个人能够在满天乌云密布的时候看见星星呢?

有一个物体只是遮蔽住了太阳，因此没有阳光，但并没有遮住星星，因此见到了星星，这只有在晴朗的夜晚才如此，而白天出现了这种现象，只有出现日食现象时才有这种可能。

7 **有孚发若，吉：** 指内心相信太阳肯定会出来，吉祥。或许在发生日食时，君王们会像《左传》所记载的那样，举行祝祷禳灾活动来“救日”。孚，诚信。若，语气助词。

8 **沛：** 王弼注为：“幡幔，所以御盛光也。”《释文》曰：“本或作旆，谓幡幔也。”

9 **沬：** 音 mèi，通“昧”，星之小者，即小星星。

10 **夷主：** 指初九。九四为初九配主，初九则为九四夷主。关于配主、夷主，马其昶曰：“《公羊传》云，遇者，不期也。一君出，一君要之也。何休注，古者有遇礼，为朝天子卒，相遇于涂，近者为主，远者为宾。初四共朝觐五，先修遇礼，四近初远，故四为主，初为宾。《禹贡》五百里要服，三百里夷。初为远方诸侯，故称夷主。”可备一说。

11 **来章：** 指有贤才来彰显六五君主的美德，共创光辉灿烂的事业。

12 **闃：** 音 qù，指寂静，屋内寂静。

13 **觌：** 音 dí，指见。

传

原文

彖曰：丰，大也，[1] 明以动，故丰。[2] “王假之”，尚大也。“勿忧，宜日中”，宜照天

译文

彖辞说：《丰》卦，盛大之意。下卦为离为明，上卦为震为动，在光明中行动，因此称《丰》卦。君王来到了祭庙，崇尚盛大的祭祀。不要忧虑，适宜于在正午时举行祭

下也[3]。日中则昃[4]，月盈则食[5]，天地盈虚，与时消息[6]，而况于人乎？况于鬼神乎？[7]

祀活动。太阳光遍照天下，君王的恩惠也普施天下。太阳正午过后就要偏斜，月亮圆满之后就会缺失，天地变盈变虚，随着时间消长变化，更何况人呢，更何况鬼神呢？

注释

1 **丰，大也：**以盛大来解释《丰》卦的含义。

2 **明以动，故丰：**从上下卦象来解释为何会丰，下卦为离，为光明，上卦为震，为雷为动，因此说在光明中行动，就能致丰。

3 **宜照天下也：**指的是王与天下之民同乐之意。《礼记·祭统》云："是故天子之祭也，与天下乐之；诸侯之祭也，与竟内乐之。"

4 **日中则昃：**昃，偏斜。太阳过了正午后就要偏斜。

5 **月盈则食：**食，指缺失。月亮满了后，就会逐渐缺失。

6 **消：**指逐渐缺失、变虚。 **息：**指逐渐生长、变盈。

7 **而况于人乎？况于鬼神乎：**更何况于人呢？更何况于鬼神呢？这句话意思是说，祭祀适宜在日中举行，因为天地在这时候为盈满之时，人的精神状态这时候最好，而鬼神也一样，这时候会很乐意享用祭品，此时祭祀就会得到神明的护佑，神灵就会降福于祭祀之人。

象曰：雷电皆至，丰；君子以折狱致刑。[1]

大象辞说，卦象为雷电都来了，表示《丰》卦。君子从雷电的卦象中获得启示，应该清楚明白而又快速准确地判决案件，执行刑法。

象曰："虽旬，无咎"，过旬灾也。[2]

小象辞说：虽然一旬之久，不会有过失，但一旬之后，发生了灾祸。

"有孚发若"，信以发志也[3]。

有诚信表现出来，这种诚信表现了内心

"丰其沛",不可大事也;"折其右肱",终不可用也。

的愿望啊。

像幡幔般的遮蔽物扩大开来,遮住了太阳,不能举行祭祀与战争等大事;折断了右臂,终究不能轻举妄动。

"丰其蔀",位不当也。"日中见斗",幽不明也。"遇其夷主",吉行也。

像草莽般的遮蔽物扩大开来,太阳被遮住,所处的位置不合适啊;白天里见到了北斗星,天色幽暗看不见阳光啊;偶然碰上初九这位边远诸侯,是吉祥之举啊。

六五之吉,有庆也。

六五爻吉祥,说明有喜庆之事来临了。

"丰其屋",天际翔也;"窥其户,阒其无人",自藏也。

房屋华丽高大,就像飞翔在半空中;从窗户窥视,房屋内无人,寂静无声,主人私自躲藏起来了。

注释

1 **雷电皆至,丰;君子以折狱致刑:**由此象辞可以见出,上古时期,祭祀时可能会处罚一些罪犯。传说大禹在会稽涂山大会诸侯时,防风氏后至,大禹将他斩了。一般嘉会都有祭祀之礼,《文言》说:"亨者,嘉之会也。"大禹的涂山之会,可能是人牲祭祀的残余陋习。有学者认为,商汤大旱时自己祈祷求雨,也是想将自己作为人牲而举行祭祀活动求雨,结果感动了上天。

2 **"虽旬,无咎",过旬灾也:**宾客之礼,以一旬十天为正,十天后返回;如果过了十天后不返回,一定发生了凶灾等意外情况,不得按时返回,于是有"稍礼"处理这种新情况。

3 **发:**发挥、表现。 **志:**内心愿望。

䷷ 旅[1]

导读

《旅》卦上卦为离为火，下卦为艮为山，象辞说“山上有火”，在野外山上生火烹煮食物，就是指商旅风餐露宿的生活。出门在外，必须小心谨慎，才会不出问题，否则，会有危险。卦辞说“小亨，旅贞吉”，旅行时小心谨慎，严守旅行之道，会有小的收获。爻辞都是围绕这个主题展开的。初六爻说在旅途上，旅行者卑贱猥琐、不守正道，自己会招来灾祸。六二爻、六五爻居于中位，得守正道。六二“得童仆”，有助手帮助。六五则终有令闻美名，都是好事。九三爻、九四爻，没有居于中位，一则告诫“贞厉”，有危机，一则表明“我心不快”，有忧愁之事。《杂卦传》说：“亲寡，旅也。”旅途在外，远离亲人朋友，没有人帮助照顾，因此，处处需要谨慎小心，以免发生意外，这是《旅》卦的主旨。

原文

小亨，旅贞吉。

初六，旅琐琐[2]，斯[3]其所取灾。

六二，旅即次[4]，怀其资[5]，得童仆，贞。

九三，旅焚其次，丧其童仆，贞厉。

译文

阴爻柔顺得中位而获亨通，羁旅之人坚守旅行正道则获吉祥。

初六爻，旅人在旅行时行为卑贱猥琐，自己招来了灾祸。

六二爻，旅人住上了旅舍，怀里揣着金钱，身边带着童仆，坚守旅行正道。

九三爻，旅人在旅途中所居住的旅舍被焚毁，旅人的童仆也丢失了。在危险中也应

九四，旅于处，得其资斧[6]，我心不快。	九四爻，旅人在其住处，找回了他的钱财，但旅人心里仍然快乐不起来。
六五，射雉[7]，一矢亡，终以誉命。	六五爻，射取野鸡，只用了一支箭就射中了，终将获得美誉和任命。
上九，鸟焚其巢，旅人先笑后号咷。丧牛于易，凶。[8]	上九爻，鸟儿因自己不谨慎，鸟巢被焚毁；旅人先欢笑，后来号咷大哭，旅人在有易这个地方丢失了牛群，凶险。

注释

1 **旅**：《旅》卦之义，《序卦》认为，"旅无所容"，《杂卦》以为"亲寡"，《周易正义》以为，"旅者，客寄之名，羁旅之称，失其本居，而寄他方，谓之为旅"。可见《旅》卦之义指羁旅在外，不在故乡本地。客居他方，因此亲友少。《旅》卦之义，既包括商旅如《复》卦象辞中所说的"商旅不行"；亦可能包括"宦游"，游说诸侯，如孔子之周游列国，如苏秦、张仪之游说秦国等等；亦可能指民族迁徙，如周受狄人侵迫而迁徙他方等等；亦可能指因国内政治斗争而出走，如晋公子重耳之出逃在外十四年之类。凡不能在本地、本国安居而客游他方者，都可以谓之旅。

2 **琐琐**：《周易正义》曰："琐琐者，细小卑贱之貌也。"即卑贱猥琐之意。

3 **斯**：此。

4 **即**：就居、住下。 **次**：旅舍。

5 **资**：资本、资财。

6 **资斧**：钱币，指仿斧形的货币。古时也有以贝为货币的，《周易》里的"十朋之龟"，"朋"即贝类货币。此外，也有"刀"形货币。"斧"形和"刀"形之类货币一般以青铜铸造。

7 **射雉**：射野鸡。雉，指野鸡。《周易学说》引马其昶说："士出疆必载贽，士执雉,故射之。”

8 **鸟焚其巢……凶:**据高亨《周易大传今注》云:“易,国名。此记殷之祖先王亥之故事。王亥屡见殷虚卜辞。据《山海经·大荒东经》《竹书纪年》《楚辞·天问》所载,王亥曾作客于有易之国,从事畜牧牛羊,而行淫享乐,有易之君绵臣杀王亥,而取其牛。此爻辞言‘鸟焚其巢’,谓绵臣杀王亥之时焚其居宅;‘旅人先笑后号咷’,谓王亥先逞淫乐,后临被杀而大哭;‘丧牛于易’,谓王亥失其牛于易国;‘凶’,谓王亥遭遇凶祸。”顾颉刚《周易卦爻辞中的故事》最早考证了王亥的有关故事。号咷,指大哭。

传

原文

彖曰:旅小亨,柔得中乎外[1],而顺乎刚[2],止而丽乎明[3],是以“小亨,旅贞吉”也。《旅》之时义[4]大矣哉。

译文

彖传说:《旅》卦,阴爻获亨通,阴爻柔顺获中位而顺应乎刚爻,下卦为艮为静止,上卦为离为亮丽光明,因此说阴爻获亨通,旅行时坚守旅行正道会获吉祥啊。旅人在外旅行时应该要遵守旅行正道,十分重要啊。

注释

1 **柔得中乎外:**指外卦为离,六五为柔爻阴爻,而得中位。

2 **顺乎刚:**指六五爻顺乎上九爻。

3 **止而丽乎明:**指下卦为艮为山为静止,上卦为离为火为光明。

4 **时义:**指《旅》之时、《旅》之义,即在外旅行时应遵守旅行之道。

象曰：山上有火，旅。君子以明慎用刑，而不留狱。[1]

大象传说：下卦为艮为山，上卦为离为火，表示山上有火，构成《旅》卦。君子从《旅》卦卦象中获得启示：君子应该廉明谨慎地施用刑罚，及时判决案件而不要拖延不决。

象曰："旅琐琐"，志穷[2]灾也。

小象辞说：旅人在旅行时行为卑贱猥琐，志向坚持不了，自己招来了灾祸。

"得童仆，贞"，终无尤[3]也。

得到了童仆，坚守旅行正道，最终不会有过失啊。

"旅焚其次"，亦以伤矣。以旅与下[4]，其义丧也。

旅人在旅途中所居住的旅舍被焚烧掉，也是很悲伤的事了；把童仆当作旅人一样看待，童仆跑掉了，是合道理的啊。

"旅于处"，未得位也。"得其资斧"，心未快也。

旅人在他的住处，还没有找到合适安住的地方；虽找回了钱财，但心里仍然快活不起来。

"终以誉命"，上逮[5]也。

终将获美誉和任命，旅人获得了君王的了解和信任啊。

以旅在上，其义焚也。"丧牛于易"，终莫之闻[6]也。

以旅人客居的身份却想凌驾于主人之上，从道理上说，旅人的住处会遭到焚烧从而失去托身安居的地方；在有易这个地方丢失了牛群，最终也没有谁来慰问同情他。

注释

1 **山上有火，旅。君子以明慎用刑，而不留狱：**下卦为艮为山，上卦为离为火，火在山上，构成《旅》卦。孔颖达《周易正义》曰："火在山上，逐草而行，势不久留，故为旅象。又上下二体，艮止离明，故君子象此，以静止、明察、审慎用刑，而不稽留狱讼。"君子从《旅》卦卦象中得到启示，君子应该审慎地施行刑罚，但是不要拖延狱讼，应该及时断案、结案。

2 **志穷**：指原有的理想在现实中碰壁都不能实现，因而前途迷茫，不知所措。凡是没有远大志向和抱负，或者坚持不了远大志向和抱负的人，不免显得卑贱、猥琐，操守不严，行为就会放肆。一般人如此都会自取其辱，更何况旅行在外，凡事不能做主的旅行者呢？

3 **尤**：过失、过错。

4 **与下**：与童仆相处，下即童仆。

5 **上逮**：指君王知道了解旅人的才能。逮，及也。

6 **闻**：问也。王念孙云："闻读为问，相恤问也。"

䷸ 巽[1]

导读

《巽》卦上下卦都是巽，巽为风为木为长女，《巽》卦为阴卦，九二爻、九五爻居于中位，因此，卦辞说，"小亨，利有攸往，利见大人"，小亨即利于干小事，不宜干大事，利见大人即利于见到九二、九五得中位之大人。初六爻吉凶未定，"进退"指内心犹豫不决，"利武人之贞"指利于行事果断坚决。九二爻、九五爻居于中位，因此吉利。九三爻则有些遗憾。六四爻则"田获三品"，打猎收获良多。唯有上九爻凶险，居于《巽》卦之极，处于穷困之境，因此，"丧其资斧"，丧失了财产。《巽》卦象辞说"柔皆顺乎刚"，是指初六阴爻顺乎九二阳爻、六四阴爻顺乎九五阳爻，因此，二爻、五爻吉祥顺利，四爻则颇有收获，初六因为处于事情发展初期阶段，所以没有吉凶判断。但是，《巽》卦是八纯卦，一爻与四爻、二爻与五爻、三爻与六爻，都是同性爻，一爻与四爻是阴爻，其余都是阳爻，没有阴阳相应，都是敌应，因此，上九危险。

原文

小亨[2]，利有攸往，利见大人。

初六，进退，利武人之贞。[3]

九二，巽在床下[4]，用史巫纷若[5]，吉，无咎。

九三，频巽[6]，吝。

六四，悔亡，田获三品[7]。

九五，贞吉，悔亡，无不利，无初有终。先庚三日，后庚三日，吉。[8]

上九，巽在床下，丧其资斧，贞凶。

译文

柔弱者亨通，利于前行，利于见到大人物。

初六爻，进退不定，利于武人果断作出决定，坚守正道。

九二爻，巽阴在床下，用许多祝史、巫觋沟通神灵，禳灾祈福，吉祥，不会有过错。

九三爻，频繁地颁布命令，会有遗憾。

六四爻，悔恨消失，田猎时获得大量猎物，包括上品乾豆、中品宾客、下品充君之庖等用途的猎物。

九五爻，坚守正道，吉祥，悔恨消失，无不利；刚开始发布新令时，百姓还心存疑惑，最终执行起来，大有收获；在庚日发布新令时，发布前三天，预先告知百姓将有新令发布，在新令发布后三天，再次向百姓宣讲新令如何执行，当然会获吉祥。

上九爻，巽阴在床下，丧失了钱财，确实遭遇上了凶险。

注释

1 **巽：**音 xùn，为八纯卦，为顺，为入，为风，为木。木，指柔木、草木之类，孔颖达《周易正义》曰："巽者卑顺之名。"《巽》卦之意为卑顺自谦，无所不容。

2 **小亨：**指阴爻柔弱者会亨通。

3 **进退，利武人之贞：**进退狐疑不决，利于武人坚守正道。王弼注云："处令之初,未能服令者也,故进退也。成命齐邪,莫善武人,故利武人之贞以整之。”

4 **巽在床下:**指初六,《周易学说》引宋衷曰:“巽为木,二阳在上,初阴在下,床之象也。退而据初,心在于下。”王夫之《周易内传》云:“巽在床下,谓初也。”《周易学说》又引马其昶曰:“《诗》笺,男子生而卧之床,尊之也;女卧之地,卑之也。卧之地则在床下矣。三女之生,巽为长,取象床下。言初六之阴,当柔伏以顺于刚也。”

5 **用史巫纷若:**“史”,王夫之《周易内传》认为指“撰辞告神者”,“阴有鬼神之道焉,故用史巫”。孔颖达曰:“史谓祝史,巫谓巫觋,并是接事鬼神之人。”马其昶曰:“周礼,男巫春招弭以除疾病,女巫掌岁时祓除衅浴。齐景公疾,欲诛于祝史,是古者用史巫以除禳疾病之证……疾在身者,医治之;疾在志者,史巫治之。”纷若,繁多,孔颖达以为,“盛多之貌”。巽之初六在床下,进退狐疑,有心疾,巽之九二得中,请来许多史巫等接事沟通鬼神之人,禳除初六之心疾,吉祥,不会有过错。

6 **频巽:**指朝令夕改,《周易学说》引沈该曰:“频巽,屡变也。刚巽乎中正而志行。刚过而不中,令且不当,是以频巽。志不得行,是以志穷。”

7 **田:**指田猎。 **三品:**王弼注以为“一曰乾豆,二曰宾客,三曰充君之庖”。王夫之《周易内传》亦以为“三品”指“乾豆、宾客、充君之庖”,并认为,“上杀、中杀、下杀皆获焉,是大获也”。《周易学说》引毛奇龄曰:“巽为股髀,离当心腹。全获三品,上杀中心,次杀中髀骼,下杀中腹。”田猎时射杀动物,射中心脏的作祭祀之用,即乾豆之用。乾豆,指将被射中心脏的猎物晒成干肉置于豆器中供祭祀用。宾客,指将被射中髀骼的动物作宾客宴享之用。庖厨,指射中腹的动物留作自己用。《礼记·王制》云:“天子诸侯无事则岁三田,一为乾豆,一为宾客,一为充君之庖。”郑玄注云:“乾豆,谓腊之以为祭祀豆实也。”孔颖达疏认为:“先宗庙次宾客者,尊神敬宾之义。”

8 **贞吉,悔亡……后庚三日,吉:**王夫之《周易内传》认为:“九五居尊,为申命之主。礼乐征伐自上出，其正也，吉道也。”又云：“五以刚中之道率民以有为，民将疑惮，故‘无初’。而终于有功，则‘有终’而无不利。‘庚’者，更新行事之义，故外事用刚日，而以庚为吉。‘先庚三日’而告之，初六始出令也。‘后庚三日’而复警以其不逮，六四申命也。于是而命无不行，事无不立矣。”《周易程氏传》亦以为，“甲者，事之端也；庚者，变更之始也。十干戊己为中，过中则变，故谓之庚”。先庚三日，指在庚日正式发布新令之前三日，告诫百姓，做好新令的发布预备工作；后庚三日，指在庚日新令发布之后三日，又告诫百姓，做好新令的宣传执行工作。

传

原文

象曰：重巽以申命，刚巽乎中正而志行，柔皆顺乎刚，是以“小亨，利有攸往，利见大人”。[1]

译文

象辞说：上卦下卦皆为巽，表示反复多次宣讲新令。刚爻九二爻与九五爻顺乎中正之道，志向得到实现，命令得到执行，柔爻初六与六四两爻都顺乎刚爻，因此说柔弱者亨通，利于前行，利于见到大人物。

注释

1 **重巽以申命……是以“小亨，利有攸往，利见大人”**：《周易学说》引刘沅曰：“重巽，上下皆巽也；申，丁宁重复。巽象在天为风，鼓舞万物而长养之；在人君为命令，鼓舞万民而变化之。志行，申命之志得行也。初四二阴，为成卦之主，而圣人意取阳能巽下，去其过刚；阴能巽上，得主以行，盖仍刚柔交济之义。”上下卦皆为巽，表示反复多次宣讲命令。二五两爻皆为刚爻，顺于中正之道居中位，能够实行命令，柔爻都顺于刚爻，因此说柔弱者会亨通，利于前行，利于见到大人物。

象曰：随风，巽；君子以申命行事。[1]

大象辞说：卦象为一阵风接着一阵风来，构成《巽》卦；君子从卦象中得到启示，应该反复宣讲好命令，然后执行好命令，将事情做成功。

象曰："进退"，志疑[2]也；"利武人之贞"，志治[3]也。

小象辞说：进退未定，心里存有疑惑，利于武人果断地作出决定，坚守正道，内心已消除疑惑，意志变得坚定起来。

"纷若"之吉，得中也。

用许多祝史、巫觋沟通鬼神，禳灾祈福，获得吉祥，是因为九二爻坚守中正之道啊。

"频巽"之吝，志穷也。

频繁地发布命令出现遗憾，是因为九三爻的志向得不到伸展啊，陷入了穷困境地。

"田获三品"，有功也。

田猎时获取可用作"乾豆、宾客、充君之庖"三类用途的许多猎物，大有功劳啊。

九五之吉，位正中也。

九五爻获得吉祥，是因为九五爻处于中正之位，能坚守中正之道啊。

"巽在床下"，上穷也；"丧其资斧"，正乎凶也。

巽阴伏在床下，上九陷入了穷困境地，又丢失了钱财，确实遭受了凶险。

注释

1 **随风，巽；君子以申命行事：**上卦下卦皆为巽，巽于自然界的卦象为风，上下巽的卦象为一阵风紧随着一阵风，君子从《巽》卦卦象中得出启示，君子应该重申号令，教百姓按号令行事。荀爽认为："巽为号令，两巽相随，故'申命'也。法教百端，令行为上，贵在必从，故曰'行事'。"《周易学说》引邱富国曰："申命者，致其戒于行事之先；行事者，践其言于申命之后。"

2 **志疑：**内心犹豫不决。

3 **志治：**内心不再疑惑，意志坚定。

䷹ 兑[1]

导读

《兑》卦是八纯卦，上下卦皆为兑，兑为泽为水为悦，是阴卦。《兑》卦主旨是"顺乎天而应乎人"，遵守天道规律，搞好政治，让平民百姓高兴满意是政治的最高目标。彖辞说："说以先民，民忘其劳，说以犯难，民忘其死。"有高兴快乐有利之事，首先想到民众，民众就会尽心尽力为君主服务。作为士大夫，相互之间要多多讨论讲习如何治理好天下、如何让民众满意，这是他们的职责所在。象辞"君子以朋友讲习"，就是指互相切磋、互相启发。六爻围绕如何让百姓对政治满意来立论。初九"和兑，吉"是说能够以正道团结人，吉祥。九二"孚兑，吉，悔亡"是说能够以诚信团结人，吉祥。九四说能够互相商量讨论达成共识，消除隔阂，是喜事。九五爻居于中位，有危机感。六三爻因为凌乘九二爻，柔乘刚，故意讨好别人，因此，凶险。上六爻说引诱挑逗他人开心，吉凶未定。象辞则说明《兑》卦是学术讨论之卦，"君子以朋友讲习"，君子之间互相讨论、切磋、启发。

原文

亨，利贞。

初九，和兑，吉。[2]

九二，孚[3]兑，吉，悔亡。

六三，来兑，凶。

九四，商[4]兑未宁，介疾有喜[5]。

九五，孚于剥，有厉。[6]

上六，引兑[7]。

译文

亨通，有利于坚守正道。

初九爻，团结一心，和谐相处，高兴快乐，获吉祥。

九二爻，以诚信相感，获信任，高兴快乐，悔恨会消失。

六三爻，媚求别人高兴快乐，会招来凶险。

九四爻，商量决定喜悦高兴的事情，还没有决定下来，隔绝、远离疾恶，会有喜庆之事来临。

九五爻，取信于小人，如果诚信有缺失，会有凶险。

上六爻，诱逗别人高兴快乐。

注释

1 **兑**：音 duì，卦名，八纯卦之一，上下卦皆为兑，卦象为泽，为说，喜悦之义。

2 **和兑，吉**：和指和平，能以正道团结人、聚集人、组织人，《文言》有“利者义之和也”，大家团结一致，同心同德，无比喜悦，当然吉祥，所谓“和气致祥”也。

3 **孚**：指以诚信感人，以诚信取得他人信任。

4 **商**：王弼注以为“商量裁制之谓也”。

5 **介**：王弼注以为“隔也”，隔绝之意。 **疾**：指疾恶邪侮。

6 **孚于剥，有厉**：孚指诚信，剥指亏蚀，不足，缺损，取信于小人，如果诚信不足有亏失，有危险。《周易学说》引沈起元曰：“孚于剥，即解之有孚于小人也。”又引马其昶曰：“说于剥，是溺于阴者；孚于剥，是能信于阴者。孚剥有二义，其人为剥阳之人，则以至诚格之；其事为剥民之事，亦以至诚将之，皆不忘有厉。如劳民犯难之事，岂能无厉？能孚，则忘劳忘死为民劝矣。《孟子》曰：‘以佚道使民，虽劳不怨；以生道杀民，虽死不怨杀者。’义本之《易》。”此二说有一定道理。

7 引兑：诱逗他人高兴。

传

原文

象曰：兑，说也。[1]刚中而柔外，说以利贞。是以顺乎天而应乎人。说以先民[2]，民忘其劳[3]，说以犯难[4]，民忘其死。说之大，民劝矣哉[5]！

译文

彖辞说，《兑》卦，表示喜悦高兴之卦，刚爻居于中位而柔爻在外面，快乐高兴，坚守正道。因此既符合天道又顺应民心。有快乐喜悦之事，应首先考虑平民百姓享受，平民百姓就会忘记他们的辛劳困苦；让平民百姓高兴快乐自觉自愿地去干危险的事情，平民百姓就会出生入死，将生死置之度外。快乐高兴的意义太伟大了。平民百姓快乐高兴就会顺从教化走向正道啊。

注释

1 兑，说也：《兑》卦，高兴喜悦的意思。

2 说以先民：指让平民百姓先享受快乐。

3 劳：指劳苦、辛劳。

4 犯难：指做危险的事情。

5 民劝矣哉：指平民百姓服从教化走上正道。

象曰:丽泽[1],兑;君子以朋友讲习[2]。

大象辞说:两泽相连互相附丽的卦象形成《兑》卦。君子从卦象中获启示:朋友之间相互切磋、相互讲学习道,快乐无比啊。

象曰:"和兑"之吉,行未疑也。

小象辞说:团结一心,喜悦高兴,获得吉祥,行动不会有疑虑啊。

"孚兑"之吉,信志也。

以诚信相感,取信于人,喜悦高兴,获得吉祥,内心的志向为别人所理解和信任啊。

"来兑"之凶,位不当也。

媚求别人喜悦高兴,招来凶险,因为所处的地位不适当啊。

九四之喜,有庆也。

九四爻喜悦快乐,因为有喜庆之事来临。

"孚于剥",位正当也。

能取信于小人,是因为九五爻所处的地位正当啊。

上六"引兑",未光也。

上六爻诱逗他人高兴,因为德泽没有发扬光大啊。

注释

1 **丽泽:**指上下卦卦象皆为兑为泽,互相联系、互相附丽。王弼注:"丽犹连也。"《程传》以为:"丽泽,二泽相附丽也。两泽相丽,交相浸润,互有滋益之象。"

2 **讲习:**讲学习道。

䷺ 涣[1]

导读

《涣》卦上卦巽为风为木，下卦为坎为水，木在水上就是指船在河流上航行。就卦辞来看，《涣》卦与君王祭祀有关。君王立庙祭祀，各地诸侯来君王祖庙助祭，乘船走水路，畅通有利。初六爻说明乘健壮的马走陆路，吉祥。九二爻“涣奔其机，悔亡”，是说君王享帝立庙时，诸侯助祭，在祭祀的供桌前奔走往来，不会后悔。六三爻说亲自参加助祭活动，不会后悔。六四爻“涣其群”是指六四承顺九五之君，不结党营私，因此“元吉”。九五爻说君王亲自主持祭祀活动，向诸侯发布政教命令，不会有错，上九爻说杀牲血祭，不会有错。《涣》卦谈论的都是宗庙祭祀制度问题，主要有三点：一是君王享帝立庙时，各地诸侯要来助祭，有的坐船走水路，有的乘马走陆路；二是诸侯之间不能结党营私，不能够私自交往；三是所有参加助祭的诸侯都要听从君王统一号令，树立君王权威，才会无咎。

《涣》卦还涉及建筑选址与风水问题，“先王以享于帝立庙”，卦象是巽木与坎水，结合起来就是水路交通乘船，初六爻辞说“用拯马壮”是说陆路交通乘马，说明享帝立庙的选址必须选在水路与陆路交通都便利的地方，因为各地的诸侯来助祭，需要交通方便，才能顺利抵达祖庙，及时参加祭祀活动。《涣》卦说明中国古代风水选址很重要，首先要考虑交通是否方便的问题。

原文

亨，王假有庙[2]，利涉大川，利贞。

初六，用拯马壮[3]，吉。

九二，涣奔其机，悔亡。[4]

六三，涣其躬[5]，无悔。

六四，涣其群，元吉。[6]涣有丘，匪夷所思。

九五，涣汗其大号，涣王居，无咎。[7]

上九，涣其血去逖出，无咎。[8]

译文

亨通，王去庙里举行祭祀活动，利于各国诸侯渡过大河跋山涉水来助祭，利于坚守正道。

初六爻，取用健壮的马乘坐，赴京城去参加助祭活动，吉祥。

九二爻，举行祭祀典礼时，快跑到摆放祭品几案前助祭，不会有遗憾后悔。

六三爻，举行祭祀活动时，亲自参与助祭，不会有悔恨。

六四爻，举行祭祀活动时，有一批贤能之才参与助祭，大吉祥。在土丘上举行祭典，出现意想不到的好结果。

九五爻，在举行祭礼时，君王发布号令，如出身之汗，不可更改。嗣君在祭礼中继承先王君位，不会有过失。

上九爻，举行祭祀时，杀牲血祭，忧伤没有了，不会有过失。

注释

1 **涣：**卦名，《序卦传》认为涣为涣散之意："说而后散之，故受之以涣，涣者，离也。"朱骏声《六十四卦经解》曰："涣，流散也，又文貌，风行水上，而文成焉。"据朱所说，涣不仅有涣散、离散意，还有文采意。

2 **王假有庙：**即王来到宗庙祭祀。假，至。《周易学说》引李士鉁曰："王指九五，巽为高，互艮为宗庙，坎为宫室、为鬼神、为饮食，互震为主祭，故假有庙。王者立庙，聚天下之心而系于一，即以散天下之私而成大公。萃言假庙，萃于公也；涣言假庙，涣其私也。卦相反而义相通，故其象同。”清人李光地《周易折中》认为：“涣与萃对，‘假庙者’，所以聚鬼神之既散也。涉川者，所以聚人力之不齐也。盖尽诚以感格，则幽明无有不应。”此二说解释了王去宗庙祭祀的原因理由目的。

3 **用拯马壮：**拯，子夏作“抍”，取也。取用壮健的马。

4 **涣奔其机，悔亡：**机，即“几”，指宗庙祭祀所用的摆放祭品的几案。虞翻曰：“震为奔，坎为棘为矫輮，震为足，輮棘有足，艮肱据之，凭机之象也。涣宗庙中故设机，二失位变得正，故‘涣奔其机，悔亡’也。”李道平疏认为：“互震足为奔……矫輮棘下而有足，机之象。互艮手为肱，据之，凭机之象也，‘机’与‘几’通。《春官祀几筵》‘掌五几五席之各物’，皆庙中大朝觐、大乡射所用。”《周易学说》引马其昶的话更说明了九二爻辞的理由与意义。马氏曰：“奔谓奔走，《诗》谓‘骏奔走在庙’。郑笺：‘俱奔走而来在庙中助祭。’即所奔其机也。二五皆得中，五为在中主祭之王，二奔走助祭者也。当涣时，能享帝立庙，故得愿。宗庙中以有事为荣也。刚来不穷，故失位之悔亡。”故此爻辞可理解为：当王立庙祭祀时，诸侯大臣奔走来到庙中几案前敬献祭品助祭，悔恨会消失。

5 **涣：**指参加君王所举行的祭祀活动。 **其躬：**指自身。

6 **涣其群，元吉：**参加祭祀活动的有一群贤人，大吉。李道平《周易集解纂疏》引《吕氏春秋》曰：“涣者，贤也。群者，众也。元者，吉之始也。涣其群元吉者，其佐多贤也。”可见，六四爻指有许多诸侯大臣等贤能之才参与君王的祭祀活动。

7 **涣汗其大号，涣王居，无咎：**君王祭祀时在庙中向诸侯大臣发布号令，如汗出不返，君王在祭礼中举行登基典礼，就正王位，不会有过失。《周易集解》引《九家易》曰：“谓五建二为诸侯，使下君国，故宣布号令，百姓被泽，若汗之出身，不还反也。”引荀爽曰：“布其德教，王居其所，故‘无咎’矣。”

8 **涣其血去逖出，无咎：**祭祀时，杀牲血祭，血出，忧伤没有了，不会有过失。陈戍国先生《周易校注》认为《小畜》卦六四爻辞“血去惕出”，与《涣》卦上九爻辞“血去逖出”是同一个意思。惕、逖相通。《周易集解》引虞翻曰：“应在三，坎为血为逖；逖，忧也。”

传

原文

彖曰：涣，亨，刚来而不穷[1]，柔得位乎外而上同[2]。“王假有庙”，王乃在中也。“利涉大川”，乘木有功也。[3]

译文

彖辞说：《涣》卦，亨通，刚爻来到九二爻位，下卦形成坎，表示水流不断，没有穷尽，柔爻来到六四爻位，得位于外卦，承顺于九五之爻，与上爻同心同德。嗣君来到祖庙，在庙中主持祭礼，继承王位。有利于各地诸侯跋山涉水渡过大河来助祭，他们乘坐木船肯定能渡过大河到达彼岸。

注释

1 **刚来而不穷：**指下卦九二爻由《否》卦之乾爻变来，下卦成坎，坎为水，水流无穷。

2 **柔得位乎外：**指上卦六四爻当位，阴爻居于阴位。 **上同：**六四承顺九五阳爻，与上同也。

3 **“利涉大川”，乘木有功也：**当指诸侯从远道而来，到君王之祖庙助祭。

象曰：风行水上，涣。先王以享于帝立庙[1]。

大象辞说：上卦为巽为风，下卦为坎为水，卦象为风行水上，构成《涣》卦。继位之王祭祀先王以配天帝，并立新庙。

象曰：初六之吉，顺也。[2]

小象辞说：初六爻吉祥，是因为初六阴爻顺承九二阳爻的缘故。

“涣奔其机”，得愿也。

祭祀时，快步走到摆放祭物祭品的几案前助祭，满足了心中的愿望。

“涣其躬”，志在外也。

祭祀时，亲自参加助祭活动，志在协助君王顺利完成祭祀典礼。

“涣其群，元吉”，光大也。

祭祀时，助祭的有一批贤能之士，大吉祥，这样的贤才能发扬光大君王的美德啊。

“王居，无咎”，正位也。

嗣君继承先王大统，继任君位，不会有过失，因为嗣君正式主持祭祀，举行了继位大典，登上了王位。

“涣其血”，远害也。

举行祭祀时，杀牲血祭，是为了攘除祸害。

注释

1 **先王以享于帝立庙**：即祭祀先王以配上帝，并为先王立庙。《周易集解》对此象辞有比较明确阐释。引虞翻曰：“否乾为先王，享，祭也。震为帝为祭，艮为庙，四之二杀坤在牲，故‘以享帝立庙’。”引荀爽曰：“谓受命之王，收集散民，上享天帝，下立宗庙也。阴上至四承五，为享帝，阳下至二为立庙也。”李道平疏曰：“上享天帝为上，下立宗庙为二。阴上至四，承五享上，为享帝。阳下至二，二体艮，为立庙也……上爻为宗庙而谓天帝者，《孝经》曰：‘昔者周公祭祀后稷以配天，宗祀文王于明堂，以配上帝。’故云宗庙之神所配食也……享于帝立庙，谓立新庙也。享于帝者，告于南郊而谥之。涣，否泰之交，象嗣君正位继体也。”

2 **初六之吉，顺也：**初六之所以获得吉祥，是因为顺承九二阳爻的缘故。初六爻"用拯马壮"，即取用健壮的马，这样的良马可以致远，不致耽搁，可以想见，初六爻是承顺阳爻而需要致远的，致远干什么呢？九二阳爻是"涣奔其机"，九五阳爻是"涣汗其大号，涣王居"，是举行嗣王即位祭祀大典，九二去助祭，初六当然也要协助九二远赴王所去助祭，致远必须良马才行，因此初六说"用拯马壮，吉"也。

䷻ 节[1]

导读

上卦为坎为水，下卦为兑为泽，形成复卦水泽《节》卦。节的本义是符节之节，古代用于行军打仗时君主授予将帅的兵符，或者君王授予外交使节的信物。彖辞说，"刚柔分而刚得中"，卦象是阴阳有节奏地排列，刚爻九二、九五居于中位，因此说："说以行险，当位以节，中正以通，天地节而四时成，节以制度，不伤财，不害民。"以制度来划分财产所有权、使用权，以制度来约束民众，目的是用制度化的方式充分使用好财物，不浪费财物，以制度化的方式充分保护好民众，不伤害民众。但是，如果过分强调制度，而没有考虑制定制度的目的是保护好财产与人民，为制度而制度，就会走向反面，即"苦节，贞凶"。过分强调制度，而忽略制度是为了保护财产与民众这个目的，就会凶险。卦辞说，"亨，苦节不可贞"，强调以制度来管理，便会亨通，便会有利。过分了，违反了中正之道，就会麻烦。初九爻实行节道，不出户庭，不会有错。九二爻该出门庭而闭门不出，则凶险。六三爻不能够节制自己，会有麻烦。六四爻、九五爻是说制度遵守得很好，很自觉，因此吉祥。上六爻是过分节制，因此凶险。总之，《节》卦的主旨是刚柔适中而不过分为好。

原文

亨[2]，苦节[3]不可贞。

初九，不出户庭，无咎。

九二，不出门庭，凶。

六三，不节若，则嗟若，无咎。[4]

六四，安节，亨。[5]

九五，甘节，吉。往有尚。[6]

上六，苦节，贞凶，悔亡。

译文

亨通，如果符节受到损坏，就不能正常地符合。

初九爻，不要走出户外，不会有过错。

九二爻，不走出户庭，会有凶险。

六三爻，不实行节道，就会哀叹怨悔，只能怪自己，不能怨怪别人。

六四爻，安于节道，亨通。

九五爻，以实行节道为美，吉祥。往前行动会有收获。

上六爻，符节已损坏，不能实行节道，凶险，后悔也没有用。

注释

1 **节**：卦名，据尚秉和云："坎居西方，兑又居西，合为一处，故曰节。节，信也。古剖竹为符，合以取信，故《说文》云：'节，竹约也。'《序卦》云：'物不可以终离，故受之以节。节之用在合，故与离对文。'又曰：'节而信之。'是《序卦》即以节为符信也。凡卦名皆从卦象生。震为竹，而二至五正反震，两竹相合，则信成矣，而坎为信也。"尚氏此说可信，节，繁体为"節"，即以竹为符节，符节之间以取信。

2 **亨**：指符节以取信，因具亨通之理。"节"是一种信用的凭证，民见"节"而信，故亨通。

3 **苦节**：即损坏不合的符节。尚秉和云："《史记·五帝纪》：'舜陶于河滨，器皆不苦窳。'皆以苦为恶，节所以取信，苦窳则难以持久，不能符合。"

4 **不节若，则嗟若，无咎：**《周易注疏》引魏王弼注曰："以阴处阳，以柔乘刚，违节之道，以至哀嗟，自己所致，无所怨咎，故曰无咎也。"若，辞也，尚秉和云"语助词也"。王弼说六三不当位，以阴爻处阳位，以柔爻乘刚爻，违反了节信之道，以致哀叹不已，灾祸是六三自己招来的，怨不得别人。

5 **安节，亨：**王弼云："得位而顺，不改其节，而能亨者也，承上以斯得其道也。"六四爻为阴爻，得阴位，又上承顺九五阳爻，故得节道之正，安于此节，则亨通无阻。

6 **甘节，吉。往有尚：**王弼云："当位居中，为节之主，不失其中，不伤财，不害民之谓也。"尚秉和云："甘节即美节也，节而美善，方可用以取信，与下苦节为对文。""往得尊位，居之不疑，故曰往有尚。"九五阳爻，以刚居中，并且得位，为《节》卦之主，故吉祥，往前行进，一定会有所收获。

传

原文

彖曰：节，亨，刚柔分而刚得中。"苦节不可贞"，其道穷也。说以行险，当位以节，中正以通，天地节而四时成，节以制度，不伤财，不害民。

象曰：泽上有水，

译文

彖辞说：《节》卦亨通，刚爻柔爻互相区分，但是刚爻得位得中。损坏了的符节不能正常地符合，节道穷困，不能使用。下卦兑为悦，上卦坎为险，心情愉快地勇于赴险，中正当位，实行节道，因行中正之道而致亨通。天地实行节道而能四时成岁，节道以制度为规范，不损伤财物，不损害民众。

大象辞说：卦象下卦为泽，上卦为

节。君子以制数度，议德行。

水，组合为泽上有水，为《节》卦。君子法象《节》卦卦义，制定规章制度，评议道德品行。

象曰："不出户庭"，知通塞也。

小象辞说：不走出户庭，懂得通塞的时机呀。

"不出门庭，凶"，失时极也[1]。

不走出门庭，凶，是因为失去了时机。

"不节"之嗟，又谁咎也。

不按节道行事，则会哀叹怨悔，只能怪自己，又能怨怪谁呢？

"安节"之亨，承上道也。

安于节道，亨通，是因为六四顺承上面九五阳爻的缘故。

"甘节"之吉，居位中也。

以节道为美，吉祥，是因为九五得位居中正之道的缘故。

"苦节，贞凶"，其道穷也。

损坏的符节不能相符，凶险，是因为节道不能实行呀。

注释

1 **失时极也：**据尚秉和云："极，中也。"又曰："失时极，即失时之中也。"《尚书》有建皇极的句子，皇极之极指法则，因此，失时极之极，可释为机、法则。失时极，即失时机、失法则，尚氏云"失时中"亦可。

䷼ 中孚[1]

导读

《中孚》卦上卦为巽为风，下卦为兑为泽，泽上有风，即是大洋上的季风、信风，巽为木，泽上有木，则是船，行船必须要掌握季风的时间规律，因此，《中孚》卦表示诚信。另外，《中孚》卦是中间两爻六三、六四为阴爻，外面四爻即初九、九二与九五、上九为阳爻，就像一个蛋壳一样，外面坚硬，是阳，里面蛋白蛋黄柔软，是阴。蛋孵化后就会诞生新的禽鸟等生命。《彖传》说："中孚，柔在内而刚得中，说而巽，孚乃化邦也。"像孵化鸟蛋的母禽一样，专心诚实孵化百姓，那么也会感化邦国的百姓。"'利涉大川'，乘木舟虚也"，上卦巽为风为木，也表示舟船，因此，利于渡过大河，卦辞说："豚鱼吉，利涉大川，利贞。"《中孚》卦之所以利贞，是因为《中孚》卦的感应符合天道自然规律，《彖传》说："中孚以利贞，乃应乎天也。"九二爻以母鹤鸣叫仔鹤呼应说明母子互相感应，其诚信与情感出于天道自然，没有丝毫虚伪与做作，九五爻也说："有孚挛如，无咎。"有诚信，紧密团结，不会有过错。上九爻说："翰音登于天，贞凶。"祭祀用的鸡称作翰音，公鸡的鸣叫报晓是非常准时的，头鸡叫、二鸡叫、天亮时鸡叫，古人就是根据鸡叫来判断时间的，因此，鸡能够准确报时，可以说很守信用，毛泽东主席有句诗，"一唱雄鸡天下白"，就是在说这个道理。因为雄鸡要被用来祭祀，所以对于雄鸡来说，贞凶。

原文

豚鱼吉[2]，利涉大川，利贞。

初九，虞吉，有它不燕。[3]

九二，鸣鹤在阴，其子和之。我有好爵，吾与尔靡之。[4]

六三，得敌，或鼓或罢，或泣或歌。[5]

六四，月幾望，马匹亡，无咎。[6]

九五，有孚挛如[7]，无咎。

上九，翰音登于天[8]，贞凶。

译文

士庶人用小猪小鱼的荐礼祭祀，获得吉祥，有利于渡过大河，有利于坚守正道。

初九爻，举行虞祭之后易为吉祭，中间有其他祭事但无祭毕燕饮之事。

九二爻，母鹤在树荫下鸣叫，呼唤小鹤，小鹤们纷纷应答着跑拢来。我有好酒，我愿与嘉宾们共同享用。

六三爻，碰上了劲敌，或者鸣鼓冒进，或者疲惫撤退，或者哭泣叹息，或者歌唱庆幸。

六四爻，月亮快要圆了，快要到望月了，马匹死了，根据马质等礼制规定，不会有过错。

九五爻，有诚信牵系百姓之心，不会有过错。

上九爻，祭祀用的鸡，叫声闻于上天，占卜有凶险。

注释

1 **中孚**：卦名，王夫之《周易内传》释中孚说："中，内也；孚，信也，感也。卦画二阴在内，不得中，而三为躁爻，四为疑地，相聚而异志，既有不相信之势，而失中无权，志且不平；然而安处于内，静顺以不与阳争，则其信阳也至，而阳之感之者深也。"《中孚》之卦名，因二与五两阳爻得居九二与九五之中位，感于三与四两阴爻，取得其信任，由此而来，诚信见于内而发于外，能感于人而见其信也。

2 **豚鱼吉：**陈戍国先生《周易校注》引王伯申《经义述闻》卷一云："豚鱼者，士庶人之礼也。""豚鱼乃礼之薄者，然苟有中信之德，则人感其诚而神降之福，故曰豚鱼，吉，言虽豚鱼之荐亦吉也。"王氏认为豚鱼为士庶人之礼，礼表诚信，有中信之德，则吉。又《周易学说》引李纲曰："卦爻有胎卵孚保之象。胎生之多者莫如豚，卵生之多者莫如鱼。豚鱼吉者，圣人仁心感物，及于胎卵，其政则所谓不靡卵、不杀胎，取鸟兽鱼鳖必避其孕乳之时是也。"李氏此见，《月令》有证，可备一说。我们采用王说。

3 **虞吉，有它不燕：**虞，指虞祭。《周易学说》引刘沅曰："汪氏注以虞为祭。按《仪礼》，葬之明日，始虞曰哀荐祫事，再虞曰哀荐虞事，三虞曰哀者成事。《檀弓》曰：'葬日虞，弗忍一日离也。'故既葬，日中而虞，间日一祭，凡三日虞以将其哀慕之诚。既虞之后则卒哭，丧祭易为吉祭。"陈戍国先生《周易校注》引于醴尊（省吾）先生说："虞，谓虞祭也……盖丧至于虞，已渐即吉，故曰虞吉。然虞、卒哭中间有他祭事而无祭毕燕饮之事，故曰'有它不燕'也。所以然者，以孝子未变其哀痛之志也。"虞祭之后卒哭，丧祭易为吉祭，虞祭与卒哭之间有其他祭事，但不会有祭毕燕饮之事。它，指其他祭事；燕，指燕饮之事。

4 **鸣鹤在阴……吾与尔靡之：**鸣鹤，指母鹤在呼唤。阴，指树荫之下。其子，小鹤。和之，应答它。靡，共也。靡之，共同宴享。《周易学说》引彭申甫曰："《说文》：'爵，礼器也。'宗庙之礼，贵者献以爵。则好爵者，即诗人康爵之谓。靡，虞氏亦训共，即旨酒宴乐之意。"又引贾谊曰："《诗》曰：'恺悌君子，民之父母。'言圣王之德也。《易》曰：'鸣鹤在阴，其子和之。'言士民之报也。"贾氏认为此爻说的是君子与士民言行相应、相感，以德相报也。

5 **得敌，或鼓或罢，或泣或歌：**《周易集解》引荀爽曰："三四俱阴，故称敌也。四得位有位，故鼓而歌，三失位无实，故罢而泣之也。"得敌，指阴爻遇上了阴爻，或阳爻遇上了阳爻。罢，通"病"。王弼注谓："三居少阴之上，四居长阴之下，对而不相比，敌之谓也。以阴居阳，欲进者也，欲进而阂敌，故或鼓也。四履正而承五，非己所克，故或罢也。不胜而退，惧见侵陵，故或泣也。四履乎顺，不与物校，退而不见害，故或歌也。不量其力，进退无恒，惫可知也。”王注就爻辞解释六三爻得敌之情况，较荀爽以爻辞释六三、六四两爻为确切。六三爻与六四为敌，以阴爻居阳位，轻举妄动，急躁冒进，鼓噪而进攻六四，不胜而退，哭泣不已；六四履正位而不与计较，不报复六三，六三因此身心疲惫不已，却因为六四不攻打而高兴起来。《周易学说》引刘牧曰：“人惟信不足，故言行之间，变动不常如此。”

6 **月幾望，马匹亡，无咎**：《周易学说》引胡一桂曰：“互震，马象。”又引李士鉁曰：“六四以阴从阳，象月之将望，互震为马，四在震上，绝同类之阴，而上孚于五，故马匹亡。虽不中，可以无咎。”李氏此解从象上来着眼。又引马其昶之辞，从礼的角度来阐释，可信。马氏曰：“《周礼》马质，凡给公家之使受马于有司者，书其齿毛与贾，旬之内马死，责偿齿毛与贾，以受之日浅，养之恶也。旬之外死，偿以毛色，不以齿贾。逾二十日则否，以劳役久，马力既竭，非用者罪也。月幾望，是旬之外矣，不偿齿贾，马匹亡无咎也。绝类上者，言其竭力趋公，虽马死，人不咎其养之不善，孚之效也。鹤鸣子和，孚于生者；马匹亡无咎，孚于死者。马质所掌偿马之法，疑亦商旧制，而周因之，当时所通行，故《易》取象焉。”马氏之解，很有道理。据马氏之说，六四爻辞可疏为：望月快要到了，马匹死了，根据《周礼》马质所掌偿马之法，不用偿还所死的公家之马，不会有过错。

7 **有孚挛如**：王弼注：“挛如者，系其信之辞也。处中诚以相交之时，居尊位以为群物之主，信何可舍？”孔颖达《周易正义》曰：“挛如者，相牵系不绝之名也。”

8 **翰音登于天**：《周易集解》引虞翻曰：“巽为鸡，应在震，震为音，翰，高也，巽为高，乾为天，故‘翰音登于天’。失位，故‘贞凶’。礼，荐牲鸡称‘翰音’也。”李道平《周易集解纂疏》曰：“《曲礼》曰‘鸡曰翰音’。盖祭宗庙所用，故云‘礼荐牲，鸡称翰音也’。”又曰：“体巽为鸡，鸡鸣必振其羽，故有翰音之象。夫豚鱼知风，鹤知夜半，鸡知旦，皆物之有信者，故《周礼》鸡人亦取孚义。然鸡能鸣不能上飞，叫旦虽不失时，欲使羽翰之音，登闻于天，岂能久乎？《孟子》所谓‘声闻过情’者也。”

传

原文

彖曰：中孚[1]，柔在内而刚得中，说而巽，孚乃化邦也。“豚鱼[2]吉”，信及豚鱼也。“利涉大川”，乘木舟虚也。中孚以利贞，乃应乎天也。

译文

彖辞说：《中孚》卦，六三、六四两阴爻柔爻在里面，并且九二、九五两阳爻为刚爻，居于中位，下卦为兑为喜悦，上卦为巽为顺应，诚信能够感化邦国内的百姓。士庶人用小猪小鱼作荐礼祭祀，获得吉祥，诚信能够通过小猪小鱼感动神灵。有利于渡过大河，因为乘坐着空木船啊。内心充满诚信，坚守中正之道，人的诚信能够与上天相感应啊。

注释

1 **中孚：**王肃曰：“三四在内，二五得中，兑说而巽顺，故孚也。”

2 **豚鱼：**荀爽曰：“豚鱼，谓四、三也。艮为山陆，豚所处。三为兑泽，鱼所在。豚者卑贱，鱼者幽隐。中信之道，皆及之矣。”豚，音 tún，即小猪。黄寿祺、张善文《周易译注》认为“豚鱼”指“小猪小鱼”，比喻“微隐之物”。

象曰：泽上有风，中孚；君子以议狱缓死[1]。	大象辞说：下卦为兑为泽，上卦为巽为风，表示泽上有风，构成《中孚》卦。君子从这些卦象中获得启示，应该审慎地判决刑狱案件，宽缓死刑。
象曰：初九"虞吉"，志未变也。	小象辞说：初九爻举行虞祭之后易为吉祭，孝子的哀痛之心没有改变。
"其子和之"，中心愿也。	小鹤们纷纷应答着母鹤的呼唤，表达着他们内心真实的情感与愿望。
"或鼓或罢"，位不当也。	或者鸣鼓急躁冒进，或者撤退疲惫不堪，是因为六三所处的地位不当啊。
"马匹亡"，绝类上也。[2]	马匹死了，六四竭力王事，侍奉君王啊。
"有孚挛如"，位正当也。	有诚心牵系团结百姓之心，九五所处的地位正当，坚守中正之道啊。
"翰音登于天"，何可长也。	祭祀用的鸡，叫声闻于上天，它还能活多久呢？

注释

1 **议狱缓死：**审慎地判决刑狱案件，宽缓死刑。黄震、杨兴华等人著文以为上古时代存在着"神判"现象，如《诗经》里的"弃""后稷"，《中孚》卦中所指的议狱缓死，黄震认为是指将无法核实的疑犯抛入水中，让神来鉴别有无犯罪，如无罪即缓死，有罪即被水淹死。此说亦颇有理，颇合民俗现象。但于易辞而言，尚无直接证据。

2 **"马匹亡"，绝类上也：**六四爻马匹死了，但因六四爻竭力王事，奉事君王，不会责怪其养马不善。

䷽ 小过[1]

导读

《小过》卦上卦是震，为雷，下卦是艮，为山，卦象为雷山小过。《小过》卦与《中孚》卦完全相反，《小过》卦中间两爻是阳爻，其余外面四爻是阴爻，阳爻不居二、五中位，阴爻过盛，阳爻刚爻失位而不中，因此称作《小过》卦。既然是六二、六五等阴爻当政，阳为大，阴为小，因此卦辞说："亨，利贞。可小事，不可大事。"阴爻当政，只能够干好小事情，不能够干大事情。《小过》卦又像一只小鸟，中间是身体，两旁边的阴爻是翅膀，因此，卦辞又说："飞鸟遗之音，不宜上，宜下，大吉。"就是说，飞鸟不宜往上飞，适宜往下飞，大吉。《小过》卦的卦辞还好，爻辞却并不好，总共有三个凶爻，初六爻凶，上六爻凶，九三爻也凶，九四爻"往厉必戒"，小心谨慎，才能免除危机，近得无咎。六二爻、六五爻居于中位，也仅仅得到无咎的结果。整个六爻中间，不管是阳爻，还是阴爻，没有一爻是吉利的。从整个卦象看，如果我们将两爻看作一爻，《小过》卦实际上就是一个《坎》卦，阳爻陷入阴爻中间，有志不得伸展，处于穷困境地。

君子遵循中庸之道，处事应该得中得当，合情合理，符合礼制规定，但是在某些特殊情况下，也允许个别人不守中道，譬如大象辞所说的"君子以行过乎恭，丧过乎哀，用过乎俭"，对人过分恭敬，丧事过分悲伤，家用过分节俭，虽然不守中庸之道，也可以原谅其对自己过于严格的良苦用心。

原文

亨，利贞。可小事，不可大事。飞鸟遗之音，不宜上，宜下，大吉。[2]

初六，飞鸟以凶[3]。

六二，过其祖，遇其妣；不及其君，遇其臣，无咎。[4]

九三，弗过防之，从[5]或戕之，凶。

九四，无咎，弗过遇之。往厉必戒，勿用，永贞。

六五，密云不雨，自我西郊。公弋[6]取彼在穴。

上六，弗遇过之，飞鸟离之[7]，凶，是谓灾眚。

译文

亨通，利于坚守正道。可以干小事情，不适宜干大事。飞鸟飞过后，留下鸣叫声，飞鸟不宜继续往上飞，适宜往下飞，寻找安栖之所，大为吉祥。

初六爻，飞鸟遭遇到了凶险。

六二爻，祖父的丧礼有过分，祖母的丧礼合乎礼制规定，臣下不能僭越君主的礼制，臣下应该严守臣子的礼节，不会有过错。

九三爻，没有过分，没有失礼，应谨防小人，如果放任小人，有可能遭到伤害，凶险。

九四爻，没有过错，没有过分，没有失礼，遇上了支持者，往前行十分危险，一定要谨慎小心，不宜行动，利于永远坚守正道。

六五爻，在我方西部上空，乌云密布，没有下雨。王公用带绳子的箭射杀在巢穴里的鸟儿。

上六爻，没有遇上支持者，阴气过盛。飞鸟撞上了罗网，凶险。这就叫灾祸。

注释

1 **小过：**卦名，《小过》卦中间三爻、四爻为阳爻，不中，外四爻皆为阴爻，六二爻与六五爻得中，阴爻多于阳爻，阴气过盛，阴为小，阳为大，因此说小过，即阴盛阳衰之意，阴阳不平衡。王船山《周易内传》解释符合《易》理："二、五者，中位而为卦之主也。《小过》之卦画，阴皆据之，又得初、上二阴以为羽翼，而以三、四进退危疑之地，处阳而锢之于内，阴之逾其涯量者甚矣，故曰《小过》。乃过之为辞，非恶也，非罪也，则与《否》《剥》之消阳者异。盖阳虽势微失中，而犹处乎内，未尝如《剥》之削而孤、《否》之摈而之外也。柔得中，未尝溢也。自上覆之，自下承之，将谓护阳而保之，而势极于甚，遂轶其常度，非其罪也，故可以亨。阳在内，而阴函之，以柔道行焉，亦可以利物而不失其正。然阴之为道，柔弱曲谨，而不能胜大任，故可小而不可大。"

2 **亨，利贞……大吉：**亨指亨通，利贞指利于坚守正道，可小事，指可干小事，不可大事指不可干大事。因为阴爻二五得中，故可干小事，因三四两阳爻失中，故不可干大事。《小过》卦有飞鸟之象，中两阳爻为鸟身，外四阴爻为两羽翼。飞鸟遗之音，指飞鸟飞过，留下鸣叫声；不宜上，宜下，大吉，指飞鸟不宜继续向上飞，适宜向下飞，寻找安栖之所，大为吉祥。

3 **飞鸟以凶：**往上飞的鸟遭遇了凶险。为何初六爻辞会有凶险呢？《周易学说》引项安世说："初、上二爻，阴过而不中，是以凶。以象观之，初、上皆当鸟翅之末，初在艮之下，当止反飞，以飞致凶；上当震之极，其飞已高，动而成离，则离于网罟。"项氏以为初六在艮之下，即下卦为艮，初六为艮之下，就卦象言该当止住不动，而初六爻为动爻，为飞鸟，故因飞而凶。李道平《周易集解纂疏》按语曰："初在艮下当止，失位故不止而飞。宜下不宜上，故凶也。"李氏解说颇为有理。

4 **过其祖，遇其妣；不及其君，遇其臣，无咎：**此爻解释众说纷纭，莫衷一是，如王夫之《周易内传》、李鼎祚《周易集解》、黄寿祺《周易译注》、孔颖达《周易正义》、尚秉和《周易尚氏解》等等，各说皆有理。笔者认为，爻辞有祖、妣、君、臣，当与礼制密切相关。《周易学说》引马其昶曰："遇者相亲遇，指比应爻，所谓近而相得者也。合二体而论应，二之越四应五，有过其祖、亲其妣之象。《仪礼》，祖父母不杖期，父在为母杖期，父卒为母齐哀三年，服制称情以立文。”马氏已注意到爻辞与丧礼有关。过其祖，指举行祖父的丧礼已有小过分，即丧过乎哀之意。在象上，如果三爻为父，那么四爻阳爻为祖。遇其妣，指举行祖母的丧礼合乎正道，妣指六五阴爻。马氏认为妣指母亲，即丧母。笔者认为，祖、妣相对待，应指祖父与祖母而言，黄寿祺、王夫之等多位学者亦据此说。不及其君，从另一个角度立言，如果六五为君主，那么六二作为臣下是不能僭越其礼节的，即必须严格遵守君臣之礼节；遇其臣，指应该遵守臣下的礼节，遇到了君主的臣下，相互以臣下的礼节相待。

5 **从：**通“纵”，指放任小人。

6 **弋：**音 yì，用带绳子的箭射。

7 **离之：**指撞上了罗网。

传

原文

彖曰：小过，小者过而亨也。过以利贞，与时行也。柔得中，是以“小事吉”也。刚失位而不中，是以“不可大事”也。有飞鸟之象焉，“飞鸟遗之音，不宜上，宜下，大吉”，上逆而下顺也[1]。

译文

彖辞说：《小过》卦，阴爻为柔小者，过于强盛，却能亨通。过分而能有利于坚守正道，紧跟形势一起前进。柔爻得二、五爻中位，因此干小事情吉祥。刚爻阳爻失位而没有据守中位，因此不可干大事。有飞鸟的卦象，飞鸟飞过后，留下鸣叫声，不宜继续向上飞，适宜于向下飞，寻找栖息之所，大为吉祥。向上飞逆行而向下飞则顺风啊。

注释

1 **上逆：**因为九三、九四刚爻失中，而六五、上六为阴爻，阴爻不能干大事，没有能力往上飞，因此说往上飞是逆势而动。 **下顺：**往下飞即顺势而为，下卦为止，止则顺。

象曰：山上有雷，小过；君子以行过乎恭，丧过乎哀，用过乎俭。[1]

大象辞说：下卦为山，上卦为雷，山上有雷，形成《小过》卦。君子从卦象中得到启示，行为过分恭敬，丧事过分哀伤，用度过分节俭。

象曰："飞鸟以凶"，不可如何也。

小象辞说：飞鸟有凶险，无可奈何啊。

"不及其君"，臣不可过也。

臣子的礼制不能僭越君主，臣子是不能够越过君主的。

"从或戕之"，凶如何也。

放任小人，有可能遭到伤害，这样的凶险是无可奈何的。

"弗过遇之"，位不当也；"往厉必戒"，终不可长也。

没有过分，没有失礼，遇上了支持者，所处的地位不当啊；往前行十分危险，一定要小心谨慎，否则不会有好结果。

"密云不雨"，已上也。

乌云密布，没有下雨，阴气上升而过盛。

"弗遇过之"，已亢也。

没有遇上支持者，阴气过分强盛，阴气已达到亢极穷困的境地。

注释

1 **行过乎恭，丧过乎哀，用过乎俭：**行为过于恭敬，丧事过于哀伤，用度过于节俭。李道平认为："皆过所当过，而不失乎礼之本者也。""《小过》之过，《论语》所谓'观过斯知仁矣'之过也。"

䷾ 既济[1]

导读

《既济》卦象上卦为坎水,下卦为离火,火在水下,表示烹煮食物。一、三、五阳爻居于阳位,二、四、六阴爻居于阴位,刚柔当位,表示各就其位、各司其职。应该说,六十四卦中只有《既济》一个卦是阴阳爻全部当位的,可是《既济》卦的卦辞与爻辞并不见得就比其他不当位的卦爻辞好。因为《周易》一个最重要的特点是变化,既然已经成功了,秩序安定了,那么下一步就会慢慢走向成功、稳定的反面,因此,《既济》卦隐藏着危机。卦辞直接说明"初吉,终乱"。开始吉利,最后走向失序混乱。

《既济》卦的成功实际上也非常艰难,来之不易,九三爻辞说:"高宗伐鬼方,三年克之,小人勿用。"高宗是殷商中兴之主,英明伟大,经过了三年的长期战争,讨伐鬼方终于取得胜利,但杀敌一千,自损八百,自己也付出了惨重代价。取得胜利后更要小心谨慎,九三爻说"小人勿用",不能任用小人治理国政。六四爻说要"终日戒",整天保持警戒小心状态。九五爻说:"东邻杀牛,不如西邻之禴祭,实受其福。"西邻只要诚心按照禴祭的礼制规定祭祀,也胜过东邻僭越礼制,用牛来祭祀所得到的福报。上六爻辞也告诫说"濡其首,厉",濡其首,就是说饮酒违反了礼制,放纵狂欢,酒水弄湿了头发,会很危险。《既济》卦就是告诫要小心谨慎,防患于未然,谨守礼制,不能够放纵狂傲,所谓小心驶得万年船。

原文

亨小[2]，利贞，初吉，终乱。

初九，曳其轮[3]，濡其尾[4]，无咎。

六二，妇丧其茀[5]，勿逐，七日得。

九三，高宗伐鬼方[6]，三年克之，小人勿用。

六四，繻有衣袽，终日戒。[7]

九五，东邻杀牛，不如西邻之禴祭，实受其福。[8]

上六，濡其首，厉。

译文

柔小柔弱者获得亨通，利于坚守正道；开始时吉祥，到最后会导致祸乱发生。

初九爻，向后拖拉车轮，小心前行，小狐狸渡河时弄湿了尾巴，小心谨慎，不会有祸害。

六二爻，贵族妇女乘车时丢失了华丽的车盖，不用追寻，七天后将失而复得。

九三爻，殷代中兴之君高宗征伐鬼方蛮夷，经过三年的持久战争，才征服了鬼方。小人不能任用。

六四爻，华丽的帛衣因三年战争都变成了破烂不堪的衣裳了，军队仍然整天提高警惕，防备着鬼方捣乱。

九五爻，东边邻居之人杀牛举行盛大祭祀，不如西边邻居之人举行微薄的禴祭，实际上蒙受了神灵赐予的福泽。

上六爻，小狐狸渡河时淹到了头部，十分危险。

注释

1 **既济：**《周易学说》引郑康成曰："既，已也，尽也。济，度也。"既济，即已渡过河之意。引申为万事万物已经成功。又引李士鉁曰："卦画三阴三阳，各得其正，天下既平，万事既定之象也。"《既济》卦一三五为阳爻，当位，二四六为阴爻，亦当位，三阴与三阳互相平衡。下卦为火，上卦为水，水火相济，成功之意。

2 **亨小:**指柔小者获亨通。《周易正义》曰:“既万事皆济,若小者不通,则有所未济,故曰既济,亨小也。”小者尚亨,何况于大?

3 **曳其轮:**往后拖拉车轮,指缓慢前行、不急忙前进。曳,音 yè,往后拖、拉之意。

4 **濡其尾:**狐狸渡河时,弄湿了尾巴,渡河应该小心谨慎才行。濡,音 rú,沾湿、弄湿。

5 **茀:**音 fú,即遮盖车的车饰,妇女乘车时所用。《毛诗正义》孔颖达疏曰:“茀,车蔽也,妇人乘车不露见,车之前后设障以自隐蔽,谓之茀。”

6 **高宗伐鬼方:**《周易学说》引《乾凿度》云:“高宗者,武丁也。殷道中衰,高宗内理其国,以得民心,扶救衰微,征伐远方,三年而丑恶消灭,王道成,殷人高而宗之。”引淮南王疏云:“鬼方,小蛮夷。”

7 **繻有衣袽,终日戒:**繻,音 rú。袽,音 rú。虞翻曰:“乾为衣,故称繻。袽,败衣也。乾二之五,衣象裂坏,故‘繻有衣袽’。离为日,坎为盗,在两坎间,故‘终日戒’。谓伐鬼方,三年乃克,旅人勤劳,衣服皆败,鬼方之民,犹或寇窃,故‘终日戒’也。”《说文》认为“采缯为繻,敝衣为袽”,虞翻此解合理,彩色的新帛衣因长久的战争变成了破败衣服,但还得谨防鬼方寇盗,天天提高警惕。王弼认为“繻,宜曰濡,衣袽所以塞舟漏也”,可备一说。

8 **东邻杀牛,不如西邻之禴祭,实受其福:**此九五爻辞,表明了古人祭祀的一个非常重要的价值观念,“明德惟馨”,有道德的人,祭祀才可以获福泽。王弼注云:“牛,祭之盛者也。禴,祭之薄者也。居既济之时,而处尊位,物皆盛矣。将何为焉。其所务者,祭祀而已。祭祀之盛,莫盛修德。故沼沚之毛,蘋蘩之菜,可羞于鬼神。故‘黍稷非馨,明德惟馨’。是以‘东邻杀牛,不如西邻之禴祭,实受其福’也。”《周易学说》引《礼记》云:“君子不以菲废礼,不以美没礼。君子苟无礼,虽美不食焉。《易》曰,东邻杀牛,不如西邻之禴祭,实受其福。郑注云,离为牛,坎为豕。禴祭则用豕。杀牛而凶,不如杀豕受福;奢而慢,不如俭而敬也。”又引刘向曰:“盖重礼不贵牲也,敬实不敬华。”东边邻居之人用杀牛的盛大祭礼来祭祀,不如西边邻居之人诚信有时,用祭祀不丰厚的禴祭祭祀,实际上蒙受了神灵赐予的福泽。

传

原文

彖曰:既济,亨,小者亨也。“利贞”,刚柔正而位当也。“初吉”,柔得中也。终止则乱,其道穷也。

象曰:水在火上,既济;君子以思患而豫防之。

象曰:“曳其轮”,义无咎也。

“七日得”,以中道也。

“三年克之”,惫也。

“终日戒”,有所疑也。

译文

彖辞说:《既济》卦,亨通,柔小柔弱者获得亨通。利于坚守正道,刚爻与柔爻居于正位而当位,阳爻居于一三五等阳位,阴爻居于二四六等阴位。开始时获得吉祥,六二柔位获得中正之位,坚守中正之道啊。最终自我满足,停步不前,导致祸乱发生,已经走向穷困的道路啊。

大象辞说:下卦为离为火,上卦为坎为水,水在火上,构成《既济》卦象。君子从卦象中获启示,应该事先考虑到可能出现的祸患,并预先做好防范的准备。

小象辞说:向后拖拉车轮,缓慢前进,谨慎小心,从道理上说不会有过错。

七日后华丽的车盖失而复得,说明六二爻遵守中正之道啊。

经过三年之久的持续战争才征服了鬼方,军队已经疲惫不堪了。

整天提高警惕,防止鬼方寇盗捣乱,有所怀

“东邻杀牛，不如西邻”之时[1]也；“实受其福”，吉大来也。

“濡其首，厉”，何可久也。

疑啊。

东边的邻居杀牛举行盛大祭礼，不如西边的邻居诚心按时举行微薄的禴祭，实际上蒙受到了神灵赐予的福分，获得了许多的福泽啊。

小狐狸渡河时淹湿了头部，十分危险，小狐狸还能活多久呢？

注释

1 **时：**指按时诚心祭祀。

䷿ 未济[1]

导读

《乾》卦的彖辞说：“大明终始，六位时成。”《周易》卦爻系统是一个开放性的系统，《周易》说的是终始，而不是始终，始终是一个封闭的系统，终始则是终而复始的开放系统，世界永远不会完结，永远处于运动变化之中。《乾》卦卦辞说“元亨利贞”，用九爻辞说“见群龙无首，吉”，群龙无首，就是阳而阴，阴而阳，没有始终，循环无端，也是终始之义。《既济》卦是刚柔正而当位，《未济》卦则是刚柔皆失位不当位，一、三、五爻是阴爻居于阳位，二、四、六是阳爻居于阴位，因此，《杂卦传》说：“未济，男之穷也。”所谓男之穷，就是阳爻刚爻失位，男人没有事业，男人事业未成功。《系辞传》说：“穷则变，变则通，通则久。”从另一个角度而言，男人处于穷困境地，反而给予了男人努力奋斗的机会，只有努力拼搏，才会改变现状，因此，《未济》卦反而比《既济》卦爻好些，《未济》卦的九二爻、九四爻都是吉利爻，这是励志男人逆袭成功的典范，九二爻是“曳其轮，贞吉”，坚守中道，小心谨慎，缓慢前进，就会贞吉。九四爻也是“贞吉，悔亡。震用伐鬼方，三年有赏于大国”，不但吉利，而且出征讨伐鬼方顽敌，也会取得重大胜利，获得大国封赏。六五爻因为居于中位而获得吉利。上九阳爻失位，因为居于高位，如果居安思危，饮酒遵守礼制，则会无咎。如果不守礼制，不居安思危，反而耽于宴乐，则会失去民众信任。

原文

亨，小狐汔[2]济，濡其尾，无攸利。

初六，濡其尾，吝。

九二，曳其轮，贞吉。

六三，未济，征凶，利涉大川。

九四，贞吉，悔亡。震用伐鬼方，三年有赏于大国。

六五，贞吉，无悔；君子之光，有孚吉。

上九，有孚于饮酒，无咎。濡其首，有孚失是。

译文

亨通，小狐狸几乎要渡过河了，却弄湿了尾巴，不会有什么好处。

初六爻，小狐狸弄湿了尾巴，十分遗憾。

九二爻，向后拖拉车轮，不急躁冒进，坚守正道，将获得吉祥。

六三爻，没有过河，急于征伐，十分凶险，利于渡过大河。

九四爻，坚守中正之道，悔恨会消失，适宜用雷霆万钧之势征伐鬼方蛮夷，经过三年的战争之后，取得胜利，功臣被君王赏封为大国诸侯。

六五爻，坚守中正之道，不会有悔恨。君子的光辉、德泽施及百姓，有诚信感动人，将会获得吉祥。

上九爻，在宴会饮酒中，有诚信能感动人，不会有过错。如果在饮酒当中，失礼失德，酒醉后弄湿了头部，将因此而失去诚信，不能取信于人。

注释

1 **未济**：卦名，下卦为水，上卦为火，与《既济》卦相反，表示没有过河，事情还没有成功。《未济》卦，六爻皆不当位，一三五爻本为阳位，却为阴爻所居，二四六爻本为阴位，却为阳爻所居，《未济》卦男之穷，即指二四六阳爻皆失位居于穷困之地。

2 **汔**：音 qì，接近、几乎、近乎。

传

原文

象曰：未济，亨，柔得中也[1]。"小狐汔济"，未出中也[2]。"濡其尾，无攸利"，不续终也[3]。虽不当位，刚柔应也。

译文

彖辞说：《未济》卦，亨通，六五柔爻居于中位。小狐狸几乎要渡过河了，却未能走出坎险之中。渡河时弄湿了尾巴，不会有什么利益，不能够善终啊。虽然《未济》卦六爻都失位不当位，但初六与九四、九二与六五、六三与上九都阴阳爻相应，互相支持配合。

注释

1 **柔得中也**：指六五爻居于中位。

2 **未出中也**：指未能走出九二坎险之中。

3 **不续终也**：指不能够善终，有始无终。

象曰：火在水上，未济，君子以慎辨物居方。[1]

大象辞说：上卦为离为火，下卦为坎为水，火在水上，这种卦象构成《未济》卦。君子从卦象中获得启示：君子应该小心谨慎，辨别事物的象曰："濡其尾"，亦不知极[2]也。

物象物性，使它们各得其所，相济相成。

小象辞说：小狐狸渡河时弄湿了尾巴，不知道坚守中道，太不小心了。

九二"贞吉"，中以行正也。

九二爻坚守中正之道，将获得吉祥，说明坚守中正之道，行事公正，不偏不倚啊。

"未济，征凶"，位不当也。

没有过河，急于征伐，导致凶险，说明六三所处的地位不适当啊。

"贞吉，悔亡"，志行也。

坚守中正之道，悔恨会消失，说明志向正在实现。

"君子之光"，其晖吉也。

君子的光辉、德泽施及百姓，说明君子这样的光辉会获得吉祥啊。

饮酒濡首，亦不知节[3]也。

饮酒时醉酒，失礼失德，弄湿了头部，也太不知礼节了。

注释

1 **火在水上，未济，君子以慎辨物居方：**辨物居方，王弼注曰："令物各当其所也。"孔疏正义认为："'火在水上，未济'者，火在水上，不成烹饪，未能济物。故曰'火在水上，未济'。'君子以慎辨物居方'者，君子见未济之时，刚柔失正，故用慎为德，辨别众物，各居其方，使皆得安其所，所以济也。"下卦为坎为水，水性向下，上卦为离为火，火性炎上，火在水上，互不相害，亦互不相济，卦象构成《未济》卦。君子从卦象中获得启示，应该小心谨慎地辨别物象物性，使其适得其所。这样，火在下，水在上，才能烹饪食物，成为《既济》，发挥水与火为人服务的功效。

2 **极：**《周易集解》认为"极，中也"，《周易学说》及《来氏易注》以为，"极者，终也"，不知极即不知终之意，两说皆可通。

3 **节：**指节制、礼节。

系辞上传

导读

《系辞传》分为上下两篇，是解读《周易》最为重要的文献之一。《系辞传》出现以前的《易》，皆为卜筮之用；《系辞传》出现以后的《易》，除了仍然有卜筮之用外，更为重要的是朝着人文理性方向发展，出现了人文《易》与义理《易》，并逐渐获得了“道”的哲学本体意义，在儒家经典中，是六经或五经中最具思辨色彩、最具哲学意味的典籍，被誉为五经大道之原。

传统的说法，《系辞传》为孔子所作。近代有人持反对意见。虽然至今仍没有确切证据证明《系辞传》是孔子或孔门弟子所作，但我们认为《系辞传》至少与孔子及孔门弟子有十分密切的关系，很有可能为孔门弟子或再传、后传弟子所作。

《系辞上传》重点解读了《乾》《坤》二卦，阐释了卦象、卦爻与系辞之间的关系，对于什么是象、什么是爻、什么是“吉凶悔吝”等做了解释说明，并提出“一阴一阳之谓道”的概念。十分难得的是引用孔子的读《易》经验，连续举了七个例说明了如何研读《易经》卦爻辞，如何理解卦爻辞的神秘含义，接着提出如何设卦、如何观象、如何系辞。学习《易经》的目的，孔子在《系辞传》中三致意焉：“自天祐之，吉无不利。”《系辞上传》中两处提到“自天祐之，吉无不利”，《系辞下传》第三次提到“自天祐之，吉无不利”。在解释这一句时，孔子说：“天之所助者，顺也；人之所助者，信也。‘履信思乎顺’，又以尚贤也，是以‘自天祐之，吉无不利’也。”

《系辞上传》里面，提到《易经》揭示出了天地万物的演变进程与变化规律模式，即易有太极，太极生两仪，两仪生四象，四象生八卦，八卦生万物的宇宙万物演化模式，还提到太极图、河图、洛书等易学图书。

原文

天尊地卑，乾坤定矣。[1]卑高以陈，贵贱位矣。[2]动静有常，刚柔断矣。[3]方以类聚，物以群分，吉凶生矣。[4]在天成象，在地成形，变化见矣。[5]

译文

天高高地在头顶上，很遥远很尊贵。地低低地在脚底下，很踏实很卑贱。《乾》卦代表上天，《坤》卦代表大地，乾坤就定下来了。从低贱到高贵依次排列出来，贵贱的地位就显示出来了。动而为阳，静而为阴，一动一静很有规律，刚柔就区分出来了。大地四面八方，各方都有适宜的物类相聚，万物、人类都一样，意气相投的往往结交为朋友，同类互相聚集、互相依靠、互相帮助，异类则互相戒备、互相排斥，甚至互相攻击，因此，吉凶就自然产生出来了。在天上的大小星体，形成各种星系星座等天象，在脚下的大地峰峦起伏，大陆、岛屿、高山、河流、湖泊、海洋各种地形地貌触目可见，各种天象与地形的变化就显现出来了。

注释

1 **天尊地卑，乾坤定矣：**天显得很高，很尊贵，高高地悬在人们头顶之上；地显得很低，很辽阔，显得很亲近，低低地就在人们的脚下。从天与地的法象当中，《乾》卦与《坤》卦的道理就显露出来了，就判定出来了。《乾》卦是天性的抽象，《坤》卦是地质的抽象。也就是说，《周易》六十四卦以《乾》卦与《坤》卦两卦为代表，《乾》与《坤》就代表着天与地的性质特点。

2 **卑高以陈，贵贱位矣：**从大地到上天，六爻依次摆出来，爻位的贵贱就表示出来了。初爻、二爻表示地道,三爻、四爻表示人道,五爻、六爻表示天道,地为卑,人为中,天为高,因此说六爻“卑高以陈”。

3 **动静有常,刚柔断矣:**有常指有常规、有规律,阳爻处在运动与静止的变化时称作刚爻,阴爻处在运动与静止的变化时称作柔爻,每爻的运动或静止都有一定的常规,都遵循一定的规律,在阳爻和阴爻发生运动或静止的变化时,阳爻的刚性和阴爻的柔性就可以确定和区分了。刚爻与柔爻因阴阳的变化运动而来,即因动静而来。

4 **方以类聚,物以群分,吉凶生矣:**方,《周易集解》引《九家易》曰:“道也。”《周易本义》谓:“方,谓事情所向。”《礼记·乐记》曰:“方以类聚,物以群分,则性命不同矣。”郑注:“方谓行虫也,物谓殖生者也。”郑玄认为“方”是动物,“物”为植物。高亨认为“方”当作“人”,“篆文人作ᄎ,方作𣃗,形似而误”。王夫之《周易内传》认为:“方者位也。”“方”即指方位,指某方地域,在卦爻中即指爻位。此解颇有道理,本书从之。因上述诸解亦各有理,故列举如上,望读者思索。王夫之说:“贞、悔各有三位,而初四、二五、三上,以类相应,其近而相比者,以类相孚,交相聚也。‘物’者爻也,爻之刚柔,各自为群,而性情分焉。同群者孚,异群者应,如其道则吉,非其道则凶。若以阴阳之本体俱为天地之大用,何吉何凶?而一聚一分,则得失差异,是以吉凶生焉。此言爻位有比有应,有承有乘,因时而生吉凶也。”物既指天地万物,又指爻而言。方以类聚,指相同之物同聚在某一处;物以群分,指万物因性情之异而划分为不同的群体。在《周易》卦爻中,依王夫之所言,“方以类聚”指爻位以类相应,以类相孚。“物以群分”指刚爻或柔爻各自为群,性情相分,同群相孚,异群相应。凡是相孚与相应,合乎正道则获吉祥,不合正道则遭凶险。就人类社会而言,因为出现了社会组织,各人或各组织之间,因种种关系,亦会产生或吉或凶的结果。换句话说,吉凶是由于所处的地位环境与所属的组织与其他人或其他组织之间的利害关系或矛盾冲突而产生的。从某种意义上说,一部《周易》就是谈吉凶,就是教会我们如何趋吉避凶。“方以类聚,物以群分”这两句话,对于正确理解《周易》的吉凶之道,具有不可忽视的意义。

5 **在天成象,在地成形,变化见矣:**阴阳的变化,表现在天上就是日月星辰等各种天象,表现在地上就是万物化育后的各种形体,从各种天象与形体当中,就可以洞察到种种变化的现象与规律。

是故刚柔相摩,八卦相荡。鼓之以雷霆,润之以风雨;日月运行,一寒一暑。[1]乾道成男,坤道成女;乾知大始,坤作成物。[2]乾以易知,坤以简能;易则易知,简则易从。易知则有亲,易从则有功;有亲则可久,有功则可大;可久则贤人之德,可大则贤人之业。易、简

因此,阳刚与阴柔两种力量互相摩擦,八卦阳刚四卦《乾》《震》《坎》《艮》与阴柔四卦《坤》《巽》《离》《兑》互相激荡,《震》卦鼓舞动荡、雷霆万钧,《巽》卦风雨升降、润泽万物,《离》卦为日,《坎》卦为月,日月运行,寒暑往来。乾道形成阳刚的力量,为男性、雄性生物,依据乾道而生的长男为震,次男为坎,少男为艮。坤道形成阴柔的力量,为女性、雌性生物,依据坤道而生的长女为巽,次女为离,少女为兑。《乾》卦纯阳,纯阳为大,主宰万物之始。《坤》卦顺承《乾》卦天道,作成万物。《乾》卦的特性就是容易了解,《坤》卦的特性就是简便易行。容易就能够使人易于知晓,简便就能够使人易于遵守。容易了解就会愿意亲近,容易遵从就会产生功效;愿意亲近相处就会长久,产生功效事业就会广大。能够长久相处,获得民心,贤人就具备了高尚的品德;能够推广事业,建立功绩,获得利益,贤人就成就了伟大的事业。《乾》《坤》的特性就是容易与简单,但天下所有的道理却都包含在容易与简单之中,明白了容易与简单的深刻道理,那么

而天下之理得矣。天下之理得,而成位[3]乎其中矣。	天下的所有道理也就会懂得了。只要懂得了天下道理,那么人就能够在自然环境及社会环境等外部环境中找到适合于自己的地方与位置,实现自己的人生价值。

注释

1 **是故刚柔相摩……一寒一暑:**阴阳的运动变化表现在刚爻与柔爻上,就是刚爻与柔爻互相推摩,《乾》《坤》《兑》《艮》《震》《巽》《坎》《离》等八个基本卦互相震荡,雷霆在天地间鼓荡,风雨在滋润万物,日月自东向西往来运行,出现每年寒暑交替的四季变化。

2 **乾道成男,坤道成女;乾知大始,坤作成物:**成男,指男性一般的阳刚之物。成女,指女性一般的阴柔之物。知,指主管、主持。天地万物化生时,按照《乾》卦之道的运行规律化生,就会化生出男性一般的阳刚之物来;按照《坤》卦之道的运行规律化生,就会化生出女性一般的阴柔之物来。乾的作用,在万物化生中,它主管万物的创始创生,坤的作用,在万物化生中,它顺应乾的变化之道去生成万物。

3 **成位:**可以理解为圣贤成就德业事功,圆满实现人生价值。《周易本义》认为:"成位,谓成人之位;其中,谓天地之中。至此,则体道之极功,圣人之能事,可以与天地参矣。"

圣人设卦观象,系辞焉而明吉凶,刚柔相推而生变化。[1]是故吉凶者,失得之象也;悔吝者,忧虞之象也;	圣人设立八卦再重复八卦为六十四卦,通过观察卦象的变化,给复卦六十四卦系上卦辞,给每卦六爻系上爻辞,通过卦辞爻辞的断语表明阴阳变化之理,从而让人明白吉凶的原因与道理,刚爻与柔爻互相运动产生矛盾变化。因此说,吉表示得到的卦象,凶表示

变化者,进退之象也;刚柔者,昼夜之象也。六爻之动,三极[2]之道也。是故君子所居而安者,《易》之序(一作象)也,所乐(一作变)而玩者,爻之辞也。是故君子居则观其象而玩其辞,动则观其变而玩其占,是以"自天祐之,吉无不利"。[3]

失去的卦象。悔表示忧虑后悔的卦象,吝表示思虑不足的卦象。变化,表示进退的卦象。刚柔,表示昼夜的卦象。六爻的运动变化,表示三才三极的变化之道。因此,君子之所以居住而心安者,是安居于《周易》所显示的吉祥的卦序与卦象。君子之所以快乐而耽玩者,是君子潜心玩索卦辞与爻辞所指示的隐藏着的奥义与深意。因此,君子居住在家里,就仔细揣摩卦象爻象与卦辞爻辞之间的联系,君子一有行动就仔细观察卦象爻象所揭示出来的变化,玩索所占卦辞爻辞与实际行动之间的联系与关系。因此,顺应天时,开发地利,争取人和,顺天应人,尊尚贤能,就会"自天祐之,吉无不利"。

注释

1 **圣人设卦观象,系辞焉而明吉凶,刚柔相推而生变化:**设卦、观象、系辞,据李鼎祚的说法:"圣人谓伏羲也,始作八卦,重为六十四卦矣。""文王观六十四卦三百八十四爻之象,系属其辞。"圣人创设易卦,通过仔细观察揣摩卦象而悟出了道理,因而便在卦与爻后面附上解释说明卦象道理、主旨的文辞,从而阐明吉凶的道理。也就是说,设卦、观象、系辞的目的,无非是教人明白吉凶之道,教人趋吉避凶。《周易学说》引刘沅曰:"示人以吉凶之道,顺理则吉,违理则凶,欲人因吉凶以悟至理,非教人昧理而趋吉避凶也。其言吉凶者,由理有失得也。言悔吝者,由昧理而忧虞也。"

2 **三极:**郑玄认为:"三极,三才也。"《周易正义》以为:"此覆明变化进退之义，言六爻递相推动而生变化，是天地人三才至极之道。”

3 **是故君子所居而安者……吉无不利：**君子能够安于所居，是从《易》卦的次序、爻位的次序中获得了如何立身处世的道理。让君子从揣摩玩味思索中获得快乐的，是《周易》的卦辞及爻辞的旨意。因此，君子平时在家里就揣摩《周易》的卦象与爻象，从而玩味由卦象与爻象推出的卦辞与爻辞的旨意；有所行动时，就观察爻位与爻性的变化，并进一步揣摩所变之爻与所占之事，预测判断其吉凶悔吝的结果，按照《易》所提示的规律办事，就会“得到来自老天的保佑，吉祥而无所不利”。虞注“序”作“象”，“乐”作“变”。后面“君子”以下数句，承前面圣人设卦观象系辞而来，说明君子如何学《易》与用《易》，来获得“吉无不利”的效果。正如朱熹在《周易本义》所言：“此章言圣人作《易》，君子学《易》之事。”即阐明圣人作《易》之目的是教人明白吉凶之道，君子学《易》之目的是领会《易》所提示的吉凶之道，从而趋吉避凶。

彖者，言乎象者也；爻者，言乎变者也；吉凶者，言乎其失得也；悔吝者，言乎其小疵也；无咎者，善补过也。是故列贵贱者存乎位，齐小大[1]者存乎卦，辩吉凶者存乎辞，忧悔吝者存乎介，震无咎者存乎悔。[2]是

彖辞，概括说明一卦的卦象；爻辞，分别说明每一爻的具体运动变化的情况；吉与凶，是说明人事的得与失，即收获与损失情况的。悔与吝，是说明人事活动有小缺陷的。无咎，是指善于补过、善于改正自己的错误。所以说，显示贵贱身份，表明身份高低的是爻位；确定阴爻为主还是阳爻为主，要看全卦的阴阳爻分布情况；判断吉凶情况，要看卦辞；担忧过分或不足的小毛病，就要在善恶初分时加以预防；行动而没有过错，在于能及时悔过走上正道。所以说，卦有小卦（即

故卦有小大，辞有险易；辞也者，各指其所之。

阴卦）、大卦（即阳卦）之分，辞有限险、简易之别。卦辞与爻辞，各有其所指示的趋吉避凶之道。

注释

1 **齐小大**：《周易集解》引王肃曰："齐，犹正也。阳卦大，阴卦小；卦列，则小大分。"齐，正，即确立。大，即阳爻为主的卦，称阳卦。小，即阴爻为主的卦，称阴卦。

2 **忧悔吝者存乎介，震无咎者存乎悔**：虞翻认为"介，纤也"，即细小之意。"震，动也"，即行动之意。《周易学说》引刘沅曰："凡事之得失，必有其幾。即其善恶初分之介而谨之，则易为力。于其已误而震动改过，则可复于善。"

易与天地准[1]，故能弥纶天地之道。仰以观于天文，俯以察于地理，是故知幽明之故；原始反终，故知死生之说；精气为物，游魂为变，是故知鬼神之情状。与天地相似，故不违；知周乎万物而道济天下，故不过。旁行而不流，

《周易》是模拟天地变化之道的，因此能够包罗天地之道。《周易》的八卦是伏羲通过仰观天上的日月星辰，俯察地面的山川河流而创的，因此能够探知光明与幽暗的形成原因；通过溯源万物如何开始如何产生、反求万物如何终结，便可明白死与生的道理与规律；精气凝聚成形为物，魂魄游散变化，消失不见，魂往上升为神，魄往下降为鬼，因此可以知道鬼神的情形与状态。《易》道与天地运动变化的规律近似，因此与天地之道不相违背；《周易》的智慧在于它能够将天地万物都考虑在内，因此正确运用《易》道能够匡济天下，不会有偏差。广泛推行而不会导致滥用，能够无比快乐地坦然

乐天知命，故不忧。安土敦乎仁，故能爱。范围天地之化而不过，曲成万物而不遗，通乎昼夜之道而知，故神无方而《易》无体。	面对天地万物，故而不会有忧愁。对于所处的地位与环境，觉得心安理得，有敦实深厚的仁慈之心，故而具有博爱的能力。以天地变化之道作为行动的规范而不会出现差错，委曲周全地成就万物而不会有遗漏，通达昼夜变化的阴阳之道，因而具有智慧。所以说神不会有固定的处所可以寻找，《易》也不会用僵化的体式去表现《易》道。

注释

1 **准**：京房以为，“准，等也”，即模拟之意。因《易》是模拟天地之道，因此《易》道与天地之道相等。

一阴一阳之谓道[1]，继之者善也，成之者性也。[2] 仁者见之谓之仁，知者见之谓之知，百姓日用而不知，故君子之道鲜矣。显诸仁，藏诸用，鼓万物而不与圣人同忧，盛德大业至矣哉！富有之谓大业，日新之谓盛德。生生之谓易。成象	一阴一阳的阴阳运动变化规律就叫作道，继阳道之元体仁而长的是善，顺应阳道成就阳道的是坤元坤阴之天性，仁者见阴阳变化之道中阳道体现出仁，便称作仁；智者见阴阳变化之道中蕴含着智，便称呼道为智；普通老百姓日常生活处处离不开道，处处用着道，却不知道什么叫作道。因此说，君子之道很少有人真正理解并自觉遵行。君子之道从仁善中显示出来，又隐藏在日常生活中，鼓舞化育万物却不像圣人那样存有忧患之心，盛大的品德和伟大的功业实在太崇高了。富有被称作伟大的事业，日新被称作盛大的功德。生生不息、延续不绝就被称作《易》。形成天象的叫作乾，

之谓乾，效法之谓坤，极数知来之谓占，通变之谓事，阴阳不测之谓神。

天上效法天象的就叫作坤，通过蓍草演算的数目获得六爻形成一卦，根据爻位变化的卦爻辞从而能够预知未来的，叫筮占，通晓阴阳变化的叫事，阴阳变化不可测度就叫神。

注释

1 **一阴一阳之谓道：**一阴一阳的阴阳运动变化就是道。也就是说阴阳的运动变化规律就叫作道。《朱子语类》云“一阴一阳往来不息”，“动极而静，静极而动，未有独立而孤居者，此一阴一阳所以为道也”。一部《周易》，谈的就是一阴一阳之道。

2 **继之者善也，成之者性也：**持续不断地效法一阴一阳的变化之道，就是自然之善；以阴阳变化之道来成就万物的，就能获得自然之性。《朱子语类》云：“所以发育万物为继善，万物各正其性命为成性。”继是继续不息之意，成是凝成有主之意。

夫《易》广矣大矣，以言乎远则不御[1]，以言乎迩则静而正，以言乎天地之间则备矣。夫乾，其静也专，其动也直，是以大生焉；夫坤，其静也翕，其动也辟，是以广生焉。广大配天地，变通配四时，阴阳之义配日月，易简之善配至德。

《易》道广大深远，如果讨论遥远的事情，则没有穷尽与边际；如果讨论附近的事情，就安静而端正；如果讨论天地之间的万事万物，则会非常完备，不会有遗漏。乾道安静时专注不动，乾道发动时直线运动，因此能够创生万物；坤道安静时处于闭合状态，发动时处于张开状态，因此能够广生万物。广大配合天地变化之道，变通配合春夏秋冬四季变化之道，阴阳变化配合日月运行之道，《周易》以简单的善德配合至德之道。

注释

1 **不御**:《周易集解》引虞翻曰:"御,止也。"不御,即没有止境之意。《周易》所阐述的情理实在太广阔太伟大了。从远的角度来说,则无穷无尽、没有止境。

子曰:"《易》其至矣乎!夫《易》,圣人所以崇德而广业[1]也。知崇礼卑[2],崇效天,卑法地,天地设位,而《易》行乎其中矣。成性存存,道义之门。[3]"

孔子说:"《易》所阐述的道理,最完美、最深刻啊!因为《易》,圣人是利用它来增进品德弘扬事业的。乾为阳,主知,表示崇高,坤为阴,主礼,表示谦卑顺从。崇高是仿效天象,谦卑是取法大地。天尊地卑的位置确立了,乾坤六爻确定了,《周易》的道理便体现在《乾》《坤》等六十四卦之中了。顺应天命天性,保持延续天性,这就是通向成就道义的门户。"

注释

1 **崇德而广业**:德指阳道,业指阴功。扩充顺应阳道为崇德,即积德。集聚阴功为广业。

2 **知崇礼卑**:南怀瑾在《易经系传别讲》里讲得很到位,他说:"知崇,智慧要高瞻远瞩,要有最高的目标。礼者履也,履就是走路,第一步开始起步是要从最平凡的地方开始。卑就是卑下。目标要高远,但是开始的时候却要踏实,从最平凡处起步。"知属于乾阳,阳主知。礼属于坤阴,阴为卑,卑为地,礼指履行、践履,礼卑就是指在地上走路。礼相对应于乐来说,属于阴,但是礼如果侧重于沟通,还具有阳的性质,譬如《文言传》所说"亨者嘉之会也","嘉会足以合礼",亨就是美好的、良好的仪式沟通,心灵沟通,这就是礼。"元亨利贞"是乾阳四德,元亨是阳之阳,属于少阳,利贞是阳之阴,属于老阳。因此,从"亨"

即礼的意义上来说，礼也具有阳的性质，亨就是阳与阳相通，阳与阴相应。

3 **成性存存，道义之门：**“成性”指天命所赋予人的内在本质，属于阳道，属于人的天赋秉性。“存存”指顺应天性，保持天性天真的状态。李鼎祚《周易集解》引虞翻曰：“乾为道门，坤为义门。成性，谓成之者性也。阳在道门，阴在义门。其《易》之门耶？”

圣人有以见天下之赜，而拟诸其形容，象其物宜，是故谓之象。[1] 圣人有以见天下之动，而观其会通，以行其典礼，系辞焉以断其吉凶，是故谓之爻。言天下之至赜，而不可恶也；言天下之至动，而不可乱也。拟之而后言，议之而后动，拟议以成其变化。

“鸣鹤在阴，其子和之。我有好爵，吾与尔靡之。[2]”子曰：“君子居其

有圣人通过深入思考发现了这个世界深深隐藏着的奥妙，圣人想把这些深奥抽象的道理形容表现出来，便用适当的物象来比喻它、模拟它、表现它，这就叫作象。有圣人通过观察，发现宇宙万物无时无刻不处在运动变化之中，因而发现万物的运动变化是相互联系的这一普遍规律，利用这些运动变化的、相互联系的、普遍的规律来制定人类社会生活的典常礼制等共同规范，并且附上与这些变化规律及典礼相适应的文辞以利于判断事物的吉凶，这就叫作爻。因为要说明阐释的是天下深深隐藏着的奥妙，因而不可以厌烦；因为要解释清楚天下万物的运动变化规律，因而不可以紊乱。模拟比较后才用适当的言辞表达出来，讨论商议后找到正确的方案才能够采取行动。模拟比较、讨论研究，才会找到对策以适应环境与事物的运动变化情况。

“母鹤在树荫下鸣叫着，小鹤们纷纷鸣答回应着它们的妈妈。我有好酒，我与你一起快

室，出其言善，则千里之外应之，况其迩者乎？居其室，出其言不善，则千里之外违之，况其迩者乎？言出乎身，加乎民；行发乎迩，见乎远。言行，君子之枢机。枢机之发，荣辱之主也。言行，君子之所以动天地也，可不慎乎？”

乐地分享。”孔子解释这条《中孚》卦九二爻辞说：“君子居住在自己家里，说出的话对老百姓有益，那么他们即使远隔千里之外，也会听从遵守，更何况身边的人呢？君子居住在自己家里，说出的话对老百姓毫无益处，那么老百姓远在千里之外都会违背，更何况身边的人呢？君子的话，从自己嘴里说出来，是说给老百姓听的；君子的一举一动，做在近处，远处的人却能看到。言行举止，是君子之道的门户与机关，门户机关的发动和关闭，是君子得到尊重或招致羞辱的关键。君子的言论和行为，是君子用来感动天地、感动百姓的，难道不应该谨慎小心吗？”

注释

1 **圣人有以见天下之赜，而拟诸其形容，象其物宜，是故谓之象：**赜，音zé，指隐藏的奥妙与规律。虞翻曰：“乾称圣人，谓庖牺也。赜谓初，自上议下，称拟。形容，谓阴在地成形者也。”又说：“物宜谓阳，远取诸物，在天成象，故‘象其物宜’。”

2 **鸣鹤在阴，其子和之。我有好爵，吾与尔靡之：**母鹤在树荫下鸣叫着，她的孩子们应答着。我有好酒杯，我与你一起分享饮用美酒。母鹤与小鹤之间的一鸣一应，为什么与分享饮酒相联系呢？我们认为，母鹤之所以在树荫下鸣叫，其实是在照顾着她的那些找虫子吃的幼小孩子，因为树荫下的树叶子下面有虫子吃，不要顽皮，不要飞远了，跑丢了。小鹤们则纷纷鸣答回应着他们的妈妈。母鹤教会小鹤觅食，与食物有关。因此，我有好酒，与你一起快乐地分享，也与饮食相关，就不奇怪了。

"同人，先号咷而后笑。"子曰："君子之道，或出或处，或默或语。二人同心，其利断金。同心之言，其臭如兰。"

《同人》卦九五爻辞说："同人，一群人先号咷大哭，而后又放声大笑。"孔子解释说："君子为人处世之道，有时该出手就得出手，有时该容忍不动就得容忍不动，有时该闭嘴就得闭嘴，有时该发声就得发声。如果两个人同心同德，那么言行就会一致，这种紧密团结起来的力量就会像一把锋利无比的宝剑，完全能够斩断十分坚硬的金属。心心相印、情投意合的话语，其气味就像兰草一样，芬芳无比。"

"初六，藉用白茅，无咎。"子曰："苟错诸地而可矣，藉之用茅，何咎之有？慎之至也。夫茅之为物薄，而用可重也。慎斯术也以往，其无所失矣。"

《大过》卦初六爻爻辞说："初六爻，用白茅草垫在祭品的下面，对祭祀特别恭敬，不会有过错。"孔子解释说："这些祭祀用的物品直接摆放在地上也是合礼的，也是可行的，再把它摆放在白茅之上，则更稳妥，还会有什么过失呢？真是恭敬小心到极点了。白茅这种物品，虽然平常得很，微不足道，但是如果运用得当，在重大的祭祀活动中却可以发挥出比白茅本身更重要的作用来。恪守这种恭敬小心的方式为人处世，大概不会有什么过失了！"

"劳谦，君子有终，吉。"子曰："劳而不伐，有功而不德，厚之至也。语以其功下人者也。德言盛，礼言恭，谦也者，致恭以存其位者也。"

《谦》卦九三爻说："勤恳工作，谦虚谨慎，君子会有好结局，吉祥。"孔子阐释说："有功劳却不向别人炫耀，有功勋却不居功自傲，这种人敦厚到极点了。爻辞说的是他们的功劳比别人大，却能心甘情愿处处谦让。他们的道德隆盛，他们的礼节恭敬。谦虚有礼的人，处处

"亢龙有悔。"子曰:"贵而无位,高而无民,贤人在下位而无辅,是以动而有悔也。"

"不出户庭,无咎。"子曰:"乱之所生也,则言语以为阶。君不密则失臣,臣不密则失身,幾事不密则害成。是以君子慎密而不出也。"

子曰:"作《易》者,其知盗乎?《易》曰:'负且乘,致寇至。'负也者,小人之事也。乘也者,君子之器也。小人而乘君子之器,盗思夺之矣。上慢下暴,盗思伐之矣。慢藏诲盗,冶容诲淫。《易》曰:'负且乘,

礼敬他人,德盛礼恭之人可以长久保住他的爵位啊。"

《乾》卦上九爻辞说:"龙腾飞天空,不知及时往返,会悔恨。"孔子阐释说:"爵位尊贵却没有实权,地位高贵却远离百姓,贤士处于草莽之中,不去提拔他们,当然得不到他们的辅佐,因此动辄得咎,后悔不已。"

《节》卦初九爻辞说:"不走出自己家里的门户庭院,不会有过失。"孔子阐释说:"祸乱之所以产生,胡乱言语是一个导火索。君王不懂得保守秘密,就会失去臣子;臣子不懂得保守机密,就会丧失性命;筹划阶段保守不住秘密,就会导致失败。因此,君子总是小心谨慎地待在家里保守机密,不会随便外出,以防泄密。"

孔子感叹地说:"撰作《易经》的人,大概知道盗窃的因果关系吧!《易经》上说:'身上背着包袱却乘坐在马车上,会招惹强盗来抢劫他。'身上背着包袱,这是地位低贱的人经常做的事情。而马车,按照礼制,却是只有君子身份才被允许乘坐的交通工具。身上背着包袱的小人却乘坐上了君子的马车,强盗们看见后便会想方设法来抢夺了。对上面的人怠慢不敬,对下面的人残暴无情,强盗们就要想方设法来讨伐他,抢劫他的财富了。珍贵的东西不好好地藏匿起来,就是故意招引盗贼来偷取;打扮得

致寇至。’盗之招也。”

[天一，地二，天三，地四，天五，地六，天七，地八，天九，地十。天数五，地数五，五位相得而各有合，天数二十有五，地数三十，凡天地之数五十有五，此所以成变化而行鬼神也。][1]

大衍之数五十，其用四十有九，分而为二以象两，挂一以象三，揲之以四以象四时，归奇于扐以象闰，五岁再闰，故再扐而后挂。

（天数五，地数五，五位相得而各有合，天数二十有五，地数三十，

花枝招展妖里妖气的，就是故意勾引别人来淫乱。《易经》说：‘身上背着包袱，却乘坐着只有君子才能坐的马车，会招惹强盗来抢劫他。’强盗是他自己招惹来的啊。”

用来演算占卜的蓍草总共为五十根，其中实际运用的为四十九根。将四十九根蓍草随意分作两部分，象征着天地两仪，另外抽出的一根，象征着三，即人，然而分别数左右手中象征天地两仪的蓍草数目，分别四根为一组地数，四即象征着春夏秋冬四季变化，四个为一组地数完一只手中的蓍草，最后的余数称作归奇，以象征一年中的闰月；五年闰两次，因此要数两只手中的蓍草，分别数完后即得到两个余数，象征五年中的两个闰月。这样的四个步骤称作四营，即一变，一变后手中挂扐的余数，两手相加，或为四，或为八。三变后，数四个一组的组数，或有六组，或有七组，或有八组，或有九组，于是便形成一卦中的一爻。

（天数一、三、五、七、九等五位相加共为二十五，地数二、四、六、八、十等五位相加共为三十，十位天地之数相加为五十五。这些天数地数的复杂变化能象征天地万物的运动变化规律，并且能够与鬼神互相沟通。）

《乾》之策二百一十有六是说，如果六爻皆为老阳，即每爻的蓍草数目皆为九组，每爻

凡天地之数五十有五，此所以成变化而行鬼神也。[2])

《乾》之策二百一十有六，《坤》之策百四十有四，凡三百有六十，当期之日。二篇之策，万有一千五百二十，当万物之数也。是故四营而成《易》，十有八变而成卦。八卦而小成，引而伸之，触类而长之，天下之能事毕矣。显道神德行，是故可与酬酢，可与祐神矣。子曰："知变化之道者，其知神之所为乎。"

有三十六根蓍草，六爻加起来，蓍草数目，共有二百一十六根；《坤》卦为阴卦，如果六爻皆为老阴，即每爻的蓍草数目为二十四根，那么六爻即共有一百四十四根。《乾》《坤》两卦的六爻皆为老阳、老阴时，蓍草数目总共为三百六十根，相当于一年的天数。《周易》上下经所有的蓍草数目，共有一万二千五百二十根，与万物之数目大体相当。因此说演算蓍草的四个步骤只是完成了一次《易》变的小过程，三个小过程即三变之后形成一爻，十八变后形成六爻，构成一个完整的卦。八卦是构成《周易》的一个最基本的系统，由八卦引申开来，演变成六十四卦，三百八十四爻，每类卦的卦象都可以触类旁通，卦象可以在卦性的基础上扩展开来，天下所能看到的万事万物及其事理都能包括无遗了。《周易》能够沟通天地鬼神，显示神灵的指示，能够成就道德与事业，因此可以利用《周易》的道理来处理天地人等万事万物，并且可以得到神灵的庇佑和帮助。孔子说："通晓万事万物运动变化道理的人，大概知道神灵的所作所为吧！"

注释

1 朱熹《周易本义》认为，"天一，地二，天三，地四，天五，地六，天七，地八，天九，地十"一节在"子曰夫《易》何为者也"之前，"天数五"至"行鬼神也”在“再扐而后挂”之后,“《乾》之策”之前。这一段主要讲筮法,阐述演筮成卦的原理。对这一段文字,有些版本有出入。

2 **天数五……此所以成变化而行鬼神也:** 天数五指奇数一、三、五、七、九,地数五指偶数二、四、六、八、十。天数总共有五个,地数总共有五个,代表着五个方位和五行的奇偶之数各处一方并能互相配合,这句话当指河图洛书的五行方位之阴阳奇偶之数,即《周易正义》所说的:“若天一与地六相得,合为水;地二与天七相得,合为火;天三与地八相得,合为木;地四与天九相得,合为金;天五与地十相得,合为土也。”又《周易折中》引龚焕说:“既谓之‘五行相得’,则是指一、六居北,二、七居南,三、八居东,四、九居西,五、十居中而言。”也就是说一与六相合为水,共处北方;二与七相合为火,共处南方;三与八相合为木,共处东方;四与九相合为金,共处西方;五与十相合为土,共处中央。

《易》有圣人之道四焉:以言者尚其辞,以动者尚其变,以制器者尚其象,以卜筮者尚其占。是以君子将有为也,将有行也,问焉而以言,其受命也如响。无有远近幽深,遂知来物。非天下之至精,其孰能与

《易经》具有四个方面的圣人之道,学习语言的人,崇尚《易》辞;需要行动的人崇尚《易》中的变化规律;制造器物的人,崇尚《易》中的卦象爻象;占筮问卜的人,崇尚《易》占的灵验。因此,君子将有所作为,将有所行动,用《周易》筮卦来占问预测事情的结果,《周易》接受人的指示,并能随时响应,做出相应回答,无论所问的事情是远是近,是幽暗是隐蔽,它都能够告知未来的结果。如果不是精通了天下极为高深的道理,那么谁能够达到这样的水平呢?或三或五,互相参合,互相改变,交错总聚其阴阳之数。通晓阴阳变化之道,因此能够成就反映天

于此？参伍以变，错综其数。通其变，遂成天下之文；极其数，遂定天下之象。非天下之至变，其孰能与于此？《易》，无思也，无为也，寂然不动，感而遂通天下之故[1]。非天下之至神，其孰能与于此？夫《易》，圣人之所以极深而研幾也。唯深也，故能通天下之志；唯幾也，故能成天下之务；唯神也，故不疾而速，不行而至。[2]子曰“《易》有圣人之道四焉”者，此之谓也。

下万事万物变化规律的文辞；通晓阴阳变化之数，因此能够确定反映天下万事万物变化规律的象数。《易》所揭示的情理，能够反映万事万物极其错综复杂的变化，如果不是《易》，谁能够揭示出来，谁能够达到这种水平呢？用《周易》卜筮时，屏除一切思虑，专心致志，不要掺入私意私欲，完全地顺应自然，寂静到极点，止住不动，突然间得到阴阳的感应，由这种感应便能通晓天下万事万物变化之机。如果不是天下最神奇神妙的《易》，有谁能够达到这种水平呢？《周易》，是圣人们探索天下极为隐蔽极为深奥道理的书，是圣人们寻求事物运动变化规律与关键的书。只有《易经》，探索到了极为隐蔽极为深奥的道理，因此能够沟通天下人的心思；只有《易经》，研究寻求到了事物变化的规律与关键，因此能够成就天下人的事业；只有《易经》，神奇而不可思议，因此能够做到看起来慢悠悠的实际上却很迅速，看起来还没出发实际上却已来到了，将来的事物还没有发生，《易》却能够预先知道它的吉凶。孔子说《周易》有四个方面的圣人之道，就是指的这些道理啊。

注释

1 **感而遂通天下之故**：虞翻曰：“感，动也。以阳变阴，‘通天下之故’，谓‘发挥刚柔而生爻’者也。”

2 唯神也，故不疾而速，不行而至：虞翻用天文现象予以解释说："神，谓《易》也。谓日月斗在天，日行一度，月行十三度，从天西转，故'不疾而速'。星寂然不动，随天右周，'感而遂通'，故'不行而至'者也。"

（天一，地二，天三，地四，天五，地六，天七，地八，天九，地十。）

子曰："夫《易》，何为者也？夫《易》，开物成务，冒天下之道，如斯而已者也。"是故圣人以通天下之志，以定天下之业，以断天下之疑。是故蓍之德圆而神，卦之德方以知，六爻之义易以贡。

圣人以此洗心，退藏于密，吉凶与民同患。神以知来，知以藏往。其孰能与此哉！古之聪明睿知、神武而不杀者夫！是以明于天之道，而察于民之故，是兴神物

（天数一，地数二，天数三，地数四，天数五，地数六，天数七，地数八，天数九，地数十。）

孔子说："《易经》是用来干什么的呢？《易经》是用来开发物产、成就事业的，《易经》包括了天下万事万物的道理与规律，它的作用就是如此罢了。"所以圣人运用《易经》来沟通天下人的心愿与志向，奠定天下人伟大的事业，断除天下人的疑惑。所以说蓍草的功德是它圆通并且能够与神灵相沟通，《易》卦的功德是它方正并且能够预卜未来，六爻的意义是它通过变化能够明白地告诉你事情的吉凶。

圣人运用《易经》来澄清心思杂虑，从而明心见性、至虚无我，进退间隐藏其秘密于《易》道之中，用卜筮来裁断吉凶得失，顺应自然法则，与百姓同吉凶、同忧患。神妙无比，能够预测未来；智慧无穷，亦能够占晓往事。又有谁能够像圣人一样达到这种境界呢！只有古代那些聪明绝顶、智慧无限、神勇无比却又具有仁义之心不滥杀无辜、热爱百姓的圣人才能够达到这种境界吧！因此能够通晓天地变化的道理，能够体察感受

以前民用。圣人以此斋戒，以神明其德夫！是故阖户谓之坤，辟户谓之乾，一阖一辟谓之变，往来不穷谓之通。见乃谓之象，形乃谓之器，制而用之谓之法，利用出入、民咸用之谓之神。

是故《易》有太极，是生两仪，两仪生四象，四象生八卦，[1]八卦定吉凶，吉凶生大业。是故法象莫大乎天地，变通莫大乎四时，悬象著明莫大乎日月，崇高莫大乎富贵。备物致用，立成器以为天下利，莫大乎圣人。探赜索隐，钩深致远，以定天下之吉凶，成天下之亹亹者，莫大乎蓍龟。

是故天生神物，圣人则之；天地

到民情民意，于是便推广神奇的蓍草占筮方法来为百姓服务。圣人用它来斋戒修养，用以彰显神明的功德啊！因此说，关上门户叫作坤，打开门户叫作乾，一关一开就叫作变化，来来往往，变化无穷就叫作会通。显示变化道理的就叫作象，创作成一定形状的就叫作器具，制成器物后便于使用就叫作法，器物对百姓有利，可以反复使用，百姓都在用它，却不知道其中的原理，因此觉得神奇无比。

所以，《易经》的道理由太极而来，太极分化产生出两仪，两仪分化产生出四象，四象分化产生出八卦，八卦可以用来判定事物吉凶，明白事物的吉凶结果，便可以趋吉避凶，从而能够成就伟大的事业。因此说，取卦象爻象来效法事物之理没有比天地更大更合适的了；要说明变化会通的道理没有比四季变化更大更合适的了；象悬挂在空中，清楚明白，没有比日月更大更合适的了。要说崇高，没有比富贵更大更合适的了；预备器物，是为了供人利用，而创制器具，为天下人谋取广大利益的，没有比圣人谋取得更大更多的了。探索研究万事万物隐蔽深藏着的奥妙，获得深刻的启示，推广运用于各个领域，以此来断定天下事物的吉凶，成就天下人努力追求的功业，没有比运用蓍龟来卜变化，圣人效之。天垂象，见吉凶，圣人象之。河出图，洛出书，圣人则之。[2]《易》有四象，所以示也。系辞焉，所以告也。定之以吉凶，所以断也。

筮，更大更合适的了。

因此说，天生神物，圣人模仿它；天地变化，圣人效法它。天悬挂着象，显示着吉凶，圣人取象它。黄河里出来了《河图》，洛水里出来了《洛书》，圣人取法它们。《易》有四象，是用来显示后果的。卦爻系上言辞，是用来告诉后果的，用表示吉凶的词语确定下来，是用来断定后果的。

注释

1 **是故《易》有太极，是生两仪，两仪生四象，四象生八卦：**虞翻曰："太极，太一也，分为天地，故'生两仪'也。""四象，四时也。两仪，谓乾坤也。乾二五之坤，成坎离震兑。震春兑秋，坎冬离夏。故'两仪生四象'。""乾二五之坤，则生震坎艮。坤二五之乾，则生巽离兑，卦'四象生八卦'。乾坤生春，艮兑生夏，震巽生秋，坎离生冬者也。"

2 **河出图，洛出书，圣人则之：**郑玄曰："《河图》有九篇，《洛书》有六篇也。"孔安国曰："《河图》则八卦也，《洛书》则九畴也。"

《易》曰："自天祐之，吉无不利。[1]"子曰："祐者，助也。天之所助者，顺也；人之所助者，信也。'履信思乎顺'，又以尚贤也，是以'自

《易经》的《大有》卦上九爻辞说："获得来自上天的保佑，吉祥而无所不利。"孔子阐释说："保佑"，即帮助的意思。所谓得到上天的保佑帮助，即是顺应天时天道的意思，得到民众的帮助即是得到民众的信任支持。能够践履诚信又时时想着顺应天道天时，又能够崇尚尊重贤能之才。因此说能够获得来自上天的保佑，吉祥而无所不利。

天祐之，吉无不利’也。”

子曰：“书不尽言，言不尽意。”然则圣人之意，其不可见乎？子曰：“圣人立象以尽意，设卦以尽情伪，系辞焉以尽其言，变而通之以尽利，鼓之舞之以尽神。”

乾坤，其《易》之缊邪？乾坤成列，而《易》立乎其中矣。乾坤毁，则无以见《易》。《易》不可见，则乾坤或几乎息矣。

是故形而上者谓之道，形而下者谓之器，化而裁之谓之变，推而行之谓之通，举而错

孔子说：“文字不能够完全表达出言语的所有含义，言语也不能够完全表达出说话人本身所想要表达的所有的真实含义。”既然如此，那么圣人的真实含义，难道就不能够完全显示出来吗？孔子说：“圣人设立象、假借象来表达完全的真实含义，设立卦通过卦来传达完全的真实或虚假的情理，给卦爻附上卦辞或爻辞，通过卦辞与爻辞来表达言语所包括的所有含义。通晓万事万物的运动变化，并且能够融会贯通，才能够获得意想不到的所有利益。发动鼓舞百姓，振奋人心，推动事业向前发展，才能够完全表现出《易》道的神奇无比。”

《乾》卦与《坤》卦，隐藏着《易经》的真实意蕴，《乾》卦与《坤》卦排列出来，那么《易经》的精密道理便包括在其中了。如果毁掉《乾》卦与《坤》卦，那么《易》道就无法表现出来。《易》道不能够表现出来，那么《乾》卦与《坤》所表达的天地之道也几乎要隐藏不见几乎要熄灭了。

因此说，超越任何具体形态形状的隐藏着的形而上的东西叫作“道”，而具体的有形态形状的形而下的东西叫作“器”。天地万物，不断运动变化，圣人通晓变化规律，加以引导控制，使这种变化朝着有利于人的方向发展，就叫作“变”。将这种变化的道理推广应用就叫作“通”，

之天下之民，谓之事业。

是故夫象，圣人有以见天下之赜，而拟诸其形容，象其物宜，是故谓之象。圣人有以见天下之动，而观其会通，以行其典礼，系辞焉以断其吉凶，是故谓之爻。极天下之赜者存乎卦，鼓天下之动者存乎辞，化而裁之存乎变，推而行之存乎通，神而明之存乎其人。默而成之，不言而信，存乎德行。[2]

将这种道理广泛告诉天下百姓，并让天下百姓广泛地在实践中加以运用，这就叫作事业。

因此说，“象”是圣人发现了天下万事万物之中最为隐蔽的奥妙，然后来模拟形容这种奥妙，用来象征特定事物的适当意义，这就叫作“象”。圣人发现了天下万事万物处于运动变化之中，仔细观察体会这种变化运动的共同规律并加以融会贯通，用这种共同规律来制定典章礼制等社会规范，附上相应的卦辞与爻辞来判断事物运动变化的吉凶后果，这就叫作“爻”。深藏在天下万事万物中最为隐秘的道理就包括在卦中，鼓舞推动天下万事万物运动变化的规律包含在卦辞与爻辞之中；引导事物的运动变化，并加以适当控制，使之朝吉利的方向发展，这种方法包含在“变”之中，将这种规律加以推广，广泛地运用于各个领域，这种方法包含在“通”之中；《易》道神妙不可思议却能够学会并加以掌握，这就在于人的主观努力与天赋智慧如何了。暗暗地不断用功，不知不觉便成就了事业，不用说话就能够取得百姓的信任，在于有崇高的道德并能够付诸实践付诸行动。

注释

1 **自天祐之，吉无不利**：获得来自上天的保佑，吉祥而无所不利。《周易集解》引侯果曰：“《大有》上九‘履信思顺’，‘自天祐之’，言人能依四象所示,系辞所告,又能思顺,则天及人,皆共祐之,'吉无不利'者也。"

"自天祐之,吉无不利",具有明显的神道上帝的意味,只要得到老天爷的保佑,就会吉祥无所不利了,但孔子在释卦时却将这些神道观念转向人文理性和人文价值的阐释,孔子认为老天的保佑包括三个内容:一是顺应天时天道,即善于捕捉机会、遵守客观规律;二是获取民心,得到群众拥护与支持;三是崇尚贤能之士,得到贤人的积极辅佐。具备了这三个条件,任何政治领袖当然会获得成功。这样解释便一点也没有神秘意味了。并由此而引发出"书不尽言、言不尽意"的重要命题,进而认为圣人之意存在于象、卦、辞及其变通与鼓舞之中。

2 **默而成之,不言而信,存乎德行:**天道阴阳变化,自然而成万物,因而说"默而成之,不言而信"。存乎德行,是说人如果法象天地之道,道德隆盛,教化普遍,就会像天地阴阳一样,事业自然而成,无为而成。李鼎祚《周易集解》引《九家易》曰:"默而成之,谓阴阳相处也。不言而信,谓阴阳相应也。"

系辞下传

导读

《系辞下传》从八卦成列,因而重之,由八卦重为六十四卦开始,讨论刚柔《乾》《坤》二卦为《易经》的根本,与《系辞上传》"天尊地卑,乾坤定矣"互相呼应。《系辞下传》解释了贞观、贞胜、贞明、贞乎一等概念,正道就是天地乾坤日月之道,就是易道。提出圣人治理天下的大宝就是位,位指君位,合情、合理、合法且被公认的治理天下的权力与地位，即君位是治理天下的大宝。能守住君王地位的只有仁，仁就是以仁爱的态度和感情对待民众。义则是指如何治理民众，聚财才能够聚集团结民众，治理民众就需做好理财、正辞、禁民为非三件大事。因此，仁义是君王治理好天下的要道。接着，举出伏羲氏、神农氏、黄帝、尧帝、舜帝等人如何制器尚象、因象制器，发明生产生活工具，适应民众生产生活需要，这些揭示了先王明君圣贤如何实行仁义之道，如何慈爱民众，如何理财、正辞、禁民为非，以及如何治理好天下的。

在列举圣贤明君运行《易经》的卦象与道理治理好天下的历史事实之后，接着又列举了十一则《易经》爻辞，揭示《易经》爻辞所蕴含的深刻道理，说明《易经》如何有利于治理好天下。这十一则爻辞，孔子对其奥义作了深刻的阐释，非常经典，非常富有启示意义。尤其值得注意的是，孔子举出了好几个例子说明禁民为非是非常必要的。譬如《困》卦六三，《噬嗑》卦初九、上九，《鼎》卦九四，《益》卦上九等，都凶险，是因为小人违背正道而导致的结果。

接着又列举九卦说明修德、养德、明德的高度重要性，可以说，《易经》是用来修养道德的圣经与教科书。

值得重视的是，《系辞下传》提到，《易经》的兴盛，大概在是商末周初时期，也即是商纣王与周文王时代的历史大变革时期，因此，《易经》是周文王在历史大变革前夜用来修身养心齐家治国平治天下的宝典。历史的发展表明，周文王顺应了历史潮流的发展，文王、武王、周公一起推动了历史的进步，创造了光辉灿烂的周代文明，孔子对周代的礼乐文明赞不绝口，还经常梦见周公，十分神往周初的礼乐彬彬的强盛太平的文明社会！《易经》与这段伟大的历史紧密相连、密切相关。殷商何以衰落，周朝何以兴盛，《易经》的易道已经给出了明确答案！可以说，周代文明，是中华文明发展史中的第一座高峰，而《周易》在中华文明第一个高峰的形成中起到了巨大的帮助作用！

原文

八卦成列，象在其中矣。因而重之，爻在其中矣。刚柔相推，变在其中矣。系辞焉而命之，动在其中矣。

吉凶悔吝者，生乎动者也。刚柔者，立本者也。[1]变通者，趣时者也。吉凶者，贞胜者也。[2]天地之道，贞观者也。日月之道，贞明者也。天下之动，贞夫一者也。

夫《乾》，确然示人易矣；夫《坤》，隤然示人简矣。爻也者，效此者也。象也者，像此者也。爻象动乎内，吉凶见乎外，功业见乎变，

译文

八卦排列出来，象就体现在八卦之中。八卦两两相重，演变为六十四卦，每卦六爻，共三百八十四爻就包含在其中。刚爻与柔爻相互推移，变化的道理就体现在其中。附上卦辞与爻辞，以体现吉凶之道，运动变化的规律就都包含在其中了。

吉凶悔吝者，是由事物的运动变化造成的。刚爻与柔爻，是建立《易》卦体系的根本，《易》卦由刚爻与柔爻组成。需要变动，是为了因应时势的变化，是为了抓住面临的机会。吉凶的结果，是以坚守正道取胜，坚守正道则吉，不守正道则凶。天地之道，通过正确的观察分析才能够得到。日月之道，只有坚守正道才会明白。天下万事万物的运动变化，都统一在"一"即太极这个正道与常道上面。

《乾》卦和天道，向上对人显示的道理是容易的，这是确定无疑的；《坤》卦和地道，向下对人显示的道理是简单的，这是毫无疑问的。卦爻，就是仿效《乾》《坤》即天道、地道所显示出来的道理；卦象与爻象，就是用象来表达体现《乾》《坤》即天道、地道的道理。爻与象在内部发生运动变化，吉和凶就从外面体现出来了。功业就体现在事物的运动变化及其吉凶结果上面，圣人的真实意图就体现在卦辞与爻辞上面。

圣人之情见乎辞。

天地之大德曰生,圣人之大宝曰位,何以守位?曰仁。何以聚人?曰财。理财、正辞、禁民为非曰义[3]。

天地的最大恩德就是生长万物,圣人最宝贵的就是权位制度,怎么样才能够守住权位、保证制度呢?靠的就是仁,要施行仁政。怎么样才能够将老百姓团结起来、组织起来呢?靠的就是钱财。管理好财政建立公正、公平的法令制度,严肃号令,禁止百姓违法乱纪就叫作"义",即坚持正义。

注释

1 **刚柔者,立本者也:**刚与柔,是《周易》变化的根本。虞翻曰:"乾刚坤柔,为六子父母。乾天称父,坤地称母。本天亲上,本地亲下,故'立本者也'。"

2 **吉凶者,贞胜者也:**遵守自然规律则吉,违背自然规律则凶。贞,即正道,自然规律。贞胜,即正道与自然规律会战胜一切,吉凶都是遵守或违背正道所起作用的结果。

3 **理财、正辞、禁民为非曰义:**治理财产、端正言行、禁止民众做坏事,都要以义来作为标准。用现代的话说,就是抓好经济、搞好宣传、严格刑罚制度、加强军事等工作就是义。崔憬曰:"夫财货,人所贪爱,不以义理之,则必有败也。言辞,人之枢要,不以义正之,则必有辱也。百姓有非,不以义禁之,则必不改也。此三者,皆资于义,以此行之,得其宜也。"作为人道的仁义,仁是用仁心对待民众,用以守位,义是用"理财、正辞、禁民为非"治理民众。

古者庖牺氏之王天下也[1],仰则观象于天,俯则

远古时代的伏羲氏治理天下百姓时,向上观察天上的日月星辰等天象,向下观察地上的山川河流等地理法则,并观察飞禽走兽的羽

观法于地，观鸟兽之文与地之宜，近取诸身，远则诸物，于是始作八卦，以通神明之德，以类万物之情。

作结绳而为罟，以佃以渔[2]，盖取诸《离》。庖牺氏没，神农氏作，斫木为耜，揉木为耒，耒耨之利，以教天下，盖取诸《益》。日中为市，致天下之民，聚天下之货，交易而退，各得其所，盖取诸《噬嗑》。神农氏没，黄帝、尧、舜氏作，通其变，使人不倦；神而化之，使民宜之。《易》，穷则变，变则通，通则久，是以“自天祐之，吉

毛齿革及生活习性，观察大地适宜出产的草木金石等物品，近则探求自身的规律进而取法自身，远则探求万事万物的规律进而取法万事万物，因此伏羲氏最早创制了八卦，他利用八卦来与神明沟通，增进德行，来探讨万事万物的情状与奥妙，摸索出共同的规律。

伏羲氏发明了用结上的绳索来做网，利用做成的网来捕捉鸟兽和鱼虾，网的发明大概是伏羲从《离》卦的卦象中获得的启示。伏羲氏过世后，神农氏兴盛为王，治理天下，砍削树木制造木锄，弯曲树木制作木犁，用木锄、木犁耕田松土，能够提高农作物的产量，神农氏将这种方法传授给天下百姓，给百姓带来了利益，神农氏所发明的这些农具，大概是从《益》卦的卦象中获得了启示。制定交易制度，太阳正午时来交易，招引天下的百姓，聚积天下的货财，来到市场上交易货物，然后回去，各自得到了所需货物，大概是从《噬嗑》卦的卦象中获得的启示。神农氏过世后，黄帝、尧、舜相继为王，通晓万事万物的发展变化规律，教化百姓勤奋劳作，并以神道设教来教化天下，使变化的制度能够适合百姓的实际需要。《易》道认为，陷于困境就要思考如何改变现状，困境发生改变后，就会畅通顺利，只有畅通顺利，才会长久，因此《周易》爻辞说：“获得来自上天的保佑，就

无不利”。[3]黄帝、尧、舜垂衣裳而天下治,盖取诸《乾》《坤》。[4]刳木为舟,剡木为楫,舟楫之利,以济不通,致远以利天下,盖取诸《涣》。服牛乘马,引重致远,以利天下,盖取诸《随》。重门击柝,以待暴客,盖取诸《豫》。断木为杵,掘地为臼,臼杵之利,万民以济,盖取诸《小过》。弦木为弧,剡木为矢,弧矢之利,以威天下,盖取诸《睽》。

上古穴居而野处,后世圣人易之以宫室,上栋下宇,以待风雨,盖取诸《大壮》。古

会吉祥而无所不利。”黄帝、尧、舜改进了服饰等礼仪制度,以礼制治天下,取得了天下大治的效果,这些措施大概是从《乾》卦与《坤》卦的卦象中获得启示的。砍下大树,将大树中间挖空,制成木船,砍削树枝做成船桨,利用木船和木桨,可以渡过江湖河海,通达远方,给天下百姓带来利益,木船木桨的发明,大概是来自于《涣》卦卦象的启示。驯服野牛,用牛拉车,驯服野马,用马拉车,牛车可以载运重物,马车可以到达远地,以利天下交通,大概是从《随》卦中获得的启示。增高增厚城墙、城门,设置巡查之人,夜间击梆警戒,以防备寇盗暴徒,大概是从《豫》卦中获得的启示吧。砍断树木做成木杵,挖掘地穴做成捣臼,利用木杵和捣臼可以舂捣粮食,舂谷为米,千千万万的百姓学会了加工粮食,获得好处,大概是从《小过》卦卦象中获得的启示。将树木弯成弓弦,将木枝砍削成箭矢,发明了弓箭,有了武器,有利于征服天下,树立威信,大概是从《睽》卦中获得的启示。

远古时代的百姓居住在野外的地穴山洞里,后世的圣人改变了这种野蛮习俗,教会百姓修筑宫室房屋,上有屋梁,下有墙壁,可以躲避风雨寒冷,这大概是从《大壮》卦中获得的启示吧!远古时代的丧葬习俗,只是用柴草厚厚地

之葬者，厚衣之以薪，葬之中野，不封不树，丧期无数，后世圣人易之以棺椁，盖取诸《大过》。上古结绳而治，后世圣人易之以书契，百官以治，万民以察，盖取诸《夬》。	裹住遗体，埋葬在荒野地中，不堆坟墓，也不在埋葬的地方种植树木，丧期也没有一定的时间，后世的圣人改变了这种野蛮习俗，发明了木棺木椁，用来安葬死者遗体，并制定了丧礼等丧葬制度，这大概是从《大过》卦中获得的启示吧。远古时代没有文字，老百姓用草绳打结作标记处理事务，后世的圣人改变了这种落后局面，发明了文字，将文字刻在木头竹片或龟甲上面，百官用文字来治理政务，万民用文字来明察事理，这大概是从《夬》卦中获得的启示吧。

注释

1 **古者庖牺氏之王天下也：**上古庖牺氏君临天下为王，虞翻解释说："庖牺，太昊氏，以木德王天下，位乎乾五，五动见离，离生于木，故知火化炮啖牺牲，号庖牺氏也。"虞翻认为庖牺氏以木德王天下，用火烧烤牺牲作为食物，因此号称庖牺氏。

2 **佃：**指田猎，用网罟捕获禽兽。 **渔：**指捕鱼。

3 **穷则变，变则通，通则久，是以"自天祐之，吉无不利"：**陆绩曰："阴穷则变为阳，阳穷则变为阴，天之道也。庖牺作网罟，教民取禽兽，以充民食。民众兽少，其道穷，则神农教播殖以变之，此穷变之大要也。'穷则变，变则通'，与天终始，故可久，民得其用，故无所不利也。"陆绩的解释合情合理，颇为可取。

4 **黄帝、尧、舜垂衣裳而天下治，盖取诸《乾》《坤》：**黄帝、尧、舜制定衣裳等礼制治理民众，天下大治，大概是从《乾》《坤》二卦得来的启示。虞翻曰："乾为治，在上为衣，坤下为裳。乾坤，万物之缊，故以象衣裳。乾为明君，坤为顺臣，百官以治，万民以察，故天下治，盖取诸此也。"

是故《易》者，象也；[1]象也者，像也。《彖》者，材也；爻也者，效天下之动者也。是故吉凶生而悔吝著也。

因此说《易》，就是象。象，就是模仿取象外物来说明事理。彖，就是裁断。爻，就是仿效天下万事万物的运动变化规律。因此说吉凶由爻而产生，悔吝亦由爻而出现。

注释

1 **是故《易》者，象也：**易，由象而来。虞翻曰："易谓日月在天，成八卦象，'悬象著明，莫大日月'是也。"

阳卦多阴，阴卦多阳。其故何也？阳卦奇，阴卦耦。其德行何也？阳一君而二民，君子之道也。阴二君而一民，小人之道也。[1]

阳卦中阳爻少阴爻多，阴卦中阴爻少阳爻多。这是什么缘故呢？阳卦是奇数即单数，阴卦是偶数即双数。阳卦与阴卦的德行如何呢？阳卦分配君主为一份，百姓为二份，君主少而百姓多，这是君子之道。阴卦分配君主为二份，百姓为一份，君主多而百姓少，这是小人之道。

注释

1 **阳一君而二民，君子之道也。阴二君而一民，小人之道也：**一般的注释疏解都认为：一君二民，指一个君主与两个百姓；二君一民，指两个君主一个百姓。这种说法不符合事实，因为不可能一个君主只统治两个百姓，更不可能两个君主统治一个百姓。杭辛斋对此点已有说明，他认为，二君一民与一君二民，只是远古时代税赋分配的一种方式，说的是君主取得少或君主取得多，百姓取得多或百姓取得少，颇合事理。郑玄则认为指远古与后代的君主其边疆与内地的疆域大小的变化差别，从礼制角度立论，亦为有理。

《易》曰："憧憧往来，朋从尔思。[1]"子曰："天下何思何虑？天下同归而殊涂，一致而百虑。[2]天下何思何虑？日往则月来，月往则日来，日月相推而明生焉。寒往则暑来，暑往则寒来，寒暑相推而岁成焉。往者屈也，来者信也，屈信相感而利生焉。尺蠖之屈，以求信也。龙蛇之蛰，以存身也。[3]精义入神，以致用也。利用安身，以崇德也。过此以往，未之或知也。穷神知化，德之盛也。"

《周易》的《咸》卦九四爻辞说："因内心思念而不断地来来往往，朋友也同样地思念你。"孔子说："天下思念什么忧虑什么？天下共同归到一个目的，而归到一个目的道路却有许许多多，并且各不相同。最后的道理一样，而思想却有千百种之多。天下思念什么忧虑什么呢？太阳走了月亮来了，月亮走了太阳来了，太阳与月亮互相推移就产生了光明。寒冷的冬天过去了，暑热的夏天就来了，暑热的夏天过去了，寒冷的冬天就来了，寒冷的冬天与暑热的夏天互相推移，就构成了一年四季。过去了的就是屈，要来的就是伸，屈与伸互相感应就产生了利益。尺蠖这种小虫，先把身体收缩拢来，是为了要向前伸展移动。龙与蛇在寒冷的季节里躲进洞窟中冬眠，是为了保存其身体的能量。精熟深奥的义理，达到出神入化的境界，是为了学以致用。将这些精深的义理应用于实践，安身保民，立身处世，是为了增进品德。超过这些领域再继续向前探索研求，当然有许多难以知道的道理啊。穷尽神妙的道理，通晓变化的规律，这是道德达到了盛大的境界啊。

注释

1 **憧憧往来，朋从尔思：**《周易集解》引翟玄曰："此《咸》之九四辞也，《咸》之为卦，三君三民，四独远阴，思虑之爻也。"在翟氏看来，九四阳爻在九五、九三阳爻中间，远离阴爻，九四与初六相应，九四思念初六，因此说“憧憧往来”。朋即初六阴爻，初六相应九四，因此说“朋从尔思”。我们认为，翟氏说得有理。我们在注释《咸》卦九四爻时，“贞吉，悔亡”。指卜筮后觉得用扎针刺激穴位治疗疾病吉祥，不会有悔恨。“憧憧往来，朋从尔思”，指气经过穴位刺激后往来顺畅，病患者的经气皆能顺从扎针者的心思意图运行。阴阳经络经过用砭石等针刺激后，经络之气顺畅流注，阴阳之气往来不断，气血充足。当然，病人经过严格训练后如果运用意念引导督脉与任脉等经络之气运行，也会产生同样的效果。

2 **天下同归而殊涂，一致而百虑：**《周易集解》引韩康伯曰：“夫少则得，多则惑。涂虽殊，其归则同。虑虽百，其致不二。苟识其要，不在博求。一以贯之，百虑而尽矣。”

3 **龙蛇之蛰，以存身也：**《周易集解》引虞翻曰：“蛰，潜藏也。龙潜而蛇藏，阴息初巽，为蛇。阳息初震，为龙。十月坤成，十一月复生。《姤》《巽》在下，龙蛇俱蛰，初坤为身，故‘龙蛇之蛰，以存身’也。”虞翻意思是说，《震》卦初阳为龙，《巽》卦初阴为蛇。龙蛇之蛰，是指初震与初巽之爻，像龙蛇一样潜伏。以存身也，是指为了保存身体过冬而潜伏。

《易》曰：“困于石，据于蒺藜，入于其宫，不见其妻，凶。”子曰：“非所困而困焉，名必辱。非所据而据焉，身必危。既辱且危，死

《周易》的《困》卦六三爻辞说：“困据在周围有高大石头的围墙、石头围墙上又长满蒺藜的监狱里面。走进他的住室，见不到他的妻子，十分凶险。”孔子阐释爻辞的意义说：“不应该陷入困境的却陷入了困境，名誉必定遭到侵辱与玷污。不应该占有的地位或财富却占有了，身体与生命必然遭到危险。既遭

期将至，妻其可得见耶？”

《易》曰：“公用射隼于高墉之上，获之，无不利。”子曰：“隼者，禽也。弓矢者，器也。射之者，人也。君子藏器于身，待时而动，何不利之有？动而不括，是以出而有获，语成器而动者也。”

子曰：“小人不耻不仁，不畏不义，不见利不劝，不威不惩。小惩而大诫，此小人之福也。《易》曰：‘屦校灭趾，无咎。’此之谓也。善不积不足以成名，恶不积不足以灭身。小人以小善为无益而弗为也，以小恶为无伤而弗去也。故恶积而不可

受到侮辱又遭遇到危险，死期将要来临了，妻子怎么还可能见得到呢？”

《周易》的《解》卦上六爻辞说：“王公站立在高高的城墙上用弓箭射杀隼鸟，一射即中，获得了隼鸟，无所不利。”孔子解释说：“隼是禽鸟，弓箭是武器，射杀禽鸟的是人。君子将武器藏在怀中，等待着机会，机会来了立即行动，为什么不会获得利益呢？行动迅速而不会受阻，因此一出动就会有收获，说的是先要预备好器具然后才行动啊。”

孔子解释说：“小人不遭受到耻辱就不会主动行仁，不遭受到恐惧就不会主动行义，看不到利益就不会主动努力向善，不受到威胁就不知警惕戒备。受到小的惩罚就能够大大提高戒备之心，这是小人的福气啊。《周易》的《噬嗑》卦初九爻辞说：‘戴上脚镣，磨掉了脚指头，不会有过错。’说的就是这些道理啊。善行不日积月累，就不能够成就美好的名誉。恶行不日积月累，就不能够最后导致杀身之祸。小人们往往认为小小的善行不会有什么益处，因而不去做；又认为小小的恶行不会有什么伤害，因而不禁止。因此恶行不断累积，直至最后无法掩盖；罪恶越来越大，直至最后不可赦免。因此《周易》的《噬嗑》卦上九爻辞说：‘带上了桎梏枷锁，磨坏了耳朵，凶险

掩，罪大而不可解。《易》曰：‘何校灭耳，凶。’”

子曰：“危者，安其位者也；亡者，保其存者也；乱者，有其治者也。是故君子安而不忘危，存而不忘亡，治而不忘乱，是以身安而国家可保也。《易》曰：‘其亡其亡，系于苞桑。’”

子曰：“德薄而位尊，知小而谋大，力少(一作小)而任重，鲜不及矣。《易》曰：‘鼎折足，覆公𫗧，其形渥，凶。’言不胜其任也。”

子曰：“知幾其神乎！君子上交不谄，下交不渎，其知幾乎？幾者，动之微，吉之先见者也。

无比。’”

孔子解释说：“时时想到危机，才能安居其位；时时想到什么情况下会灭亡，才能够保存身家性命；时时想到祸乱，才能够治理好天下。因此说君子安而不忘危，存而不忘亡，治而不忘乱，所以能够身安而国家可保。《周易》的《否》卦九五爻辞说：‘经常担心什么情况下会灭亡啊，反而如系在高大桑树上的鸟巢一样稳固！’”

孔子解释说：“道德浅薄而地位尊贵，智慧很少却计谋很多，力量很小却担负重任，很少不会失败的。《周易》的《鼎》卦九四爻辞说：‘宝鼎折断了鼎足，王公的美食全被颠覆倾倒出来，宝鼎被弄得污浊不堪，十分凶险。’讲的就是不能胜任其所负重担的道理啊。”

孔子阐释说：“能够预知幾微的事理，应该很神奇了。君子与地位高的人交往时谨守礼仪而不谄媚，与地位低的人交往时也同样谨守礼仪而不怠慢，君子能够懂得事物的幾微之理吧！幾微之理，是事物运动变化之前的十分微小的变化征兆，君子从幾微之理上可以预先判断事物发展的吉凶结果。君子察知了事物的幾微之理就马上行动起来，不用等到一天过去了才行动。《周易》的《豫》卦六二爻辞说：‘幾微之理如界碑石一样清楚明君子见幾而作，不俟终日。《易》曰：‘介于石，不终日，贞吉。’介如石焉，宁用终日？断可识矣。君子知微知彰，知柔知刚，万夫之望。”

子曰：“颜氏之子，其殆庶几乎！有不善未尝不知，知之未尝复行也。《易》曰：‘不远复，无祇悔，元吉。’”

天地絪缊，万物化醇。男女构精，万物化生。易曰：“三人行，则损一人；一人行，则得其友。”言致一也。

子曰：“君子安其身而后动，易其心而后语，定其交而后求。君子修此三者，故全也。危以

白，用不着等待一整天，坚守正道将会获得吉祥。’幾微之理像界碑石一样清楚明白，怎么还用得着再等待一整天呢？应该马上决策立即行动，这是再明白不过的。君子能够察知幾微之理也能够明白盛大的道理，既能够明白阴柔之理也能够通晓阳刚之理，君子是千千万万人的榜样和希望啊！”

孔子解释说：“颜氏的儿子颜回，大概差不多吧！犯了错误后没有不知道的，知道错误后就不再犯错误了。《周易》的《复》卦初九爻辞说：‘偏离正道不远就能够返回到正道上来，能够免除悔恨远离灾祸，大为吉祥啊。’”

天地阴阳二气感应交融，万物得到化育。雄性与雌性的精血相互交媾，万物得以化生。《周易》的《损》卦六三爻辞说：“三人同行就会遗失一人，一人出行就会寻求朋友。”说的是男女与阴阳要合二为一啊！

孔子解释说：“君子应该自身安定然后才能行动，说话时先要站在他人立场考虑然后才发表议论，与人交往时先要确立交情成为可信赖的朋友，然后才去请求他帮助自己。君子在这三个方面加强修养，因此能够保全自己。陷于危险之中还要行动，那么百姓就不会来帮助你；在恐惧害怕中告诉百姓，百姓

动，则民不与也。惧以语，则民不应也。无交而求，则民不与也。莫之与，则伤之者至矣。《易》曰：'莫益之，或击之，立心勿恒，凶。'"

子曰："《乾》《坤》，其《易》之门邪？[1]"乾，阳物也。坤，阴物也。阴阳合德而刚柔有体，以体天地之撰，以通神明之德。其称名也，杂而不越。于稽其类，其衰世之意邪？

夫《易》，彰往而察来，而微显阐幽。开而当名辨物，正言断辞则备矣。其称名也小，其取类也大，其旨远，其辞文，其言曲而中，其事肆而隐。因贰

就不会听从你；不是朋友没有交情去求人帮助，那么百姓就不会支持你。得不到百姓的帮助与支持，那么损伤危害你的人就来了。《周易》《益》卦上九爻辞说：'没有谁来帮助支持你，就会有人来攻击你，不能一心一意立志坚守正道，十分凶险。'"

孔子阐述说："《乾》《坤》两卦是《易经》的门户吧！"乾代表阳物，坤代表阴物。阴阳的德性互相配合，形成有刚有柔的形体，从而表现出天地的造化，以沟通人与神明之间的德性。《易经》卦爻辞所称述的言辞名物，尽管繁杂却有条理。考察审核言辞名物所表述的各种情理，大概表露抒发的是衰落的殷末时代的情感与思想吧！

《易经》，可以用来彰显过去的情况，察知未来的事态，显示幾微的迹象，阐明隐藏的奥义，阐释卦爻之理，理事与名实相符，能辨别事理，言辞准确，断语清楚，阐释完备无误。《易》辞所称述的名物往往细小切合生活实际，但它所表述的事理和蕴含的旨意却宏大而丰富。《易》辞所阐述的旨意十分深远，言辞富于文采，《易》辞的语言委婉曲折富于艺术却又切中事理，所称述的往事典故人人可晓却又义理深奥。运用阴阳乾坤两方面的《易》理来帮助平民百姓，使平民百姓的行动

以济民行，以明失得之报。[2]

符合正道，不出偏差与错误，向平民百姓指明行动的吉凶与失得的后果。

注释

1 **《乾》《坤》，其《易》之门邪：**《周易集解》引荀爽曰："阴阳相易，出于乾坤，故曰门。"意思是说，《周易》《乾》《坤》而外六十二卦之阴阳皆由《乾》《坤》之阴阳而来，因此说，《乾》《坤》是阴阳之门，《乾》是阳之门，《坤》是阴之门，《乾》《坤》即是《周易》六十二卦之门。

2 **因贰以济民行，以明失得之报：**《周易集解》引虞翻曰："二谓乾与坤也，坤为民，乾为行，行得则乾报以吉，行失则坤报以凶也。"

《易》之兴也，其于中古乎！作《易》者，其有忧患乎！[1]是故《履》，德之基也；[2]《谦》，德之柄也；[3]《复》，德之本也；《恒》，德之固也；《损》，德之修也；《益》，德之裕也；《困》，德之辨也；《井》，德之地也；《巽》，德之制也；《履》，和而至；《谦》，尊而光；《复》，小而辨于物；《恒》，杂而不厌；《损》，先难而后

《易经》的兴盛，大概是在中古时代的商末时期吧！创作《周易》的人，大概具有很深厚的忧患意识吧！因此说，《履》卦，是道德的基础；《谦》卦，是道德的把柄；《复》卦，是道德的根本；《恒》卦，是道德的巩固条件；《损》卦，是道德修养的途径；《益》卦，是道德充裕扩展的方法；《困》卦，是明辨检验道德的准绳；《井》卦，是道德的培育基础；《巽》卦，是道德的规则规范；《履》卦，和谐团结，同心同德，而能达到目的；《谦》卦，尊敬尊严，而能发扬光大；《复》卦，从细小幾微的征兆中能辨别事物的善恶之义理、吉凶之后果；《恒》卦，在繁杂纷纭的环境条件下坚守正道而不满足；《损》卦，先难而后易；《益》卦，扩展充裕而不矫揉造作；《困》卦，

易;《益》,长裕而不设;《困》,穷而通;《井》,居其所而迁;《巽》,称而隐;《履》以和行;《谦》以制礼;[4]《复》以自知;《恒》以一德;《损》以远害;《益》以兴利;《困》以寡怨;《井》以辨义;《巽》以行权[5]。

先陷入穷困境地而后通达无碍;《井》卦,居守固定的地方而惠及四方百姓;《巽》卦,名实相符,因势利导,而能深入人心;《履》卦可以团结百姓,与百姓同心同德,一致行动;《谦》卦可以谨守礼制不逾礼节;《复》卦可以反省己过,自知得失;《恒》卦可以恒守道德,始终不渝;《损》卦可以改过迁善,远离祸害;《益》卦可以有益身心、广兴福利;《困》卦可以减少怨恨;《井》卦可以辨明德义;《巽》卦可以临机应变。

注释

1 **《易》之兴也,其于中古乎!作《易》者,其有忧患乎:**我们认为中古指商末周初,商纣王、周文王时期。虞翻解释中古指伏羲时期,可为一说。《周易集解》引虞翻曰:"兴《易》者,谓庖牺氏也。文王书经,系庖牺于乾五,乾为古,五在乾中,故兴于中古。《系》以黄帝、尧、舜为后世圣人,庖牺为中古,则庖牺以前为上古。"

2 **是故《履》,德之基也:**履即礼,践履礼义,是道德的基础。《周易集解》引侯果曰:"履,礼,蹈礼不倦,'德之基也'。自下九卦,是复道之最,故特言矣。"

3 **《谦》,德之柄也:**《谦》卦,因为谦可以持礼,礼是道德的把柄,所以谦是道德的把柄。《周易集解》引虞翻曰:"坤为柄,柄,本也。凡言德,皆阳爻也。"又引干宝曰:"柄所以持物,谦所以持礼者也。"

4 **《履》以和行;《谦》以制礼:**《周易集解》引虞翻曰:"礼之用,和为贵。谦震为行,故'以和行'也。"又引虞翻曰:"阴称礼,谦三以一阳制五阴,万民服,故'以制礼'也。"

5 **《巽》以行权:**《巽》卦之道用以行使权力。《周易集解》引《九家易》解释“《巽》以行权”和九卦之德,很到位,可以参考。《九家易》曰:“巽象号令,又为近利,人君政教,进退释利而为权也。《春秋传》曰:‘权者,反于经,然后有善者也。’此所以说九卦者,圣人履忧济民之所急行也。故先陈其德,中言其性,后叙其用,以详之也。西伯劳谦,殷纣骄暴,臣子之礼有常,故创《易》道,以辅济君父者也。然其意义广远幽微,孔子指撮,解此九卦之德,合三复之道,明西伯之于纣,不失上下。”

《易》之为书也不可远,为道也屡迁,变动不居,周流六虚,上下无常,刚柔相易,不可为典要,唯变所适。其出入以度,外内使知惧。又明于忧患与故,无有师保,如临父母。[1]初率其辞,而揆其方,既有典常。苟非其人,道不虚行。

《周易》这部书,不可须臾远离它;《周易》所阐明的《易》道规律常常迁移改变;《易》道就体现在永恒的变化运动之中,而不会静止不动;普遍流行运转于六爻爻位之中;上爻与下爻之间互相往来,没有固定的模式;刚爻与柔爻之间互相变易;不可将《易》道所体现的规律当作不变的原则、纲领,《易》道就是不定的变化运动,它适应于万事万物的变化情况。

通晓《易》道,其人出入行藏,皆遵守《易》理所体现所表明的法度原则行事;外出行动、居内静守,都应该常常怀有畏惧戒备之心。因为通晓《易》道之人,能够明白忧患及其原因。有了《易经》这部书在身边,没有老师以及父母在身旁指导提示自己,也好像有老师以及父母在自己身旁督促提醒自己一样,能够不断地受到教育和启发。行事之初,遵循卦爻辞的意旨,坚守正道,推度出行动的方式及规律,在《易经》的卦爻辞中就体现了应该遵循的典范规则。但是,如果不是真正的有道德之人,那么《易》道也就难以通晓明白,难以应用推广了。

注释

1 **无有师保，如临父母：**这两句互文见义，意思是说，观玩《周易》，没有师保父母在身边，就好像有师保父母在身边教导一样。《周易集解》引虞翻曰："临，见也。言阴阳施行，以生万物。无有师保生成之者，万物出生，皆如父母。"又引干宝曰："言《易》道以戒惧为本，所谓惧以终始，归无咎也。外谓丈夫之'从王事'，则'夕惕若厉'。内谓妇人之居室，则'无攸遂'也。虽无师保切磋之训，其心敬戒，常如父母之临己者也。"

《易》之为书也，原始要终以为质也。六爻相杂，唯其时物也。其初难知，其上易知，本末也。初辞拟之，卒成之终。[1]若夫杂物撰德，辨是与非，则非其中爻不备。噫！亦要存亡吉凶，则居可知矣。知者观其彖辞，则思过半矣。

二与四同功而异位，其善

《周易》这部书，追溯探索事物的初始状态及其原因，总结归纳从而预测事物的最终结果及吉凶情况，从而形成《周易》的主要框架和主要结构。各卦六爻阴阳互相错杂，只是随着卦时的变化而相应发生变化。《易》卦的初爻位代表事物的初始状态，很难预料，爻辞多难理解；《易》卦的上爻位代表事物的终结状态，很容易看出结果，爻辞容易理解；初爻位与上爻位代表事物的本末情况啊。初爻位的爻辞拟议某种事物某种情况的初始状态，到了上爻位，事物发展告一段落，结果最终确定下来。至于要在错综复杂的事物当中描述其阴阳的德性，辨别事物的正确与否，预测事物的吉凶结果，如果不仔细去考虑玩味中间四爻的卦辞就不能做到啊。哎！如果要预知吉凶存亡的结果，那么把握了吉凶存亡的规律，考虑所居之爻位的爻辞，就可以做到了。明智的人只要观察揣摩彖辞，仔细研究，全卦的要旨与意义也就不同。二多誉，四多惧，近也。柔之为道，不利远者。其要无咎，其用柔中也。三与五同功而异位，三多凶，五多功，贵贱之等也。其柔危，其刚胜邪？

大半能够领悟与了解了。

第二爻与第四爻都是阴位，功能相同，位次不同，它们的吉凶结果就不相同。第二爻往往多美誉，而第四爻则往往多畏惧，因为远近不同的缘故。阴位所表示的阴柔之道，不利于远者。阴位的主旨在于顺承君主，不犯过失，以柔道居守中正之位为其功用。第三爻与第五爻都是阳位，功能相同，位次不同，第三爻往往多凶险，第五爻往往多功劳，这是因为贵贱地位等级不同所造成的差别啊。柔道有危险，而刚道则能胜任啊。

注释

1 **初辞拟之，卒成之终**：干宝曰："初拟议之，故难知。卒终成之，故易知。本末势然也。"干宝认为初爻拟议，善恶未定，因此吉凶难断。上爻已成，善恶已定，吉凶就可以区分了。又引侯果曰："失在初微，犹可拟议而之福，过在卒成，事之终极，非拟议所及，故曰'卒成之终'。假如《乾》之九三，《噬嗑》初九，犹可拟议而之善。至上九，则凶灾不移，是事之'卒成之终'，极凶不变也。"

《易》之为书也，广大悉备。有天道焉，有人道焉，有地道焉。兼三才而两之，故六。六者非它也，三才之道也。

《周易》这部书，所涉范围广大无边，所述道理周密详备。包含天道、人道、地道等各个领域、各个方面的道理。兼合天地人三才并相重叠，因此八卦表示三才的三爻变成了六十四卦表示三才的六爻。六爻并不是别的，仍然如三爻一样，代表着天地人三才之道啊。

《易》道不断变化运动，因此代表《易》道

道有变动，故曰爻。爻有等，故曰物。[1]物相杂，故曰文。[2]文不当，故吉凶生焉。[3]	变化运动的某个阶段的就叫作爻。六爻有类别位次性质之不同，分别代表对应着事物的不同情况。不同情形的事物相混杂，因此出现了文采。文采有的适当、有的不适当，于是便产生了吉凶。

注释

1 **爻有等，故曰物：**爻有六位，位置高低，代表着不同的物群。干宝曰："等，群也。爻中之义，群物交集，五星四气，六亲九族，福德刑杀，众形万类，皆来发于爻，故总谓之物也。"当然，物有阴物、阳物之分。

2 **物相杂，故曰文：**阴阳之物交错，显现出文采来，因此叫作文。虞翻曰："乾，阳物。坤，阴物。纯乾纯坤之时，未有文章。阳物入坤，阴物入乾，更相杂成六十四卦，乃有文章，故曰文。"

3 **文不当，故吉凶生焉：**阴阳错杂成文，文有适当和不适当之分，以此形成吉凶结果。干宝曰："其辞为文也，动作云为，必考其事，令与爻义相称也。事不称义，虽有吉凶，则非今日之吉凶也。故'元亨利贞'，而穆姜以死。'黄裳元吉'，南蒯以败。是所谓'文不当'也，故于经则有'君子吉，小人否'，于占则王相之气，君子以迁官，小人以遇罪也。"干宝解释很合理，如果卦辞或者爻辞吉利，但是占卜者所行之事，与爻辞所示的吉利的结果所要求的因缘条件恰好相反，那么也不会有好结果。

《易》之兴也，其当殷之末世、周之盛德邪？当文王与纣之事邪？[1]	《周易》的兴盛，大概在殷商末世、西周初兴之时吧？大概指的是在商纣王与周文王时期的事情吧！因此，《周易》的卦辞、爻辞具有危机与忧患意识。只有具有危机与忧患意识，

是故其辞危。危者使平，易者使倾。[2]其道甚大，百物不废。惧以终始，其要无咎，此之谓《易》之道也。

才能平安顺利，如果骄慢松懈、贪图安逸，则会招来祸患、导致倾覆。《易》道所包括的范围十分广大，万事万物都囊括其中，万事万物都不能违背《易》道。自始至终，保持小心谨慎，警惕戒备，关键在于避免人为的失误，消除祸患。这就是所讲的《周易》之道啊。

注释

1 **《易》之兴也，其当殷之末世、周之盛德邪？当文王与纣之事邪：**《系辞传》的作者揣度《周易》的兴起在殷末周初之时，指商纣王与周文王之事。虞翻曰："谓文王书《易》六爻之辞也。末世，乾上。盛德，乾三也。'文王三分天下而有其二，以服事殷，周德其可谓至德矣'，故'周之盛德'。纣穷否上，知存而不知亡，知得而不知丧，终以焚死，故'殷之末世'也。"

2 **危者使平，易者使倾：**感觉到危机，警惕小心而奋进，就会平安。感觉到平易，疏忽大意，就会倾覆。《周易集解》引陆绩曰："文王在纣世，有危亡之患，故于《易》辞，多趋危亡，本自免济，建成王业，故《易》爻辞'危者使平'，以象其事。"又引陆绩曰："易，平易也。纣安其位，自谓平易而反倾覆。故《易》爻辞'易者使倾'，以象其事。"

夫《乾》，天下之至健也，德行恒易以知险。夫《坤》，天下之至顺也，德行恒简以知阻。能说

《乾》卦所显示的特性，是天下最刚健无比的；《乾》卦所体现的德行总是恒久平易却能知道什么是危险；《坤》卦所显示的特性，是天下最柔顺无比的，《坤》卦所体现的德行总是简单却能知道什么是阻碍。既刚健柔顺又知险阻，便能够使人心情愉悦，能够深思熟虑，从而能够预

诸心，能研诸侯之[1]虑，定天下之吉凶，成天下之亹亹者，是故变化云为，吉事有祥。象事知器，占事知来。

知判定天下万事万物的吉凶结果，成就天下绵绵不绝的事业，促进天下人奋发有为。因此说，遵循《易》道的变化规律，才能有所作为，吉祥之事有祥瑞的征兆相应。观察《易》象所象征的事物，便知道器物形成的原理，知道制造器物的方法，用《周易》占筮要问的事情，便能预知所占问事情的吉凶悔吝的结果。

天地设位，圣人成能。人谋鬼谋，百姓与能。八卦以象告，爻彖以情言。刚柔杂居，而吉凶可见矣。变动以利言，吉凶以情迁。是故爱恶相攻而吉凶生，远近相取而悔吝生，情伪相感而利害生。凡《易》之情，近而不相得则凶，或害之，悔且吝。

天地确立了刚柔尊卑的地位，圣人就能依天地之道而发挥《易》道的功能。《周易》的卜筮中既有人谋又有鬼谋，平民百姓能利用《周易》之道而成就事业。《周易》中八卦的卦象可显示现《易》道《易》理，《周易》中彖辞爻辞可以表现万事万物的真实情伪，刚爻与柔爻互相交错混杂在一起，吉凶的结果就显露出来了。事物的运动变化应该从利与害的角度加以考虑，事物的吉凶结果会因是否符合《易》情《易》理而加以改变。因此说，爱与恶的互相矛盾便引发了吉与凶的系列结果，远与近的互相比应敌对便带来了悔与吝的结果，真情相感、虚伪相应，便产生了利与害的结果。凡是《周易》的情理，两爻相近而互不相得便会有凶险，或者会有伤害，或者会出现悔恨和遗憾。

将叛者其辞惭，中心疑者其辞枝。吉人之辞寡，

将会背叛的人，他说话时就暗含有羞愧的心理；心中怀疑的人，他说话时语言表达不会清晰，会支离破碎；吉祥的人语言简约，浮躁的人

躁人之辞多。诬善之人其辞游,失其守者其辞屈。[2]	往往废话连篇、十分啰唆;冤枉别人的人说话往往游移不定,没有一定标准;失去操守的人说话往往理屈词穷。

注释

1 **侯之:**朱熹《周易本义》认为,"侯之"二字为衍字。

2 本章总结《系辞传》上下篇,概括《乾》《坤》二卦之特性,并认为察知《易》情,便能预知吉凶悔吝等结果,亦可就言辞之特征察知人情之实伪。

说卦传

导读

《说卦传》是"十翼"中的一篇重要文献,它首先提出了圣人作《易》之旨意,是为了"和顺于道德而理于义,穷理尽性以至于命",也就是说为了"顺性命之理",并提出了天道阴阳、地道柔刚、人道仁义的重要概念。最为重要的是,《说卦传》里面保存了上古时代的许多卦象,由此文献可知古人取象范围十分广泛,而易象则是《易经》十分重要的组成部分,《系辞传》中即已提到,"是故《易》者,象也",《易》的基本符号是八卦,而八卦所具哲理则以易象为基础,古人则认为《周易》无象外之辞,《周易》之卦爻辞皆以易象为基础,近人尚秉和亦持此观点。

《周易正义》解释《说卦传》说:"说卦者,陈说八卦之德业变化,及法象所为也。"

八卦取象具有高度相关性,这也构成了取象的层次与系统。

天、地、雷、风、水、火、山、泽,是八卦最基本的取象,也即是最基本的卦象。当《乾》取象天时，同时意味着《坤》取象地。当《乾》取象父时，意味着《坤》取象母，《震》取象为长子，等等。八卦的取象层次在一定范围里构成一个完整的系统，具有严密的相关性。

如果抛开八卦取象的层次性、系统性与相关性，那么八卦的取象就显得杂乱无章而不可理解了。比如《乾》怎么取象天、父、君、首、冰、玉？便很难理解了。

《说卦传》还指出了一个非常重要的八卦方位图，即东方震木，东南巽木，南方离火，西南坤土，西方兑金，西北乾金，北方坎水，东北艮土。将八卦、方位和五行的金木水火土结合在一起，使八卦的每一卦对应于相应的方位与五行，如果结合春夏秋冬来说，震为春天，离为夏天，兑为秋天，坎为冬天，巽为春夏之际，坤为夏秋之际，乾为秋冬之际，艮为冬春之际，那么卦与空间方位、时间序列（除了春夏秋冬外，还包括代表时间的天干地支）以及金木水火土五行之间就组合构成一个完整的八卦时空象数演变运行模型了，后世流行的堪舆工具罗盘与此《说卦传》理论密切相关。

虞翻、荀爽与崔憬对于八卦与干支、四时季节的关系，解释得很有道理，具体内容见于注释之中，值得读者参考、思索、玩味。

原文

昔者圣人之作《易》也，幽赞于神明而生蓍，参天两地而倚数[1]，观变于阴阳而立卦[2]，发挥于刚柔而生爻[3]，和顺于

译文

从前圣人创作《易经》的时候，由于神明的暗中赞助，天生蓍草，圣人便发明了用蓍草卜卦占筮的方法，以奇数如三等数为天数，以偶数如二等数为地数，以天地之数来确立卦爻之数，观察天地万物阴阳的运动变化而确立《易》卦，依据刚柔的变动而产生了爻位。《易经》的创制是为了将人的言行与天地之道结合起来，因应自然，

道德而理于义，穷理尽性以至于命。	符合理义，顺于道德；穷究天地自然之理，率性而行，完善天地自然赋予的命运，走好人生之路。

注释

1 **参天两地而倚数：**《周易集解》引虞翻解释说："倚，立。参，三也。谓分天象为三才，以地两之，立六画之数，故'倚数'也。"又引崔憬解释说："参，三也，谓于天数五、地数五中，以八卦配天地之数。起天三配艮，而立三数。天五配坎，而立五数。天七配震，而立七数。天九配乾，而立九数，此从三顺配阳四卦也。地从二起，以地两配兑，而立二数。以地十配离，而立十数。以地八配巽，而立八数。以地六配坤，而立六数。此从两逆配阴四卦也。其天一、地四之数，无卦可配，故虚而不用。"不知道崔憬的天地之数与八卦相配的方法有何依据。关于天地之数与八卦关系，《河图》《洛书》各有配法。《河图》"天一生水，地六成之"，即一与六为坎水，居于正北方。"地二生火，天七成之"，即二与七为离火，居于正南方。"天三生木，地八成之"，即三与八为震木，居于正东方。"地四生金，天九成之"，即四与九为兑金，居于正西方。"天五生土，地十成之"，即五与十为坤土，居于中间。《河图》是天地之数配五行、八卦、方位。《洛书》：坎水为一，居于北方。离火为九，居于南方。震木为三，居于东方。兑金为七，居于西方。坤土为二，居于西南方。巽木为四，居于东南方。乾金为六，居于西北方，艮土为八，居于东北方。五为土，居于中宫中央。

2 **观变于阴阳而立卦：**观察阴阳变化而确立易卦，虞翻解释说："谓'立天之道曰阴与阳'。乾坤刚柔，立本者。卦谓六爻，阳变成震坎艮，阴变成巽离兑，故'立卦'。六爻三变，三六十八，则'十有八变而成卦，八卦而小成'是也。"虞翻认为，乾坤阴阳变化而生八卦。

3 **发挥于刚柔而生爻：**依据刚柔的变动而产生了爻位。虞翻解释说："谓'立地之道曰柔与刚'，发，动。挥，变。变刚生柔爻，变柔生刚爻，以三为六也。'因而重之，爻在其中'，故'生爻'。"虞翻解释了刚柔的互相变化。

昔者圣人之作《易》也，将以顺性命之理，是以立天之道曰阴与阳，立地之道曰柔与刚，立人之道曰仁与义。[1]兼三才而两之，故《易》六画而成卦。分阴分阳，迭用柔刚，故《易》六位而成章。

天地定位，山泽通气，雷风相薄，水火不相射，八卦相错。数往者顺，知来者逆，是故《易》逆数也。[2]

雷以动之，风以散之，雨以润之，日以烜之，艮以止之，兑以说之，乾以君之，坤以藏之。[3]

从前圣人创作《易经》，是为了顺应人性物性之特征以及命运之发展变化规律，因此确立了天之道为阴与阳，确立了地之道为柔与刚，确立了人之道为仁与义。八卦兼备天、地、人三才之道，三爻增为六爻，八卦演变为六十四卦，因此《周易》六爻成为一卦。一卦六爻，有阴爻与阳爻之分，又有柔爻与刚爻之分，因此，《易》卦的六爻及爻位组成了一个完整的体系，能够彰往察来，预测事物的发展变化情况。

天在上，地在下，天地的位置固定不变，空气在山泽之间流动，风雷互相激荡，水火之性相背相离却又相助相济。八卦交错相应，既对立又统一。要知道以往的事情可以顺着推算，要知道将来的事情可以逆着推测，因此《周易》主要逆着推测未来之事的。

春雷能震醒万物，和风能为万物吹来新鲜空气，雨露能滋润万物，阳光照射万物，能促进万物生长；艮代表大山，大山能蓄养万物；兑代表秋天，秋天万物成熟，欣欣然而喜悦无比；乾为天，是天地自然万物的主宰；坤为地，能够负载万物包容万物。

注释

1 **是以立天之道曰阴与阳，立地之道曰柔与刚，立人之道曰仁与义：**崔憬解释说："此明一卦立爻，有三才两体之义。故先明天道既立阴阳，地道又立刚柔，人道亦立仁义以明之也。何则？在天虽刚，亦有柔德。在地虽柔，亦有刚德。故《书》曰：'沉潜刚克，高明柔克。'人禀天地，岂可不兼仁义乎？所以，《易》道兼之矣。"崔憬很好地解释了天道、地道、人道与阴阳、刚柔、仁义之间的关系。

2 **天地定位……是故《易》逆数也：**虞翻认为，天地定位，"谓乾坤五贵二贱，故'定位'也"。山泽通气，"谓艮兑同气相求，故'通气'"。雷风相薄，"谓震巽同声相应，故'相薄'"。水火不相射，"谓坎离。射，厌也。水火相通，坎戊离己，月三十日一会于壬，故'不相射'也"。解释"八卦相错"时说，"错，摩。则'刚柔相摩，八卦相荡'也"。数往者顺，"谓坤消从午至亥，上下故'顺'也"。知来者逆，"谓乾息从子至巳，下上故'逆'也"。虞翻将八卦与天干戊己、地支午亥等联系起来，这些解释，很有道理，值得参考。

3 **雷以动之……坤以藏之：**荀爽认为，雷以动之，"谓建卯之月，《震》卦用事，天地和合，万物萌动也"。风以散之，"谓建巳之月，万物上达，布散田野"。雨以润之，"谓建子之月，含育萌芽也"。日以烜之，"谓建午之月，太阳欲长者也"。艮以止之，"谓建丑之月，消息毕止也"。兑以说之，"谓建酉之月，万物成孰也"。乾以君之，"谓建亥之月，乾坤合居，君臣位得也"。以上解释皆为荀爽所说，荀爽将自然物象变化与八卦及地支月令结合起来，荀爽的这些说法，值得参考。至于"坤以藏之"，《九家易》解释说："谓建申之月，坤在乾下，包藏万物也。乾坤交索，既生六子，各任其才，往生物也。"

帝出乎震，齐乎巽，相见乎离，致役乎坤，说言乎兑，战乎乾，劳乎坎，成言乎艮。[1]万物出乎震，震，东方也。齐乎巽，巽，东南也。齐也者，言万物之絜齐也。离也者，明也，万物皆相见，南方之卦也。圣人南面而听天下，向明而治，盖取诸此也。坤也者，地也，万物皆致养焉，故曰“致役乎坤”。兑，正秋也，万物之所说也，故曰“说言乎兑”。“战乎乾”，乾，西北之卦也，言阴阳相薄也。坎者，水也，正

自然界最旺盛之元气即天帝在春分时由《震》卦表现出来，万物出生于象征春分和东方的《震》卦；在立夏时由《巽》卦表现出来，万物一齐生长于象征立夏和东南方的《巽》卦；最旺盛之天气在夏至时由《离》卦体现出来，万物形体可观，纷纷成长于象征夏至和南方的《离》卦；在立秋时由《坤》卦表现出来，完成蓄养万物的任务于象征立秋和西南方的《坤》卦；最旺盛之天气在秋分时由《兑》卦体现出来，万物成熟、喜悦，其象征之卦为《兑》卦，表西方；在立冬时由《乾》卦体现出来，阴阳结合相争，其象征之卦为《乾》卦，代表西北方；旺盛之元气在冬至时由《坎》卦体现出来，慰劳休养，其象征之卦为《坎》卦，代表北方；最旺盛之元气在立春时由《艮》卦体现出来，万物归藏后又准备复出，其象征之卦为《艮》卦，代表东北方。万物在春分《震》卦时苏醒复出，《震》代表东方；万物在立夏《巽》卦时一齐生长，《巽》代表东南方；一齐生长，说的是万物新鲜亮丽、欣欣向荣、一派生机勃勃啊；《离》卦，表示光明灿烂，万物皆已长成，形体可观，《离》卦是代表南方的卦，圣人坐北朝南，听政天下，治理百姓，面向光明而处理政务，大概是从《离》卦中得到的启示吧；《坤》卦，代表大地，万物都得到大地的滋养护育，因此说万物蓄养于《坤》卦；《兑》卦，表示正秋天，万物都已成熟，喜悦无比，

北方之卦也，劳卦也，万物之所归也，故曰“劳乎坎”。艮，东北之卦也，万物之所成终而所成始也，故曰“成言乎艮”。

因此说象征万物成熟喜悦的卦为《兑》卦；阴阳结合相争的卦是《乾》卦，《乾》卦是代表西北方位的卦，说的是阴气与阳气在西北方交相配合争斗。《坎》卦，代表水，又代表正北方，慰劳休养之卦，万物归藏于代表冬天、代表水、代表正北方的《坎》卦，因此说慰劳休养于《坎》卦；《艮》卦，代表东北方的卦，万物在这里成就归藏后又准备复出的卦，因此说，《艮》卦是终而复始的卦。

注释

1 **帝出乎震……成言乎艮：**崔憬解释说，帝出乎震，“帝者天之王气也，至春分则震王，而万物出生”。崔憬所说的帝，即王气，王气即是旺相之气的意思。崔憬说齐乎巽，“立夏则巽王，而万物絜齐”。相见乎离，“夏至则离王，而万物皆相见也”。致役乎坤，“立秋则坤王，而万物致养也”。说言乎兑，“秋分则兑王，而万物所说”。战乎乾，“立冬则乾王，而阴阳相薄”。劳乎坎，“冬至则坎王，而万物之所归也”。成言乎艮，“立春则艮王，而万物之所成终成始也”。崔憬这段话，将八卦与一年中的立春、春分、立夏、夏至、立秋、秋分、立冬、冬至等联系配合起来，对于正确理解八卦与一年四季变化与万物生长的关系，具有重要参考价值。

神也者，妙万物而为言者也。动万物者莫疾乎雷，桡万物者莫疾乎风，燥万物者莫熯乎火，说万物者莫说

所谓神，是就万物的奇妙变化而说的。鼓动万物的没有什么比雷更迅猛，催动万物的没什么比风更迅速，干燥万物的没有什么比火更暴烈，喜欢万物的没有什么比湖泽更喜欢，滋润万物的没有什么比

乎泽，润万物者莫润乎水，终万物、始万物者莫盛乎艮，故水火相逮，雷风不相悖，山泽通气，然后能变化，既成万物也。

乾，健也。坤，顺也。震，动也。巽，入也。坎，陷也。离，丽也。艮，止也。兑，说也。

乾为马，坤为牛，震为龙，巽为鸡，坎为豕，离为雉，艮为狗，兑为羊。

乾为首，坤为腹，震为足，巽为股，坎为耳，离为目，艮为手，兑为口。

乾，天也，故称乎父。坤，地也，故称乎母。震一索而得男，故谓之长男。巽一索而得女，故谓之长女。坎再索而得男，故谓之中男。离再索而得女，故

得上水，成就万物生发万物的没有什么比得上山。因此，水与水既不相容而又能相济，雷与风不相违背，山与泽能气息相通，然后才能够运动变化而成就万物啊。

《乾》的特性表示健，《坤》的特性表示顺，《震》的特性表示动，《巽》的特性表示入，《坎》的特性表示陷，《离》的特性表示丽，《艮》的特性表示止，《兑》的特性表示悦。

八卦如果取象动物的话，《乾》取象马，《坤》则取象牛，《震》取象龙，《巽》取象鸡，《坎》取象猪，《离》取象雉，《艮》取象狗，《兑》则取象羊。八卦如果取象身体的话，《乾》取象头，《坤》取象腹，《震》取象脚，《巽》取象大腿，《坎》取象耳朵，《离》取象眼睛，《艮》取象手，《兑》取象口。

《乾》卦可以代表天，因此可以称父亲；《坤》卦可以代表地，因此可以称母亲；《震》卦是求得初阳而生的男孩，因此称长男；《巽》卦是求得初阴而生的女孩，因此称长女；《坎》卦是求得第二阳爻而生的男孩，因此称中男；《离》卦是求得第二阴爻而生的女孩，因此称中女；《艮》卦是求得第三阳而生的男孩，因此称少男；《兑》卦是求得第三阴而生的女孩，因此称少女。

谓之中女。艮三索而得男,故谓之少男。兑三索而得女,故谓之少女。

乾为天,为圆,为君,为父,为玉,为金,为寒,为冰,为大赤,为良马,为老马,为瘠马,为驳马,为木果。

坤为地,为母,为布,为釜,为吝啬,为均,为子母牛,为大舆,为文,为众,为柄。其于地也为黑。

震为雷,为龙,为玄黄,为旉,为大涂,为长子,为决躁,为苍筤竹,为萑苇。其于马也为善鸣,为馵足,为作足,为的颡。其于稼也为反生。其究为健,为蕃鲜。

巽为木,为风,为长女,为绳直,为工,为白,为长,为高,为进

《乾》卦可以取象天,取象圆环,取象君王,取象父亲,取象玉,取象金,取象寒冷,取象冰,取象大红色,取象良马,取象老马,取象瘦马,取象花色马,取象树木结的果实。

《坤》卦可以取象地,取象母亲,取象布帛,取象瓦锅,取象吝啬,取象均等,取象有牛犊的母牛,取象大车,取象文采文章,取象群众,取象手柄,如果取象土地的话,《坤》卦代表黑色土地。

《震》卦可以取象雷,取象龙,取象玄黄色,取象开放的花朵,取象大路,取象长子,取象急躁,取象青色的竹子,取象芦苇。取象于马的话,《震》卦可以取象善于鸣叫,取象长白毛的马的后左腿,取象正在走动的马腿,取象白额头的马。如果取象禾稼的话,则是顶着种子的甲壳萌芽生长之象。《震》卦的特性发展到极点则是具有《乾》卦特性的健,《震》卦的特性发展到反面则是具有《巽》卦特性的草木繁育茂盛之象。

《巽》卦可以取象树木,取象风,取象长女,取象笔直的准绳,取象工巧工艺,取象白,取象长,取象高,取象进退不定,取象没有结果,取象气味。如果取象人的话,

退，为不果，为臭。其于人也为寡发，为广颡，为多白眼，为近利市三倍，其究为躁卦。

坎为水，为沟渎，为隐伏，为矫輮，为弓轮。其于人也为加忧，为心病，为耳痛，为血卦，为赤。其于马也为美脊，为亟心，为下首，为薄蹄，为曳。其于舆也为多眚，为通，为月，为盗。其于木也，为坚多心。

离为火，为日，为电，为中女，为甲胄，为戈兵。其于人也为大腹，为乾卦，为鳖，为蟹，为蠃，为蚌，为龟。其于木也，为科上槁。

艮为山，为径路，为小石，为门阙，为果蓏，为阍寺，为指，为狗，为鼠，为黔喙之属。其于木也，为坚多节。

取象头发稀疏，取象额头宽阔，取象眼多白睛，取象市利获三倍，《巽》卦发展到极致则变成具有急躁特性的《震》卦。

《坎》卦可以取象水，取象沟渎，取象隐伏，取象矫輮，取象弓轮。如果取象人的话，《坎》卦则取象人的忧虑多愁，取象心病，取象耳痛，取象血卦，取象红色。如果取象马的话，《坎》卦取象优美的脊背，内心焦虑，马首低垂，取象马蹄践踏，取象拖拉。如果取象大车的话，则《坎》卦可以取象多灾多折损，取象通达，取象月亮，取象寇盗。如果取象树木的话，那么《坎》卦表示针棘类树木坚硬多刺多心。

《离》卦可以取象火，取象太阳，取象闪电，取象中女，取象护身的甲胄，取象戈矛兵器。如果取象人的话，《离》卦有大腹之象，又是干燥之卦，可以取象鳖、蟹、甲虫、蚌贝、龟。如果取象树木的话，那么《离》卦表示的是枝干中部已空，上部枯槁。

《艮》卦取象山，取象小路，取象小石，取象门阙，取象瓜果，取象守门之人，取象手指，取象狗，取象老鼠，取象黑嘴尖硬的飞禽类动物。如果取象树木的话，则是坚硬多节之象。

兑为泽，为少女，为巫，为口舌，为毁折，为附决。其于地也为刚卤，为妾，为羊。	《兑》卦取象泽，取象少女，取象巫师，取象口舌，取象毁坏摧折，取象附从决断。如果取象土地的话，则是土壤坚硬的盐碱地，取象妾，取象羊。

序卦传

导读

《序卦传》是“十翼”中的一篇重要文献，《序卦传》是旨在解释六十四卦编排的先后次序，并力图揭示出其中的意义，说明六十四卦的先后次序具有内在的有机联系，因而构成为一个整体的、系统的发展模式。

黄寿祺、张善文认为，《序卦传》“揭示了事物‘相因’‘相反’的两种发展规律”。

胡朴安的《周易古史观》就《序卦传》做了一番历史脉络发展的梳理，认为《序卦传》所述实际上就是中国上古时代的发展历史，胡氏所说有一定道理，虽然许多卦的真实含义有待商榷，有些卦的解释可能证据不足，有牵强附会之处，但是不失为一家之言，确有参考价值。主要观点如下：胡氏认为自上经卦《乾》《坤》开始，《屯》卦至《离》卦二十八卦为草创蒙昧时期至殷商末年之历史。下经卦自《咸》卦至《小过》卦，为周初文王、武王、成王之历史。《乾》卦、《坤》卦为绪论，《既济》卦与《未济》卦则是余论。

在胡氏看来，《屯》卦所说的是蒙昧时代建立酋长君主之事，《蒙》卦是酋长教育民众之事，《需》卦是教导民众耕种稼穑之事，《讼》卦是如何处理民众因争夺财物提起诉讼之事，《师》卦是团体互相械斗之事，

《比》卦是开国之君建万国亲诸侯之事,《小畜》卦是建国以后田猎之事,《履》卦是履虎尾决定帝位之事,《泰》卦是履帝位以后巡守朝觐之事,《否》卦是天子失德诸侯不朝之事,《同人》卦是民众聚会公推君主之事,《大有》卦是推一人为君主组织民众之事,《谦》卦是集聚民众教以稼穑之事,《豫》卦是诸侯行师检阅军队之事,《随》卦是大有之民众随《豫》卦之诸侯行征伐之事,《蛊》卦是征伐归来教民以孝之事,《临》卦是君主登位训民之事,《观》卦是神道设教之事,《噬嗑》是用狱治民之事,《贲》卦是男女会聚结为夫妇之事,《剥》卦是洪水为灾庐设剥毁之事,《复》卦是水灾后迁徙恢复故业之事,《无妄》卦是新居始定未甚安宁之事,《大畜》卦是田猎济耕种之穷之事,《颐》卦是耕种自养之事,《大过》卦是改土穴为建筑房屋之事,《坎》卦是建筑房屋挖掘泥土成坎水据险以守之事,《离》卦是坎上安置篱笆巩固防御之事。

《咸》卦是男女正式婚姻之事,《恒》卦是夫妇正居之事,《遁》卦是择临居迁徙之事,《大壮》卦是努力生活之事,《晋》卦是扩充国力之事,《明夷》卦是文王蒙难之事,《家人》卦是组织家庭之事,《睽》卦是一夫多妻之家庭乖违之事,《蹇》卦是诸侯皆来决平之事,《解》卦是文王决平诸侯诉讼纠纷之事,《损》卦是文王节俭自损之事,《益》卦是文王损己利人获得民心之事,《夬》卦是文王决平一切之事,《姤》卦是婚媾往来之事,《萃》卦是会聚家庭家族立祖庙之事,《升》卦是萃功告成民众上升为国尽力之事,《困》卦是南征受困之事,《井》卦是推行井田之事,《革》卦是周革殷命之事,《鼎》卦是周革殷命后正位之事,《震》卦是正位后自治治民之事,《艮》卦是迁徙殷顽使其各安其土之事,《渐》卦是殷顽迁徙后教以组织家庭之事,《归妹》卦是故殷贵族之女出嫁男家之事,《丰》卦是扩大殷顽组织家族之事,《旅》卦是殷顽不安其居羁旅于外之事,《巽》卦是羁旅于外之殷顽顺时而归之事,《兑》卦是殷顽来归说以劝之之事,《涣》卦是教殷顽立祖庙之事,《节》卦是立祖庙后教殷顽以礼文节之之事,《中孚》卦是会聚殷顽田猎示信之事,《小过》卦是顽民自猎之事。

胡氏认为《易经》中的西南暗指周朝，东北暗指殷商，如“西南得朋”“东北丧朋”“利西南”“不利东北”等等，殷商在西周的东北方，西周则在殷商的西南方。

我们认为，《周易》很有可能与商末周初历史大变革有关，《系辞传》中已经多次提到，胡氏所言，不能说全无根据。《明夷》象辞中也提到文王、箕子之事，应该说《周易》与文王、箕子等商末周初有关人物、史实、典制相关。

原文

有天地，然后万物生焉，盈天地之间者唯万物，故受之以《屯》。屯者，盈也。[1]屯者，物之始生也。物生必蒙，故受之以《蒙》。蒙者，蒙也，物之稚也。物稚不可不养也，故受之以《需》。需者，饮食之道也。[2]饮食必有讼，故受之以《讼》。

译文

先有天地形成，然后才会有万物产生。充满天地之间的只有万物，因此，在表示天的《乾》和表示地的《坤》之后，就是代表万物产生的《屯》卦。屯，即充满之意。屯，即代表万物最初产生的情形。万物刚出生后是蒙昧无知的，因此《屯》卦之后就是《蒙》卦。蒙，即蒙昧无知，亦即幼小、幼稚。万物幼小，不可不养育，因此，《蒙》卦以后就是《需》卦。《需》卦论述的是饮食之道。为了满足饮食的需要，必然会产生争讼，因此《需》卦之后就是《讼》卦。

注释

1 **有天地……屯者，盈也：**《周易集解》引干宝曰：“物有先天地而生者矣，今正取始于天地，天地之先，圣人弗之论也。故其所法象必自天地而还……《庄子》曰：‘六合之外，圣人存而不论。’《春秋穀梁传》曰：

'不求知所不可知者,智也。'"干宝解释了圣人为什么从天地乾坤开始叙述卦的次序。荀爽又解释《屯》卦说:"谓阳动在下,造生万物于冥昧之中也。"

2 **需者,饮食之道也:**荀爽曰:"坎在乾上,中有离象,水火交和,故为'饮食之道'。"荀爽从卦象解释,《需》卦上卦为坎水,下卦为乾阳,三爻、四爻、五爻组成互卦为离为火,因此说水火交和,烹煮食物,为饮食之道。

讼必有众起,故受之以《师》。师者,众也。众必有所比,故受之以《比》。比者,比也。比必有所畜,故受之以《小畜》。物畜然后有礼,故受之以《履》。[1]履而泰然后安,故受之以《泰》。泰者,通也。[2]物不可以终通,故受之以《否》。物不可以终否,故受之以《同人》。与人同者,物必归焉,故受之以《大有》。有大者不可以盈,故受之以《谦》。有大而

争讼的各方必然会动员起各自的群众及其力量,因此《讼》卦之后就是《师》卦。师,即有许多人马。人马众多必然会有所比附亲近,因此《师》卦之后就是《比》卦。比,即比附亲近之意。许多人马比附亲近,一定要有粮草的蓄积,因此,《比》卦以后就是《小畜》卦。财物蓄积、丰衣足食之后,百姓才会讲究礼仪规范,因此,《小畜》卦之后就是《履》卦。自觉遵循礼制,上下通达无碍,然后国家与百姓才会安定。因此,《履》卦之后就是《泰》卦。泰,即通达无碍。万事万物不可能一直处于通达无碍状态,因此《泰》卦之后就是《否》卦。万事万物不可能一直处于否塞不通的状态,因此《否》卦之后就是《同人》卦。与人同心同德者,百姓必然归附他,他的财物会不断增长,因此《同人》卦之后就是《大有》卦。富有的人不可以骄傲自满,因此《大有》卦之后就是《谦》卦。富有而能谦

能谦必豫，故受之以《豫》。豫必有随，故受之以《随》。

虚的人一定会高兴快乐，因此《谦》卦之后就是《豫》卦。幸福快乐的人必然会有人随从，因此《豫》卦之后就是《随》卦。

注释

1 **物畜然后有礼，故受之以《履》：**韩康伯曰："履者，礼也。礼所以适时用也，故既畜则须用，有用须礼也。"按照韩康伯的说法，礼是为了解决物质财富分配问题的，也即是说礼为分配使用物质财富的制度。

2 **履而泰然后安，故受之以《泰》。泰者，通也：**姚信曰："安上治民，莫过于礼。有礼然后泰，泰然后安也。"姚信认为施行礼制，互相沟通，然后才会通泰，通泰才会安然稳定。

以喜随人者必有事，故受之以《蛊》。蛊者，事也。[1]有事而后可大，故受之以《临》。临者，大也。物大然后可观，故受之以《观》。可观而后有所合，故受之以《噬嗑》。嗑者，合也。物不可以苟合而已，故受之以《贲》。贲者，饰也。致饰然后亨则尽矣，故受之以《剥》。剥者，剥也。

以喜悦追随人的，必然会有事，因此《随》卦之后就是《蛊》卦。蛊，就是有事之意。成就事业之后才能够发展壮大，因此《蛊》卦之后就是《临》卦。临，就是盛大之意。事物发展到全盛阶段，然后可供百姓观摩参悟，因此《临》卦之后就是《观》卦。可供观摩参悟，然后有所体会，有所借鉴，结合应用于实践，因此《观》卦之后就是《噬嗑》卦。嗑，即互相结合之意。事物不能够草率结合，因此《噬嗑》卦之后就是《贲》卦。贲，即文饰之意。全心致力于文饰之后，事物的发展走到了亨通昌盛的尽头，因此《贲》卦之后就是《剥》卦。剥，即剥落、剥蚀之意。万物剥落、剥蚀之后不可能停物不可以终尽，剥，穷上反下，故受之以《复》。复则不妄矣，故受之以《无妄》。有无妄，然后可畜，故受之以《大畜》。物畜然后可养，故受之以《颐》。颐者，养也。不养则不可动，故受之以《大过》。物不可以终过，故受之以《坎》。坎者，陷也。陷必有所丽，故受之以《离》。离者，丽也。

止下来不再发展，剥蚀到极点，上面剥蚀了，那么再返回到下面，重新开始从下面发展，因此《剥》卦以后就是《复》卦。返回到正道就不会虚妄无知，因此《复》卦之后就是《无妄》卦。能够不胡作非为然后可以积聚财富，因此《无妄》卦之后就是《大畜》卦。财富蓄积之后才能够养育百姓，因此《大畜》卦之后就是《颐》卦。颐，即养育之意。不养育成人就不能有所作为，因此《颐》卦之后就是《大过》卦。事物大过以后不可能终止发展，因此《大过》卦之后就是《坎》卦。坎，即陷没。陷落必然有所依附，因此《坎》卦之后就是《离》卦。离，即依附光明之意。

注释

1 **以喜随人者必有事，故受之以《蛊》。蛊者，事也：**《九家易》曰："子行父事，备物致用，而天下治也。备物致用，立成器以为天下利，莫大于圣人。子修圣道，行父之事，以临天下，无为而治。"这里注者指出，《蛊》卦是讲子女如何继承父母之道，因为父亲是圣人，儿子修圣道就行。实际上，《蛊》卦讲子承父道，有两面性，第一是继承正确的事业，承父之志。第二是纠正父母的过失，即所谓"干父之蛊""干母之蛊"。

有天地然后有万物，有万物然后有男女，有男女然后有

先有天地之形成，然后才会有万物之诞生；有了万物之后，才出现男人和女人；有了男人和女人之后，才慢慢地产生夫妻关系；

夫妇，有夫妇然后有父子，有父子然后有君臣，有君臣然后有上下，有上下然后礼义有所错。[1]夫妇之道不可以不久也，故受之以《恒》。恒者，久也。物不可以久居其所，故受之以《遁》。遁者，退也。物不可以终遁，故受之以《大壮》。物不可以终壮，故受之以《晋》。晋者，进也。进必有所伤，故受之以《明夷》。夷者，伤也。伤于外者必反其家，故受之以《家人》。家道穷必乖，故受之以《睽》。睽者，乖也。乖必有难，故受之以《蹇》。蹇者，难也。物不可以终难，故受之以《解》。解者，缓也。缓必有所失，故受之以《损》。损

有了夫妻关系之后，才有父母和子女等家庭伦理关系；有了父子关系后，才形成君王和臣下等社会政治关系；有了君王和臣下等社会政治关系，然后才有上下尊卑关系；有了上下尊卑关系，然后礼义才会有施行的地方。夫妻之道不能不长久维持下去，因此，在少男少女互相慕悦结为夫妻的《咸》卦之后，就是希望长久维持夫妻关系的《恒》卦。恒，即长久之意。万事万物不可能永远停留在一个阶段不再变化，因此《恒》卦之后就是《遁》卦。遁，即退隐之意。万事万物也不可能一直处于退隐状态，因此《遁》卦之后就是《大壮》卦。万事万物也不可能处于盛壮时期不再发展，因此《大壮》卦之后就是《晋》卦。晋，即前进之意。继续前进必然会遇到阻碍，受到伤害，因此《晋》卦之后就是《明夷》卦。夷，即受到伤害之意。在外面受到了伤害，必然会返回家里休养，因此《明夷》卦之后就是《家人》卦。家道衰落穷困后家人必然会互相乖违埋怨，因此《家人》卦之后就是《睽》卦。睽，即乖违之意。乖违，必有艰难，因此《睽》卦之后就是《蹇》卦。蹇，即艰难之意。事物的发展并不会因艰难而终止，因此《蹇》卦之后就是《解》卦。解，即舒缓松懈解脱之意。舒缓松懈解脱必

而不已必益，故受之以《益》。益而不已必决，故受之以《夬》。夬者，决也。决必有所遇，故受之以《姤》。姤者，遇也。物相遇而后聚，故受之以《萃》。萃者，聚也。聚而上者谓之升，故受之以《升》。升而不已必困，故受之以《困》。困乎上者必反下，故受之以《井》。井道不可不革，故受之以《革》。革物者莫若鼎，故受之以《鼎》。主器者莫若长子，故受之以《震》。震者，动也。物不可以终动，止之，故受之以《艮》。艮者，止也。物不可以终止，故受之以《渐》。渐者，进也。进必有所归，故受之以《归妹》。得

然会有失误，因此《解》卦之后就是《损》卦。损失之后又损失，不断损失后必然会有增益，因此《损》卦之后就是《益》卦。不断地增益之后必然会盈满溃决，因此《益》卦之后就是《夬》卦。夬，即决断之意。决断之后必然会有所遇合，因此《夬》卦之后就是《姤》卦。姤，即遇合之意。事物相遇合之后就会积聚在一起，因此《姤》卦之后就是《萃》卦。萃，即积聚会合之意。积聚会合后不断向上发展就是升，因此《萃》卦之后就是《升》卦。不停地上升，到了一定阶段必然会遇到困难，因此《升》卦之后就是《困》卦。在上面陷入了困境，必然会返回下面，因此《困》卦之后就是《井》卦。水井之道不可不经常革新，因此《井》卦之后就是《革》卦。改革事物最显著的标志就是鼎，因此《革》卦之后就是《鼎》卦。鼎是重要的祭器，主持祭祀，用鼎等祭器来祭祀的只有嫡长子最适合，因此《鼎》卦之后就是《震》卦。震，即举行祭祀等活动。事物不可能一直活动下去，活动一个阶段后就会停止下来，因此《震》卦之后就是《艮》卦。艮，即静止之意。事物也不可能长久停止不动，因此《艮》卦之后就是《渐》卦。渐，即慢慢前进，循序渐进。循序渐进必然有所归依，因此《渐》卦之后就

其所归者必大，故受之以《丰》。丰者，大也。穷大者必失其居，故受之以《旅》。旅而无所容，故受之以《巽》。巽者，入也。入而后说之，故受之以《兑》。兑者，说也。说而后散之，故受之以《涣》。涣者，离也。物不可以终离，故受之以《节》。节而信之，故受之以《中孚》。有其信者必行之，故受之以《小过》。有过物者必济，故受之以《既济》。物不可穷也，故受之以《未济》终焉。

是《归妹》。获得归依的必然会强大丰盛，因此《归妹》卦之后就是《丰》卦。丰，即大。无限地扩大必然会丧失原有的地位，因此《丰》卦之后就是《旅》卦。旅居在外没有固定的地方可以容身，因此《旅》卦之后就是《巽》卦。巽，即接纳进入之意。接纳进入之后，非常高兴，因此《巽》卦之后就是《兑》卦。兑，即喜悦之意。高兴喜悦，然后才能扩散推广，因此《兑》卦之后就是《涣》卦。涣，即分离扩散之意。事物不可能长久地分离扩散下去，因此《涣》卦之后就是《节》卦。有节度才能获得信任，因此《节》卦之后就是《中孚》卦。有符节以取得信任，必定能行事，因此《中孚》卦之后就是《小过》卦。事物出现过错后一定要加以改正，然后才会成功，因此《小过》卦之后就是《既济》卦。万事万物不可能穷尽，因此《既济》卦之后就是《未济》卦，《周易》六十四卦以《未济》卦结束。

注释

1 **有天地然后有万物……有上下然后礼义有所错：**李鼎祚《周易集解》注曰："错，置也。"即错是安置的意思。又曰："谓天、君、父、夫，象尊错上，地、妇、臣、子，礼卑错下。坤，地道、妻道、臣道，故'礼义有所错'者也。"这段话意思是说，天地、万物、男女、夫妇、父子、君臣、上下，都有自然规律、天然秩序，而礼义就是依据这些天地自然规律而制定的，礼义就是用来处理男女、夫妇、父子、君臣、上下等人伦人际关系的，体现了天地自然的秩序。

杂卦传

导读

《杂卦传》将具有相综、相错关系，当然主要是相综关系的两卦放在一起论述，用简明的词语揭示其相反相对的精义。《杂卦传》所解释的要义往往就某一个点来揭示，有画龙点睛之意，并没有全面系统论述，当然也没有论证。譬如"《乾》刚《坤》柔，《比》乐《师》忧"，一刚一柔，一乐一忧，就是相反相对的意思。

《杂卦传》阐释的体例与《序卦传》不同，韩康伯认为是"杂糅众卦，错综其义"，文中对举的两卦，多为综卦，即上下卦相移换后形成的新卦与原卦为综卦关系；其次为错卦，如《乾》卦与《坤》卦，阳爻变换阴爻，具有相错关系。有些卦既是综卦又是错卦关系。

王夫之认为："杂者，相间之谓也。一彼一此，一往一复，阴阳互建，而道义之门启焉。"并说："杂卦者，言其道同，而易地则忧乐安危、出处语默，各因乎往复循环之理数，而无不可体之以为道也。故伯夷、太公同避纣恶，而所行异；颜渊、季路同效圣志，而所愿殊。知其异乃可以统其同，用其半即可以会其全。故略于错而专于综，实则错综皆杂也。错者幽明之迭用，综皆用其明者也。"

《乾》《坤》互错，《比》《师》，《临》《观》，《屯》《蒙》，《震》《艮》，《损》《益》，《大畜》《无妄》，《萃》《升》，《谦》《豫》，《噬嗑》《贲》，《兑》《巽》，《剥》《复》，《晋》《明夷》，《井》《困》，《咸》《恒》，《涣》《节》，《解》《蹇》，《睽》《家人》，《大壮》《遁》，《大有》《同人》，《革》《鼎》，《丰》《旅》，《小畜》《履》，《需》《讼》等卦皆互综。

此外,《随》与《蛊》、《否》与《泰》均既错又综。《小过》与《中孚》则互为错卦,《离》与《坎》互为错卦。

末尾的几卦,如《大过》《姤》《渐》《颐》《既济》《归妹》《未济》《夬》等八卦,没有按错卦与综卦的顺序依次排列,因为《大过》与《颐》互为错卦,《既济》与《未济》互为综卦,《归妹》与《渐》互为综卦,《姤》与《夬》互为综卦。有人认为文序错乱,但王夫之认为:"相错综对待之卦,而文参差不偶者,圣人无心于文,而文自顺,流动以著化机之变动,非若词章训诂之执滞排偶,拘于法而执一,所谓化工之笔也。于以肖《易》之变动不居,而不可为典要,道相若焉。故虽挈《乾》《坤》以为纲,而自《比》《师》以下,皆无一成之次序,与《周易》之序,且不必同,则序卦之文,与京房八宫世应、邵子方圆之位序,不足以肖天地之变易审矣。"正是这种参差不偶之文,体现了《周易》变动不居,不可为典要的特色。

干宝论述云:"夫子又重为《杂卦》,以易其次第。《杂卦》之末,又改其例,不以两卦反覆相酬者,以示来圣后王,明道非常道、事非常事也。'化而裁之者存乎变',是以终之以决,言能决断其中,唯阳德之主也。"

原文

《乾》刚《坤》柔[1],《比》乐《师》忧[2],《临》《观》之义,或与或求。[3]《屯》见而不失其居,《蒙》杂而著。[4]《震》,起也;《艮》,止也。

译文

《乾》卦刚健,《坤》卦柔顺;《比》卦快乐,《师》卦忧虑;《临》卦与《观》卦的意义,一个是给予,一个是求取。《屯》卦是显现出来而没有失去它的根基;《蒙》卦先是幽暗杂乱而后昭明显著。《震》卦为起动,《艮》卦为止住。

注释

1 **《乾》刚《坤》柔:**《乾》刚,是从成卦的角度而言,是相对于《坤》卦而言的。那么相对于《乾》卦刚来说,《坤》则为柔。如果从天道角度而言,天道为阴阳,《乾》阳为纯阳之气,《坤》阴则为纯阴之气。地道为柔刚,是说地道静时为柔为阴,动时为刚为阳。人道为仁义,是说仁为阳,义为阴。无论天道、地道、人道皆有阴阳两面性或者柔刚两面性。《周易集解》引虞翻曰:"《乾》刚金坚,故刚;《坤》阴和顺,故柔。"

2 **《比》乐《师》忧:**《比》卦快乐,《师》卦担忧。《周易集解》引虞翻曰:"《比》五得位,'建万国',故'乐'。《师》三失位,'舆尸',故'忧'。"

3 **《临》《观》之义,或与或求:**从卦象上来看,《临》卦是地泽《临》,下卦为泽,上卦为地,两阳在下,四阴在上,阳往上生长,阳为富,阴为贫,因此说阳往上生长是"与",即阳给阴赐福。《观》卦则与《临》卦相反,下面四爻是阴,上面两爻为阳,阴爻去求阳求富,风地《观》是阴观阳,即阴求阳。《周易集解》引荀爽曰:"临者'教思无穷',故曰'与'。观者'观民设教',故曰'求'也。"荀爽的意思是说,《临》卦是君子以教民众,保民安邦,因此说将道德、道义教育民众,给予民众。《观》卦则是君子考察民情、民风、民意,根据不同状况来制定相应的教育内容与教育方法来教育民众。

4 **《屯》见而不失其居,《蒙》杂而著:**《屯》卦显现出来,初震初阳扎根地下,因此说"不失其居"。《蒙》卦是山下有水,山中泉水潜伏、幽隐、曲折,表示小孩蒙昧无知。《蒙》卦阴阳相杂,阳爻居于中位、上位,表示可以教育童蒙,给童蒙以指示和光明,即"著"之意。《周易集解》引虞翻曰:"阳出初震,故'见'。'盘桓,利居贞',故'不失其居'。蒙二阳在阴位,故'杂'。初杂为交,故'著'。"

《损》《益》，盛衰之始也。[1]《大畜》，时也；《无妄》，灾也。《萃》聚而《升》不来也。《谦》轻而《豫》怠也[2]。《噬嗑》，食也；《贲》，无色也。《兑》见而《巽》伏也。《随》，无故也；《蛊》则饬也。《剥》，烂也；《复》，反也。《晋》，昼也；《明夷》，诛也。《井》通而《困》相遇也。《咸》，速也；《恒》，久也。《涣》，离也；《节》，止也。《解》，缓也；《蹇》，难也。《睽》，外也；《家人》，内也。《否》《泰》，反其类也。《大壮》则止，《遁》则退也。《大有》，众也；《同人》，亲也。[3]《革》，去故也；《鼎》，取新也。《小过》，过也；《中孚》，信也。《丰》，多故也；亲寡《旅》也。《离》上而《坎》下也。

《损》卦与《益》卦则分别是兴盛与衰落的开端。《大畜》卦抓住天时，《无妄》卦招来灾祸。《萃》卦积聚会合而《升》卦不再往来。《谦》卦不炫耀自己，尊重别人，《豫》卦则松懈怠慢。《噬嗑》卦讲饮食之理，《贲》卦讲装饰却崇尚天然的白色。《兑》卦显现而《巽》卦则隐伏。《随》卦毫无成见、与时俱进，《蛊》卦则拯治祸乱、拨乱反正。《剥》卦腐败不堪，《复》卦则返回正道。《晋》卦象征白昼与光明，《明夷》则象征黑暗与殒伤。《井》卦利益相通而《困》卦则陷入困境。《咸》卦表示感应迅速，《恒》卦表示天长地久。《涣》卦表示离散扩展，《节》卦表示抑制节止。《解》卦舒缓，《蹇》卦艰难。《睽》卦乖违在外，《家人》卦返回家里。《否》卦与《泰》卦表示否塞与通达，意义完全相反。《大壮》卦适可而止，《遁》卦则适时隐退。《大有》卦拥有众多，《同人》卦互相亲近。《革》卦革去旧有的弊端，《鼎》卦实行新政。《小过》卦出现偏差和失误，《中孚》卦取得信任。《丰》卦丰多忧难，《旅》卦则亲友稀少。《离》卦为火表示向上燃烧，而《坎》卦为水则表示向下流动。

注释

1 **《损》《益》，盛衰之始也：**《损》卦是下卦泰三之阳补上卦否三之阴，地天《泰》变成山泽《损》。《损》卦从三阳的角度而言，为损去一阳；从三阴的角度而言，为补益一阳。《损》卦有损有益。《益》卦是上卦泰损下阳去补益下卦坤初爻，《益》卦损上益下，《损》卦是损下益上，正好相反。李鼎祚《周易集解》曰："损，泰初益上，衰之始。益，否上益初，盛之始。"

2 **《谦》轻而《豫》怠也：**《谦》卦自轻而《豫》卦怠慢，李鼎祚《周易集解》注曰："谦三位贱，故'轻'。豫'荐乐祖考'，故'怡'，'怡'或言'怠'也。"

3 **《大有》，众也；《同人》，亲也：**《大有》卦，人数众多；《同人》卦，互相亲爱。李鼎祚《周易集解》云："五阳并应，故'众也'。夫妇同心，故'亲也'。"

《小畜》，寡也；《履》，不处也。《需》，不进也。《讼》，不亲也。《大过》，颠也；《姤》，遇也，柔遇刚也。《渐》，女归待男行也。《颐》，养正也。《既济》，定也。《归妹》，女之终也。《未济》，男之穷也。[1]《夬》，决也，刚决柔也。君子道长，小人道忧也。[2]

《小畜》卦积蓄不多，《履》卦遵循礼制不敢自以为是。《需》卦为安心等待不宜进取，《讼》卦为互相争讼、翻脸不认。《大过》卦颠倒倾覆，《姤》卦相遇相合，阴柔遇合阳刚。《渐》卦为女子按照嫁娶的"六礼"出嫁，等待男子来迎娶自己。《颐》卦表示颐养身心必须遵守正道。《既济》卦表示已经功成名就。《归妹》卦说明女子的终身归宿问题。《未济》卦则是男子陷入了穷困的境地。《夬》卦行事决断，阳刚决断阴柔，君子之道不断发扬光大，小人之道则不断受到困扰。

注释

1 **《未济》,男之穷也:**阳为男,阴为女,《未济》卦一、三、五位为阴爻居于阳位,二、四、六为阳爻居于阴位,全卦六爻,阴爻与阳爻皆失位,而卦以阳爻为主,因此说男失位。

2 **《夬》,决也,刚决柔也。君子道长,小人道忧也:**《夬》卦上六爻一阴居于下面五阳爻之上,五阳往上生长发展,驱逐阴爻,因此说“刚决柔”。阳为君子之道,阴为小人之道,因此说“君子道长,小人道忧”也。以刚决柔,《夬》卦变成乾阳之卦,《杂卦传》以《乾》卦开始,以《夬》卦刚决柔演变成《乾》卦结束,暗含深意,推崇纯阳。李鼎祚《周易集解》注云:“以乾决坤,故‘刚决柔’也。乾为君子,坤为小人,乾息,故‘君子道长’,坤体消灭,故‘小人道忧’。谕武王伐纣。”

参考书目

1.郑玄.周易郑康成注[M].四库馆藏本，北京:1868(清同治七年).

2.王弼，韩康伯，孔颖达.周易注疏[M].上海：上海古籍出版社，1989.

3.李鼎祚.周易集解[M].北京：中国书店，1984.

4.朱熹.周易本义[M].上海：上海古籍出版社，1989.

5.周易内传[M]//王夫之.船山全书：第1册.长沙：岳麓书社，2011.

6.智旭.周易禅解[M].南京：金陵书局，1917(民国六年).

7.李道平.周易集解纂疏[M].北京：中华书局，1994.

8.马振彪.周易学说[M].广州：花城出版社，2002.

9.郭嵩焘.周易异同商[M].长沙：岳麓书社，2012.

10.朱伯崑.周易哲学史[M].北京：华夏出版社，1995.

11.廖明春.《周易》经传十五讲[M].北京：北京大学出版社，2012.

12.肖汉明.周易参同契导读[M].长沙：岳麓书社，2008.

13.朱高正.周易六十四卦通解[M].上海：华东师范大学出版社，1999.

14.胡朴安.周易古史观[M].上海：上海古籍出版社，2005.

15.黄寿祺，张善文.周易译注[M].上海：上海古籍出版社，2007.

16.尚秉和.周易尚氏学[M].北京：中华书局，1980.

17.杭辛斋.易学笔谈；读易杂识［M］.沈阳：辽宁教育出版社，1997.

18.高岛吞象.高岛易断［M］.北京：北京图书馆出版社，1997.

19.陈戍国.周易校注［M］.长沙：岳麓书社，2004.

20.兰甲云.周易卦爻辞研究［M］.长沙：湖南大学出版社，2006.

21.兰甲云.周易古礼研究［M］.长沙：湖南大学出版社，2008.

图书在版编目(CIP)数据

周易/兰甲云导读、注译. —长沙:岳麓书社,2022.6(2024.1重印)
(古典名著全本全注全译)
ISBN 978-7-5538-1607-4

Ⅰ. ①周…　Ⅱ. ①兰…　Ⅲ. ①《周易》—译文②《周易》—注释
Ⅳ. ①B221

中国版本图书馆CIP数据核字(2022)第061519号

ZHOUYI
周易
导读注译:兰甲云
责任编辑:周家琛
责任校对:舒　舍
封面设计:罗志义

岳麓书社出版发行
地址:湖南省长沙市爱民路47号
邮编:410006

版次:2022年6月第1版
印次:2024年1月第4次印刷
开本:890mm×1240mm　1/32
印张:12.75
字数:340千字
书号:ISBN 978-7-5538-1607-4
定价:46.00元

承印:湖南省众鑫印务有限公司

如有印装质量问题,请与本社印务部联系
电话:0731-88884129